보육교사인성론

문혁준 · 안효진 · 김경회 · 김영심 · 김정희 · 김혜연
배지희 · 서소정 · 이미정 · 이희경 · 최윤희

창지사

머리말

교육은 교사의 질을 넘어서지 못한다는 말이 있다. 이처럼 교육과 보육에 있어서 교사의 중요성은 아무리 강조해도 지나치지 않다. 우리 사회가 도시화·산업화되면서 여성의 사회 참여가 증가하고 있고 가족구조는 핵가족화되었다. 이에 따라 보육에 대한 관심과 요구가 증가하고 있으며, 보육교사의 사회적 인식과 책임 또한 높아지고 있다. 이러한 시대의 변화에 부응하여 보육교사의 역할은 변화하여 왔으며, 그 변화에 맞추어 보육전문가로서 준비하고 수용하는 자세를 갖추는 것은 매우 필요하다.

본서는 보육의 목적인 '영유아의 심신을 보호하고 건전하게 교육하여 건강한 사회 구성원으로 육성함과 아울러 보호자의 경제적·사회적 활동이 원활하게 이루어지도록 함으로써 가정의 복지 증진에 이바지함'을 토대로 예비교사들이 훌륭한 교사로 준비될 수 있도록 돕고자 한다. 이를 위하여 전문적인 지식과 이를 활용하는 기술을 제공하여 전문가로서의 자질을 준비할 뿐 아니라 바른 인성과 자세, 교사의 사회적 책임과 권리에 대한 논의를 통해 바람직한 교사관을 확립하고 보육교사로서의 사명감을 높이는 데 도움을 주고자 한다.

보육교사인성론은 보육교사 자격증을 취득하기 위한 필수교과목이며 이를 위하여 본서는 대학 및 양성기관에서 보육교사가 되고자 하는 학생들이 교재로 사용할 수 있도록 내용을 계획하여 한 학기 강의계획에 맞추어 12장으로 목차를 구성하였다. 각 장의 제목 및 구성은 다음과 같다. 제1장 보육교사 변천사, 제2장 변화 속에 비추어진 보육교사의 역할과 자질 이해하기, 제3장 예비교사로서 자신에 대해 알아보기, 제4장 보육교사 양성과정, 제5장 보육교사에게 필요한 전문지식, 제6장 보육실습 경험하기, 제7장 보육현장에서 동료와 함께 일하기, 제8장 보육교사로서 가족 및 지역과 함께 일하기, 제9장 전문성을 지닌 보육교사로 성장하고 발달하기, 제10장 보육교직원의 보수교육 및 장학, 제11장 보육교사의 권리와 의무 및 자격, 제12장 보육교사로서 직업윤리 알기이다.

오늘도 현장에서 묵묵히 교사의 길을 가고 있는 졸업생들과 선배들의 뒤를 따라 좋은 교사가 되고자 하는 예비교사들을 응원하는 마음으로 이 책은 집필되었다. 넘치는 의욕과 열정으로 시작하였으나, 집필 후의 소감은 항상 아쉬움이 남는다. 앞으로 부족한 부분을 보완해 나갈 것을 약속드리며 기탄없는 비판과 충고를 부탁드린다.

끝으로 출판을 맡아 수고해 주신 창지사의 노고에 진심으로 감사드린다.

2020년 10월

저자 일동

차 례

머리말 ● 3

제1부 예비보육교사로서 생각하기

제1장 보육교사 변천사 14

1. 조선왕실의 보육 14
2. 일제강점기 16
   1) 시대적 배경 16
   2) 보모의 역할 18
3. 1945년 해방 이후 19
   1) 6·25 전쟁 이후의 전쟁고아를 위한 탁아기관 20
   2) 수해나 기근을 위한 기아 보호 21
   3) 직업여성의 자녀를 위한 탁아 21
   4) 농민의 자녀를 위해 탁아소 설치 24
4. 전환기(1961~1982년) 25
5. 정비기(1982~1990년) 26
6. 발전기(1991~2004년) 28
7. 도약기(2005~현재) 29

제2장 변화 속에 비추어진 보육교사의 역할과 자질 이해하기 32

1. 변화 속에서 새롭게 인식되는 보육교사 32
   1) 보육교사의 자리매김 32
   2) 보육교사의 직업적 특성 34
   3) 보육교사의 전문성 제고 37

2. 보육교사의 역할과 직무, 자질 이해하기 43
1) 보육교사의 역할과 직무 43
2) 보육교사의 자질 48

제3장 예비보육교사로서 자신에 대해 알아보기 54

1. 자신에 대해 알아보는 방법 54
1) 자서전 쓰기 54
2) 개념도 활용 58
3) 반성적으로 사고하기 60
4) 표준화된 검사 62
2. 예비보육교사로서 자신이 나아가야 할 방향 설정 76
1) 교사상 정립하기 76
2) 교직 생애주기 계획하기 78

제2부 유능한 보육교사로 준비하기

제4장 보육교사 양성과정 80

1. 보육교사 국가자격증제도 도입 배경 80
1) 목적 81
2) 주요 내용 81
2. 보육교사에게 필요한 전공 지식 84
1) 보육교사 양성교육과정의 구성체제 84
3. 제4차 개정 어린이집 표준보육과정 87
1) 개정안 구성 87
2) 표준보육과정의 기초 89
3) 추구하는 인간상 89
4) 목적 및 구성 90
5) 연령별 목표 91
6) 0~1세 보육과정의 영역별 목표 및 내용 91
7) 2세 보육과정의 영역별 목표 및 내용 95

4. 만 3~5세 누리과정 99

1) 2019년 개정 누리과정의 배경 100

2) 2019년 개정 누리과정의 취지 100

3) 2019년 개정 누리과정에서의 5개 영역 이해하기 102

5. 2019년 개정 누리과정의 예시(의사소통 영역) 106

1) 성격 106

2) 목표 106

3) 의사소통 영역 내용구성 107

4) 의사소통 영역에서 내용범주별 내용 이해 및 유아 경험의 실제 108

제5장 보육교사에게 필요한 전문지식 115

1. '일과운영'에 따른 지도원리 115

1) 등원 시 지도원리 116

2) 실내 자유선택활동의 지도원리 117

3) 정리정돈 및 전이활동의 지도원리 118

4) 대·소집단 활동의 지도원리 118

5) 실외 자유선택활동의 지도원리 118

6) 간식 및 점심의 지도원리 119

7) 낮잠 및 휴식의 지도원리 119

8) 기저귀 갈이 및 화장실 다녀오기의 지도원리 119

2. '기본생활' 영역 지도원리 120

1) '건강하게 생활하기' 지도원리 120

2) '안전하게 생활하기' 지도원리 122

3. '신체운동' 영역 지도원리 124

1) '감각과 신체 인식하기' 지도원리 124

2) '신체활동 즐기기' 지도원리 125

4. '의사소통' 영역 지도원리 126

1) '듣기와 말하기' 지도원리 126

2) '읽기와 쓰기에 관심 가지기' 지도원리 127

3) '책과 이야기 즐기기' 지도원리 128

5. '사회관계' 영역 지도원리 129
1) '나를 알고 존중하기' 지도원리 129
2) '더불어 생활하기' 지도원리 130
3) '사회에 관심 가지기' 지도원리 131
6. '예술경험' 영역 지도원리 132
1) '아름다움 찾아보기' 지도원리 132
2) '창의적으로 표현하기' 지도원리 133
3) '예술 감상하기' 지도원리 134
7. '자연탐구' 영역 지도원리 135
1) '탐구과정 즐기기' 지도원리 135
2) '생활 속에서 탐구하기' 지도원리 136
3) '자연과 더불어 살기' 지도원리 136

제6장 보육실습 경험하기 137

1. 실습의 목적 137
2. 실습의 형태 139
1) 사전실습 139
2) 정규실습 140
3) 사후실습 144
3. 실습 유의사항 145
1) 실습 전 유의점 145
2) 실습 중 유의점 146
3) 실습에 대한 책임 147
4. 보육교사의 정의 및 역할 148
5. 실습하기 150
1) 관찰하기 150
2) 상호작용하기 151
3) 수업 준비하기 152
6. 보육실습의 효과 163

제3부

유능한 보육교사로서 일하기

제7장 보육현장에서 동료와 함께 일하기 166

1. 어린이집의 조직 특성 166
2. 보육교사의 근무환경 169
   1) 보육교사의 근무환경 169
   2) 보육교사 근무환경의 구성 요소 171
3. 보육교사의 리더십 178
   1) 리더십의 개념 179
   2) 리더십 이론 180
   3) 보육교사의 리더십 유형 183
   4) 어린이집의 리더가 추구해야 할 리더십 184
4. 보육교사의 직무 만족도와 직무스트레스 185
   1) 보육교사의 직무 만족도 185
   2) 보육교사의 직무스트레스 189

제8장 보육교사로서 가족 및 지역과 함께 일하기 194

1. 포괄적 보육서비스 195
   1) 영유아를 위한 포괄적 보육서비스 195
   2) 가정을 위한 포괄적 보육서비스 196
   3) 지역사회를 위한 포괄적 보육서비스 196
2. 부모의 참여와 협력 197
   1) 부모 참여의 필요성 198
   2) 부모 참여의 유형 198
   3) 부모 참여 시 고려사항 199
   4) 효율적인 의사소통을 통한 교사-부모 관계 증진 200
   5) 어린이집 평가제를 통해 본 가족 및 지역과 함께 일하기 201

3. 지역사회와의 연계 213
1) 지역사회 연계의 필요성 213
2) 지역사회에 관심 가지기 213
3) 지역사회기관과의 협조체계 215
4) 어린이집과 지역사회 연계 관련 시설 평가 217

제9장 전문성을 지닌 보육교사로 성장하고 발달하기 223

1. 보육교사의 전문성 발달과 직무스트레스 223
2. 보육교사의 관심사에 기초한 전문성 발달 지원 227
1) Fuller와 Case의 보육교사 관심사 발달 단계 228
2) Katz의 보육교사 관심사 발달 단계 230
3. 보육교사의 발달 단계에 기초한 전문성 발달 지원 235
4. 보육교사의 발달과 소진 240

제10장 보육교직원의 보수교육 및 장학 244

1. 보수교육 244
1) 보수교육의 정의 및 실태 244
2) 보수교육의 종류 및 대상 248
3) 보수교육의 내용 253
4) 보육교직원 보수교육 절차 269
5) 보수교육의 시행 271
6) 보수교육의 교육 비용 273
7) 온라인 보수교육 실시 274
2. 어린이집에서의 보육교직원을 위한 장학 275
1) 장학의 개념 275
2) 장학의 종류 277
3) 서울특별시 운영 장학사업 277
4) 상담전문요원의 배치 280

제11장 보육교사의 권리와 의무 및 자격 282

1. 보육교사의 권리와 의무 282
   1) 교원의 권리와 의무 283
   2) 보육교사의 권리와 의무 286
2. 보육교사의 자격 290
   1) 법적 자격 기준 290
   2) 보육교사 자격 취득을 위한 이수 교과목 292
   3) 자격증 취득절차 296
3. 보육교사의 임용 조건 및 절차 298

제12장 보육교사로서 직업윤리 알기 299

1. 보육교사로서 윤리의 개념 및 필요성 299
   1) 보육교사의 윤리개념 299
   2) 보육교사로서 교직 윤리의 필요성 300
2. NAEYC의 윤리강령과 선서문 304
   1) 핵심가치 305
3. 우리나라의 윤리강령과 선언문 318
   1) 어린이집 원장 · 교사 윤리강령 318
   2) 보육인 윤리 선언문 322

참고 문헌 325

보육교사인성론

제1부

예비보육교사로서 생각하기

좋은 보육교사는 어떠한 모습이어야 할까 생각해 보는 것은 중요한 문제이다. 사회와 문화에 따라 좋은 보육교사는 다양하게 정의되어 왔다. 이러한 변화 속에서 예비보육교사로서 좋은 교사가 되기 위해서는 현재 모습에 영향을 주는 과거 자신의 삶 속에서 형성된 신념과 지식을 인식하는 동시에 미래 자신의 이상적인 교사로서의 모습을 그려 가며 교사교육을 받아야 한다.

이러한 차원에서 제1부에서는 예비보육교사들이 살아가고 있는 사회 문화적인 맥락 속에서 한 개인이 예비보육교사로서의 과거, 현재, 미래에 대한 이야기를 다룸으로써 더 나은 교사로 성장할 수 있는 기회를 제공하고자 한다.

제1장 보육교사 변천사

각 시대마다 보육교사의 역할과 성격이 다르게 요구되었다. 그러나 안타깝게도 보육교사 변천사와 관련된 주제의 연구가 극히 드물고 현존하는 자료가 부족하여 충실한 논의가 이루어지지 않고 있다. 따라서 본 장에서는 이러한 한계를 인정할 수밖에 없다. 그럼에도 불구하고 기존의 제한된 자료와 발행된 신문기사일지라도 그 시대마다 드러난 보육정책에 따라 교사의 역할에 변화가 있음을 알 수 있었다. 본 장에서는 우리의 보육역사 속에 기여했던 보육교사의 역할과 기여도를 찾아보고 예비보육교사로서 지난 보육교사의 발자취와 앞으로 나아가야 할 방향을 모색해 보고자 한다. 이는 보육교사로서 정체성을 확립하는 과정의 일환으로서 의미 있는 작업이 될 것이다. 본 장의 취지에 맞는 연구 중 주로 참조한 것은 조선시대 왕실의 보육·교육에 대해서는 육수화의 연구 자료에서 발췌하였으며, 1930~1940년대의 보육에 관해서는 이윤진의 연구 자료와 신문기사에서, 해방 이후의 자료는 발행된 신문기사를 근거로 제시함을 밝혀둔다. 또한 1990년대 이후에 비로소 '보육' 개념이 정착되므로 여기서는 탁아와 보육을 혼용하여 사용하게 될 것이다.

1 조선왕실의 보육

보육에 대한 중요성은 동서고금을 막론하고 중요하고 무게 있게 다루어지는 주제이다. 특히 왕정국가를 통틀어 보면 왕위계승자에 대한 보육은 왕실의 위엄과 왕권강화와 맞물려 있으며 다음 세대의 군왕으로서의 강력한 리더십을 확보하기 위한 근간이 되므로 국가적 차원에서 조직적·체계적으로 진행됨을 알 수 있다. 조선왕실도 예외가 아니었다. 그 대표적인 예가 중종 때 처음 신설한 '보양청'이다. 육수화(2008)의 연구에 따르면 보양청은 조선시대 왕실의 원자나 원손이 어릴 때 보호와 양육에 관한 책임을 맡기기 위해 설치된 보육기관이다. 먼저 원자가 탄생하면 시강원의 부설기관인 보양청을 두고 원자보양관을 임명하게 된다. 원자가 어려서 보육을 위주로 할 경우에는 보양청을 설치하고 원자에게 필요한 음식과 입을 옷, 교육에 필요한 서책을 공급하고 관리를 한다(강효진, 2009). 원자의 나이가 4살 정도가 되어 글을 읽을 무렵이 되면, 이 보양청은 그대로 '강학청'으로 바뀌면서 원자는 체계적이고 일관성 있는 보육을 제공받는다. 조선왕실에서의 왕위계승자를 대상으로 한 교육은 성장과정에 따라 명칭과 위상을 달리하며 국가적인 차원에서 정책적으로 이루어졌다. 원자보양관인 경우 원자의 학습내용과 학습 성취도를 강학청 일기에 날마다 기록하는 일을 하였다. 초창기 중종 때는 보양청의 보양관을 신료들에게 겸직으로 임명하였다. 이는 학문뿐만 아니라 인격적 소양을 함께 갖추길 원하는 의도가 짙다. 하지만 신료들 입장에서 본다면 산적한 보직 업무들과 보양관의 임무를 함께 병행하는 것은 녹록지 않았다. 의도하지 않았겠지만 원자의 교육에 소홀해지는 폐단이 생겨났다. 따라서 이에 대한 보완책으로 보양관 보직을 별도로 선발하게 되었다. 더 나아가 영조는 원손에 대한 교육과 아울러 왕손들이 그동안 궁궐 안에서만 생활하면서 보육 수준에 그치고 별도의 스승을 두지 않았던 것을 주목하여 적왕손이든 왕손이든 상관없이 모두 조기교육을 받도록 확대하였다. 보양관 혹은 왕손교부를 선발할 때 엄격한 기준으로 학행을 겸비한 선비이며 명망이 있는 자로 선발하였다(석은조, 2003; 육수화, 2008: 134).

하지만 현실적인 보육은 유모와 보모 등에 의해 이루어졌다. 유모는 어머니의 역할을 대신하게 되므로 이러한 막중한 소임으로 인해 사회적 지위를 인정받게 되었다. 세종의 경우, 원자나 원손으로 등극한 후에는 유모에게 봉보부인이라는 봉작과 함께 외명부 종1품의 직첩을 부여하였다. 보모의 경우 보모상궁과 부보모상궁 2인이 격일제로 근무하였는데, 이들의 경우에는 지위가 부여되지는 않았지만 이들에게 많은 노비를 하사하고, 그 친척들에게 면천하는 등 예우와 사은이 부여됨에 따라 오히려 과하다는 지적도 있었다. 원자와 원손 이외의 왕실 자손들에게도 유모를 두었는데, 이들이 장성하여 출가하게 되면 유모는 함께 나갔다. 홍

미로운 것은 유모의 선발은 까다로운 절차와 함께 통상 출산 전에 이루어졌고, 그 시기는 산실의 설치과정 중에 이루어졌던 것으로 보인다. 이때 가려지는 유모의 선발 기준은 안정된 성품과 건강이었다.

> 유모는 모름지기 정신이 맑고 슬기로우며 성정이 온화하며 살이 찌고 아무런 병도 없어야 한다. 그리고 서늘하게 해야 할 때와 따뜻하게 해야 할 때를 알며 젖을 알맞게 조절해서 먹일 줄 알고 젖이 진하고 흰 사람을 선택한다면 아이를 잘 기를 수 있을 것이다. 유모에게 짠 음식을 주어서는 안 된다. 유모는 반드시 음식을 조심하고 조절해서 먹어야 한다. 음식을 삼키면 바로 젖이 나오기 때문이다. 유모가 음식을 가려 먹는 데 대해서는 오히려 조금 용납할 수 있는 것이지만 유모의 품성이 넉넉하고 모자란 것, 성정이 부드럽고 급한 것, 체격이 튼튼하고 연약한 것, 품행이 착하고 악한 것들은 아이가 빨리 닮게 되므로 더욱 관계가 깊으므로 잘 보아야 한다.
>
> – 육수화, 2008: 93, 재인용.

이는 현대 교육 철학과 비교해 볼 때 크게 다르지 않은데, 유모의 안정된 성품과 건강이 이들과 매일 접하게 되는 영유아들의 성장에 의미 있는 영향을 미친다는 점에서 동일하다. 무엇보다 유모의 덕성과 품행이 원자와 원손의 인격 형성에 가장 결정적인 영향을 미치는 요건 중의 하나였던 만큼 유모의 됨됨이와 건강을 까다롭게 챙긴 것으로 보인다. 더 구체적인 선발 기준으로는 온량, 공경, 관유, 자혜, 덕행한 사람이며, 이는 유모와 보모뿐만 아니라 보양관 선발의 기준이 되기도 하였다(육수화, 2008: 94).

2 일제강점기

1) 시대적 배경

우리나라의 보육사업은 일제강점기인 1921년에 서울에 개설된 기독교 태화사회관을 그 효시로 보며 1926년에는 부산공생탁아소와 대구탁아소의 운영이 이루어졌다(김현용·윤현숙·노혜련·김연옥·이배근, 2001: 378). 하지만 전국적으로 확산된 계기는 1930년대 초반 농촌에서 농번기 탁아소를 설치한 것으로 추측할 수 있다(동아일보, 1933. 6. 15). 그 근거는 당시 시대적 정황에서 찾아볼 수 있다. 1920년대부터 본격화된 농촌 수탈의 식민지정책은 많은 농민들이 농업노동자나 화전민으로 만주, 일본 등지로 이주하는 결과를 낳았다. 이러한 수탈 강화로 조선을 떠나는 이주민의 대부분이 농촌의 청장년 남성층이 대부분이었고, 결과적으로 농업에 종사하는 여성 인구의 비율이 해마다 남성보다 높아졌다(이윤진, 2003: 278).

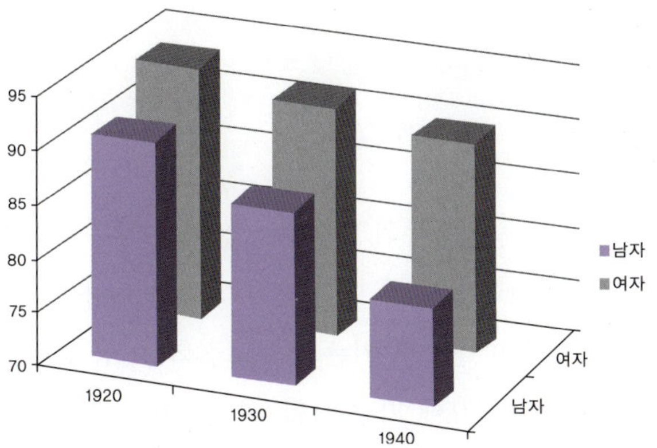

그림 1-1 농촌의 남녀 구성 비율의 변화

더욱이 일제는 1937년 중일전쟁과 1941년 태평양전쟁 등의 침략전쟁을 확대하였는데, 이러한 급박한 정세는 조선에 대한 식민지정책에도 변화를 가져오게 되었다. 일제는 조선을 대륙침략의 병참기지로 설정하고 조선의 모든 인적·물적 자원을 끌어내어 침략전쟁에 동원하는 데 주력하였다. 따라서 1940년대는 노동력의 최대 그리고 효과적 동원이 지상과제로서 고갈된 농촌의 노동력을 여성 인력으로 충원하고자 하였다. 이러한 국내외 정세에서 농번기 탁아소를 효율적으로 운영하고자 하는 의도는 농촌지역 여성의 복지서비스 차원과는 거리가 있어 보인다. 1934년 탁아소의 설치운영방침은 다음과 같다.

표 1-1 탁아소 설치운영방침

① 경영 주체: 농촌진흥회로 하고 통지 상황에 따라 2~3개 진흥회를 연합한다.
② 경비: 농촌진흥회의 적립금(공동 경작의 이익금), 독지가의 기부, 사회사업협의지부, 애국부인회 조성금으로 충당한다.
③ 탁아소의 연령표준: 3~7세
④ 개설 장소: 학교 또는 공동작업장, 사원
⑤ 개설 일수: 가장 바쁜 기간 15일
⑥ 설비: 천막, 꽹과리, 북, 태평소, 그네, 모래밭
⑦ 보모: 비교적 한가한 노파에게 맡기도록 하고 학교 여교원, 면장 주재원 부인의 봉사
⑧ 점심 및 간식: 각기 지참. 간식은 캐러멜 등을 피하고 될 수 있는 대로 고구마, 떡, 튀긴 콩 등
⑨ 탁아 요금: 본 시설을 충분히 이해할 때까지 무료
⑩ 위생상 주의: 아이들의 소화기, 전염병에 유의, 인근 의사의 봉사에 의해 건강진단 실시

출처: 이윤진(2003), 재인용.

1940년대에 들어서 일제는 총독부의 내무부 국장과 농림부 국장이 각 도지사에게 시달했던 「탁아소 설치장려통첩」을 보면 탁아소 관련 내용이 더욱 구체적이고 적극적임을 알 수 있다. 개설 장소를 기존의 부락집회장, 공동작업장, 학교 등에 국한하지 않고 토지 상황과 필요에 따라 정할 수 있으며, 기간도 농번기 중 20일 이상으로 연장하였으며 수탁아동도 3~7세 유아뿐만 아니라 3세 이전의 젖먹이 유아(乳幼兒)도 맡길 수 있도록 했다. 이는 당시 농번기 탁아사업이 얼마나 중요하고 긴박하였는지를 반증한다(이윤진, 2003).

2) 보모의 역할

일제강점기 시대는 한국 보육 역사에서 볼 때 태동기에 해당한다(1921~1960년). 일본의 침략정책과 필요에 의해서 보육의 기능에 대해 눈을 뜨는 시기이다(오경희, 2005). 농번기 탁아소에 맡겨지는 아동의 연령은 처음 3~7세를 대상으로 개설되었으나 1940년대 이후에 젖먹이 영유아까지 포함하는 것으로 연령이 하향화 되었다. 실제로 신생아를 비롯한 영영아기의 아동이 차지하는 비율은 젖먹이 유아 57.7%, 젖 뗀 유아 42.3%로 농번기 탁아소의 전체 아동의 반 이상을 차지했다

(조선총독부 농림국농정과, 1942: 64, 재인용). 이들을 돌보는 보모는 앞서 살펴본 〈표 1-1〉과 같이 '비교적 한가한 노파'였다. 그러나 일손이 부족해짐에 따라 면장 주재원 부인, 학교 여교원 등의 봉사도 권장하고 있었다.

> 녀선생이 6학년 녀생도 이십 명과 같이 십리나 되는 조남도에 가서 서늘한 숲속에서 아이들을 창가도 시키며 젖먹이는 젖을 먹이고 큰아이들에게는 점심밥까지 지어 먹여 가며 아이들을 고아원과 같이 보아주므로 동리부인들은 안심하고 농사에 종사하며 고통도 적어졌다 한다. – 동아일보, 1933. 6. 30.

농촌 어머니가 일하러 가는 동안 아이들을 돌봐 주는 사람들은 유아교육의 전문적 지식이나 이론을 배운 보육교사가 아니라 단지 육아 경험이 있는 할머니나 할아버지 혹은 그 지역의 지방유지 부인들, 학교의 여선생과 여학생이 보모의 역할을 담당하였다. 아울러 이들이 보모로서 보호자 역할을 하였다면 수탁아동보다 불과 몇 살 위인 형·누나에 해당하는 어린 아동들이 보모를 보조하는 역할을 수행하였는데, 이들은 형편상 학교에 가지 못하고 동생을 돌봐 주는 역할을 하고 있었다(강정숙, 1993: 19, 재인용). 일반적으로 보모보다 보모의 보조자인 수전인의 수가 더 많았다. 농번기 탁아소 한 개소의 일일 평균 보모의 출석 인원은 3.3명이고 보모 한 사람당 담당하는 영유아 수는 영영아기를 포함하여 11.3명으로 나타났다. 그러나 이는 다양한 현지의 상황에 비추어 볼 때 비율이 일정하지는 않다.

3 1945년 해방 이후

해방 이전에 일본 총독부 관할의 묵인하에 선교사를 중심으로 하는 선교 차원의 빈민아동을 위한 구제사업의 일환으로 보육사업이 진행되었다. 그 일례로 앞서 제시했던 기독교 태화사회관과 같이 빈민아동을 위한 구제사업기관들이 설립되었다. 이때 보모는 기독교적 사명감을 가지고 박애와 신앙심을 가진 이가 담당하게 된다. 이후에 서울 을지로에 공생원을 창설하여 재난민과 탁아사업을 추진하였다(조선일보, 1947. 1. 31).

1) 6·25 전쟁 이후의 전쟁고아를 위한 탁아기관

6·25 전쟁 이후에는 당시 대량으로 발생한 전쟁고아 혹은 미아 등 요보호 아동에 대한 각종 수용보호시설이 UN군의 원조로 설립되었다. 신당동에 설립한 충현영아원 역시 이러한 취지로 설립된 기관인데, 한 기자의 눈을 빌어 서술한 기사를 소개하면 다음과 같다.

> 한 개의 유치원 또는 탁아소라고도 할 수 있는 이 영아원은 정문을 들어서면 울긋불긋 깨끗한 입성으로 봄과 함께 온몸을 단정한 서너 살 되는 어린 가슴들이 예방하는 손님들에게 "아저씨, 아주미니 안아 주어." 하면서 달려든다. 부호의 어느 누가 이 같이 깨끗하고 멋진 양복을 입힐 수 있으랴 마치 '병아리'들이 어미 닭을 따르는 양 아장아장 손님들을 맞아주는데, 이들 영아는 주로 철의 삼각지대에서 부모와 형제들을 이저버린(잃어버린) 나머지 유엔군의 구호에 의해서 서울에 온 고아들이 태반이며 그의 나희(나이)를 보면 올해 다섯 살 이상이 세 명, 다섯 살이 이십구 명, 네 살이 이십칠 명, 세 살이 삼십일 명, 두 살이 육 명 그리고 한 살이 열네 명 도합 일백십 명이다.

이들의 일과는 다음과 같다.

> 아침 일곱 시에 이러나면(일어나면) 열 명의 보모들에게 보호되어 세수를 하고 여덟 시에 아침식사를 끝낸다. 그리고 여덟 시 반부터 아홉 시 이십 분까지 자유시간을 갖게 되며 그 후부터는 노래와 춤 등 영아교육을 받는다. 그리고 다시 열두 시 점심이 있고 그 후는 마음 나는 대로 낫잠(낮잠)을 잔 후 두 시 반 간식이 있고 세 시 반부터 네 시까지 영아교육이 있은 후 저녁 다섯 시에 저녁식사가 있고, 그다음부터 자기 마음대로 잠자리 눕는 것인데, 너희들은 무엇을 먹고 십흐냐(싶으냐) 라는 질문에 아해들은 새빨간 입술을 서로 모하(모아) 방 안이 터져라 "오징어가 먹고 싶어요."라고 서슴지 않고 대답한다.
>
> – 조선일보, 1952. 3. 30.

이때 보육교사의 역할은 한 마디로 엄마와 같은 역할과 생활에 필요한 구제품을 공평하게 나누어 주는 역할이 대표적이다.

> 원장의 말을 들어보면 아해들은 보모를 모다(모두) 엄마라고 하며 원장은 할머니라는 대명사로 부르고 있으며, 이날 온 구제품을 골고루 나으아(나눠) 주지 못할 경우에는 서로 질투까지 하는 웃지 못할 귀염을 볼 수 있는데, 한 아해(아이)가 감기라도 들면 전부 다 감기를 달게 된다고 한다. 지난겨울에는 30~40명을 저세상으로 보낸 쓰라림도 있었다는 것이다. – 조선일보, 1952. 3. 30.

전쟁이라는 혼란기를 거치면서 요보호 대상인 빈민, 고아, 생활보호 대상인 특수계층에게 보호가 시급한 실정이어서 보육교사는 교육보다는 구제와 보호의 역할이 더 우세함을 알 수 있다(오경희, 2005).

2) 수해나 기근을 위한 기아 보호

수해나 기근으로 인한 구제를 요청하는 경우도 있는데, 예컨대 영산포보육원이 그 일례이다. 이 기관은 80명의 고아들을 수용하고 있는 보육원으로서 이즈음 수해 및 풍재를 입은 인근 세농민들이 하루에 한 끼니도 어렵다 하여 어린아이들을 데리고 찾아와 수용 구호를 요청하였다. 하지만 현재 수용 중인 고아와 보육만으로도 역부족인 당시 상황을 고려하여 이 고아원에서는 정부 관계당국에 이에 대한 선처를 요청하기도 하였다(조선일보, 1952. 9. 16).

3) 직업여성의 자녀를 위한 탁아

전쟁으로 인해 생겨난 미망인과 직업여성이 생계를 위해 사회 진출이 불가피해짐에 따라 이들 자녀를 위한 탁아 요구가 높아졌다. 1962년 5월에 제시된 자료에 의하면, 전국에 9군데의 탁아소가 있다(조선일보, 1962. 5). 서울에 5군데, 경남에 4군데 설립이 전부이다. 따라서 경기, 충청도, 경상북도, 전라남·북도, 강원도, 제주의 직업여성에 대한 대책은 전무하였고 탁아환경이 매우 열악한 것이 현실이었다. 그나마 개설된 서울의 5군데 탁아소 역시 100% 개인 부담이었고 원광탁아소,

대한적십자사에서 운영하는 동대문적십자보육원, 영등포적십자보육원, 서울시 부녀과에서 운영하는 부녀사업관의 탁아소만이 무료 육아서비스를 제공하였다.

여기서 1961년에 개설된 서울시립부녀사업관(을지로 소재)을 구체적으로 살펴봄으로써 당시의 보육환경과 교사의 역할을 짐작할 수 있다. 이 시설은 직업여성들을 위한 탁아사업을 목적으로 설립되었다. 직업여성들이 마음 놓고 일할 수 있도록 그 자녀들을 맡아 보는 부녀사업관 내 탁아소는 깨끗한 오락실, 취침실, 목욕실, 식당 등이 갖춰져 있었다. 대상은 3세부터 6세까지의 어린아이이며 매일 아침 9시부터 저녁 5시까지인데, 어린이에게는 점심 식사까지 제공하며, 이 사업관에서는 매주 화요일 오후에 상담과 목요일 오후에 이동상담도 실시하고 있었다(조선일보, 1961. 6. 10). 이 탁아부는 비록 규모가 작고 시설은 충분하지 못할지라도 우리나라의 관영탁아사업으로서는 처음이라는 점과 직업여성들이 마음 놓고 일할 수 있는 길을 열어놓았다는 두 가지의 커다란 의의를 찾을 수 있다.

우리가 자랑스럽게 여기는 것은 일체의 탁아 비용을 서울시의 부담으로 하여 보호자에게는 한 푼의 비용도 부담시키지 않는 점이다. 현재 마련된 시설은 유희실, 침실, 목욕실, 세면장, 놀이터, 식당, 취사장이 있고 풍금, 그네, 약품과 장난감 일체, 침대, 침구, 유희용 소의자 등의 부대시설이 갖추어져서 어린이들이 하루 여덟 시간을 심심치 않게 뛰어놀고 먹고 잠잘 수 있게 되어 있다.

여기서 보육교사의 역할을 살펴보면 '소정의 보육교육을 받은 2명의 보모와 취사부 1명이 붙어서 모든 시중을 들어주고 있다. 얼핏 일반유치원을 연상시키기도 하지만, 형식적인 교육과정보다 합리적인 가정적 분위기와 생활태도 및 품성의 도야 그리고 건강에 유의하는 보육태세를 완비하고 있는 것이다.'라고 기술한다. 주로 유치원과 차별화하여 가정과 같은 비형식적 분위기를 조성하고 기본생활습관과 사회생활에 필요한 인격 형성 교육에 치중하였다. 당시 보육교사가 운영하는 탁아부의 보육일과표를 살펴보면 〈표 1-2〉와 같다.

표 1-2 탁아부의 보육일과표

시간	내용
09:00~10:00	〈기초적인 생활교육〉 보모와 어린이들의 대화를 통한 인사법, 식사법, 위생, 참을성, 기타
10:30~11:00	〈사회와 자연관찰 교육〉 나뭇잎 보기, 실내의 정돈, 가정과 탁아소의 비교, 선생님과 어머니, 형제 그리고 탁아원 주위 등 정상적인 관찰과 판단력의 양성을 지도
11:00~11:30	〈구성 활동〉 색지로 이불 접기, 방석 접기, 풀잎 붙이기, 그림책 칠하기, 종합 활동으로서의 소꿉놀이 등 오락과 교육을 겸한 지도
11:30~12:00	〈휴식 시간〉
12:00~13:00	〈점심 시간〉
13:00~14:00	〈낮잠 시간〉
14:00~16:00	〈게임 시간〉 충분한 운동을 통한 건강 지도, 친밀감 형성
16:00~17:00	〈일과 복습〉 일과 복습 및 귀가 준비

이때 교사가 추구하는 보육 목적은 '새 동무와 단체생활을 위한 규칙적 생활로 서로서로 친밀감을 가질 수 있도록 하자.'였다. 보모 2명이 어머니를 대신하여 노래와 춤, 기타 여러 가지 예법 등을 가르치는 등 마치 유치원과 같았다. 지금까지 서울 시내 숭인동에는 대한적십자사 서울지부에서 경영하는 탁아소가 하나 있었다(조선일보, 1961. 6. 12).

계속해서 이 기관이 1961년 개설 후 1년간 수탁한 아동을 살펴보면 [그림 1-2]와 같다. 6세 여아가 가장 많고 그다음이 5세 남아이다.

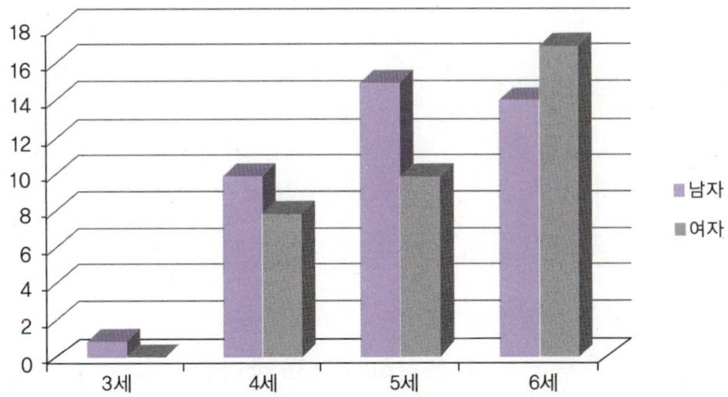

그림 1-2 연령별 수탁유아 실태

출처: 조선일보(1962. 5. 31).

또한 수탁아 어머니의 직업은 [그림 1-3]과 같이 부녀사업관에서 직업 수강을 받는 어머니, 상업에 종사하는 어머니, 행상 순으로 나타났다.

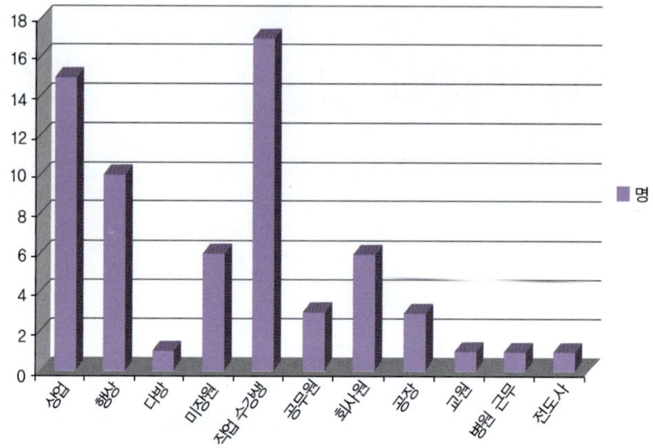

그림 1-3 수탁아 어머니의 직업

출처: 조선일보(1962. 5. 31).

이때 유아의 수탁조건으로는 어머니의 직장증명서와 거주증명서 그리고 어린이의 건강진단서를 내면 누구나 시설을 이용할 수 있으나, 예산 관계로 하루 50명밖에 보호할 수 없다는 점과 3개월까지만 이용할 수 있다는 점에서 근본적인 보육대책과는 거리가 상당히 있어 보인다.

4) 농민의 자녀를 위해 탁아소 설치

농번기를 맞이하여 아이를 가진 부모들의 노고를 덜게 하고자 부산시에서는 일백삼 천여 만 환의 예산으로 비교적 도심지대에서 떨어져 있는 해운대, 사하, 동래, 부산진, 대련, 영도 등 6개소에 농번기를 이용하여 탁아소를 설치하고 농민들의 자녀들을 탁아소에 맡기도록 설치하였다고 한다(조선일보, 1955. 6. 1).

이 시기를 종합해 보면, 해방과 한국전쟁이라는 극심한 사회 혼란기를 겪으면서 서양식 교육을 받은 한국 지식인의 증가로 현대식 보육개념이 이미 태동하였음에도 불구하고 전쟁고아, 수해와 기근으로 인한 기아 등 시급한 사회 구호적 보육이 요구되었고, 이를 수행하기 위한 보육교사 역할이 절실했다(오경희, 2005).

4 전환기(1961~1982년)

본격적으로 보육사업이 실시된 것은 1961년 「아동복리법」이 제정·공포되면서부터다. 1960년대 경제개발 5개년 계획을 추진한 정부는 도시화·산업화가 촉발되면서 보육 수요가 늘어나 당시 24개에 불과하던 보육시설로는 역부족임을 깨달았다. 늘어나는 근로여성의 경제활동을 지원하기 위한 방안으로 정부에서는 구마다 동사무소 한 곳을 선정하여 탁아소로 운영할 방침을 지시했다(조선일보, 1968. 2. 10). 하지만 국공립 탁아소만으로는 턱없이 부족한 보육 수요를 충족하기 어려우므로 「아동복리법」을 제정·공포하여 민간시설의 운영을 독려하게 되었다. 예컨대, 「아동복리법 시행령」으로 「미인가 탁아시설 임시조치령」을 공포하여 종전에 법인체만이 설치할 수 있었던 보육시설 운영 주체를 민간시설까지 대폭 완화시켰다. 이렇듯 갑작스러운 보육시설의 양적 팽창으로 1966년 말에는 116개소, 1968년에는 202개소에 이르게 되었으며 보육아동은 25,443명에 이르렀다. 농촌의 경우 전국 6,000개 마을 단위로 1개씩 탁아소를 설치·운영하였다(조선일보, 1979. 4. 5). 결과적으로 폭발적인 보육시설의 수적 증가는 달성했을지 몰라도 보육의 질적 수준은 매우 미흡하여 부작용과 폐단을 가져왔다.

이 시기 보육교사의 질적 수준을 가늠할 수 있는 단적인 예로 한 신문기사를 소개하고자 한다. 이 신문기사에 따르면, YWCA에서 단 5일 동안 교육을 받고 보육교사가 되어 가정어린이집을 운영할 수 있음을 밝혀주고 있다.

> A라는 여인은 YWCA에서 5일간 가정부 특강에 참여하여 가정 돌보기, 아기 봐주기를 배웠다. 그러고는 여의도 아파트에서 맞벌이부부의 아기를 봐주고 있었다. … 그녀는 전문부업으로 데이케어센터를 차렸다. 어린이 놀이기구를 구입하고 일기장, 음식 등을 마련하는 데 퍽 많은 돈이 들고 있으나 1인당 3~5천 원

> 씩 받고 외출하는 주부가 시간제로 맡기는 애들을 돌봐 주는 대가가 그럭저럭 꽤 많은 도움이 된다는 것이다. 원칙적으로 탁아소를 내려면 자격증과 일정 기준의 시설 등이 있어야 하나 이 경우에는 동네를 상대로 소문 없이 해 볼 여성 부업임엔 틀림없다.
>
> – 조선일보, 1973. 5. 11.

정부에서는 보육교사의 질적 향상을 제고하기 위해 결국 1968년 「미인가 탁아시설 임시조치령」을 폐지하였고 극빈 저소득층 가정의 아동을 대상으로 하는 무료 탁아시설을 일반 중산층 가정의 아동에게도 이용할 수 있도록 개방하였다. 1981년 4월 13일 「아동복리법」이 「아동복지법」으로 전면 개정됨과 동시에 무료 탁아시설은 법인 이외의 자도 신고만으로 시설을 설치·운영할 수 있도록 하였다.

결론적으로 이 시기에 탁아와 보육에 대한 태도는 편협적이거나 부정적일 수밖에 없다. 고아원, 빈민아동, 저소득층 대상의 편중된 보육이었으며 열악한 시설환경, 탁아 프로그램의 미비, 전문보육교사의 부족 등 부정적 이미지를 가지고 있었다. 특히 탁아를 담당하는 보육교사의 전문성 부재와 아울러 기존 고아원을 탁아소로 전환하게 함으로써 육아시설에 준하지 못하는 열악한 환경으로 인해 시설보호와 거의 구분이 없는 보호에 불과한 탁아서비스를 제공할 뿐이다(김정자, 1991: 18).

5 정비기(1982~1990년)

영유아교육기관의 창구가 지나치게 다원화되어 일선에서 혼선을 빚게 되었다. 유치원, 어린이집, 새마을협동유아원, 유아교실, 농번기 계절탁아소 등 5~6개 종류가 되었고, 이들을 감독·지도하는 기관도 문교부, 보건사회부, 각 시·도 교육위원회, 농촌진흥청, 내무부 등 얽힌 실타래와 같은 형국이었다. 이로 인해 방만하고 체계적이지 못한 교육시설로 인해 국가 재정의 누수가 있을 수밖에 없었다. 이를 통합하고 일원화하고자 1982년 '유아교육진흥종합계획'이 수립되어 당시 보건사회부가 관장하던 어린이집, 농촌진흥청이 관장하던 농번기 탁아소, 내무부가 설립·관장하던 새마을협동유아원, 민간유아원 등 아동 관련 시설이 새마을유아원으로 통합 일원화되어 내무부가 보육 주무부서로 이를 모두 관장하게 되었다(이성진, 1995). 그러나 법제정과 장학 지도는 교육부, 시설 운영과 행정 지도는 내무부, 보건의료는 보건사회부로 역할이 세분화되어 효율성면에서 여전히 미흡한 점이 많았다. 이로써 어린이집 691개소, 농번기 탁아소 등 총 1,374개소는 새마을유아원으로 흡수되었다. 현장 측면에서 크게 구분해 보자면, 아동 보호·교육 기관을 새마을유아원과 유치원으로 이원화하였다(이미정·윤숙현, 2006: 84). 여기서 새마을유아원은 정작 맞벌이부부 자녀를 보호하고 저소득층 자녀를 교육하는 역할을 병행하도록 하였으나 취원 순위와 종일제 탁아 시간의 부족, 영아 탁아의 기피, 정부의 재정 지원 감소 등의 이유로 탁아시설로서의 기능이 상실되었다. 이 시기는 보육 수요를 자생적으로 생겨난 종교단체나 민간단체가 맡아 보육하게 되었다(등에출판부, 1989: 146-148). 1987년 12월 노동부의 「남녀고용평등법」 제정과 함께 직장탁아시설이 공단 중심으로 생겨났다. 이 시기는 보육교사의 역할에 대한 기대가 그리 높은 편은 아니었다. 일괄적으로 기존의 새마을협동유아원, 민간유아원, 농번기 탁아소 등이 새마을유아원으로 흡수된 형태이기 때문에 부적격자인 보육교사도 흡수되는 과정 중에 일괄적으로 수용되는 경우가 많았다.

> 보건사회부는 탁아시설 증가에 따른 보육사의 질적 향상을 위해 오는 9월 18일까지 탁아시설로 전환되는 새마을유아원의 원장과 보육사 중 무자격자에 대해 일정한 보수교육을 이수시켜 모두 양성화하기로 했다. 보건사회부는 또 8백명의 무자격 보육사에 대해서도 국립사회복지연수원에서 실시하는 6주간의 보육사 3급 양성교육과정을 시킨 뒤 유자격자로 양성화해 주기로 했으며 무허가 가정탁아모 양성기관에서 배출된 탁아모 등에 대해서는 1회에 한해 자격검정시험을 실시, 합격자에 대해 3급 탁아모 자격을 인정해 주기로 했다.
>
> – 연합뉴스, 1990. 8. 3.

보육 수준이 보육교사의 질적 수준을 넘어설 수 없음을 고려할 때 이제는 보육교사의 역량을 강화시킬 필요성이 본격적으로 논의되어야 할 시점에 이른 것이다. 보육교사들이 인식하는 역할 중에서 단지 원아 모집 등 기본적인 행정업무관리자로서의 역할, 일과를 계획하고 보육활동에 필요한 교재·교구를 제작하고 활용하는 등의 수업계획 및 수행자로서의 기본적 역할에 급급하였다. 따라서 이 당시 보육교사에게 이러한 기본적인 역할 외에 새로운 보육 지식과 정보를 습득하여 현장에 접목하고자 하는 교사의 자질 향상과 이와 관련된 연구자로서의 역할, 교육과정과 관련하여 여러 가지 교수전략을 모색하고 교육과정의 목적과 학습내용을 선정하는 등 교육과정 설계자로서의 다양한 역할에 기대를 걸기 어려웠다.

6 발전기(1991~2004년)

이 시기에는 각계 각층의 의견을 폭넓게 수렴한 「영유아보육법」을 통해 '보호'와 '교육'을 통합한 '보육'의 개념과 용어가 보편화되는 계기를 마련하였다(이미정, 2001: 94). 보육의 내용도 1차적 보육 대상인 아동에 대한 교육, 영양, 건강, 안전 등을 고려할 뿐만 아니라 부모, 지역사회와의 연계를 통해 총체적인 서비스가 되도록 추구하였다. 영유아보육의 문제는 부모와 함께 국가와 지방자치단체의 책임을 강화하여 부모는 부모로서, 지방자치제는 지방자치제로서, 국가는 국가로서의 책임과 역할을 분명히 하였다.

기존의 새마을유아원이 보육 욕구를 충족시킬 수 없는 한계에 부딪치게 되자 1990년 11월 내무부, 교육부, 보건복지부 3부 장관은 새마을유아원을 1993년까지 교육법에 의한 유치원이나 보육시설로 전환토록 합의하게 되었다. 보육을 주관하던 세 기관의 공감된 토대는 1991년 「영유아보육법」이 제정되는 획기적인 발전의 전기를 마련하였다. 이미정, 윤숙현(2006: 83)에 따르면, 1995년부터 1997년까지 실시된 보육시설 3개년 확충계획에 따라 보육시설의 수는 1994년 6,088개소에서 1997년 15,016개소로 약 2.5배 그리고 보육아동의 수는 1994년 192,000명에서 1997년 493,000명으로 약 2.6배 증가하였다. 보육시설 확충을 위한 3개년 계획을 추진함으로써 보육시설의 양적 확대를 확실하게 보여주고 있다. 아울러 '보육사업의 질 개선 및 보육서비스 향상'이라는 질적 고양은 여전히 단기간에 이루어진 수량적인 시설의 폭을 따라가지 못하고 있는 실정이었다.

특히 영아 보육에 대한 심각성이 부각되었다. 유아기 아동을 위한 보육시설은 눈에 띄게 확충되었지만 상대적으로 보육에 손이 많이 가는 영아는 대부분 친외가의 조부모가 담당하거나 저소득층 취업모의 경우 부업에 의존하면서 양육을 하거나 방임의 수준에 이르고 있었다.

이 시기의 보육교사는 1998월 3월에 개정된 「영유아보육법」에서 정한 보육교사 1급 자격을 취득하기 위해 반드시 보육시설, 유치원, 사회복지시설에서 4주 이상의 보육실습을 추가하고 승급을 위해서 보수교육을 의무화하는 등의 종사자 기준을 강화하여 보육전문인에 적합한 기준을 요구받게 되었다(보건복지진흥원, 2006: 8).

7 도약기(2005~현재)

2004년 개정된 「영유아보육법」이 2005년부터 시행되면서 보육교사가 취득하는 자격증이 국가자격증제도로서 체계적인 관리와 질을 통제할 수 있는 기반을 마련하게 되었다. 또한 열악한 보육환경은 보육시설로 허락하지 않음과 동시에 기존의 보육시설에 대한 평가인증제를 실시하여 미비한 환경을 보완하도록 유도하였다.

표 1-3 「영유아보육법」 개정안의 주요 내용(2004년 1월 8일)

- 보육서비스의 질 향상
  - 보육시설 설치의 신고제에서 인가제로 전환
  - 보육시설 평가인증제도 실시
  - 보육교사 국가자격증제도 실시, 보육교사의 등급을 3등급으로 세분화
- 보육서비스의 다양화
  - 영아, 장애아 보육 우선 실시
  - 저소득층 영유아보육시설 우선 이용
  - 직장보육 설치 활성화: 세제 지원 강화, 지역의 보육시설과 위탁계약을 체결
- 보육의 공적 책임 강화
  - 저소득층 보육료의 국가 지원 및 소득 수준에 따른 차등지원 제도 도입
  - 보육시설 설치, 보육교사 인건비, 운영 경비 지원

출처: 조성연·이정희·김온기·제경숙·황혜정·나유미 외(2006), p. 54.

또한 〈표 1-4〉에서와 같이 보육 수요자 중심의 보육서비스에 대한 요구를 반영하여 보육 유형을 다원화하였으며 국공립어린이집과 직장어린이집의 설치 및 확대, 보육교사 인건비와 운영비 지원 등을 통해 보육의 공공성 확대를 위하여 노력하였다.

표 1-4 특수보육시설 현황(2018년 12월 말 기준)

(단위: 개소, 명)

구분	시설 수	아동 현원	해당 아동에 대한 종사자 수
영아 전담	426	14,991	3,086
장애아 전담	177	6,239	2,671
장애아 통합	1,000	4,189	1,491
방과후	247	2,443	142
시간연장형	8,104	31,069	7,468
휴일	309	200	144
24시간	234	583	211

출처: 중앙보육정보센터(2019). 보육통계.

마지막으로 주목할 것은 '표준보육과정'과 '누리과정'이다. 2005년 '표준보육과정 개발연구'가 시작되기 이전에는 국가적 수준의 합의 없이 기관에서 자체적으로 어린이집 프로그램을 운영하였다. 2007년 '표준보육과정의 구체적 보육내용 및 교사지침'이 고시되었고, 이를 통해 국가 수준의 어린이집 표준보육과정이 시행되어 전국 어린이집의 0~5세 아동을 위한 보육 프로그램이 마련되었다. 또한 2011년에 고시되고 2012년 3월부터 시행된 '5세 누리과정'에 이어 '3~4세 누리과정'을 제정함으로써 2013년부터는 유치원과 어린이집에 3~5세 자녀를 보내는 모든 학부모에게 소득과 관계없이 유아의 학비와 보육료를 지원하였다. 이 과정은 두 가지 중요한 의의가 있는데, 첫째는 취학 전 교육·보육에 대한 국가의 책임을 강화하였다는 것이며, 둘째는 3~5세 누리과정' 도입에 따라 학부모 소득과 관계없이 생애 초기의 공정한 출발이 가능해졌다는 것이다(육아정책연구소, 2012: 3). 보육과 유아교육을 사이에 두고 갈등하였던 유아교육현장에 누리과정을 통해 만

3~5세 유아가 3~5시간의 공통과정과 이와 구분되는 종일제 운영을 통해 한층 더 내실화된 프로그램을 적용받고 교육비 지원의 혜택을 누리게 되었다. 누리과정은 2019년에 다시 개정되어 놀이 중심, 아동 중심의 철학이 강화되었으며 아동의 발달에 적합한 놀이환경을 제공하고 적절한 지원을 하기 위한 교사의 자질과 역량이 크게 요구되고 있다.

결론적으로 앞에서 살펴본 바와 같이 제도적 변화에서 비추어 볼 때 바람직한 보육교사의 역할은 다양화된 보육서비스의 요구에 민감해야 할 것이다. 영유아와 그를 둘러싼 가정환경, 부모의 직장, 지역사회의 특징을 반영하여 영유아의 삶에 대한 관심과 요구에 민감할 필요가 있다. 이전에 구태의연했던 탁아소 보모나 비전공자의 이미지에서 벗어나 '보육교사'로서 영유아를 교육할 뿐만 아니라 부모와 지역과의 인적 인프라를 구축하는 서비스 주체자로서의 새로운 역할을 자각할 필요가 있다. 즉, 보육교사는 다음 세대를 세워 가는 견인차로서 총체적이고 포괄적인 역할과 기능을 위한 새로운 안목이 요구된다. 아울러 다양화된 서비스뿐만 아니라 다원화, 다문화 사회에서 요구되는 다문화에 대한 열린 마음의 이해와 식견을 가지고 있어야 한다(문혁준·김경회·김영심·김혜연·배지희·서소정 외, 2010: 54). 아울러 빠르게 변화되고 있는 정보화 시대에 맞게 변화된 교수-학습 방법에 유능해야 하며 보육교사로서 창의적인 실험정신을 가지고 행동하는 역할이 절실하게 요구된다.

제2장 변화 속에 비추어진 보육교사의 역할과 자질 이해하기

오늘날 보육교사는 보육이라는 전문 영역에서 교사의 역할을 수행하는 보육전문가로 인식되고 있다. 그동안 시대가 변하면서 사회적 요구에 의해 보육교사의 인식이 달라졌으며, 이에 따라 보육교사의 역할도 과거보다 확대되었다. 보육교사가 한 인간의 초기 발달에 관여하는 중요한 존재라는 점에서 보육교사는 효율적인 업무 수행을 위해 전문적인 훈련을 거쳐 전문가로서의 역할을 수행해야 한다. 보육교사는 어떤 역할과 직무를 수행하는지, 질 높은 보육과 관련해 보육교사의 자질은 어떠해야 하는지를 알아볼 필요가 있다.

1 변화 속에서 새롭게 인식되는 보육교사

1) 보육교사의 자리매김

현재 우리나라에서 보육교사라 함은 법적으로 그 자격과 직무를 규정하여 어린이집에서 근무하는 교사를 일컫는다. 그렇다면 이와 같은 보육교사의 자리매김은 언제부터 시작되었을까?

우리나라에서 '보육교사'라는 명칭은 1991년 「영유아보육법」이 제정되면서 이전의 '보육사'라는 자격이 '보육교사'로 변경되면서 생겨났다(김은설·안재진·최윤경·김의향·양성은·김문정, 2009). 즉, 「영유아보육법」에 보육교사의 자격이 규정되면서 '보육교사'라는 명칭이 공식화되었고 대중적인 용어로 사용되기 시작했다. 당시 「영유아보육법」에서 규정한 보육교사의 자격은 다음과 같다(영유아보육법 제9조 2항, 1991. 1. 14., 법률 제4328호).

1. 대학(전문대학을 포함) 또는 이와 동등 이상의 학교에서 보건사회부령이 정하는 유아교육 또는 아동복지에 관련된 학과를 전공하여 졸업한 자
2. 고등학교 또는 이와 동등 이상의 학교를 졸업한 자로서 보건사회부령이 정하는 교육훈련시설에서 소정의 교육과정을 이수한 자

위에서 알 수 있듯이 「영유아보육법」이 처음 제정되었을 때는 보육교사의 자격에 학력과 전공교육과정의 기준이 적용되었다. 학력은 대학 또는 고등학교 졸업 이상이며 전공은 '유아교육 또는 아동복지'와 관련된 학과로 규정되어 있었다. 이러한 기준은 「영유아보육법」이 수차례 개정되면서 달라졌는데, 여기서 학력 조항은 현재까지 적용되고 있으나 전공조항은 관련 학과를 졸업해야 한다는 기준에서 '보육 관련 교과목과 학점을 이수'해야 하는 것으로 바뀌었다. 또한 2004년에 「영유아보육법」이 전면 개정되면서 보육교사의 직업적 전문성을 강화하고자 보육교사 자격 인정제를 국가자격증제로 전환하였다. 이에 오늘날 우리나라의 보육교사는 어린이집의 교사로서 보건복지부 장관이 수여하는 '보육교사'라는 국가자격증을 소지한 자를 일컫는다. 우리나라에서 '교사'라는 국가자격증은 기본적으로 「유아교육법」 및 「초·중등교육법」 규정에 의한 교원자격증을 의미하는데, 기존의 '보육종사자'를 보육교사라고 지칭한 것은 어린 영유아를 돌보고(보육), 가르치는(교육) 일이 중요한 역할임을 인정한 것이라 할 수 있다. 또한 2011년에 「영유아보육법」의 일부가 개정되면서 그동안 '보육종사자'로 규정되어 있던 보육교사의 명칭을 '보육교직원'으로 변경하였다(영유아보육법 제17조, 개정 2011. 6. 7). 개정 제안의 이유는 국민에게 보육교사에 대한 밝고 긍정적인 이미지를 주고 보육교사의 위상을 제고하고자 함이었다.

'보육교직원'은 어린이집 영유아의 보육, 건강관리 및 보호자와의 상담, 그 밖에 어린이집의 관리·운영 등의 업무를 담당하는 자로서 어린이집의 원장 및 보육

교사와 그 밖의 직원을 말한다(영유아보육법 제2조 5항). 보육교사의 주요 직무는 어린이집에서 영유아를 보육하는 것이며 원장이 불가피한 사유로 직무를 수행할 수 없을 때는 그 직무를 대행한다(영유아보육법 제18조). 이처럼 보육 및 보육교사의 직무와 보육교사의 자격 등에 관한 사항이 법에 명시되면서 보육교사에 대한 인식이 과거와 크게 달라졌다.

현재 보육교사는 다양한 경로를 통해 양성되며 보육교사 자격증은 보육시설종사자 검정위원회의 보육교사 자격검정을 거쳐 한국보육진흥원에서 발급된다. 과거와 달리 보육교사 자격 취득 기준이 점차 강화되어 이수과목 및 학점 기준이 상향 조정되었으며, 현직 보육교사에 대한 직무 연수 및 승급 연수의 장치가 확보되어 있어 보육교사의 전문성이 보다 강화되었다.

보육은 이제 단순히 일하는 엄마를 대신하여 아이를 맡아 보호하는 '탁아'를 넘어서서 영유아의 신체적·인지적·정의적 발달과 성장을 돕는 보호와 양육과 교육의 모든 활동이 포함되는 복합적이고 다면적인 하나의 '세계'이다(김은설 외, 2009). 영유아의 생활과 전인적 발달을 돌보고 지도하는 보육교사는 그 '세계'를 책임지는 전문적 자질과 능력을 소유한 사람이어야 하므로 국가는 보육교사가 미래 주역이 될 영유아를 제대로 보육할 수 있는 전문가가 되도록 양성교육과정과 자격검정을 통해 보육교사의 자격을 강화하고 있다. 따라서 오늘날 보육교사는 보건복지부 장관이 발급한 자격증을 가지고 어린이집에서 영유아의 보육과 교육, 나아가 사회복지서비스를 담당하는 보육전문인력으로 자리매김하고 있다.

2) 보육교사의 직업적 특성

보육교사는 사회가 변화하면서 새롭게 인식되고 있는 직업이다. 우리나라는 1982년에 '유아교육진흥종합계획'이 수립되고 「유아교육진흥법」이 제정되면서 본격적으로 유아교육의 이원화가 시작되었는데, 당시 문교부 산하 유치원과 내무부 산하 유아원으로 나누어져 유아교육기관이 운영되었었다. 그 후 1991년 「영유아보육법」이 제정되면서 다시 교육부의 유치원과 보건복지부의 어린이집으로 이원화되었는데, 과거의 유아원이 어린이집으로 대거 전환된 사실로 미루어 볼 때, 유치원 교사와 보육교사의 직업적 특성은 시대적, 사회적 요청에 의해 구분되어 왔다고 할 수 있다. 유치원과 어린이집은 운영체제에 있어서는 각각 독립적이나 그 기능에 있어서는 유사하거나 중복되는 면이 많다. 특히 3, 4, 5세의 경우 유치원과 어린이집의 대상 연령이 중복될 뿐만 아니라 2013년부터 유치원과 어린이집에 3~5세 누리과정이 시행됨이 따라 각 기관의 교사에게 기대하는 역할도 유사해졌다. 그러나 어린이집은 보육 대상이 3세 미만의 어린 영유아를 포함하므로 대상 영유아가 어릴수록 돌봄(care)이 교육(education)에 우선하여 강조된다고 할 수 있다. 또한 시대적인 요청에 의해 보육은 영유아에게 보호와 교육을 지원하는 사회복지 차원의 서비스로 자리매김을 하였다. 이에, 보육교사의 직업적 특성을 돌봄, 교육, 사회복지서비스의 측면에서 논의해 볼 수 있다.

(1) 돌봄(Care)

보육교사의 대표적인 업무는 영유아를 돌보고 가르치는 일이다. 그런데 돌봄이라는 특성은 오랜 역사를 거슬러 올라가 볼 때 그 의미가 과소평가되어 왔음을 알 수 있다. 즉, 돌봄은 특별한 지식이나 기술을 필요로 하지 않으며 어머니 역할을 할 수 있는 사람이라면 아무나 할 수 있는 비전문적 영역으로 인식되어 왔다. 이와 같은 돌봄은 주로 가정이라는 사적 공간에서 이루어졌는데, 시대가 변하면서 돌봄은 더 이상 사적인 영역에만 국한하지 않고 점차 공적 영역에서 다루어지도록 요구되었다. 우리나라도 정치, 경제, 사회의 변화에 따라 돌봄이 공공 영역에서 이루어지고 있고, 따라서 돌보는 사람과 돌보는 장소, 돌봄의 내용 등에 관한 사회적인 관심이 증대되고 있다. 이러한 변화를 볼 때 돌봄에 대한 인식도 달라졌지만, 돌봄에 대한 중요성도 강조되고 있음을 알 수 있다.

돌보는 가운데 이루어지는 영유아와의 상호작용은 영유아의 정서적인 유대감을 형성시키는 중요한 요인이 될 뿐만 아니라 돌보는 행동 자체가 영유아의 건강한 발달에 기여한다는 사실을 간과해서는 안 된다. 영유아를 어떻게 돌보는가에 따라 양육의 질이 달라진다. 영유아의 식사하기, 씻기, 배설하기, 잠자기 등의 기본생활 내용은 돌봄에 의해 조절되며 영유아가 돌봄에 적응해 가므로 돌봐주는 사람의 역할이 매우 중요하다. 보육교사는 일반 전문직이나 교직에서는 찾아보기 어려운 돌봄 역할의 특성으로 인해 어머니에 버금가는 헌신적이고 친밀한 양육자의 역할을 한다(백승선, 2010). 특히 보육교사는 영유아의 안정적인 애착 형성과정을 도와주며 부모와의 협력을 통해 영유아의 건강하고 균형적인 발달을 지원하는 중요한 역할을 하게 된다. 영유아는 보육교사에 의해 편안하게 돌보아지며, 그 가운데 보육교사와 안정된 정서적 유대감을 형성하고 애착을 발달시켜 갈 수 있다. 따라서 보육교사의 직업적 특성은 무엇보다도 돌봄의 관점에서 논의되어야 한다.

(2) 교육(Education)

보육교사는 학급의 영유아를 보호, 양육하고 교육한다. 일반적으로 돌봄과 교육의 개념은 서로 구분되는 특성이지만 보육의 실제에서 의미하는 돌봄과 교육은 서로 밀접한 관계에 놓여 있다. 보육교사는 영유아의 보육 및 교육을 위해 보육과정의 계획, 실내외의 환경구성, 교재·교구의 준비, 보육활동의 수행과 평가 등 교수적 역할을 한다. 또한 보육교사는 표준보육과정을 근거로 각 연령에 적절한 보육 프로그램을 수립하고 수업을 통해 프로그램을 실천해야 하며 영유아의 종합적인 관찰과 평가를 통해 생활기록부를 작성·관리해야 한다. 나아가 2013년부터 만 3~5세 유아에게 유치원과 마찬가지로 '누리과정'을 근거로 교육한다. 즉, 보육교사는 어린이집에서 교육을 담당한다는 의미이다. 본 장에서 보육교사의 직업적 특성을 돌봄과 교육으로 나누어 논의하는 것은 보육교사가 실천하는 일이 어디까지가 돌봄이고 어디서부터 교육인가를 구별하기 위한 것이 아니다. 보육교사는 영유아를 대상으로 하므로 돌보는 일과 가르치는 일을 병행한다는 의미이다. 이는 OECD(국제경제협력기구)의 교육위원회를 중심으로 유아 관련 정책에서 사용하는 용어인 ECEC(유아 교육과 보육: Early Childhood Education and Care)를 통해서도 알 수 있다. 즉, 돌보면서 가르치고 가르치면서 돌보는 보육교사의 직업 특성에 대해 논의할 수 있다.

(3) 사회복지서비스(Socal welfare service)

보육은 영유아를 건강하고 안전하게 보호·양육하고 영유아의 발달 특성에 맞는 교육을 제공하는 어린이집 및 가정양육 지원에 관한 사회복지서비스를 말한다(영유아보육법 제2조 2항). 즉, 여기서 보육의 주요 기능은 사회복지서비스라는 의미이다. 보육교사는 가르치는 역할을 하는 교사이면서 보건복지부의 영유아 보육에 관련한 업무를 수행하는 역할을 한다. 보육교사는 부모를 대신하여 영유아의 건강과 안전을 돌볼 뿐만 아니라 때로는 영유아가 학대에 노출되어 있는지에 대하여도 관심을 가져야 하는 직업인이다. 어린이집은 부모의 경제활동이 가능하도록 그들의 육아 부담을 덜어주어 가족의 복지에 기여하며, 지역사회와의 교류를 통해 지역 공동체의 발전을 가져오는 기능을 수행한다. 최근 우리나라의 저출산 문제도 보육복지를 통해 해결해 가고 있음을 알 수 있다. 즉, 출산 장려를 위해 사회복지 차원의 보육서비스가 강조되고 있으며 양질의 보육서비스가 제공되어야 한다는 점과 보육교사의 전문성이 확보되어야 한다는 주장이 함께 제기되고 있다. 그 외에도 취약계층의 보육과 다문화 보육, 장애아 통합보육 등 상대적으로 어려운 환경에서 방임되고 있는 아동의 보육에 관심이 요구된다. 따라서 보육교사의 직업적 특성은 개인 및 가족 그리고 지역복지의 향상을 가져오기 위한 사회복지서비스의 관점에서 논의될 수 있다.

3) 보육교사의 전문성 제고

보육교사의 전문성에 관한 논의는 비교적 최근에 다루어지고 있다. 우리나라의 영유아보육은 급속한 양적 팽창과 더불어 이제는 질적 수준을 향상시켜야 한다는 데 학자들의 관심이 모아지고 있는데, 이러한 질적 향상을 위한 노력으로 교사의 전문성에 대한 연구와 논의가 이루어지고 있다(문혁준 외, 2010). 전문성이란 전문지식의 소유와 그에 기반한 일의 수행에 초점을 두어 정의되는데(김은설 외, 2009), 보육교사의 전문성도 보육에 관한 전문 지식과 보육 수행에 대한 관점을 보는 시각에 따라 달라질 수 있다. 일반적으로 직업의 전문성을 어떻게 규정하는가를 알아보고 보육교사의 전문성에 대한 논의가 어떻게 이루어지는지 그리고 보육교사의 전문성을 강화하기 위한 방안을 살펴보기로 한다.

(1) 직업의 전문성에 대한 논의

전문직에 대한 의미는 역사의 변천에 따라 각 시대의 특성이 반영되어 다르게 해석되어 왔다. 과거의 신분사회에서는 전문직이 사회적으로 귀한 신분과 지위의 사람만이 가졌던 특정 직업군으로 제한적이었다. 특정 직업군과 일반 직업군의 구분 기준이 당시의 신분과 지위였으며 특정 직업군을 지칭하던 전문직이 다양한 직업을 포함하는 광의의 개념으로 변화하기 시작한 것은 산업혁명의 영향이다. 즉, 산업화와 노동의 분화가 이루어지면서 단순했던 직업구조가 복잡해졌으며, 점차 사회가 발전하면서 전문 지식과 정규교육과정을 갖춘 직업을 중심으로 직업의 전문성이 강조되었다. 또한 사회가 변하면서 점점 직업의 전문화에 대한 요구가 강해졌고, 이러한 요구는 일반 직업의 전문직화 현상으로 이어져 전문직의 범위가 확장되었다(이제환, 2003). 그리고 점차 현대사회로 오면서 전문직의 요건으로 지식의 수준이 높고 지식을 습득하는 기간이 장기적이며 고등교육 이상의 수준 높은 교육과정이 갖추어져야 한다는 점이 강조되었다. 더 나아가 전문직은 공공서비스를 제공해야 하고 관련 구성원의 자질과 능력이 통제되어야 하며 직업의 책무와 윤리가 준수되어야 하는 등 시대가 변하면서 전문성 요건이 점차 복잡해지면서 확대되어 왔음을 알 수 있다.

유아교육사전에 의하면, 전문직은 높은 수준의 학식을 요구하는 직업으로 일반인이 갖지 못하는 특수한 지식과 기술을 가지며, 이를 위한 장기적이고 실제적인 훈련을 필요로 하며 일반인들로부터 높은 신뢰를 받고 업무 수행상 고도의 자율성을 지니는 것을 특성으로 한다(한국유아교육학회 편, 2000). Katz(1988)는 전문직의 기준으로 사회적 필요성, 이타주의, 자율성, 윤리강령, 대상자들과의 거리 유지, 실천 기준, 계속적인 훈련, 전문화된 지식으로 제시한 바 있다. 사회복지사전에 의한 전문성의 의미는 전문가집단이 자격증을 갖고 해당 지식과 기술을 사용하는 것이며 전문직은 전문 조직을 활용하고 대중에 대한 신념, 자기 규제, 소명의식, 전문적 자율성을 지녀야 하고 특수한 능력과 기법, 실천, 서비스 개발에 대한 관심, 개인적 책임을 지는 직업이다(대구대학교 사회복지연구소, 1985).

이와 같이 여러 분야에서 소개된 전문직에 대한 견해를 보면, 주로 그 직업의 특성이 어떠한가에 초점을 두고 있다. 그러나 일반적으로 전문직의 특성에는 전문적 교육에 의한 고도의 지식과 그 실행, 자격 요건에 대한 엄격한 통제, 지속적인 교육을 통한 전문성의 신장, 윤리강령과 자체활동을 규정하는 조직체의 존재, 사회봉사정신의 요구 등이 포함된다고 할 수 있다(Lieberman, 1960).

위에서 살펴본 바와 같이, 오늘날 전문직에 대한 관점은 전문직 분야에 따라 다소 차이는 있으나 분명히 비전문직과는 차별적이며 보통 사람이 할 수 있는 일과는 구별되는 특성을 가진다. 현대사회는 전문직의 구분 기준이 어느 정도 체계적으로 소개되고 있는바, 고도의 전문 지식과 기술을 요구하는 직업이 보다 확대되어 과거와 다르게 전문 직종이 증가되었고, 과거에는 비전문직이었으나 점차 전문직의 요건을 갖추어 전문직화되는 경향이 있다.

(2) 보육교사의 전문성 논의

보육의 전문성에 대한 논란과 마찬가지로 보육교사라는 직업을 전문직으로 볼 수 있는가에 대한 논란이 있다. 즉, 보육교사를 육아 지원 인력으로 보는 관점에서 보육교사는 전문직이 아니라는 관점과 전문직이라는 관점이 동시에 존재하고 있다.

먼저, 보육교사 직업을 전문직으로 보기 어렵다는 견해가 있다. 즉, 보육교사라는 직업은 전문직으로서 가장 중요한 요소인 지식, 자격 기준, 자율성 등이 부족하고 전문직으로서의 권위와 특권에 대한 사회적 인정도가 낮기 때문에 전문직으로 보기 어렵다는 것이다(Ade, 1982; Joffe, 1977). 현재 우리나라에서도 보육교사의 자격 취득과정이 다른 전문직에 비해 수월한 것은 사실이다. 학력 및 전공 과정의 통제가 엄격하지 않으며 국가자격증이면서도 자격증 취득 경로가 다양하다. 또한 보육교사를 전문직으로 인식하는 사회적 인정도가 낮은 편이다. 보육교사의 자격 기준이나 사회적 인정도가 낮아 전문직으로 보기 어렵다는 견해에 대하여 이견을 제기하기가 쉽지 않다. 그 외에도 보육교사를 그 직업적 특성으로 인해 준전문직으로 보는 견해도 있다(Howsam, Corrigan, Denmark, & Nash, 1976; Spodek, Saracho, & Peters, 1988). 보육교사의 낮은 직업적 지위, 짧은 기간의 훈련, 사회봉사에 대한 사회적 인식 부족, 이론의 전문성 부족, 의사결정에서의 자율성 부족, 전문가집단의 일체감 부족, 여성의 높은 참여율 등이 보육교사를 준전문가로 보게 한다는 것이다. 이렇듯 보육교사는 여러 가지 측면에서 직업적 전문성이 부족하여 전문직으로 인정받기 어렵다는 것이다.

다음으로, 보육교사를 전문가집단으로 인식하는 견해가 있다. Feeney 외(1983)는 육아 지원 인력과 관련하여 보육교사의 전문성을 강조하였다. 즉, 보육교사는 영유아에게 폭넓은 지식을 전달하고 영유아들이 자신을 긍정적으로 느끼도록 교육하며 영유아 발달과 학습에 관한 지식을 충분히 갖고 있다는 것이다. 뿐만 아니라 교육현장에서 이론을 적용하며 필요한 지식과 기술을 계속적으로 보충, 선택, 판단해야 하기 때문에 전문적인 능력을 필요로 한다는 것이다. 그 외에도 보육교사는 교수기술이나 교실운영 등의 업무뿐만 아니라 진단, 의사결정 및 판단 등과 같이 많은 역할을 수행할 수 있는 지식을 필요로 하는 전문인이라는 관점(Broudy, 1984)이 있다. 이와 같은 측면에서 볼 때 보육교사는 보육에 관한 전문가라고 할 수 있다. 보육교사는 어린이집에서 영유아를 돌볼 뿐만 아니라 교실관리의 책임을 지며 교육과정의 계획, 실천, 평가의 역할을 하는 주체이기 때문이다. 보육교사는 영유아를 돌보고 가르치는 역할로 인해 때로는 희생과 봉사가 요구되며 엄격한 직업윤리와 특별한 자질과 사명감을 필요로 한다. 또한 영유아에 대한 보편적인 지식과 개별 영유아에 대한 개별화된 지식이 요구되며 나아가 현장 경험과 창의성이 요구된다(김은설 외, 2009)는 점에서 보육교사는 여타의 일반직과 구분되는 전문성을 가진다.

전문직을 규정짓는 여러 가지 조건과 특성에 비추어 볼 때 보육교사가 과연 전문직이라고 할 수 있는가에 대한 의견이 학자마다 분분하다. 보육교사는 전문화된 지식이 부족하고 전문직으로서의 사회적인 지위나 인식도가 낮고 보육교사 스스로도 전문직이라는 인식이 부족하다는 등의 이유로 전문직으로 볼 수 없다는 견해와 영유아들을 위한 전문적인 교수기술과 지식이 필요하고 책임이 부과되며 봉사 지향적이고 창조성이 요구되는 전문직으로 볼 수 있다는 견해가 공존하고 있다(문혁준 외, 2010).

(3) 보육교사의 전문성 제고

보육서비스의 질적 향상을 가져오기 위한 방안은 여러 가지로 모색되어야 한다. 특히 보육의 질적 수준을 결정하는 것은 무엇보다도 원장 및 보육교사의 능력과 자질에 있다고 볼 수 있다. 아무리 훌륭한 물리적 환경을 갖춘 어린이집이라 해도 부모들이 안심하고 자녀를 맡길 만한 곳이 되려면 보육에 적합한 보육 인력이 있어야 한다. 즉, 질적인 보육서비스를 위해 교사의 전문성이 제고되어야 한다. 보육교사의 전문성이란 질 높은 보육을 제공하기 위해 보육교사가 갖추어야 할 지식과 기술이며 충분한 현장 경험과 역할 수행, 무엇보다 전문직으로서의 신념과 책임감이 중요하게 작용한다(김은설 외, 2009; Saracho & Spodek, 1993).

Spodek과 그의 동료들(1988)은 보육교사의 전문성 향상을 위해 교사 연수, 교사 연구모임, 동료교사 관찰, 경력교사의 초보교사에 대한 지도 등을 제시하였고 Grossman(1995)은 교사의 전문성 향상을 위해서 학위 프로그램, 현직교육과정, 연수회나 전문적 모임에 참가하고 전문적 저널을 읽는 것과 전문적 단체에 가입하여 전문성을 제고시키기 위해 노력하는 것이 중요하다고 하였다(문혁준 외, 2010). 또한 Decker와 Decker(2000)는 교사의 전문적인 질을 향상시키기 위한 방안을 다음과 같이 제시하였다. 첫째, 전반적인 교육에 관한 지식, 영유아교육 관련 지식, 교사의 역할과 교수방법에 관한 지식, 현장 경험과 관련된 지식으로 구성된 형식적 교육이 필요하다. 둘째, 개별 교사의 요구와 교사집단의 요구를 고려한 교사교육활동이 다양하게 마련되어야 한다. 셋째, 다양한 전문단체가 조직되어야 한다. 넷째, 교사의 직무스트레스를 완화시켜 주어야 한다. 다섯째, 명확한 평가 기준을 가지고 다양한 방법으로 교사를 평가해야 한다.

보육교사의 전문성을 향상하기 위한 방안은 다양한 측면에서 검토되어야 한다. 우선, 교사양성 대학에서는 적절한 교육내용의 선정과 조직, 교수-학습 방법의 개발, 체계적인 보육실습을 통한 이론과 실제의 연계, 인성교육 등으로 능력과 자질을 갖춘 전문가로서의 교사를 길러내기 위해 노력해야 한다. 또한 교사는 다양한 연수에 참여하는 것뿐만 아니라 근무하는 어린이집에서 꾸준히 연구하며 스스로 전문성 제고를 위해 노력할 때 교사의 전문성이 점차적으로 향상될 것이다. 보육교사가 자신의 직업을 전문직으로 보는지 그렇지 않은지도 매우 중요하다. 자신의 직업을 전문직으로 볼 때 자신의 일에 대한 자부심과 책임감은 물론 전문성을 유지하고 발전시키려고 계속 노력할 것이기 때문이다. 과거에는 보육교사가 보여준전문성 수준의 평가 결과가 낮은 수준을 보였고 어린이집 원장의 전문성이 보육교사의 전문성보다 더 낮게 보고된 바 있다(표갑수·백선희, 1999).

보육교사의 전문성 제고방안은 시대적 상황이 반영되어 제시되기 마련이다. 우리나라는 1991년 「영유아보육법」을 제정한 이래, 보육교사의 자격 취득 경로 및 승급·보수교육 체제를 점진적으로 개선하여 현재에 이르고 있다.

보육서비스의 질적 수준을 향상하기 위해 보육 인력의 전문성 향상을 위한 자격증을 강화하는 것은 필수이다. 2016년부터 보육교사의 자격 취득에 요구되는 이수학점과 과목이 확대된 것은 바로 양성교육과정 강화를 통해 보육교사의 전문성을 높이려는 정책이 반영된 것이다. 즉, 보육 인력의 전문성을 강화하여 우수하고 사명감 있는 인력을 확보하고, 이들이 자부심을 갖고 보육현장을 지킬 수 있도록 한 것이다.

종합해서 정리하면, 보육교사의 전문성 제고방안은 교사양성교육의 강화, 현직 프로그램의 강화, 교직 윤리의식의 강화, 직업의 자율성 보장, 근무 여건 및 후생복지제도의 개선, 사회·경제적 지위 향상, 자주적인 자기 성장 노력과 지원 등을 중심으로 이루어져야 한다.

2 보육교사의 역할과 직무, 자질 이해하기

1) 보육교사의 역할과 직무

일반적으로 직업에서 요구하는 역할은 그 직업의 직무 또는 업무와 관련해 기대되는 행동을 의미한다. 역할은 직무를 수행하는 사람에게 기대되는 행동이며 직무는 수행하는 일 자체를 의미한다. 보육교사의 역할은 그 직무의 범위가 어디까지인가에 의해 명료해질 수 있으나, 보육교사의 지위에 따라 그리고 보육 대상 아동의 연령에 따라서 보육교사의 역할은 달라질 수밖에 없다. 따라서 보육교사의 역할을 단순하게 몇 가지로 설명하기가 곤란하다. 특히 보육교사는 돌보는 일과 가르치는 일을 동시에 해야 하는 직업적 특수성으로 인해 보다 복잡한 역할을 해야 한다. 보육교사는 보육현장에서 여러 가지 직무 수행을 통해 자신의 역할을 발휘하게 된다. 보육교사의 역할에 대한 견해는 시대가 변하면서 어느 정도 달라져 왔는데, 에듀케어(educare) 개념이 적용되면서 보육과 교육의 통합적인 역할을 강조한다.

(1) 보육교사의 역할

보육교사에게 기대되는 역할은 숙련된 기술에서 일상적 잡무까지 수량적으로 셀 수 없을 만큼 다양하다. 한 연구에서 보육교사의 직무가 10개 영역의 144개 내용으로 분석(강문숙, 2008)될 만큼 복잡하고 다양한 것으로 나타났다. 보육교사의 역할은 보육에 대한 관점을 어떻게 보는가에 따라 달라질 수 있는데, 전통적으로 보육과 교육의 관점을 구별하지 않고 보육교사의 역할을 유형별로 소개한 이론에서 보육교사의 역할을 이해할 수 있다. 보육교사의 역할에 관한 이론은 주로 교사의 역할 내용을 특성별로 범주화하여 역할 유형을 소개하였는데, 보육과 교육을 통합적으로 접근하는 의미에 무게를 두어, 보육교사의 역할에 대한 대표적인 이론을 제시하면 다음과 같다(이희경, 2008).

첫째, Katz(1970)는 역할이란 교육 대상자, 부모, 원장 그리고 교사 자신에 의해 기대되는 직무, 의무, 책임과 관계된 교사의 행동 측면을 언급하는 말이라고 정의하면서 교사의 역할을 어머니 모형(maternal model), 치료 모형(therapeutic model), 교수 모형(instructional model)으로 구분하였다. 어머니 모형은 영유아들을 안전하고 편안하며 행복하도록 돌보는 역할을 강조하며 치료 모형은 영유아들이 자신의 감정을 표현하고 긴장을 풀어 내적 갈등을 해결하도록 도와주는 역할에 중점을 둔다. 교수 모형은 지식과 정보를 전달하고 영유아들이 기술을 발달시키도록 하는 역할에 중점을 둔다.

둘째, 이연섭(1984)은 교사의 역할을 양육자, 교수자, 안내자, 의사결정자로 분류했다. 양육자로서의 역할은 영유아의 건강과 안전을 돌보며 사랑과 위안을 줄 수 있는 책임적 역할이며 교수자로서의 역할은 영유아에게 지식을 전수하는 직접적 교수방법과 영유아의 반응이나 행동을 이끌 수 있는 간접적 교수방법에 의해 영유아를 지도하는 역할이다. 안내자로서의 교사는 영유아와의 끊임없는 상호작용을 통하여 영유아를 가르치며 영유아가 한 사람의 학습자로, 한 사람의 인간으로 안정감을 갖도록 도와주고 풍부한 환경을 제시하여 학습을 돕는 역할을 수행하는 것이다. 의사결정자로서의 교사는 수업을 계획하고 실천하며 평가하는 전 과정에서 중요한 결정을 내리고 책임져야 하는 중요한 역할을 수행하는 것이다.

셋째, Spodek(1985)은 교사는 양육 역할(nurturant role), 교수 역할(instructional role), 관련적 역할(relational role)을 수행한다고 보았다. 양육 역할은 영유아기의 건강, 보호, 안전을 배려해야 하는 측면으로, 교사는 영유아들에게 사랑과 편안함을 제공해야 한다. 교수 역할은 교육과정 설계자, 진단자, 교수조직자로서의 역할을 포함한다. 지식 전달의 직접 교수뿐만 아니라 학습 상황의 조성, 학습 자원의 제공을 통해 영유아가 현실 세계를 지각하도록 하고 평가하는 교수의 간접적인 형태까지 포함한다. 진단자로서의 교사는 프로그램을 계획할 때 각 영유아에 대한 관련 정보를 수집하여 영유아 행동을 관찰하고 영유아의 작품을 분석하며 표준화된 검사와 교사 제작용 검사들을 실시함으로써 학급 영유아에 대한 정보를 체계적으로 수집하고 기록한다. 관련적 역할은 교사가 영유아와의 상호작용뿐만 아니라 다양한 상황에서 수행하는 확장된 역할을 의미한다.

넷째, Saracho(1988)는 교사의 역할을 교육과정 설계자(curriculum designer), 교수 조직자(organizer of instruction), 진단자(diagnostician), 상담자 및 조언자(counselor/advisor)의 네 가지 역할 차원으로 분석하였다. 교육과정 설계자는 교육과정의 단원 및 주제를 선정하고 목표를 계획하며 영유아의 흥미에 기초한 경험을 제공하고 교육과정과 교수를 통합하는 역할을 한다. 교수조직자는 다양한 학습자원을 발견하여 교육환경 구성 및 학습활동을 수행하고 주제·학습 도구·게시판을 제시하는 등 교수 절차를 실천하는 역할을 한다. 진단자는 영유아의 행동을 진단하고 영유아의 성숙 단계를 판단하며 다양한 평가기술을 사용하여 교육과정 및 자원을 평가하는 역할을 한다. 상담 및 조언자는 영유아들의 개성표현을 돕고 자아실현 및 창의적 성장을 도모하며 다양한 방법의 상호작용적 역할을 한다.

다섯째, Schickedanz, York, Stewart와 White(1990)는 교사의 역할을 네 가지로 분류했다. ① 지식전달자로서 교사는 영유아가 지식을 구성할 수 있도록 언어적·비언어적으로 도움을 주어야 한다. ② 계획자·조직자·평가자로서 교사는 교수의 가장 중요한 측면인 계획, 조직, 평가를 수행한다. ③ 훈육자로서 교사는 영유아가 자아존중감을 갖고 다른 영유아들과 협력할 수 있도록 하며 활동을 잘 계획하고 조직함으로써 문제 행동 발생을 예방하며 기대되는 행동에 대한 모델이 되어야 한다. ④ 의사결정자로서 교사는 항상 영유아들을 관찰함으로써 이를 프로그램 수정에 반영하고 기본적인 프로그램이 설정되면 언제, 어디서, 어떻게 상호작용할 것인지를 결정한다.

위와 같이 보육교사의 역할을 논한 학자들은 교사의 다양한 역할을 특성별로 분류하여 제시하였는데, 이들은 교사의 역할을 독립된 역할로 구분하거나 특정 역할을 강조하기 위한 것이 아니라 전문성을 지닌 교사의 역할 내용을 유형별로 체계화한 것이라 할 수 있다.

한편 김은설 등(2009)은 우리나라 어린이집의 특성과 업무에 근거하여 보육교사의 역할을 여섯 가지로 분류했다. 첫째, 보육교사는 영유아를 가르치는 '교사'이다. 둘째, 보육교사는 부모를 대신하여 영유아들을 돌보는 '대리양육자'이다. 셋째, 보육교사는 부모를 대상으로 하는 '상담자'이며 '부모교육자'이다. 넷째, 보육교사는 모든 영유아의 보편적 보육 요구에 부응하는 '사회복지실천가'이다. 다섯째, 보육교사는 부모 및 지역사회 환경과 지속적으로 의사소통하고 상호 협력하는 '교류자'이다. 여섯째, 자율성과 책임감을 갖춘 보육서비스 전문가임과 동시에 「근로기준법」에 근거한 피고용된 '근로자'이다. 즉, 보육교사는 교사이면서 대리양육자, 상담자, 교류자이며 사회복지 실천가이사 근로자라는 것이다.

보육교사의 역할에 대한 관점이 시대의 변화와 학자에 따라 어느 정도 다른 것을 알 수 있다. 현재 우리나라의 보육교사는 「유아교육법」 및 「교원자격검정 기준」에 따른 유치원 교사와는 다르게 「영유아보육법」에서 정한 보육교직원에 속하며 「영유아보육법」 및 「근로기준법」의 적용을 받는 전문적인 보육 인력이다.

(2) 보육교사의 직무

보육교사의 직무는 어린이집에서 수행해야 할 업무를 말한다. 「영유아보육법」 제18조 제2항에 "보육교사는 영유아를 보육하고 원장이 불가피한 사유로 직무를 수행할 수 없을 때에는 그 직무를 대행한다."라고 규정되어 있다. 또한 보육교사는 어린이집에서 영유아의 보육, 건강관리 및 보호자와의 상담, 그 밖에 어린이집의 관리·운영 등의 업무를 담당해야 한다(제2조). 그리고 어린이집의 원장은 표준보육과정에 따라 영유아를 보육하도록 노력하여야 하며(제29조 제2항), 영유아 생활지도 및 초등학교 교육과의 연계 지도에 활용할 수 있도록 영유아의 발달 상황 등을 종합적으로 관찰·평가하여 생활기록부를 작성·관리해야 한다(제29조의 2). 이와 같이 「영유아보육법」에 보육교사의 직무에 관한 규정이 포함되어 있고 어린이집 평가인증지표의 내용에도 여러 영역의 기준에 보육교사의 직무가 포함되어 있어서 보육교사의 직무에 대한 체계적인 분석이 필요하다. 보육교사의 직무는 어린이집에서 일어나는 상황적 변수가 크기 때문에 정확하게 예측하기 어려우나,

보육교사의 직무에 대한 인식 조사를 통해 분석된 직무 내용을 소개하면 다음과 같다(강문숙·황해익, 2008).

표 2-1 보육교사의 직무 영역과 내용

직무 영역	직무 내용
보육활동 준비	연·월·주·일일 보육계획, 현장학습 계획, 교재·교구 제작, 교재·교구 보수 및 정리, 주제에 따라 흥미영역 구성, 흥미영역 외 교실환경 구성, 교실 외 환경 구성, 실외 흥미영역 구성, 수업 준비를 위한 정보 검색, 보육 자료 준비 및 점검, 개별 수준에 따른 수업 자료 수정, 다른 교사와 수업에 대해 협의, 학급 내 교사 간 역할 분담, 공동시설 사용 협의
보육활동 실제	실내놀이 계획, 실외놀이활동 및 평가, 발달과 수준에 따른 개별 지도, 바르게 인사 지도, 자기 물건·놀잇감 정리 지도, 바른 언어 사용 지도, 차례 지키기, 아껴 쓰기, 부적응 행동 관리, 친사회적 행동 격려, 영유아의 독립성 격려, 영양교육, 급·간식 준비 및 도우미 지도, 화장실 사용, 귀가 지도, 영유아 간 상호작용 격려, 개별 영유아와 긍정적 상호작용, 대집단 활동 운영, 소집단 활동 운영, 전이활동, 특기교육, 학기 초 영유아 오리엔테이션 진행, 현장학습 지도
보육활동 평가	표준화 검사, 놀이 관찰기록, 흥미영역 평가, 유아 포트폴리오 제작 및 분석, 영유아들과 일과 평가, 수업에 대한 저널 쓰기, 학급경영록 평가란 기록, 다른 교사와 보육과정 운영 평가, 평가척도를 이용한 프로그램 평가, 프로그램에 대한 부모 의견 수렴, 평가 결과를 반영
전문성 신장	원내 연수 참여, 외부 연수 참여, 외부 수업 및 시설 참관, 영유아 보육박람회 참관, 연구회 활동, 신입교사 오리엔테이션 진행하기, 교생 지도, 동료장학 실시 및 받기, 자기장학, 교사윤리 실천, 교사 법적 관리와 의무 이행, 구성원 협동
영유아 보호 관련 업무	영유아 건강검진 계획 세우기, 교사 건강검진 받기, 적절한 휴식 지도, 식단 짜기, 영유아 씻기기, 기저귀 갈아 주기, 배변 처리하기, 실내 온도·습도·채광·조도 조절, 영유아가 개인용품 청결하게 관리, 놀잇감 청결 유지, 교실 청소, 교실 외 시설 청소, 아픈 영유아 간호, 영유아 안전교육 받기, 원내 안전규칙 세우기, 영유아 안전교육, 위험물에 대한 안전 관리, 안전점검 징후 살피기, 응급상황 시 역할분담 계획, 응급상황 훈련, 응급상황 대비 부모동의서 받기, 응급 시 의료처치 부모동의서 받기, 응급 처치하기, 사고 시 적법 절차 따르기
학부모 관련 업무	부모-교사 협의회, 학부모와 수시로 정보 교환, 학부모 지원 요청, 학부모 상담, 부모참여수업, 부모 간 교류 제공, 지역사회 자원에 대한 정보 제공, 다양한 방법의 가족 지원

직무 영역	직무 내용
행사 관련 업무	행사 계획하기, 행사 준비를 위한 정보 수집하기, 행사 역할 분담하기, 행사 진행하기, 행사 뒷정리하기
사무 관련 업무	보육과정 운영 문서 작성, 원아관리 문서 작성, 교원관리 문서 작성, 재무관리 문서 작성, 보건복지부 요청 자료 작성, 각종 보고서 작성, 각종 문서 관리, 회의록 관리, 각종 신청서 관리, 공문 처리, 유인물 제작 및 발송, 전언 통신, 제증명 발급, 우편물 확인, 예금 관련 업무, 사진 관련 업무, 회계 관련 업무, 당직, 재고 조사, 물품구입 계획, 물품구입, 원아 모집 관련 업무, 홈페이지 관리, 학급 편성, 차량노선 편성
시설 관련 업무	실내외 안전점검 의뢰, 실내 시설 안전점검, 실외 시설 안전점검, 실내 소독 계획 및 의뢰, 기자재 바른 사용법 익히기, 기자재 점검, 기자재 보수
대인관계 및 사회적인 업무	교사 친목 및 경조 활동 참여, 상사 업무 보조하기, 손님 및 상사 접대하기, 졸업생 관리하기, 지역사회 행사 참여하기

출처: 강문숙·황해익(2008).

2) 보육교사의 자질

(1) 교사의 자질

자질이란 타고난 성품이나 소질을 의미하기도 하며 맡아서 하는 일에 대한 능력이나 실력의 정도를 뜻한다(이기문, 2009). 교사의 자질을 설명할 때에도 자격(qualification)이나 질(quality)의 의미를 부여하며 교사로서의 역할 수행에 필요한 지식, 기술, 태도를 갖춘 능력이나 실력으로 나타낸다. 교사의 자질은 타고난 성품이나 소질에 기초하여 발휘된다고 볼 수 있으나 전문적인 교육 역량을 발휘하는 능력은 교육과 훈련의 과정을 통해 향상될 수 있다. 여기서 전자는 교사의 일반적 자질에 관련되는 성품이나 소질이 강조되며, 후자는 교사의 전공 교과 및 분야의 전문적인 능력을 강조하는 자질이 강조된다. 교사의 능력과 자질은 자신의 학문적 지식만으로 향상되는 것이 아니며 부단한 교육적 노력과 실천에 의해 다양한 역할을 수행하면서 향상된다. 훌륭한 교사나 유능한 교사의 자질이 어떤 것인지 설명하는 것은 매우 복잡하고 어려운 일이지만, 그럼에도 불구하고 훌륭한 교사의 자질을 밝히려는 노력은 끊임없이 계속되고 있다(문혁준 외, 2010).

바람직한 교사의 자질에 관한 연구를 종합해 보면 시대에 따라, 보는 관점에 따라 어느 정도 다르므로 공통적인 특성의 자질 요인을 밝히기가 쉽지 않다. 교사의 자질에 대한 몇 가지 견해를 살펴보면 다음과 같다.

박용헌(1988)은 성공적인 교사 자질을 예언할 수 있는 요인을 탐색하여 '교사 자질 평정척도'를 개발했는데, 바람직한 교사 자질을 전문적, 인간적, 인격적, 적응적 측면으로 구분해 자질 요소를 제시했다. 첫째, 전문적 측면의 교과 지도 영역으로 교과에 대한 지식, 수업 준비, 동기 유발, 수업에의 열의, 토론의 유발 및 지도, 융통성, 용어, 목소리, 표정 및 몸짓, 학습 분위기 조성 등이다. 둘째, 인간적 측면의 학습자 이해와 지도 영역으로 학습자의 이해, 지도성, 훈련방법, 신뢰성 등이다. 셋째, 인격적 측면의 인성적 특성으로 유머, 비판에 대한 반응, 상식, 안정감과 자신감, 창의성, 건강, 외모, 도덕성, 인품, 사회성 등이다. 넷째, 적응적 측면의 교직에 대한 적성으로 인기, 직업정신, 상사와의 관계, 동료직원과의 협조, 행정능력 등이다.

황정규 외(1995)는 교사의 자질을 가치관과 태도, 인성 및 품성, 교과 지식 및 기술, 일반적 능력, 신체적 측면으로 구분해 자질 요소를 설명했다. 첫째, 가치관과 태도는 준법정신 및 공동체 의식, 교직 및 교육 활동에 대한 열의, 학생에 대한 애정과 인간 존엄성에 대한 인식 등 보편적 가치에 대한 태도를 의미한다. 둘째, 인성과 품성은 공정성, 책임성, 개방성, 협조성, 정서적 안정성, 도덕성, 봉사성, 바른 예절 등이 포함된다. 셋째, 교과 지식 및 기술은 전공 및 일반 지식, 수업기술, 학생생활 지도, 학습자 이해, 학급 관리 능력 등의 교직 능력을 포함한다. 넷째, 일반적 능력은 폭넓은 교양과 상식, 표현 능력, 언어 능력, 창의적 사고 및 판단 능력, 심미적 능력 등을 포함한다. 다섯째, 신체적 측면은 질병 없는 신체적 건강, 정신적 건강, 깨끗하고 단정한 용모 등이 포함된다. 또한 김미송(2010)은 선행연구들을 종합하여 유능하고 훌륭한 교사에 대하여 첫째, 지식의 전수는 물론 인격을 다듬어 주는 교사, 대인관계를 원만하게 하는 교사, 셋째, 교육자로서의 사명감을 가진 교사, 넷째, 학생의 능력에 따라 잘 가르치는 교사, 다섯째, 올바른 연격을 가진 교사라고 했으며, 자질 요소로 열정, 창의성, 인성을 들었다.

교육인적자원부(2006)는 신규교사의 자질과 능력에 관한 열 가지 기준을 제시하였다. 이 기준은 학교교육력 제고를 위해 교원양성기관의 교육과정 편성, 양성교육기관의 평가, 교원 선발에 필요한 평가 요소 등을 활용하여 설정된 것으로 그 내용은 다음과 같다.

첫째, 교사는 건전한 인성과 교직 사명감 및 윤리의식을 가진다.

둘째, 교사는 학생의 학습과 복지를 위해 헌신한다.

셋째, 교사는 학생과 학생의 학습·발달을 이해한다.

넷째, 교사는 교과에 대한 전문 지식을 가진다.

다섯째, 교사는 교과, 학생, 교육 상황에 적절한 교육과정을 개발·운영한다.

여섯째, 교사는 수업을 효과적으로 계획·운영한다.

일곱째, 교사는 학생의 학습을 모니터하고 평가한다.

여덟째, 교사는 학습을 지원하는 환경과 문화를 조성한다.

아홉째, 교사는 교육 공동체 구성원들과 협력관계를 구축한다.

열 번째, 교사는 전문성 계발을 위해 끊임없이 노력한다.

위의 열 가지 기준 내용은 학교교사에게 요구되는 능력과 자질에 관한 것으로 교사양성과정과 교육과정의 운영에 적용되어야 하는 핵심적인 과제이다.

(2) 보육교사의 자질

보육교사는 영유아와 안정적인 관계를 형성할 때 영유아의 자연스러운 일상생활과 발달을 지원할 수 있다. 학습자가 어릴수록 교사는 모방과 동일시의 대상이 된다는 점을 참고할 때, 가장 어린 시기의 영유아를 담당하는 보육교사의 자질은 무엇보다도 강조된다. 보육교사에게 요구되는 자질은 보육의 관점에 따라 달라질 수 있으며 여러 가지 복합적인 특성이 요구된다. 일반적으로 보육교사의 자질이란 보육교사로서의 역할을 효율적으로 수행하는 데 필요한 능력을 의미하며 교사가 지녀야 할 모범적 품성, 교양, 전문 지식, 태도 등을 갖춘 특성이라고 할 수 있다.

보육교사의 자질에 관한 여러 견해를 들어 보면 다음과 같다.

첫째, 김숙령(1995)은 여러 문헌을 종합하여 이상적인 보육교사의 자질을 인성과 지식·기능의 두 영역으로 나누어 제시하였다. ① 보육교사에게 요구되는 인성 특성으로는 인내심, 상대방의 이야기를 잘 들어 주고 반응해 주는 민감성, 애정적인 신뢰감, 상대방을 격려하기, 건강한 활력, 유머감각, 융통성, 창의성, 실수의 허용성, 인격적인 존중, 진실한 마음 등이다. ② 보육교사에게 요구되는 지식으로는 아동 발달·영양·안전 환경 및 교육환경에 대한 지식과 개별 및 집단의 특성에 대한 이해 등이다. 또한 보육교사에게 요구되는 기능으로는 교실환경의 계획과 준비, 교재·교구의 선정과 제시, 영유아와의 상호작용, 학부모 및 동료교사와의 상호작용, 지역사회의 보육관계자와 교류 및 관계 형성, 사무 관리 능력 등이다.

둘째, 지성애(2003)는 어린이집 원장과 보육교사의 전문적 자질을 평가하고자 자질평가척도 문항을 선정했는데, 보육교사의 전문적 자질을 보호적 능력, 행동치료 및 치료적 능력, 보육 프로그램 운영 지식과 기술 및 수행 능력, 환경조성 능력, 평가 능력으로 구분했다. 또한 어린이집 원장의 전문적 자질은 시설운영 관리기술, 보육교직원과의 관계 수립 능력 및 리더십, 보육 프로그램 구성 지식과 기술, 공적 관계 형성 능력, 상징적 능력으로 구분했다.

셋째, 김은설 외(2009)는 보육교사의 전문 자질을 구성하는 하위 요인으로 다음과 같이 설명했다. ① 보육교사는 연령과 발달 단계별로 성장하는 아동의 발달 특성에 대해 전문 지식을 가지고 있어야 하며 다양한 영유아들을 어떻게 보육하고 상호작용해야 하는가에 대한 구체적인 기술을 신장시켜야 한다. ② 보육교사는 영유아를 잘 돌볼 수 있는 기본 소양과 신념, 태도를 지녀야 한다. ③ 보육교사는 다양한 현장 경험과 업무 경력의 축적과 통합을 통해 교육의 실제 적용 가능성, 즉 직무 능력을 향상시켜야 한다. ④ 보육교사는 학부모와 영유아와의 소통은 물론 원장과 동료교사, 기타 보육 인력, 나아가 지역사회 관련자들과 밀접한 관계를 형성하며 보육의 효과를 높여 가야 한다.

넷째, 김재량(2010)은 보육교사의 자질에 관한 여러 이론을 근거하여 보육교사의 바람직한 자질을 다음과 같이 요약했다. ① 보육교사는 인간, 특히 영유아를 사랑하는 따뜻한 마음을 지녀야 한다. ② 보육교사는 더불어 살아갈 수 있는 원만한 인격을 지녀야 한다. ③ 보육교사는 우리 사회와 교육 현실을 바르게 직시할 수 있는 안목이 있어야 한다. ④ 보육교사는 영유아의 요구와 발달 수준을 정확히 이해하고 판단할 수 있는 관찰·평가 능력이 있어야 한다. ⑤ 보육교사는 자기 발전을 위해 스스로 가꾸고 변화하려는 마음 자세를 가져야 한다.

이상과 같이 보육교사의 자질은 연구자의 구분 기준에 따라서 어느 정도 다르게 설명되는데, 여기서 중요한 것은 좋은 보육교사가 되려면 보육과 관련한 역할과 직무를 수행할 수 있는 자질을 갖추어야 한다는 것이다. 보육교사의 자질에 관한 연구는 주로 좋은 보육교사에 초점을 두고 이루어진다. 즉, 좋은 보육교사는 어떠해야 하는가에 관심을 두어 좋은 교사의 특성을 밝힌다.

보육교사는 보육현장에서 보육 경력을 쌓아가면서 스스로 좋은 교사가 되려고 노력해야 한다. 보육교사는 보육의 경험을 통해 점차 좋은 교사의 특성을 받아들이고 나아가 보육교사의 자질을 향상시켜 나아가야 한다. 보육교사의 자질은 영유아를 접하면서 자연스럽게 발휘되는데, 기본적으로 보육교사는 영유아의 연령이나 발달에 적절한 보육과 교육을 실천해야 한다. 〈표 2-2〉는 영유아의 연령별 좋은 교사의 특성에 대해 보육교사가 인식한 내용을 소개한 것이다(백승선, 2010).

좋은 보육교사란 보육교사에게 요구되는 인간적인 특성과 전문적인 특성, 즉 보육교사의 자질을 갖춘 교사라고 할 수 있다. 자질을 갖춘 좋은 교사는 자신의 역할과 직무에 대한 만족도가 높으며 자신의 역량을 발휘하면서 자질의 향상을 가져오도록 노력한다. 자질을 갖춘다는 것은 저절로 이루어지는 것이 아니라 끊임없는 노력과 실천을 통해 얻어지는 것이다. 또한 긍정적인 사고를 하는 교사일수록 직무 만족도가 높고 교사 직업을 지속적으로 가질 가능성이 높으므로(조부경·고영미, 2003), 긍정적인 자세로 보육교사의 자질을 향상시켜 나간다면 인간성과 전문성을 겸비한 좋은 교사로 성장할 것이다.

표 2-2 보육교사가 인식한 좋은 교사의 특성

구분	보육교사	좋은 교사의 특성
인간적 특성	0세 교사	영아를 엄마처럼 사랑해 주기, 신체적·정서적으로 건강하기, 부모의 마음 이해하기, 영아의 새로운 시도를 격려하는 마음 갖기
	1세 교사	영아를 이해하고 허용하기, 항상 즐거움과 행복감을 느끼기, 부모와 신뢰감을 형성하기
	2세 교사	인내심 갖기, 부드러운 언행을 보이기, 적극적인 모습 보이기, 편안한 복장을 하기, 부모와 안정적인 관계 형성하기
	3세 교사	항상 잘 웃고 재미를 느끼기, 원장과 긍정적 관계 형성하기, 책임감 갖기
	4세 교사	긍정적인 마음 갖기, 동료교사와 협력하기
	5세 교사	열린 마음 갖기, 단정한 복장을 하기, 부지런하기, 성취감 느끼기, 유아와 공감대 형성하기
전문적 특성	0세 교사	기초적인 양육기술 알고 영아를 돌보기, 영아의 안전 및 건강관리 잘하기, 영아의 월령에 따라 적절한 신체 움직임 및 탐색 활동하기, 영아의 발달 관찰 및 확인하기
	1세 교사	영아와 지속적으로 의사소통하기, 부모와 영아발달에 대해 지속적으로 의사소통하기, 관찰을 통해 민감한 대처 능력 갖기, 영아 보육에 대한 지식 갖기
	2세 교사	기본생활습관 지도 잘하기, 영아의 심리적 안정 돕기, 부모와 영아의 발달에 대해 상담하기, 영아의 발달 단계에 따른 전문적 지식 갖기
	3세 교사	바른 모델링 보이기, 유아와 언어적 상호작용 잘하기, 유아의 독립성 키워 주기
	4세 교사	유아의 사회성 길러 주기, 다양한 활동 지도 및 융통성 갖기, 유아의 인지적 욕구 채워 주기, 교사 역할 숙지하기
	5세 교사	수업을 효과적으로 계획하고 운영하기, 유아의 창의성 및 인지적 사고 능력 길러 주기, 초등학교와 연계한 부모상담 잘하기, 성교육과 관련한 안전 교육하기, 평가를 기초로 반성하기, 확실한 교육관 갖기

제3장

예비보육교사로서 자신에 대해 알아보기

본 장은 좋은 예비보육교사가 되기 전 자신의 성향이나 특성들을 살펴볼 수 있는 방법을 통해 자신에 대해 알아보고자 한다. 이를 통해 더 좋은 보육교사가 되기 위한 방향을 모색해 보고자 한다.

1 자신에 대해 알아보는 방법

자신에 대해 알아보기 위해 여러 가지 방법을 이용할 수 있다. 자서전 쓰기를 하거나 개념도를 만들어서 자신의 장단점, 좋아하는 것·싫어하는 것 등 생각하기, 반성적 사고 방법을 사용하여 자신의 신념이나 교육철학을 알아볼 수 있다. 그 밖에 다양한 표준화된 검사 도구를 사용하여 자신의 경향을 알아볼 수 있다.

1) 자서전 쓰기

자서전 쓰기는 사회 구성원으로 한 개인이 체험하며 구성한 신념, 철학, 의미 있는 일을 시간의 순서에 따라 기록하는 것을 의미한다. 자서전 쓰기는 개인의 신념이나 관점에 대한 이해를 돕고 나아가 바람직한 교사상을 형성하는 데 방향을 제시할 수 있다. 예비보육교사로서 지금까지 지내왔던 자신의 경험을 써 보는 것을 통해 얻게 되는 효과를 살펴보면 다음과 같다(Doyle & Cater, 1996; Knowledge & Holt-Renolds, 1991; Traver, 1987).

- 자신의 삶에 영향을 미쳤던 일들을 생각해 볼 수 있다. 즉, 가정, 학교, 지역사회와 관련된 경험이 무엇인지 그리고 이러한 일들에 영향을 주었던 사회, 정치, 경제, 문화 등을 생각해 볼 수 있도록 한다.
- 자신의 세상을 바라보는 관점이 어떻게 형성되었는지 이해할 수 있다.
- 자신의 정체성의 근원을 찾아볼 수 있다.
- 예비보육교사의 개인적인 경험과 가르치는 일이 어떠한 상호 관계를 갖고 있는지 생각해 볼 수 있도록 한다.

모든 내용을 다 나열하기 어렵기 때문에 자서전을 쓰기 위해서는 그 범위와 수준을 정해야 한다. 자서전에 포함될 내용이나 범위를 결정하기 위해 다음과 같은 주제어를 활용해서 내용과 범위를 결정할 수 있다.

- 자신의 생애에 의미 있는 일과 사건을 중심으로
- 자신의 생애에 영향을 미친 사람들을 중심으로
- 자신의 생애에 영향을 미친 책, 영화, 물건들을 중심으로
- 논의하고자 하는 교육적 주제와 관련된 사건을 중심으로

유년 시절, 초·중·고등학교와 대학교 시절 등으로 시기를 나누어 주요 사건을 선택해서 짧게 기술해 보시오.

다음은 한 예비보육교사가 쓴 자서전의 사례이다.

사례 **자서전 쓰기**

경상도 사나이의 정석이신 강인한 아버지와 그 강인함을 부드럽게 융화시켜 주시는 어머니! 부모님의 강함과 부드러움의 조화 속에 장녀로 태어나 부모님의 영향을 골고루 받으며 성장하였습니다. 특히 아버지는 저의 정신적 지주이시며 제가 존경하는 분이십니다. 안정된 직업은 아니지만 자신의 튼튼한 몸으로 사람들을 위해 집과 도로를 만드는 일에 큰 자부심을 품고 계십니다. 아버지께서 삶을 바라보는 관점은 저에게 세상엔 하찮은 일이란 없음을 깨닫게 하였고 제가 사람을 위해 하는 일에는 귀천이 없다는 생각과 태도를 보이도록 하였습니다. 긍정적인 사고와 예술적 감각이 뛰어나신 어머니께서는 저의 성장에 마르지 않는 감수성을 키워 주셨습니다. 항상 다정다감하시며 사랑과 관심을 갖고 저와 제 동생을 길러 주셨습니다. 어머니는 저에게 최고의 친구이십니다. 어머니께서는 동시에 직장을 갖고 일을 하십니다. 어머니의 성실히 책임을 다하시는 모습을 통해 저는 직장인으로서 갖추어야 할 능력과 사랑과 타인을 배려하는 여성의 특성을 배울 수 있었습니다.

이러한 부모님으로부터 '백 번 듣는 것이 한 번 보는 것보다 못하다'는 이야기를 항상 들으면서, 저는 험한 곳이 아니면 어디든지 직접 나가서 보고 듣고 느껴 보는 것을 긍정적으로 여겼습니다. 유년 시절 산과 바다가 어우러진 부산에서 친구들과 함께 이곳저곳 돌아다니며 자연을 벗 삼아 놀이를 통해 경험하던 것이 추억으로 남아 있습니다. 공부하면서 부모님의 교육관이 바로 루소의 자연주의와 듀이의 경험의 재구성과 닮아 있다는 것을 느꼈습니다. 교육철학에 대한 지식은 없으셨지만 자녀를 사랑하고 자연과 하나되며 자연스러운 성장을 추구하셨던 부모님의 마음이 고스란히 제 성장에 전해졌습니다. 이러한 교육방침 덕분에 남에게 의지하기보다 스스로 설 수 있는 자립심을 키웠고 문제 상황에 부딪쳐 봄으로써 상황에 대처하는 능력을 기르게 되었습니다. 또한 자연과 사람을 대하는 법과 자연스러운 사회 구성원으로 지내는 법을 배우게 되었습니다.

저는 사람들로부터 "ㅇㅇ는 항상 활력이 넘쳐, 항상 즐거운 일만 있는 것 같아."라는 소리는 자주 듣는 말입니다. 저에게도 슬픔과 우울, 화난 감정이 있습니다. 그러나 이런 부정적인 감정을 긍정적으로 전환시키는 능력을 가지고 있기에 제 삶은 항상 활기 넘쳐 보인다는 이야기를 자주 듣습니다. 긍정적인 사고는 실패를 두려워하지 않는 용기와 힘을 줍니다. 그리고 이것은 저뿐만 아니라 다른 사람에게도 긍정의 힘을 미칩니다. 저로 인해 다른 사람이 기쁨과 용기를 얻는 것을 보면 그 보상은 저에게 두 배로 돌아옵니다.

학창 시절부터 주위에 따르는 친구들이 많았기에 독선적이지 않고 다른 사람의 말에 귀를 기울일 줄 아는 포용력과 배려심을 지니고 있다는 것이 장점입니다. 그러나 때로 너무 많은 사람들의 의견에 귀를 기울이다보니 결단력이 부족하다는 것이 단점으로 나타납니다. 이런 단점을 보완하기 위해 업무를 추진할 때는 꼼꼼하게 계획하고 목표를 확실히 설정하며 구성원들과 함께 일을 분배하여 추진하도록 합니다.

초·중·고 학창시절을 평범하게 보낸 저는 고교 3학년 때 담임선생님으로부터 "용의 꼬리가 되기보단 뱀의 머리가 되도록 노력해라."라는 말씀을 들었습니다. 그 조언은 제가 대학을 선택하는 데 있어 저의 가능성을 키워 줄 수 있는 대학교로 결정하는 데 도움을 주었습니다.

대학생활은 제 삶의 전환점이었습니다. 특히 리더십 있는 사회인으로 성장하는 데 큰 영향을 주었습니다. 그 계기는 2, 3학년 과대표를 역임한 것입니다. 작은 개강파티 하나도 그 중심에 서서 다양한 성격을 지닌 사람들을 하나로 동참시킨다는 것이 얼마나 어려운 일인지 깨닫게 되었고, 그것을 통해 제 생각을 친구들에게 호소력 있게 말하는 방법을 배울 수 있었습니다. 매사 작은 일이라도 리더로서 본보기를 보여야 한다는 생각은 교사로서 갖춰야 할 모범적인 생활 태도와 습관을 가지는 데 도움을 주었습니다.

학과 행사나 공동체 활동이 많은 특성상 다양한 행사 프로그램 계획하기와 학우들의 의견을 수렴하는 경험을 통해 지도자로서 모습을 배우고 갖추는 데 큰 영향을 받았습니다. 대학교에 들어오기 전 사회의 다양한 역할을 경험해 보기 위해 봉사활동을 하였습니다. 학업 시간을 피해 친구들과 교회에서 주관하는 단체봉사활동을 하였고, 한 달에 두 번씩 학교에서 실시하는 봉사활동도 참여하였습니다. 봉사활동을 하면서 계획한 대로 다양한 사회 경험을 해 보았지만 그보다 사람들과 어울려 지내는 기쁨을 더 많이 느끼게 되었습니다. 그리하여 대학교에 들어와서는 자원봉사센터와 직접적으로 연락을 하여 청소년자원봉사캠프, 수화발표회, 인삼축제 보조도우미 등 지역사회와 관련된 봉사활동에 적극적으로 참여하였습니다.

또 학과에서도 매달 한 번씩 양로원 환경구성 봉사활동을 실시하여 우리 과의 특성을 살리면서 즐거움을 얻어 갔습니다. 봉사활동은 하면 할수록 보람도 느꼈지만 제가 점점 긍정적인 사람이 된다는 것을 인식하였습니다. 이것을 계기로 봉사자의 리더가 되기 위해 자원봉사 리더자의 역량강화교육을 수료하여 현재 적극적인 봉사활동을 하고 있습니다. 전문성을 갖춘 보육교사가 되기 위해서는 학업과 실제 현장에서 배우는 것에 충실해야 한다는 신념을 가지고 있습니다. 이것은 이론과 실제를 두루 겸비한 교사가 되는 기반을 마련하는 데 필요하기 때문입니다.

다양한 교과목을 배웠지만, 그중 영유아를 이해하는 데 영향을 주었던 과목은 '아동발달'과 '영유아 프로그램', '놀이이론'입니다. 아동발달은 영유아가 어떻게 성장하고 발달하는지 이해하는 데 이론적 도움을 주었고 영유아기의 독특성을 느끼게 해 주었습니다. 특히 애착 이론을 배우면서 부모를 대신하는 교사의 민감한 태도와 정서적 지원의 중요성을 느꼈습니다. '영유아 프로그램'을 통해 우리나라 현실과 맞는 프로그램 재구성의 필요성을 알았고, 그에 필요한 교사의 비판적 사고와 연구하는 태도의 중요성을 인식하였습니다.

또한 교육에서 프로그램의 질보다 교사의 변인이 얼마나 크고 중요한 요소인지 알게 되었습니다. 다른 시기와 달리 영유아기는 놀이를 통해 전인적 발달을 이룰 수 있다는 특성은 '놀이이론' 과목에 흥미를 가지게 하였습니다. 그리하여 영유아기 놀이의 특성과 중요성을 인식하게 되었습니다. 이론적 지식은 실제 현장에서 실습을 통해 통합해 볼 수 있는 기회를 가졌습니다.

실습을 통한 배움은 실제적인 지식을 쌓게 해 주었고 교사라는 직업의 매력을 더욱 느낄 수 있었습니다. 이러한 배움을 실제로 실습하면서 영유아들은 제각기 독특한 특성과 잠재력을 가지고 있다는 것을 경험하였으며, 이들을 이해하고 함께 어우러지는 교사가 되기 위해서는 항상 관찰하고 끊임없는 반성적 사고를 해야 할 것이며, 이것은 영유아를 위해서뿐만 아니라 교사가 혼란스러운 상황에 빠지지 않기 위해서도 꼭 필요한 과정이라고 생각합니다.

실습을 통해 영유아 관찰과 저널 쓰기는 교사로서 갖춰야 할 기본습관을 익히는 데 도움을 주었습니다. 반성적 사고를 통해 끊임없이 계발하는 교사, 전문성을 갖춘 교사, 교사라는 직업에 자부심을 가지는 보육교사가 될 것입니다.

2) 개념도 활용

Novak과 Staff(1981)이 오스벨의 유의미 학습 이론에 근거하여 만든 개념으로 원래 학습하고자 하는 특정 주제와 관련된 개념들을 규정하고 위계적인 배열로 조직한 것이다. 즉, 가장 일반적이고 포괄적인 것에서부터 가장 덜 일반적이고 구체적인 개념으로 연결시키는 것으로, 주로 지식의 내용과 구조를 측정하는 도구로 활용되고 있다. 이러한 개념도를 활용하여 보육교사들의 인지 형태를 분석하고 관련된 지식들을 어떻게 개념화하며 배열하는가 등을 살펴볼 수 있다. 이러한 과정 속에서 개인이 갖고 있는 지식의 구조를 객관적으로 구조화해 보는 경험을 할 수 있으며 시각적으로 자신의 생각을 볼 수 있는 장점을 갖고 있다.

예비보육교사로서 자기 자신에 대해 어떠한 이미지를 갖고 있는지 그리고 어떠한 개념을 갖고 있는지 개념도를 활용하여 자신을 조금 더 객관적으로 이해해 볼 수 있을 것이다. 구체적으로 다음과 같이 활용할 수 있다.

- '나'와 관련된 모든 개념을 나열해 본다.
- 관련 있는 내용끼리 연결하여 유목화 작업을 해 본다.

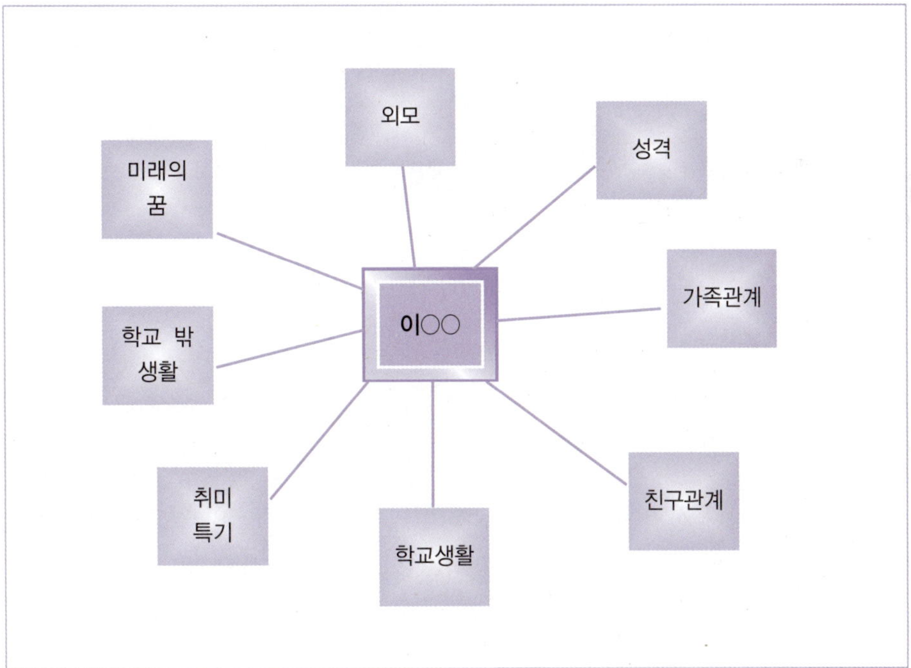

【개념망 1】

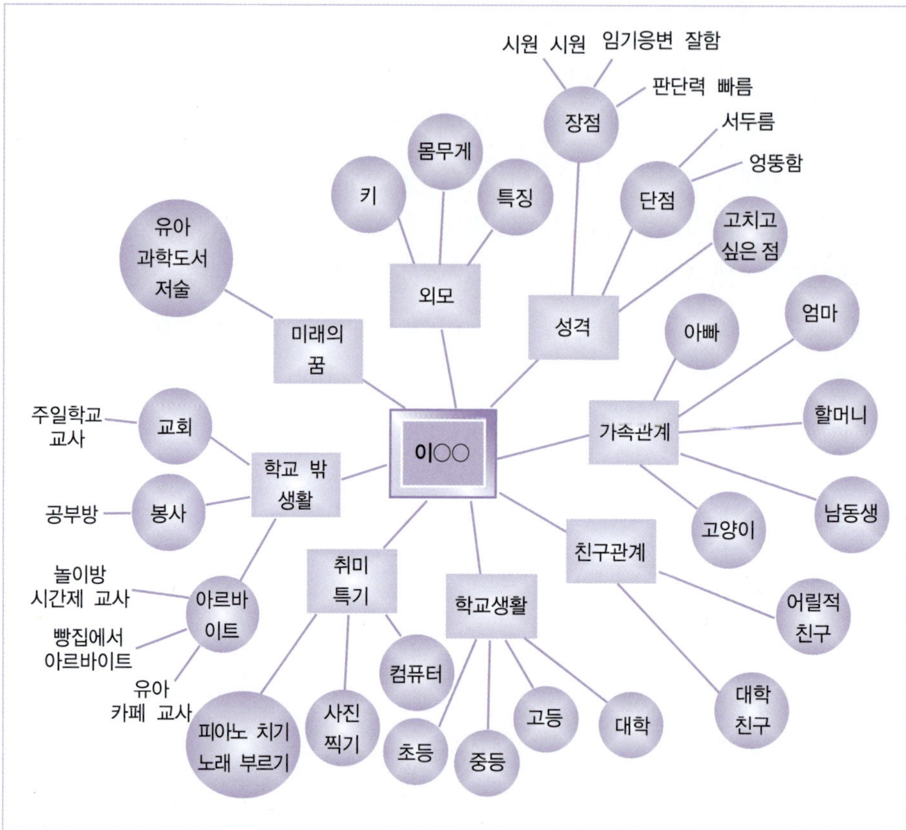

【개념망 2】

3) 반성적으로 사고하기

자신의 신념이나 실천행위에 대해 그것의 원인이나 궁극적인 결과를 적극적으로 끈기 있고 주의 깊게 고려하는 것을 반성적 사고라고 한다(Dewey, 1933). 교사는 교사로서 자신의 자아, 교사의 역할, 직업인으로서의 보육교사, 교육에 대한 자신의 신념을 재발견하는 등 보육과 관련된 주제들을 생각해 봄으로써 자기 자신에 대해 더 많이 이해할 수 있게 된다.

반성적으로 사고하는 방법은 예비보육교사로서 자신을 발견하는 과정이나 보육교사로서 교사의 역할이나 교사 자신의 신념을 발견하고자 할 때 활용할 수 있다. 특히 교사로서 반성적 사고를 하는 과정에 대해 Ross(1989)는 다음과 같은 과정을 강조하였다. 즉, ① 교육적 문제나 딜레마 인지 ② 문제에 대해 반응 ③ 분석된 상황에 비추어 문제를 재정의 ④ 여러 해결책을 시도 ⑤ 결과에 대해 재검토하는 과정 속에서 반성적 사고를 할 수 있다고 하였다.

다음의 예는 예비보육교사가 보육현장을 견학하면서 발견했던 상황에 대해 반성적인 사고를 하는 예이다.

예시

◉ 관찰 상황

만 3~4세 혼합 연령반의 집단활동 시간에 교사는 유아들이 집에서 알아온 동요에 대해 이야기를 하고 유아들과 함께 불렀다. 교사는 마무리를 하면서 "오늘 조사해 오지 못한 아이는 내일 꼭 해 오세요."라고 말을 하였다.

◉ 예비보육교사의 반성적 사고

이러한 교사의 반응에 대해 놀랐다. 나는 '숙제의 내용이 과연 유아 스스로 할 수 있는 것일까?' 하는 생각이 들었기 때문이다. 특히 '내일까지 해 오란 말이 아이들에게 부담은 되지 않았을까? 3~4세가 섞인 유아반에서 어린아이들에게 숙제는 부담스럽지 않았을까? 혹시 해 오지 못한 아이들은 부끄러움을 느끼지 않을까?'라는 생각이 들었다.

- 그러나 또 다른 생각은 만 3~4세의 어린아이들은 '전래동요 찾아오기' 같은 간단한 숙제 정도는 꼭 스스로가 아니더라도 엄마와 함께 충분히 해올 수 있을 거라는 생각이 들기도 하였다.
- 그럼에도 불구하고 나는 만 3~4세의 어린 유아반에서는 무엇을 조사해 오라는 숙제는 적절하지 않은 것 같다. 왜냐하면 연령이 어린 아이들은 스스로 숙제를 해 오는 것이 벅찰 것이고 분명 누군가의 도움을 받아야 하기 때문이다. 이러한 숙제는 만 4~5세 정도에게는 그래도 할 만할 수 있겠지만, 3~4세는 너무 어린 것 같고 아이들이 부담을 느낄 수도 있을 것 같기 때문이다.

이러한 과정은 자신을 알아가는 과정에 대해서도 적용해 볼 수 있다. 자신이 갖고 있는 문제나 딜레마를 인지하고, 이러한 문제에 대해 자신이 어떻게 반응을 하고 구체적인 사례를 통해 문제를 재정의하고 자신이 해결할 수 있는 다양한 방법을 제시하며 이러한 제시된 방법을 재검토하는 과정에서 좀 더 나은 나를 알아가게 된다. 반성적으로 사고하는 과정은 당면한 상황이나 사건을 좀 더 다각적인 관점에서 볼 수 있도록 하고 폭넓은 사고를 할 수 있도록 도와준다.

반성적 사고가 일어나는 형태를 살펴보면, 세 가지로 구분할 수 있다. 우선, 실천행위에 대한 반성적 사고(reflection-on-practice)는 이미 일어났던 상황에 대하여 나중에 생각을 한다. 그에 반해 두 번째, 실천행위 중의 반성적 사고(reflection-in-practice)는 일어나는 상황 속에서 상대방의 반응을 보고 판단하여 그 내용이나 방법을 변경할 수 있다. 마지막으로, 실천행위를 위한 반성적 사고(reflection-for-practice)는 상황에 대한 반응이 아니라 어떠한 것을 실천하기 위해 계획할 때 반성적 사고의 결과가 바람직하게 나타나도록 하는 좀 더 적극적인 개념의 사고과정이다.

반성적 사고과정은 예비교사로서 자신을 살펴보는 과정에서뿐만 아니라 실제 교사를 하면서 자신의 감추어진 신념, 자신의 실천적인 지식 등을 살펴볼 수 있으며 자율적인 의사결정자로서의 경험을 할 수 있도록 도와준다.

4) 표준화된 검사

(1) 나에 대한 이미지 그려 보기

집-나무-사람(HTP)검사는 Buck(1948)에 의해 개발되고 Hammer(1969)에 의하여 성격검사로 발전되었다. 이 중 사람을 그리는 기법은 무의식 속에 내재된 자기상을 살펴보는 데 활용될 수 있다.

1 자신의 모습을 그려 보세요.

【'나' 그림 그리기】

2 그림에 대한 해석

사람을 그린 그림에 대한 해석은 해석하는 사람이 지닌 참조 체계나 이론적 견해에 따라 다양한 의미를 지닐 수 있다. 단지, 그림만을 토대로 해석하는 것은 위험하다.

① 머리

- 머리: 지적 능력 및 공상활동에 대한 정보를 나타냄
- 얼굴: 어느 면을 그렸는가에 따라 달라짐
- 눈: 세상을 향한 창문으로 다른 사람들과 어떻게 관계를 맺는지에 대한 정보를 나타냄
- 귀: 정보를 받아들이는 통로로 정서 자극을 수용하고, 이에 대한 반응의 방식을 알 수 있음

- 코: 환경으로부터 정서적 자극을 어떻게 받아들이고, 이에 어떻게 반응하는지 외모에 대한 관심의 여부나 관심을 알 수 있게 함
- 입: 심리적인 충족 등과 관련된 정서적인 이슈들에 대해 알게 해 줌
- 턱: 자기 주장성과 관련됨
- 머리카락: 타인이 자신의 외모를 어떻게 생각하는지에 대해 얼마나 관심이 많고, 이를 얼마나 중요시하는지 짐작하게 함

② 상반신

- 목: 마음과 몸에서 일어나는 경험에 대해 스스로 통제감을 느끼고 편안해함을 의미함
- 어깨: 무게를 지탱하는 능력을 나타내므로 책임을 지는 능력과 관련될 수 있음
- 몸통: 세상에서 기능하는 내적인 힘을 가졌는가의 관점에서 스스로를 얼마나 유용하다고 혹은 적절하다고 경험하는가를 나타냄
- 허리: 성적 행동을 어떻게 통제하는가의 여부나 정도와 관련됨

③ 팔다리

- 팔: 환경과 어떻게 상호작용을 하는지, 현실 속에서 어떻게 대처하고 자신의 욕구를 충족하는가에 대한 지표임
- 손: 세상과의 교류를 나타내므로 환경에 대한 통제 능력 및 방식을 좀 더 구체적으로 알아볼 수 있음
- 다리: 목표에 대한 심리적 상태와 특성을 알게 해줌

④ 전체적인 사람 그림의 모양

- 균형이 조화롭지 못할 때: 자기 응집성의 느낌이 결여되어 있음
- 옷을 자세히 그리는 경우: 자기 정체성의 불확실성을 과시적인 행동을 통해 과잉 보상하고자 함을 반영함
- 남녀 그림의 관계: 키 차이를 살펴봄으로 성 정체성에 대한 정보를 얻을 수 있음

(2) 자아개념

자아개념이란 자신에 대해 갖는 태도로 자신이 자신을 어떠한 존재로 인지하고 있는가를 의미한다. 일반적으로 자아개념이 높다는 것은 자신을 있는 그대로 긍정적으로 받아들이고 자신이 하는 일에 긍지를 가지며 어떠한 일에 자신을 통제할 수 있다는 것을 의미한다. 이러한 자아개념은 교사의 역할을 효과적으로 수행할 수 있다. 다음의 도구는 송인섭(1989)이 제작한 자아개념을 수정하여 예비교사들의 자아개념을 측정할 수 있도록 한 도구이다. 개인의 자아개념을 스스로 평가해 볼 수 있다.

표 3-1 체크리스트

다음의 물음을 읽고 여러분 자신을 잘 나타내는 문항이나 나 자신에 대해 생각하는 것과 같은 번호에 표시를 하십시오.

내용	전혀 그렇지 않다	대체로 그렇지 않다	대체로 그렇다	항상 그렇다
1. 나는 나의 능력이 공부하는 데 적합하지 않다고 생각한다.				
2. 나는 세상일들이 즐겁다.				
3. 나는 나의 과 친구들에게 중요한 사람으로 인정된다.				
4. 나는 행복한 가족의 한 사람이다.				
5. 나는 명랑한 사람이라고 생각한다.				
6. 나는 과 친구들 앞에서 발표를 잘한다고 생각한다.				
7. 내 느낌에 나는 우리 집에서 불필요한 사람인 것 같다.				
8. 나는 호감을 주는 얼굴을 가지고 있다.				
9. 나는 나에 대해 자신을 가진 편이다.				
10. 나는 앞으로의 새로운 학습과제를 시작할 능력이 있다고 생각한다.				
11. 내 성적은 우리 형제들의 성적보다 우수하다고 생각한다.				
12. 나는 나 자신을 높게 평가한다.				
13. 나는 가족들과의 관계에 만족한다.				
14. 나는 학교에 가는 것을 좋아한다.				

내용	전혀 그렇지 않다	대체로 그렇지 않다	대체로 그렇다	항상 그렇다
15. 나는 나 자신을 업신여긴다.				
16. 나는 다른 사람들과 어울리기를 좋아한다.				
17. 교수님은 나에 대해 기대를 한다.				
18. 나는 쉽게 포기하지 않는다.				
19. 나는 내가 다른 사람을 대하는 태도에 만족한다.				
20. 나는 수업 시간 중에 질문을 받을 때 긴장한다.				
21. 나는 '현재의 나'에 대해 만족한다.				
22. 나는 나의 외모 때문에 괴롭다.				
23. 나는 행복한 사람인 것 같다.				
24. 내 친구들은 나의 행동을 좋아한다.				
25. 나는 나 자신을 믿을 수 있는 사람이라고 생각한다.				
26. 우리 가족들은 나를 믿는다고 생각한다.				
27. 나는 형제들보다 학습 능력이 우수하다.				
28. 나는 만족스러운 점수를 받을 수 있다고 생각한다.				
29. 나는 내가 하는 일에 만족하고 있다.				
30. 나는 내가 원하는 만큼 멋있다.				
31. 나는 슬프다.				
32. 친구들은 나와 함께 놀기를 좋아한다.				
33. 나는 부모님과 함께 즐거운 시간을 보낸다.				
34. 나는 나의 학교 성적이 형편없다고 생각한다.				
35. 나는 다른 사람들과 친하게 지내기가 어렵다.				
36. 나는 내가 아닌 다른 사람이 되었으면 좋겠다고 생각한다.				
37. 나는 학습 과제를 끝마칠 능력이 있는 편이다.				
38. 나의 눈은 매력적이다.				
39. 나는 나의 도덕적인 행동에 만족한다.				
40. 나는 쓸모없는 사람이라는 느낌이 든다.				
41. 내 성적은 친구들의 성적보다 우수하다고 생각한다.				
42. 나는 존경받을 만하다고 생각한다.				

내용	전혀 그렇지 않다	대체로 그렇지 않다	대체로 그렇다	항상 그렇다
43. 나는 나의 학교 공부에 만족한다.				
44. 나는 내가 부족한 과목들을 보충할 능력이 있다고 생각한다.				
45. 나는 나쁜 사람이다.				
46. 나는 우리 가족에게 중요한 사람이다.				
47. 나는 다른 사람과 사이좋게 지낸다.				
48. 나는 내 성적표를 자랑스럽게 여긴다.				
49. 우리 부모님은 나를 이해하신다.				
50. 나는 지금 나의 외모에 만족한다.				
51. 나는 매력적인 사람이다.				

출처: 김언아(2001).

(3) 성격검사

성격이란 개인의 선행 경향성이며 환경에 대한 독특한 적응양식을 지칭하는 것으로 교사의 성격은 학생들의 지적, 정서적 특성과 행동의 변화에 영향을 준다. 이러한 개인의 성격에 대한 측정을 해봄으로써 자신을 이해하는 데 도움이 될 수 있다. 여러 가지 표준화된 성격검사를 통해 자신들의 성격을 이해할 수 있다.

다음의 검사는 한국판 아이젱크 성격검사(Korean-version Eysenck personality scale for adult)이다. 16~70세에 해당하는 사람들이 사용할 수 있는 것으로 1985년 원저자와 이현수가 공동으로 한국판을 만들어 표준화한 것이다. 이 검사는 크게 3개의 부로 구성되어 있지만, 여기에서는 예비교사들의 성격을 살펴보기 위해 사용하는 것이므로 정신병적 경향성, 외향성-내향성, 신경증적 경향성 및 허위성 성격 특성을 다룬 2부와 충동성, 모험성 그리고 감정 이입의 성격 특성으로 구성되어 있는 3부만을 제시하였다.

다음의 물음을 읽고 자신의 생각과 일치하면 '예', 아니면 '아니오'에 각각 표시를 하시오. 답은 옳고 그른 것이 없습니다. 한 가지 물음의 뜻에 너무 깊게 생각하지 마십시오.

표 3-2-① 체크리스트

1. 일을 착수하기 전에 깊이 생각합니까?	예	아니오
2. 상대방의 생각에 대해 주의를 많이 기울입니까?	예	아니오
3. 특별한 이유 없이 비참한 생각이 든 적이 있습니까?	예	아니오
4. 보다 더 많은 것을 가지려고 욕심을 부린 적이 없습니까?	예	아니오
5. 쾌활한 편입니까?	예	아니오
6. 예절 바르게 행동하지 않는 사람을 싫어합니까?	예	아니오
7. 일을 약속하면 어떤 어려움이 있어도 꼭 이행합니까?	예	아니오
8. 재미있고 흥겨운 파티에 가면 마음을 터놓고 즐길 수 있습니까?	예	아니오
9. 짜증을 잘 냅니까?	예	아니오
10. 자신의 잘못인 줄 알면서도 다른 사람을 비난한 적이 있습니까?	예	아니오
11. 새로운 사람을 사귀는 것이 즐겁습니까?	예	아니오
12. 바른 예법은 대단히 중요하다고 생각합니까?	예	아니오
13. 감정이 쉽게 상합니까?	예	아니오
14. 사교모임에 가면 뒷자리에 있으려고 합니까?	예	아니오
15. 자주 싫증이 납니까?	예	아니오
16. 핀이나 단추같이 비록 사소한 것일지라도 다른 사람의 물건을 빼앗은 적이 있습니까?	예	아니오
17. 외출하는 것을 좋아합니까?	예	아니오
18. 죄책감 때문에 자주 고민합니까?	예	아니오
19. 당신 스스로 신경이 과민한 사람이라고 생각합니까?	예	아니오
20. 친구가 많습니까?	예	아니오
21. 당신은 쓸데없는 걱정을 많이 하는 편입니까?	예	아니오
22. 바른 예법과 단정한 몸가짐은 대단히 중요하다고 생각합니까?	예	아니오

표 3-2-② 체크리스트

23. 다른 사람 소유의 물건을 파손하거나 분실한 적이 있습니까?	예	아니오
24. 새 친구를 사귈 때 항상 주도권을 행사합니까?	예	아니오
25. 당신은 스스로 긴장이 심한 편이라고 생각합니까?	예	아니오
26. 다른 사람에 비해 옳고 그른 것에 대해 신경을 쓰지 않는 편입니까?	예	아니오
27. 재미없고 지루한 파티를 활기가 넘치게 할 수 있습니까?	예	아니오
28. 다른 사람에 대해서 부정적으로 말한 적이 있습니까?	예	아니오
29. 어렸을 때 부모에게 건방지게 군 적이 있습니까?	예	아니오
30. 다른 사람과 어울리는 것이 좋습니까?	예	아니오
31. 자기가 한 일에서 잘못이 발견되면 걱정을 많이 합니까?	예	아니오
32. 식사 전에는 언제나 얼굴이나 손을 씻습니까?	예	아니오
33. 별 이유 없이 자주 맥이 풀리고 피로해집니까?	예	아니오
34. 남을 속인 적이 있습니까?	예	아니오
35. 파티를 즐겁게 이끌어 나갈 수 있습니까?	예	아니오
36. 다른 사람에게 결례가 되지 않도록 노력합니까?	예	아니오
37. 어떤 일을 실행하기 전에 깊이 생각하는 편입니까?	예	아니오
38. 신경과민으로 고생합니까?	예	아니오
39. 외롭다는 생각이 자주 듭니까?	예	아니오
40. 남에게 훈계한 것을 당신 스스로는 언제나 실천합니까?	예	아니오
41. 멋대로 행동하는 것보다 사회규칙에 따라 행동하는 것이 더 낫다고 생각합니까?	예	아니오
42. 약속 시간이나 출근 시간에 늦은 적이 있습니까?	예	아니오
43. 떠들썩하고 흥분된 분위기를 좋아합니까?	예	아니오
44. 오늘 해야 할 일을 내일로 미루는 때가 있습니까?	예	아니오
45. 다른 사람은 당신을 매우 활동적인 사람이라고 생각합니까?	예	아니오
46. 당신에게 거짓말을 하는 사람이 많습니까?	예	아니오
47. 화를 잘 냅니까?	예	아니오
48. 조심스럽게 운전하는 사람을 보면 짜증이 납니까?	예	아니오

표 3-3-① **체크리스트**

1. 수상스키를 즐기고 싶습니까?	예	아니오
2. 외로운 사람을 보면 가엾은 생각이 듭니까?	예	아니오
3. 모험하는 것을 즐깁니까?	예	아니오
4. 어려운 일을 당한 친구에게 자주 깊은 동정심을 느낍니까?	예	아니오
5. 낙하산을 타고 뛰어내리기를 즐기고 싶습니까?	예	아니오
6. 충동적으로 물건을 구매하는 일이 자주 있습니까?	예	아니오
7. 일반적으로 깊이 생각하지 않고 행동하거나 말합니까?	예	아니오
8. 주위 사람들의 신경이 과민해지면 당신도 신경이 과민해집니까?	예	아니오
9. 생각 없이 일을 하기 때문에 곤경에 빠지는 경우가 종종 있습니까?	예	아니오
10. 히치하이크(지나가는 자동차에 편승하면서 즐기는 도보여행)는 너무 위험한 여행이라고 생각합니까?	예	아니오
11. 높은 데서 다이빙해 보고 싶습니까?	예	아니오
12. 주위 사람들로 인해 기분이 크게 영향을 받습니까?	예	아니오
13. 당신은 충동적인 사람입니까?	예	아니오
14. 다소 놀랍고 관습에 어긋난다고 할지라도 새롭고 흥미진진한 경험을 해보고 싶습니까?	예	아니오
15. 친구가 화가 나 있으면 당신의 감정도 크게 상합니까?	예	아니오
16. 무슨 일을 하든지 착수하기 전에 깊이 생각합니까?	예	아니오
17. 비행기 타고 하늘을 나는 것을 배우고 싶습니까?	예	아니오
18. 영화나 연극배우의 감정에 깊이 말려든 적이 있습니까?	예	아니오
19. 얼떨결에 앞뒤 생각 없이 일을 처리하는 일이 자주 있습니까?	예	아니오
20. 소리 내어 우는 사람을 보면 당황스러워집니까?	예	아니오
21. 옆 사람이 웃으면 당신도 따라 웃을 때가 있습니까?	예	아니오
22. 대개의 경우 깊이 생각하지 않고 말하는 편입니까?	예	아니오

표 3-3-② 체크리스트

23. 나중에 가서 발뺌하고 싶은 생각이 드는 일에 깊이 관여한 적이 있습니까?	예	아니오
24. 목숨을 걸고 등반하는 사람을 이해하기 어렵습니까?	예	아니오
25. 남을 놀라게 하는 일을 하길 좋아합니까?	예	아니오
26. 찬 바닷물에 들어갈 때 다이빙이나 점프하는 것보다 단계적으로 서서히 들어가는 것이 더 좋습니까?	예	아니오
27. 당신의 언행에 대한 다른 사람들의 반응을 보고 놀란 적이 자주 있습니까?	예	아니오
28. 스키를 타고 높은 산등성이에서 빠른 속도로 내려오는 것이 즐겁습니까?	예	아니오
29. 스쿠버다이빙을 즐기고 싶습니까?	예	아니오
30. 다른 사람에게 반갑지 않은 소식을 전하기가 매우 어렵습니까?	예	아니오
31. 속도를 내서 운전하는 것을 즐기고 싶습니까?	예	아니오
32. 점검할 일을 생각하지 않고 일을 신속하게 처리합니까?	예	아니오
33. 흥미가 자주 변합니까?	예	아니오
34. 결정을 내리기 전에 모든 유리한 점과 불리한 점을 고려합니까?	예	아니오
35. 친구의 어려운 일에 깊은 관심을 가질 수 있습니까?	예	아니오
36. 위험한 곳을 가보고 싶습니까?	예	아니오
37. 다른 사람이 당신에게 고함을 지르면 당신도 따라서 곧 상대방에게 고함을 지릅니까?	예	아니오
38. 유쾌한 사람과 함께 있으면 즐거워지나 음울한 사람과 함께 있으면 슬퍼집니까?	예	아니오
39. 보통 쉽게 결심하는 편입니까?	예	아니오
40. 옆 사람이 근심·걱정하거나 당황하는 것을 보면 당신도 근심·걱정하거나 당황하게 됩니까?	예	아니오

출처: 강혜숙(2002).

(4) 사고양식검사

사고양식이란 개인이 선호하는 사고방식으로 능력 그 자체이기보다는 능력을 사용하는 방법을 의미한다. 즉, 개인이 실제 같은 능력을 가졌다 하더라도 서로 다른 사고양식을 가질 수 있으며 개인이 직면하는 과제에 따라 자신의 사고양식을 바꿀 수 있다는 것이다. 또한 비슷한 성격적 특성을 가진 사람이라도 사고양식이 전혀 다를 수 있다. 이러한 개인의 사고양식을 검사하기 위해 Sternberg와 Wager에 의해 1991년 제작된 사고양식검사(TSI MSG Thinking Styles Inventory)를 활용하여 예비보육교사들의 사고양식을 살펴보고자 한다.

표 3-4 체크리스트

다음의 물음을 읽고 자신의 생각과 일치하면 '예', 아니면 '아니오'에 각각 표시를 하시오. 답은 옳고 그른 것이 없습니다. 한 가지 물음의 뜻에 너무 깊게 생각하지 마십시오.

번호	내용	전혀 아니다	아니다	보통이다	그렇다	매우 그렇다
1	나는 전체적인 문제보다 특정 세부의 문제를 다루는 것이 좋다.					
2	생각을 말하거나 글로 쓸 때 나는 중요한 생각 하나에만 집중한다.					
3	과제를 할 때 나는 동료들과 함께 생각하고 서로 이야기하며 판단하는 것이 좋다.					
4	어떤 일을 시작하기에 앞서 나에게 필요한 일부터 우선순위를 정하는 편이다.					
5	어려움에 직면했을 때 나는 나 나름대로의 생각과 전략을 이용해서 문제를 해결한다.					
6	어떤 주제에 대해서 이야기할 때 나는 전체적인 면보다는 세부적이고 개별적인 사실들이 더 중요하다고 생각한다.					
7	나는 세부적인 일에는 거의 주의를 기울이지 않으려고 한다.					
8	나는 정해진 규칙에 따라 문제해결 방법을 구상한다.					
9	나는 다른 사람들과 의논하지 않고 일의 모든 측면을 혼자 해결하는 것이 좋다.					

번호	내용	전혀 아니다	아니다	보통이다	그렇다	매우 그렇다
10	나 스스로 일의 방식을 정하고, 그 방식대로 일이 진행되고 있는지를 파악해 보려고 한다.					
11	나는 문제해결을 하는 데 가장 적합한 방법을 찾아 이용하기 위해 신중을 기한다.					
12	나는 미리 정해진 지침(지시)에 따라 진행되는 일을 좋아한다.					
13	어떤 일을 할 때 나는 표준이 되는 규칙이나 방법을 고수하는 편이다.					
14	나는 나 나름대로의 방식을 이용할 수 있는 문제가 좋다.					
15	의사결정을 해야 할 때 나는 내 판단에 의존하여 결정한다.					
16	나는 모든 일에 중요성을 똑같이 부여하기 때문에 일의 순서에 상관없이 지금 하고 있는 일을 미루고 다른 일을 하는 것이 어렵지 않다.					
17	토론을 하거나 글을 쓸 때 나의 의견과 다른 사람의 의견을 연관시키려고 한다.					
18	나는 내가 해야 하는 일의 세부적인 사항들보다 전체적인 효과에 관해 더욱 신경을 쓴다.					
19	어떤 일을 하고 있을 때 그 일의 부분적인 사항들과 최종 목표와의 관계를 파악할 수 있다.					
20	나는 어떤 일을 수행하는 방법들을 비교·평가할 수 있는 상황이 좋다.					
21	중요하게 해야 할 일이 많을 때 시간에 상관없이 내가 할 수 있는 만큼 많이 하려고 노력한다.					
22	어떤 일을 맡았을 때 과거에 사용되었던 방법과 아이디어들을 그대로 따르려고 한다.					
23	내 의견과 반대되는 견해나 아이디어를 점검하고 평가하려는 경향이 있다.					
24	내가 참여하고 있는 일을 위해 상세한 정보나 구체적인 자료들을 수집하고 싶어 한다.					
25	어려운 문제들을 다룰 때 그 문제들의 중요성과 우선순위에 대해 생각을 많이 한다.					

번호	내용	전혀 아니다	아니다	보통 이다	그렇다	매우 그렇다
26	나는 지정된 규칙에 따를 수 있는 상황을 좋아한다.					
27	어떤 주제에 대해 논의하거나 평가할 때 나는 동료들의 의견에 따른다.					
28	나는 정해진 규칙에 따라 해결하는 문제나 과제를 좋아한다.					
29	나는 동료들이 좋다고 받아들인 일이나 과제에 참여하는 것이 좋다.					
30	해결해야 할 중요한 일이 여러 가지 있을 때 나와 동료들에게 가장 중요한 것 하나를 선택하도록 한다.					
31	나는 명확한 구조, 확실한 계획, 분명한 목적이 있는 일을 하는 것이 좋다.					
32	어떤 일을 하고 있을 때 나는 내 생각대로 시작하고 싶다.					
33	해야 할 일이 많을 때 우선순위를 분명하게 한다.					
34	나는 팀의 구성원으로서 다른 사람들과 상호작용할 수 있는 활동에 참여하는 것이 좋다.					
35	나는 사소해 보이는 것일지라도 문제의 모든 측면을 다루고 싶어 한다.					
36	어려움에 직면하면 기존에 해 오던 방법으로 문제를 해결하려고 한다.					
37	나는 과제나 문제를 혼자 해결하고 싶어 한다.					
38	나는 주제의 전반적인 측면들이나 전체적인 효과를 강조하는 경향이 있다.					
39	문제를 풀거나 과제를 할 때 정해진 규칙이나 지시에 따르려고 한다.					
40	토론을 하거나 글을 쓸 때 생각나는 것은 무엇이나 다 이용한다.					
41	어떤 일을 하고 있을 때 나는 다른 사람들과 정보나 아이디어를 교환하려고 한다.					
42	나는 서로 다른 의견이나 생각을 평가하고 연구할 수 있는 일이 좋다.					
43	의사결정을 할 때 중요한 요인 하나에만 집착하려는 경향이 있다.					

번호	내용	전혀 아니다	아니다	보통이다	그렇다	매우 그렇다
44	나는 세부적인 주의를 기울여야 하는 문제가 좋다.					
45	나는 기존의 생각이나 방식보다는 새롭고 더 좋은 방법을 찾고 싶어 한다.					
46	나는 다른 사람들과 상호작용하고 함께 일하는 상황이 좋다.					
47	한 가지 문제를 해결하면 중요한 다른 많은 문제들이 해결될 것이라고 생각한다.					
48	나는 기본적이고 세부적인 것이 아니라 전체적인 주제를 다루는 일이 좋다.					
49	나 나름의 생각과 방식을 이용할 수 있는 상황이 좋다.					
50	중요하게 처리해야 할 일이 여러 가지 있을 때 나에게 가장 중요한 일 한 가지만 한다.					
51	나는 다른 사람들의 계획이나 방법을 평가할 수 있는 문제나 과제를 좋아한다.					
52	중요하게 해야 할 일이 여러 가지 있을 때 나보다는 동료들에게 중요한 일을 먼저 하려고 한다.					
53	어려움에 처하게 되면 새로운 전략이나 방법을 시도해서 문제를 해결하려고 한다.					
54	나는 한 번에 한 가지 일만 집중하고 싶다.					
55	나 혼자 독립적으로 완수할 수 있는 일이 좋다.					
56	무언가를 시작할 때 해야 할 일의 목록을 만들고 중요성의 순서를 매기는 것을 좋아한다.					
57	나는 나 나름대로의 분석이나 평가 혹은 비교하는 과정이 포함되어 있는 일이 좋다.					
58	나는 과거에 다른 사람들이 사용하지 않았던 새로운 방식으로 일하고 싶다.					
59	어떤 일을 시작할 때 동료들과 가장 관계있는 부분에 초점을 맞춘다.					
60	나는 다른 일을 시작하기 전에 지금 하고 있는 일을 끝내야 한다.					
61	토론을 하거나 글을 쓸 때 내 생각의 범위와 내용을 이해할 수 있도록 전체적인 윤곽을 제시하고 싶어 한다.					

번호	내용	전혀 아니다	아니다	보통이다	그렇다	매우 그렇다
62	나는 과제의 전체적인 효과와 중요성보다는 부분적인 측면에 더 주의를 기울인다.					
63	나는 다른 사람들에게 의존하지 않고 내 생각을 스스로 실천할 수 있는 상황이 좋다.					
64	나는 문제해결 방식을 개선하기 위해 기존의 방법들을 바꾸고 싶어 한다.					
65	나는 오래된 문제를 다른 방법으로 해결하기 위해 새로운 방법을 모색해 보는 것이 좋다.					

출처: 서명순(2007).

2 예비보육교사로서 자신이 나아가야 할 방향 설정

좋은 보육교사를 한마디로 명료화하는 것이 쉽지 않지만 보육교사로서 그 역할을 성공적으로 수행하기 위해서는 인성적 자질뿐만 아니라 지식과 교수 능력을 포함한 전문적인 능력을 함께 갖춘 보육교사가 필요하다(조부경·김정화, 2000). 즉, 인성적인 측면과 전문적인 측면을 고루 겸비한 보육교사로서 발달할 수 있도록 그 방향성을 설정하고 구체적인 계획 및 행동을 실천하며 나아가야 한다. 이에 어떠한 보육교사가 좋은 교사인가에 대한 교사상(이미지)을 정립하고, 그러한 교사가 되기 위해 노력하는 교사로서의 신념을 세워 나가며 더 나아가 정체성을 찾을 준비를 해야 한다. 또한 목표를 중심으로 방향성을 설정하고 나아가야 한다.

1) 교사상 정립하기

예비보육교사들은 살아온 경험 속에서 만난 다양한 교사를 통해 자신이 이상적으로 생각하는 교사의 모습이 있을 것이다. 어린 시절 학교에서의 생활, 만났던 선생님들, 아이들을 가르쳐 봤던 경험 등은 자신이 왜 교사가 되고 싶은지, 그리고 어떤 교사가 되고 싶은지 등에 대한 신념, 태도, 가치 등을 형성하는 데 영향을 주게 된다(Schommer, 1994). 동시에 교사교육 훈련을 받는 동안에 다양한 지식, 태도, 기술 등도 예비보육인에게 교사로서의 신념, 태도, 가치를 형성하는 데 영향을 주게 된다. 과거의 경험은 현재 배우는 지식, 태도, 기술 등을 이해하는 데 영향을 주고 현재의 배우는 지식, 태도, 기술 등은 미래의 가르치는 일에 영향을 주게 된다(Calderhead, 1989; Knowles, 1992). 즉, 대학에서 교수의 도움을 통해 또는 다른 예비보육교사들과의 토론을 통해 좋은 교사상을 정립할 수 있다. 이 모든 경험을 토대로 이상적으로 생각하는 교사의 상을 정립하고 이러한 교사가 되기 위해 노력을 해야 한다.

예비보육교사들이 정립한 교사상 교사는 ○○이다.

◉ 보육교사는 제2의 엄마다.

초·중·고 교사와 달리 보육교사는 교육뿐만 아니라 아이의 생활과 정서와 같은 세밀한 부분까지 신경을 쓰고 알아야 한다. 영유아들이 어린이집에서 지내는 동안 교사는 엄마의 역할을 대신하기 때문이다.

◉ 보육교사는 흙이다.

영유아는 아직 꽃이 피기 전의 아주 작은 새싹 같다. 어떻게 자랄지, 무슨 꽃이 필지, 어떠한 열매를 맺을지 모르는 그런 새싹과 같은 존재이다. 이러한 새싹이 잘 자라게 하기 위해 '땅'이 필요하다. 햇빛과 물이 필요하듯 부모님이나 교사가 필요하다. 교사는 이처럼 영유아들이 잘 자라나게 도와주는 양분과 같은 흙이다.

◉ 보육교사는 연필이다.

교사는 하얀 도화지 같은 영유아에게 무엇을 그릴 것인지, 어떻게 그릴 것인지 교육을 하는 사람이기 때문이다.

◉ 보육교사는 발돋움판이다.

교사는 영유아가 성장해 나가는 데 도움을 주기 때문이다.

2) 교직 생애주기 계획하기

예비보육교사들에게 교사로서 살아가는 데 그 방향성을 갖도록 도와주는 것이 필요하다. 이러한 방향을 갖게 해 주는 것에서 예비보육교사들이 직접 자신의 교직 생애주기를 예측하고 교직 생애주기를 작성해서 서로 토론을 해 보는 것이 좋다. 구체적으로 '10년 후의 나의 모습', '20년 후의 나의 모습'이라는 주제로 자신의 삶, 구체적으로 교사로서의 삶의 방향을 잡도록 도와준다.

교직 생애주기

◉ 1~3년

보육교사 2급 자격증을 취득하여 졸업 후 통합교육을 하는 어린이집에 근무, 현장에서 가르침에 대한 다양한 경험을 함

◉ 4~7년

승급교육을 받은 후 보육교사 1급 자격증 받기, 대학원에 진학하여 장애아 교육에 대한 전문적인 지식을 더 배우기, 결혼하기, 원장 자격증 취득하기

◉ 8~10년

장애아 관련 연수 경험 쌓기, 기회가 온다면 장애아전담어린이집 원장이 되어 운영해 보기, 엄마 되기

제2부

유능한 보육교사로 준비하기

유능한 보육교사란 영유아에 대한 깊은 이해와 신뢰, 보육에 대한 교사로서의 철학, 영유아의 발달에 적합한 보육과정의 계획과 운영, 교사-영유아 간의 효과적 상호작용 등의 능력을 갖추고 보육현장에서의 반성적 교육실천을 이루어가는 교사를 의미한다.

전문성을 갖춘 유능한 보육교사로 준비되고 성장하기 위해서는 교원양성과정에서의 체계적인 교육과정과 학령전기 영유아를 위한 국가 수준의 교육과정, 보육현장에서 보육교사로서 가져야 할 전문적 소양에 대한 능력을 갖추는 것이 반드시 선행되어야 한다. 나아가 교원양성과정에서 형성한 보육교사의 전문적인 능력을 실제 보육현장에서 체계적이고 반성적인 보육실습을 통해 활용함으로써 보다 준비된 보육교사로 성장해 갈 수 있다.

이러한 측면에서 제2부에서는 유능한 보육교사가 되기 위한 핵심적 요소로서 보육교사양성과정, 보육교사에게 필요한 전문 지식 및 보육실습 경험하기 등에 대하여 구체적으로 살펴보기로 한다.

제4장 보육교사 양성과정

보육교사를 양성하는 교육과정에서의 가장 중요한 목표는 바로 좋은 교사를 양성하는 것이라고 볼 수 있다. '좋은 교사'에 대한 개념은 다양하게 정의될 수 있지만, 일반적으로 어린이집에서 요구하는 좋은 교사란 영유아에 대한 사랑과 이해를 가진 좋은 인격과 자질을 갖추고 있어야 할 뿐만 아니라 보육과정 운영 전반에 관한 전문적인 지식을 갖추고 있을 때 좋은 교사라고 볼 수 있다.

본 장에서는 인격과 자질을 함양한 보육교사의 양성을 담당하고 있는 관련 기관의 양성과정에 관하여 살펴보고자 한다. 급변하는 미래사회가 요구하는 전문성과 역량을 갖춘 교사가 갖추어야 할 여러 가지 자질 중 가장 중요한 부분은 바로 보육과정 운영에 대한 전문 지식을 습득하는 것이다. 이에 본 장에서는 제3차 0~2세 표준보육과정 개정안의 주요 내용을 포함하여 가장 최근의 '2019 개정 누리과정'의 5개 영역(신체운동·건강, 의사소통, 사회관계, 예술경험, 자연탐구)의 내용 구성에 따른 지도 원리를 살펴봄으로써 보육교사가 현장에서 보다 효과적으로 보육과정을 계획하고 운영할 수 있는 전공 지식을 습득하는 데 도움을 주고자 한다.

1 보육교사 국가자격증제도 도입 배경

국가자격증제도가 도입되기 이전까지는 「영유아보육법」에 의하여 자격인정 기준만 갖추면 별도의 자격증 없이 자격을 증명하는 서류 제출로 자격을 인정하였다. 그러나 어린이집 및 지자체에서 어린이집 원장 및 보육교사의 자격인정 여부를 개별적으로 판단함에 따라 보육교직원 자격 기준에 대한 통일된 해석이 불가하여 관련 현장에 혼란을 초래하는 등 논란이 가중되었다. 이에, 진문적이고 세부적인 자격검정 및 자격증 교부 체계를 구축하고, 보육교직원 자격관리에 관한 효율성과 투명성을 제고하기 위하여 국가자격증제도를 도입하게 되었다.

보육교사 자격증을 취득하는 방법은 첫째, 대학 등에서 소정의 교사를 이수하는 방법과 둘째, 보육교사양성원에서 소정의 교과를 이수하는 방법 두 가지이다.

초저출산 문제로 영유아기 보육의 중요성에 대한 사회적 인식이 대두됨에 따라 어린이집의 양적 성장과 더불어 보육서비스의 질적 제고에 대한 사회적 관심이 어느 때보다 높은 것이 현실이다. 이에, 보육서비스의 개선과 보육 인력의 전문적 자질을 높이는 전문성 강화의 일환으로 2010년 10월에 「영유아보육법 시행령」 일부가 개정되었고, 2014년에 보육교사 2급 자격증 취득 이수 교과목을 상향조정(12과목 35학점에서 17과목 51학점), 2017년에 총 9개의 대면교과목을 지정하고 기존의 실습시간을 160시간에서 240시간으로 확대하였다.

1) 목적

보육교직원의 전문성을 향상시켜 우수한 보육 인력을 확보하고 이를 통하여 양질의 보육서비스를 제공함으로써 부모가 영유아를 믿고 맡길 수 있는 보육환경을 조성하고자 한다.

2) 주요 내용

「영유아보육법 시행령」 일부개정령의 주요 내용을 살펴보면, 크게 ① 어린이집 원장의 전문성 강화를 위한 자격제도 개선, ② 보육교사의 전문성 강화를 위한 자격제도 개선, ③ 보수교육 실시 강화 및 보육교사 2급 취득을 위한 이수 교과목 및 학점 등 상향조정으로 구분되어 있다.

본 장에서는 현행 국가자격증제도 하에 이루어지고 있는 보육교사 2급 양성과정에 초점을 두고 보육 관련 교과목 및 학점체계 개정에 관하여 살펴보고자 한다.

표 4-1 보육교사 2급 자격 취득을 위한 교과목 및 학점 이수 기준

<table>
<tr><th colspan="2">구분</th><th>2016년 8월 1일 시행</th><th>2014년 3월 1일 시행</th><th>2005년 1월 30일 시행</th></tr>
<tr><td colspan="2">교과목
이수 기준</td><td>3개 영역 17과목 51학점
* 9개 대면과목 필수
** 240시간 실습시간 이수</td><td>6개 영역 17과목 51학점
* 160시간 실습시간 이수</td><td>6개 영역 12과목 35학점</td></tr>
<tr><td rowspan="3">적
용
기
준</td><td rowspan="2">대학
입학자</td><td>2017년 1월 1일~현재 입학자</td><td>2014년 1월 1일~2016년 12월 31일 입학자</td><td rowspan="2">2005년 1월 30일 이후 입학자 및 편·재입학, 전과, 복수전공 신청자부터</td></tr>
<tr><td colspan="2">편입·재입학 등의 경우
1. 편입, 재입학한 사람의 경우: 편입, 재입학한 동학년의 이수 기준에 따름
2. 복수전공의 경우: 전공 입학년도에 따름</td></tr>
<tr><td>학점은행제 등
학위취득자</td><td>2018년 1월 1일 이후 학위취득자</td><td>2014년 3월 1일~2017년 12월 31일 학위취득자</td><td>2005년 1월 30일 이후 교과목 이수한 학위취득자부터</td></tr>
<tr><td colspan="2">관련 근거</td><td>보건복지부령 제392호
(2016년 1월 12일 개정,
2016년 8월 1일 시행)</td><td>보건복지부령 제92호
(2011년 12월 8일 개정,
2014년 3월 1일 시행)</td><td>보건복지부령 제14호
(2005년 1월 29일 개정,
2005년 1월 30일 시행)</td></tr>
</table>

출처: 한국보육진흥원(2020).

앞서 〈표 4-1〉에서 제시된 바와 같이, 종전의 시행령에서 보육교사 자격증 취득 관련 규정은 교과목 12과목 35학점 이수 기준은 보육현장에서 필요로 하는 이론과 실제를 함께 익히기에는 많은 제한점을 가지고 있었다. 이에 2014년 1차 개정사항에는 보육이 단순히 영유아의 신체적 보호에 치중하기보다는 발달에 적합한 교육을 제공할 수 있는 유능한 보육교사를 양성하기 위하여 이들의 전문성을 향상시키는 일환으로 보육교사 2급 자격증을 취득하기 위하여 대학 등에서 이수하여야 할 교과목 및 학점을 기존의 12과목 3학점에서 17과목, 총 51학점으로 상향조정하였다. 또한 보육실습기관을 법적으로 인가받은 보육정원 15인 이상의 평가인증 어린이집으로 한정하고 보육교사 1급 자격을 가진 사람이 실습을 지도하도록 규정하였다. 개정 전에는 보육기관별로 다양한 보육실습이 운영되고 있어 보육실습 지도의 질적 수준 차이가 발생함에 따라 2014년 1차 개정에서는 평가인증 우수어린이집에서의 보육실습을 통해 일정 수준 이상의 보육실습을 보장하는 것에 초점을 두었다.

최근 2016년에는 2차 부분 개정이 이루어졌는데(보건복지부령 제392호, 2016. 1. 12. 개정), 2014년 1차 개정과 비교해 볼 때, 교육 영역에서 기존의 6영역 17과목 총 51학점(실습시간 총 160시간)이 3개 영역 17과목 총 51학점(실습시간 총 240시간)으로 조정·변경되었다. 주요 변경내용은 〈그림 4-1〉에 제시한 바와 같다.

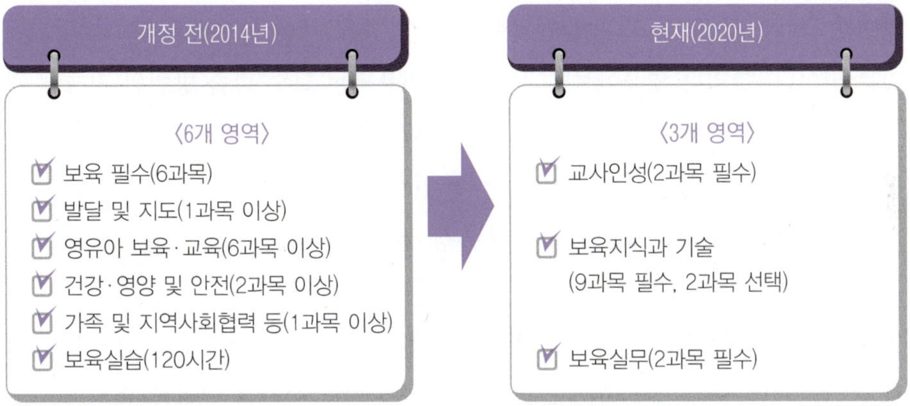

그림 4-1 보육교사 2급 자격 기준 이수 교과목(개정 전 vs. 현재) 비교

특히 2016년 8월 1일부터 시행되고 있는 보육교사 2급 자격 기준의 세부 변경사항의 핵심은 바로 3개의 교육 영역에 걸쳐 대면교과목 적용을 9개 필수교과목으로 선정하고, 적용방법에 있어서는 해당 과목당 8시간 이상 출석수업, 1회 이상 출석 시험을 실시하여 선정해야 함을 적시하였다.

다음의 〈표 4-2〉에서 이를 요약하여 제시하였다.

표 4-2 교육 영역별 대면교과목 요약

교육 영역	교과목
교사인성	보육교사(인성)론, 아동권리와 복지
보육지식과 기술	놀이지도, 언어지도, 아동음악(또는 아동동작, 아동미술), 아동수학지도(또는 아동과학지도), 아동안전관리(또는 아동생활지도)
보육실무	아동관찰 및 행동연구, 보육실습

출처: 한국보육진흥원(2020).

2 보육교사에게 필요한 전공 지식

전공과목은 각 학문의 영역을 다루는 교과내용과 이를 학습자의 특성에 맞게 교육할 수 있는 방법을 배우는 교과교육으로 구성된다. 영유아보육은 학령기 아동의 교육을 담당하는 초·중·고 교사를 양성하는 사범대학의 교과과정에 비해 상대적으로 거의 모든 교과에서 교수-학습 방법을 다루는 교과교육이 발달되어 있는 편이다. 그러나 영유아보육 실제에서 적용되는 교수-학습 방법의 기초에 관한 내용은 각 영역별 통합에 초점을 두고 있기 때문에 수·과학 지도와 관련된 활동이 언어 지도의 실제 활동과 연계될 수 있으며, 기본생활 지도에서도 다루어질 수 있기 때문에 이러한 교과내용의 중복성 문제가 거론되고 있다(문혁준 외, 2010; 박은혜, 2009).

그러나 보육교사는 영유아의 연령에 적합한 교과내용에 관해서도 알아야 할 뿐만 아니라 동일 연령대에 속해 있더라도 개인의 발달 수준을 고려한 내용 역시도 정확하게 알고 있어야 한다. 즉, 보육교사는 각 학문 영역에 관한 전공 지식이 충분할 때 보육현장에서 영유아에게 보다 의미 있는 통합활동으로 풀어냄으로써 영유아의 지식 확장 및 개념 발달을 지원할 수 있다. 이에 보육교사의 전공 지식에 대한 보다 전문적인 습득이 필요하며, 나아가 보육현장에서 이를 보다 효과적으로 적용·활용할 수 있는 실제 방안들이 강구되어야 한다.

1) 보육교사 양성교육과정의 구성체제

(1) 영유아 발달 및 학습에 관한 영역

보육교사 양성과정에서 영유아 발달과 학습에 대한 내용이 포함되어야 하는 이유를 Peters와 Klinzing(1990)은 다음과 같이 기술하였다. 첫째, 다양한 연령의 영유아의 발달을 이해할 수 있다. 둘째, 영유아 발달은 여러 가지 원인에 의해 다양한 방식으로 개인차를 가지고 일어날 수 있기에 이에 대한 이해가 필요하다. 셋째, 영유아 발달과정의 변화를 이해해야 한다. 넷째, 발달에 영향을 끼치는 환경의 영향을 이해해야 하기 때문이다. 마지막으로, 발달의 여러 측면이 서로 상호작용하며 발달한다는 사실을 이해해야 한다(문혁준 외, 2010; 박은혜, 2009).

보육교사들은 영유아의 행동을 보다 심층적으로 이해하기 위해서는 한 가지 이론만으로는 충분하지 않다. 즉, 영유아 발달을 학습하는 것은 궁극적으로 교육 대상인 영유아의 발달적 특성을 이해하고, 이들의 발달적 특성에 적합한 교육활동을 계획하기 위해서이다. Peters와 Klinzing(1990)은 이와 같은 목적을 달성하기 위해서는 인간의 성장·발달을 다루고 있는 과목, 각 발달 시기별 영유아의 특성을 구체적으로 다루는 과목, 발달적으로 지체를 가진 영유아에 대한 과목이 교원양성교육과정에 포함되어야 하며, 각 과목은 강의와 현장과 연계하여 실제 사례를 많이 접하고 경험할 수 있도록 구성되어야 한다고 주장한다.

현재 영유아의 발달과 학습에 관한 지식을 습득할 수 있는 교과목인 '아동발달'은 대부분의 대학에서 개설되어 있다. 그러나 태아기의 발달을 포함하여 '태아기 및 영아발달'이라는 과목과 '아동 및 청소년 발달'과 같이 특정 시기별로 인간 발달의 특징을 구분한 과목이 보다 더 많이 개설되어야 할 필요가 있다. 이러한 필요성에 입각하여 보육교사 양성교육 개정에서는 현행 아동발달 교과목은 영아발달과 유아발달로 세분화하여 필수적으로 이수하도록 명시하고 있다.

(2) 보육과정 운영 및 교수-학습 과정에 관한 영역

보육교사들은 보육과정의 운영, 영유아를 위한 각 교과 영역의 지도와 같은 과목을 수강함으로써 영유아를 위한 보육활동을 계획하고 효과적으로 지도방법이나 교수법을 선택하는 데 필요한 지식, 기술 및 태도를 학습하게 된다(문혁준 외, 2010; 박은혜, 2009). 따라서 이 영역에 대한 교과목들은 어린이집에서 교사로서의 역할을 수행하는 데 필요한 기본 이론과 원리를 토대로 현장에서 필요로 하는 실천적 지식을 형성해 낼 수 있는 능력을 함양하는 방향으로 운영되어야 한다.

보육은 영유아들의 특성상 결과보다는 과정을 중시하기에 이러한 특성으로 인해 교사교육에서도 교과내용 자체보다는 이를 어떻게 가르칠 것인가의 문제를 더 강조하는 경향이 있다(배소연, 2001). 대부분의 관련 대학에서 보육과정의 기본적인 이론을 다루는 '보육과정'과 교수-학습의 핵심이 되는 '놀이지도'를 개설하고 있으며 언어, 문학, 수·과학, 음률, 미술 등의 교과에 관련되는 과목은 대학의 특성에 따라 독립된 과목으로 운영되나, 두 과목 중 하나를 선택할 수 있도록(예 아동수학지도 또는 아동과학지도, 아동언어지도 또는 아동문학 등) 개설되고 있다.

한편 보육교사 양성과정에 대한 개정에서는 현행 유사한 성격의 전공교과목을 통합하여 개설하던 것을 분리하여 개설하고 영유아교육 영역에서 더욱 심도 있는 전공 지식의 습득을 통해 전문성 있는 교사를 양성하는 데 초점을 두고 있다. 이는 보육교사의 전공 지식 강화를 통해 보육현장에서 보다 유능하고 전문성 있는 교사를 양성함으로써 보육서비스의 질적 제고를 도모하고자 하는 사회적 흐름의 반영이기도 하다.

(3) 보육의 역사, 철학 및 사회 기초에 관한 영역

영유아의 발달과 학습은 그들이 속한 사회 및 문화적 맥락과 깊은 관련성이 있다. 이에 최근에는 사회 구성주의 이론에 입각하여 보육교사들이 처해 있는 사회현상과 교육에 대한 이해를 강조해야 한다는 설득력 있는 주장이 대두하고 있다. 교사양성교육과정은 사회, 국가 및 세계의 변화에 유기적으로 대체해 나가야 하기 때문에 교사들은 현재 그들이 처한 사회적 현상이 나타나게 된 역사적 배경에 대한 선행 지식 및 현재 또는 미래에 발생 가능한 다양한 사회적인 변화까지도 가늠할 수 있는 능력이 필요하다(문혁준 외, 2010; 박은혜, 2009). 이에 관련 대학에서는 보육교사가 이러한 보육의 역사, 철학 및 사회 기초에 관한 지식을 습득하게 하기 위해 '보육학개론', '아동학개론'을 개설하고, 이러한 과목의 중요성을 인정하여 필수교과목으로 지정하고 있다(문혁준 외, 2010; 배소연, 2001).

2012년 3월부터 시행되고 있는 5세 누리과정에 이어 만 3·4세까지 누리과정이 확대 도입됨에 따라 2013년 3월부터 전국의 모든 유치원과 어린이집에서 '3~5세 연령별 누리과정'이 전면적으로 시행되었다. 이에 따라 만 0세에서 5세 영유아를 지도하는 보육교사들이 연령별 표준보육과정 및 누리과정을 실제 활동으로 전개하는 데 있어 지도원리와 지도지침 및 유의점 그리고 실내외 환경구성에 대한 국가적 수준에서의 기준을 이해하고, 이를 현장에 효율적으로 적용할 수 있는 전문적 전공 지식의 습득이 더욱 필요하게 되었다.

특히, 2019년 누리과정이 개정됨에 따라 2020년 3월에 제4차 표준보육과정이 연계되어 개정되었으며, 2020년 9월 전면 시행을 앞두고 있다. 이에 본 장에서는 가장 최근에 개정된 제4차 0~2세 표준보육과정(0~2세)을 포함하여 2019 개정 3~5세 연령별 누리과정의 개요 및 현장 적용을 위한 교수-학습의 원리에 관해 살펴보고자 한다.

아울러 본 장에서는 영역의 내용범주별 지도사항의 예시로 2019 개정 3~5세 연령별 누리과정의 의사소통 영역을 통해 내용범주별 지도 시 중점적으로 고려해야 할 내용에 관하여 제시하고자 한다.

3 제4차 개정 어린이집 표준보육과정

3~5세 누리과정 고시 개정(2019. 7. 24., 2020. 3. 1. 시행)에 따라 아동의 경험 간 연결, 연령 간 발달 연계, 보육현장의 안정적 적용을 돕는 차원에서 보육과정의 일관성을 높이기 위해 어린이집 표준보육과정(0~2세 포함) 고시도 동일한 방향으로 개정하게 되었다.

제4차 개정 어린이집 표준보육과정은 「영유아보육법」 제29조 제2항, 「영유아보육법 시행규칙」 제30조 및 [별표 8의 4]에 의한 '제3차 어린이집 표준보육과정 고시'(보건복지부 고시 제2013-8호, 2013. 1. 21., 일부개정)를 다음과 같이 개정되었다(2020년 9월부터 시행 예정).

1) 개정안 구성

어린이집 표준보육과정(이하 '표준보육과정'이라 함)은 0~5세 영유아를 위한 국가 수준의 보육과정이며, 0~1세 보육과정, 2세 보육과정, 3~5세 보육과정(누리과정)

으로 구성되어 있다.

① 이전 제3차 어린이집 표준보육과정과 동일하게 어린이집을 이용하는 모든 영유아를 대상으로 하여 '0~1세 보육과정', '2세 보육과정', '3~5세 보육과정(누리과정)'으로 구성해 누리과정을 포함하는 넓은 개념으로 정리하였다.

② 제4차 개정 어린이집 표준보육과정에서는 이미 개정된 누리과정과의 연계선상에서 놀이 중심, 아동 중심, 현장 자율성 확대, 보육 수준 적정화를 통한 아동의 전인적 발달, 창의성 신장을 추구하는 것을 강조하였다.

③ 총 4장으로 구성되어 있으며 '제1장 총론: 표준보육과정의 구성방향, 운영', '제2장 0~1세 영역별 목표 및 내용', '제3장 2세 영역별 목표 및 내용', '제4장 3~5세 영역별 목표 및 내용'으로 구성되었다.

④ 표준보육과정 구성의 중점은 다음과 같다.

가. 영유아는 개별적인 특성을 지닌 고유한 존재임을 전제로 구성한다.

나. 0~5세 모든 영유아에게 적용할 수 있도록 구성한다.

다. 추구하는 인간상 구현을 위한 지식, 기능, 태도 및 가치를 반영하여 구성한다.

라. 표준보육과정은 다음의 영역을 중심으로 구성한다.

- 0~1세 보육과정과 2세 보육과정은 기본생활, 신체운동, 의사소통, 사회관계, 예술경험, 자연탐구의 6개 영역을 중심으로 구성한다.
- 3~5세 누리과정은 신체운동·건강, 의사소통, 사회관계, 예술경험, 자연탐구의 5개 영역을 중심으로 구성한다.

마. 0~5세 영유아가 경험해야 할 내용으로 구성한다.

바. 초등학교 교육과정과의 연계성을 고려하여 구성한다.

⑤ 2019 개정 3~5세 누리과정과 동일하게 기존 보육과정 운영에 대한 평가항목뿐만 아니라 영유아에 대한 평가항목을 추가로 반영하였다.

2) 표준보육과정의 기초

어린이집 표준보육과정은 어린이집의 만 0~5세 영유아들에게 국가 수준에서 제공하는 보편적이고 공통적인 보육의 목표와 내용을 제시한 것이다.

제4차 개정 표준보육과정에서 추구하고 있는 내용은 다음과 같다.

가. 국가 수준의 공통성과 지역, 기관 및 개인 수준의 다양성을 동시에 추구한다.

나. 영유아의 전인적 발달과 행복을 추구한다.

다. 영유아 중심과 놀이 중심을 추구한다.

라. 영유아의 자율성과 창의성 신장을 추구한다.

마. 영유아, 교사, 원장, 부모 및 지역사회가 함께 실현해 가는 것을 추구한다.

3) 추구하는 인간상

① 심신이 건강하고 행복한 사람: 신체는 물론 심리적으로 건강하고 행복감을 느끼는 사람

② 자율적이고 창의적인 사람: 자율적인 능력을 습득하고 자신의 독특한 생각과 탐색을 즐기는 사람

③ 자신과 타인을 존중하고 배려하는 사람: 자신을 존중하고 다른 사람의 생각과 느낌을 존중하며 배려하고 사랑하는 사람

④ 자연과 우리 문화를 사랑하는 사람: 주변의 자연환경 및 자원을 아끼고 사랑하며 우리나라 문화에 대한 자긍심과 이해를 바탕으로 새로운 가치를 추구하는 사람

⑤ 다양성을 인정하는 민주적인 사람: 열린 사고를 바탕으로 타인과 집단에서 조화롭게 협력하며 긍정적으로 관계를 형성하여 민주적인 의사결정을 하는 사람

4) 목적 및 구성

표준보육과정의 목적은 영유아가 놀이를 통해 심신의 건강과 조화로운 발달을 이루고 바른 인성과 민주 시민의 기초를 형성하는 데에 있다.

제4차 개정 어린이집 표준보육과정은 0~2세 보육과정과 3~5세 누리과정(아래 별도 내용 참고)으로 구성되어 있다.

표준보육과정은 6개 영역으로 기본생활, 신체운동, 의사소통, 사회관계, 예술경험, 자연탐구 영역으로 구성되어 있다. 각 영역은 영유아가 건강하고 안전하며 바르게 생활하는 데 필요한 내용과 신체, 언어, 사회, 정서 및 창의성, 인지 등 전인적 발달을 위해서 영유아가 갖춰야 할 지식, 기술, 태도를 포함한다.

6개 영역은 모두 영유아의 전인 발달을 위해서 중요하므로 보육과정 속에서 균형 있고 통합적으로 다루어져야 함을 강조하고 있다. 영역 명칭의 앞 두 글자는 그 영역의 내용을 묶을 수 있는 단어 또는 주 초점 단어이고, 뒤 두 글자는 그 영역의 내용을 최상으로 달성하기 위한 방법을 제시한 것이다(그림 4-2).

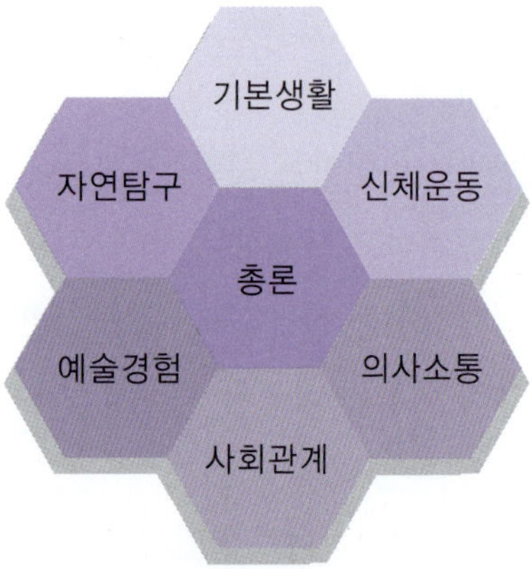

그림 4-2

출처: 중앙보육정보센터. 어린이집 보육과정 총론(http://central.childcare.go.kr/ccis/community/data).

5) 연령별 목표

앞에서 제시한 제4차 개정 표준보육과정(2020년 시행)의 목적을 달성하기 위한 연령별 구체적인 목표는 다음과 같다.

(1) 0~2세 보육과정

① 자신의 소중함을 알고 건강하고 안전한 환경에서 즐겁게 생활한다.
　자신의 일을 스스로 하고자 한다.
② 호기심을 가지고 탐색하며 상상력을 기른다.
③ 일상에서 아름다움에 관심을 가지고 감성을 기른다.
④ 사람과 자연을 존중하고 소통하는 데 관심을 가진다.

(2) 3~5세 보육과정

① 자신의 소중함을 알고, 건강하고 안전한 생활 습관을 기른다.
② 자신의 일을 스스로 해결하는 기초능력을 기른다.
③ 호기심과 탐구심을 가지고 상상력과 창의력을 기른다.
④ 일상에서 아름다움을 느끼고 문화적 감수성을 기른다.
⑤ 사람과 자연을 존중하고 배려하며 소통하는 태도를 기른다.

6) 0~1세 보육과정의 영역별 목표 및 내용

(1) 기본생활 영역

가. 목표

건강하고 안전한 일상생활을 경험한다.
① 건강한 일상생활을 경험한다.
② 안전한 일상생활을 경험한다.

나. 내용

내용범주	내용
나를 알고 존중하기	• 나와 다른 사람을 구별한다. • 나의 감정을 표현한다. • 내가 좋아하는 것을 한다.
더불어 생활하기	• 가족에게 관심을 가진다. • 또래와 함께 놀이한다. • 다른 사람의 감정과 행동에 반응한다. • 반에서의 규칙과 약속을 알고 지킨다.

(5) 예술경험 영역

가. 목표

아름다움을 느끼고 즐긴다.

① 자연과 생활에서 아름다움을 느끼고 관심을 가진다.

② 예술을 통해 자유롭게 표현한다.

나. 내용

내용범주	내용
아름다움 찾아보기	• 자연과 생활에서 아름다움을 느끼고 즐긴다. • 아름다움에 관심을 갖고 찾아본다.
창의적으로 표현하기	• 익숙한 노래와 리듬을 표현한다. • 움직임과 춤으로 자유롭게 표현한다. • 미술 재료와 도구로 표현해 본다. • 일상생활 경험을 상상놀이로 표현한다.

(6) 자연탐구 영역

가. 목표

주변 환경과 자연을 탐색하는 과정을 즐긴다.

① 일상에서 탐색하는 과정을 즐긴다.

② 주변 환경에 관심을 가지고 탐색한다.

③ 생명과 자연에 관심을 가진다.

나. 내용

내용범주	내용
탐구과정 즐기기	• 주변 세계와 자연에 대해 호기심을 가진다. • 사물과 자연 탐색하기를 즐긴다.
생활 속에서 탐구하기	• 친숙한 물체를 감각으로 탐색한다. • 물체의 수량에 관심을 가진다. • 주변 공간과 모양을 탐색한다. • 규칙성을 경험한다.
자연과 더불어 살기	• 주변의 동식물에 관심을 가진다. • 날씨의 변화를 감각으로 느낀다.

7) 2세 보육과정의 영역별 목표 및 내용

(1) 기본생활 영역

가. 목표

건강하고 안전한 생활습관의 기초를 형성한다.

① 건강한 생활습관의 기초를 형성한다.

② 안전한 생활습관의 기초를 형성한다.

나. 내용

내용범주	내용
건강하게 생활하기	• 자신의 몸을 깨끗이 해 본다. • 음식에 관심을 가지고 즐겁게 먹는다. • 하루 일과를 즐겁게 경험한다. • 건강한 배변 습관을 갖는다.
안전하게 생활하기	• 일상에서 안전하게 놀이하고 생활한다. • 교통수단을 안전하게 이용해 본다. • 위험한 상황에 대처하는 방법을 경험한다.

(2) 신체운동 영역

가. 목표

감각을 활용하고 신체를 인식하며 신체활동을 즐긴다.

① 감각을 활용하고 신체를 인식한다.

② 신체활동을 즐긴다.

나. 내용

내용범주	내용
감각과 신체 인식하기	• 감각 능력을 활용한다. • 신체를 인식하고 움직인다.
신체활동 즐기기	• 대·소근육을 조절한다. • 기본 운동을 즐긴다. • 실내외 신체활동을 즐긴다.

(3) 의사소통 영역

가. 목표

의사소통 능력과 상상력의 기초를 형성한다.

① 일상생활에서 듣기와 말하기를 즐긴다.

② 읽기와 쓰기에 관심을 가진다.

③ 책과 이야기에 재미를 느낀다.

나. 내용

내용범주	내용
듣기와 말하기	• 표정, 몸짓, 말에 관심을 갖고 듣는다. • 상대방의 이야기를 듣고 말한다. • 표정, 몸짓, 단어로 의사를 표현한다.
읽기와 쓰기에 관심 가지기	• 주변의 그림과 상징, 글자에 관심을 가진다. • 끼적이며 표현하기를 즐긴다.
책과 이야기 즐기기	• 책에 관심을 가지고 상상한다. • 말놀이와 이야기에 재미를 느낀다.

(4) 사회관계 영역

가. 목표

나를 알고, 다른 사람과 더불어 생활하는 경험을 한다.

① 나를 알고 긍정적으로 여긴다.

② 다른 사람과 즐겁게 지내기 위한 태도를 기른다.

나. 내용

내용범주	내용
나를 알고 존중하기	• 나와 다른 사람을 구별한다. • 나의 감정을 표현한다. • 내가 좋아하는 것을 한다.
더불어 생활하기	• 가족에게 관심을 가진다. • 또래와 함께 놀이한다. • 다른 사람의 감정과 행동에 반응한다. • 반에서의 규칙과 약속을 알고 지킨다.

(5) 예술경험 영역

가. 목표

아름다움을 느끼고 즐긴다.

① 자연과 생활에서 아름다움을 느끼고 관심을 가진다.

② 예술을 통해 자유롭게 표현한다.

나. 내용

내용범주	내용
아름다움 찾아보기	• 자연과 생활에서 아름다움을 느끼고 즐긴다. • 아름다움에 관심을 갖고 찾아본다.
창의적으로 표현하기	• 익숙한 노래와 리듬을 표현한다. • 움직임과 춤으로 자유롭게 표현한다. • 미술 재료와 도구로 표현해 본다. • 일상생활 경험을 상상놀이로 표현한다.

(6) 자연탐구 영역

가. 목표

주변 환경과 자연을 탐색하는 과정을 즐긴다.

① 일상에서 탐색하는 과정을 즐긴다.

② 주변 환경에 관심을 가지고 탐색한다.

③ 생명과 자연에 관심을 가진다.

나. 내용

내용범주	내용
탐구과정 즐기기	• 주변 세계와 자연에 대해 호기심을 가진다. • 사물과 자연을 반복하여 탐색하기를 즐긴다.
생활 속에서 탐구하기	• 친숙한 물체의 특성과 변화를 감각으로 탐색한다. • 물체의 수량에 관심을 가진다. • 주변 공간과 모양을 탐색한다. • 규칙성에 관심을 가진다. • 주변 사물을 같고 다름에 따라 구분한다. • 생활 도구에 관심을 가진다.
자연과 더불어 살기	• 주변의 동식물에 관심을 가진다. • 날씨와 계절의 변화를 감각으로 느낀다.

4 만 3~5세 누리과정

개정 이전 3~5세 공통과정으로서의 누리과정과 비교하여 '2019 개정 누리과정'에서 초점을 두고 있는 부분이 무엇인지를 살펴보는 것이 필요하다.

이에 본 절에서는 2019년 누리과정에 대한 전반적인 이해를 도모하기 위하여 「2019년 개정 누리과정 해설서」(교육부, 2019)에서 제시하고 있는 개정 누리과정(총론)의 배경 및 취지에 관한 내용을 먼저 소개하고자 한다.

1) 2019년 개정 누리과정의 배경

기존의 '3~5세 연령별 누리과정'은 유치원 교육과정과 3~5세 보육과정을 통합한 공통과정으로서 유치원과 어린이집 유아들이 공통의 교육내용을 경험할 수 있도록 하는 데 교육과정의 목표를 두었다. 그러나 '3~5세 연령별 누리과정'은 연령별 교육내용이 과다하게 구성되어 있어 교육현장에서 이를 실천하는 데 어려움이 많다는 문제가 지적되었다. 이에 2017년 12월 교육부는 국정과제 구현과 출발선 평등 실현을 위해 '유아교육 혁신방안'을 발표하였다. '유아교육 혁신방안'의 주요 골자는 시대의 요구에 따라 교육내용을 간략화하고 유아가 주도하는 놀이를 통해 배움이 구현될 수 있도록 유아 놀이 중심 교육과정으로 나아가고자 하였다. 이를 근간으로 '2019 개정 누리과정'은 '유아의 놀이가 중심이 되는 놀이 위주의 교육과정 개편'을 주요 골자로 하여 2019년 7월에 '2019 개정 누리과정'이 고시되었다. '2019 개정 누리과정'은 유치원과 어린이집에 다니는 3~5세 유아에게 공통으로 적용되는 국가적 교육과정으로 2020년 3월부터 본격적으로 시행되고 있다.

2) 2019년 개정 누리과정의 취지

2019 개정 누리과정의 취지를 다음과 같이 세 가지 차원에서 제시하였다(2019 개정 누리과정 해설서 참고).

1 미래사회에 부응하는 새로운 국가적 수준의 교육과정

'2019 개정 누리과정'에서는 최근 국내외 교육과정에서 공통적으로 추구하고 있는 인재상을 구현할 수 있는 것에 교육적 목표를 두었다. 즉, 미래사회는 많은 지식을 잘 활용하고, 자연과 생명을 존중하며 타인과 함께 살아갈 수 있는 바른 인성을 갖추고, 창조적 사고로 지속 가능한 사회를 만들 수 있는 역량을 지닌 사람을 미래 인재상으로 보고 있다. 이에 앞서 개정된 2015년 초·중등학교 교육과정에서 추구하는 학습자의 학습경험의 질 개선을 통한 배움을 즐기는 행복 교육이라는 교육적 목표와 연계하여 '2019 개정 누리과정'에서는 교육내용을 간략화하고, 특히 유아가 주도하는 놀이를 통해 즐거운 배움이 구현될 수 있도록 유아·놀이 중심 교육과정으로 나아가고자 하였다.

2 유아의 놀이가 중심이 되는 교육과정

'2019 개정 누리과정'에서는 일상의 자연스러운 다양한 놀이경험 속에서 유아 중심과 놀이 중심의 가치와 중요성을 강조하였다. 유아가 놀이하면서 보여 주는 독특한 움직임, 표정, 재미있는 말과 이야기, 그림이나 노래 등은 모두 놀이의 과정이자 배움의 결과물로 유아는 놀이하며 다른 사람과 관계를 맺고, 세상의 중요한 구성원으로 성장해 간다는 점에서 '2019 개정 누리과정'에서는 유아기 '놀이'의 본질과 가치에 관하여 의미를 재차 부각시켰다. 이러한 노력은 기존의 3~5세 연령별 누리과정을 운영해 오면서 일부 교육현장에서는 교사용 지도서에 지나치게 의존하여 이를 획일적으로 운영하거나 교사가 주도적으로 계획한 자유선택활동의 형태로 교사 중심의 놀이를 운영하였기에, 유아가 자유롭게 주도하는 놀이를 실천하는 데 있어 한계가 있다는 교육현장의 목소리를 적극적으로 반영한 것으로 볼 수 있다.

이에 개정 누리과정에서는 유아가 각자 자신에게 가장 적합한 방식으로 스스로 놀이하며 배운다는 점에 주목하여 유아가 중심이 되고 주도하는 놀이의 중요성과 가치를 강조하였다. 특히 개정 누리과정은 교사가 유아 놀이의 가치와 의미를 이해하고, 유아의 놀이를 통한 배움을 지원하도록 하는 데 중점을 두었다.

3 유아의 놀이를 지원하기 위한 교사의 자율성

'2019년 개정 누리과정'에서는 연령별 구분 없이 3~5세 통합연령의 유아를 대상으로 국가 수준의 최소화된 공통 기준을 마련하고, 유아 중심의 놀이를 통해 배움의 과정이 주는 즐거움을 극대화하기 위하여 교사의 자율성과 다양성을 존중하고자 한 점에서 기존 3~5세 연령별 누리과정과는 확연한 차별성을 가진다고 볼 수 있다.

'2019 개정 누리과정'에서 교사의 자율성과 다양성을 존중하고 강조하기 위하여 유아와 가장 가까이에서 이들의 놀이를 누구보다 잘 아는 전문가의 역할을 수행해야 한다고 명시하였다. 특히 유아의 놀이는 예측하여 계획하기 어렵기 때문에 유아의 자연스러운 놀이 흐름에 따라 가장 적합한 교육적 지원이 무엇인가를 판단하고 실천할 수 있는 교사의 전문가적 역량의 중요성을 강조하였다. 이에 '2019 개정 누리과정'에서는 교사의 자율성에 기초하여 유아가 놀이하며 배운다는 놀이의 가치와 본질을 믿고 이를 교육에서 유아 중심으로 함께 실천해 갈 수 있는 방향으로 교육적 목표를 두었다.

정리하면, '2019 개정 누리과정'은 국가가 고시한 교육과정으로 3~5세 유아가 다니는 유치원과 어린이집에서 누리과정을 편성·운영할 때 필요한 공통적이고 일반적인 최소한의 기준을 제시하고 있다. 이와 동시에 지역 및 기관, 개인 수준의 다양성도 강조하였다. 국가 수준 교육과정으로서 개정 누리과정은 유아가 중심이 되고 놀이가 살아나는 교육과정을 추구하는 데 목표를 두고 있다. 이에 따라 2019년 개정된 누리과정에서는 유치원과 어린이집은 국가 수준에서 제시하는 공통성을 바탕으로 하되, 유아 놀이 중심의 교육과정을 지역과 기관 수준, 학급 및 개인의 다양성이 반영될 수 있도록 유연하게 적용하는 데 초점을 두고 있다. 특히 '2019 개정 누리과정'에서는 누리과정의 실행 주체인 교사가 국가가 제시하는 유아·놀이 중심 교육과정을 기초로 하되 자율적으로 유아의 놀이를 지원할 수 있도록 교육과정을 적용하는 것을 강조하고 있다.

3) 2019년 개정 누리과정에서의 5개 영역 이해하기

1 개정 누리과정 5개 영역의 내용 간략화

'2019 개정 누리과정'은 기존 누리과정이 제시한 신체운동·건강, 의사소통, 사회관계, 예술경험, 자연탐구 등 5개 영역의 명칭을 그대로 유지하였다. 각 영역에 포함되는 범주와 내용을 간략화하였다. 각 영역은 3개의 내용범주를 두어 총 15개의 내용범주로 구성하였으며, 이는 신체운동·건강 영역 12개, 의사소통 영역 12개, 사회관계 영역 12개, 예술경험 영역 10개, 자연탐구 영역 13개인 총 59개의 내용으로 간략화하였다.

각 영역은 유아가 누리과정을 통하여 자연스럽게 경험하거나 경험해야 하는 교육내용을 5개 영역으로 나누어 제시하였다. 그러나 개정 누리과정의 5개 영역을 분절하여 이해하거나 특정 교과 또는 연령별로 가르쳐야 하는 세부 내용으로 이해하지 않도록 유의할 필요가 있음을 명시하고 있다. 이는 유아의 경험은 대부분 자연스러운 상황에서 다양한 놀이에 참여하는 과정을 통해 이루어지고, 이러한 놀이는 5개 영역 내용을 통합적으로 포함하고 있기에, 유아·놀이 중심 개정 누리과정의 운영은 곧 5개 영역의 통합적 실천으로 이해함을 강조하였다(표 4-3, 표 4-4 참고).

표 4-3 개정 전 3~5세 연령별 누리과정

영역	내용범주
신체운동·건강	• 신체 인식하기 • 신체 조절과 기본 운동하기 • 신체활동에 참여하기 • 건강하게 생활하기 • 안전하게 생활하기
의사소통	• 듣기 • 말하기 • 읽기 • 쓰기
사회관계	• 나를 알고 존중하기 • 나와 다른 사람의 감정 알고 조절하기 • 가족을 소중히 여기기 • 다른 사람과 더불어 생활하기
예술경험	• 아름다움 찾아보기 • 예술적 표현하기 • 예술 감상하기
자연탐구	• 탐구하는 태도 기르기 • 수학적 탐구하기 • 과학적 탐구하기

→

표 4-4 2019년 개정 누리과정

영역	내용범주(15개)
신체운동·건강	• 신체활동 즐기기 • 건강하게 생활하기 • 안전하게 생활하기
의사소통	• 듣기와 말하기 • 읽기와 쓰기에 관심 가지기 • 책과 이야기 즐기기
사회관계	• 나를 알고 존중하기 • 더불어 생활하기 • 사회에 관심 가지기
예술경험	• 아름다움 찾아보기 • 창의적으로 표현하기 • 예술 감상하기
자연탐구	• 탐구과정 즐기기 • 생활 속에서 탐구하기 • 자연과 더불어 살기

* 자연스러운 일상에서 유아의 실제 경험 강조함.

2 유아의 실제 경험 강조

개정 누리과정에서는 5개 영역의 내용을 총 59개 내용으로 간략화하고, 이를 유아가 경험해야 할 내용으로 명시하였다. 궁극적으로 개정 누리과정은 유아가 주체가 되는 교육과정을 지향하는 것을 목적으로 두고, 유아의 일상에서 자연스럽게 직접적, 주도적인 놀이경험을 통해 배움을 형성한다는 점에서 교육과정의 실제를 의미한다. 이에 교사는 유아가 놀이를 통해 배우는 실제 내용을 존중하고 이를 지원해 가면서 자연스럽게 유아 놀이 중심 교육과정을 실천할 수 있다고 보았다.

특히 '2019 개정 누리과정'은 5개 영역의 내용을 연령 구분 없이 3~5세 유아가 모두 경험할 수 있는 내용을 제시하였다는 점에서 기존 연령별 누리과정과는 차별성을 가진다. 이에 교사는 유아의 연령에 따라 많은 세부 내용을 가르쳐야 한다는 부담을 내려놓고 유아의 연령과 발달 수준에 따라 자연스럽게 놀이하며 배우는 경험을 있는 그대로 이해할 필요가 있음을 명시하였다. 즉, '2019 개정 누리과정'에서 강조하고 있는 교사의 역할은 바로 유아 스스로가 놀이하며 배우는 경험을 중심으로 누리과정을 유연하고 융통성 있게 운영하는 것에 초점을 두었다.

3 영역별 목표와 내용범주의 연계

개정 누리과정의 영역별 목표와 내용범주는 그 의미가 서로 연계되어 있으므로, '목표'와 '내용범주 이해하기'가 개정 누리과정 해설서에 함께 제시되어 있다. 이는 유아가 5개 영역에 걸쳐 총 59개의 내용을 놀이를 통해 자연스럽게 배우며 목표를 경험할 수 있음을 강조한다.

4 '내용 이해'와 '유아 경험의 사례'를 연계하여 제시

'2019 개정 누리과정'은 총 59개의 내용을 유아가 경험해야 할 내용으로 제시하였는데, 이는 교사가 주도적으로 계획하고 가르쳐야 할 내용이라기보다는 유아가 놀이하며 자연스럽게 배우는 경험으로 이해하는 것에 중점을 두었다. 이를 위하여 개정 누리과정에서는 영역별 내용에 대한 설명을 유아 경험의 실제와 연계해 제시하였다. 즉, 59개 내용에 대한 설명은 '내용 이해'로, 유아가 유치원과 어린이집에서 경험하는 내용은 '유아 경험의 실제'로 함께 제시하여 교사가 영역별 내용과 유아의 경험을 바로 연계해 이해할 수 있도록 구성하였다. 무엇보다도 59개의 내용은 유아의 놀이에서 통합적으로 나타나는 경험임을 강조하고 있다.

5 5개 영역의 통합적 이해

개정된 누리과정의 영역에서 제시하고 있는 '○○영역의 통합적 이해'에서는 놀이 사례를 하나씩 제시하고, 각 놀이 사례에서 5개 영역의 내용이 어떻게 통합적으로 나타나는지를 보여 줌으로써 교사가 유아의 놀이를 59개의 내용별로 분리하여 이해하지 않고, 통합적으로 이해할 수 있도록 하였다(2019 개정 누리과정 해설서 참고). 2019년 개정 누리과정의 핵심은 바로 교사마다 놀이에 대한 이해와 해석이 다를 수 있다는 것을 전제로 한다는 점이다. 이에 교사는 유아가 5개 영역의 내용을 통합적으로 경험하며, 이를 통해 배움과 성장을 이루어 간다는 점을 인식하여야 하며, 이러한 과정에서 교사는 놀이에 따라 5개 영역 중 일부 영역을 놀이와 연결 지을 수 있다.

6 59개 내용 설명과 평가를 연계할 시 유의점

개정 누리과정 해설서상 59개 내용의 해설에서 제시하는 '유아 경험의 실제 및 ○○영역의 통합적 이해'는 놀이 분석 사례나 평가의 예시가 아니며, 이 예시들은 교사가 유아의 놀이에서 이루어지는 배움을 잘 이해할 수 있도록 돕기 위한 설명 자료임을 명시하고 있다. 교사는 이 설명을 참고로 유아의 놀이에서 나타나는 의미와 배움을 연계하여 이해하고 활용할 수 있도록 구성되었다. 이에 교사는 2019 개정 누리과정 해설서상에 제시된 59개의 내용을 유아의 발달 및 성취 기준으로 인식하여 개별 유아의 놀이를 관찰하고 평가하는 틀로 활용하지 않도록 유의해야 한다.

본 절에서는 2019 개정 누리과정 5개 영역의 하나인 의사소통 영역에서의 구체적인 교수-학습 지도원리에 관하여 예시를 들고자 한다(2019 개정 누리과정 해설서).

5 2019년 개정 누리과정의 예시(의사소통 영역)

1) 성격

의사소통 영역은 언어의 기본 형태인 구어와 문어를 활용하여 나와 다른 사람의 느낌이나 생각, 경험을 상황과 상대방에게 알맞게 소통할 수 있는 능력을 기르는 영역이다. 또한 말과 글의 관계를 알고 읽기와 쓰기에 흥미를 가져 언어 사용을 즐기도록 하는 영역이다.

유아기는 구어 사용 능력이 급격히 확상되고, 문어 사용에 대한 흥미와 이에 대한 기초 능력이 발달하는 시기이다. 이전 영아기에 주로 많이 사용되었던 몸짓, 표정 등의 비언어적 표현이 줄어들면서, 유아기에는 주변 생활에서 경험한 다양한 사물이나 사건에 대한 이야기를 이해하고 또 이를 적합한 어휘로 표현하는 것이 중요하다. 유아는 문장 내에 숨겨진 상대방의 의도를 해석할 수 있어야 하고, 자신의 생각이나 느낌 등의 의도를 상대방에게 적절히 전달할 수 있어야 한다. 또한 그림책이나 인쇄물처럼 철자로 이루어진 다양한 내용에 관심을 가지고 그 속에 담긴 의미를 파악할 수 있어야 한다.

2) 목표

2019년 개정 누리과정에서의 의사소통 영역의 궁극적인 목표는 일상생활에 필요한 의사소통 능력과 더불어 상상력을 기르는 데 두고 있다. 이를 위해서 설정된 구체적인 목표는 다음과 같다.

(1) 일상생활에서 듣고 말하기를 즐긴다.

(2) 읽기와 쓰기에 관심을 가진다.

(3) 책이나 이야기를 통해 상상하기를 즐긴다.

3) 의사소통 영역 내용구성

2019년 개정 누리과정에서의 의사소통 영역은 '듣기와 말하기(6개), 읽기와 쓰기에 관심 가지기(3개), 책과 이야기 즐기기(3개)'의 세 가지 내용범주와 총 12개의 내용으로 구성되어 있다(표 4-5 참고). 특히 2019년 개정 누리과정의 의사소통 영역에서는 듣기와 말하기로 구분된 영역을 하나로 통합하여 듣고 말하는 경험이 분리되지 않는 실제를 반영하였으며, '읽기'와 '쓰기'를 통합하여 '읽기와 쓰기에 관심 가지기'를 제시하였다. 마지막으로 '책과 이야기 즐기기' 내용범주를 새롭게 제시하였으며, 전반적으로 유아의 자연스러운 일상에서 말과 글의 사용에 중점을 두고 서로 연관 지어서 즐거운 경험의 기회를 가지는 데 초점을 두었다.

표 4-5 2019년 개정 누리과정(의사소통 영역)

내용범주	내용
듣기와 말하기	말이나 이야기를 관심 있게 듣는다.
	자신의 경험, 느낌, 생각을 말한다.
	상황에 적절한 단어를 사용하여 말한다.
	상대방이 하는 이야기를 듣고 관련해서 말한다.
	바른 태도로 듣고 말한다.
	고운 말을 사용한다.
읽기와 쓰기에 관심 가지기	말과 글의 관계에 관심을 가진다.
	주변의 상징, 글자 등의 읽기에 관심을 가진다.
	자신의 생각을 글자와 비슷한 형태로 표현한다.
책과 이야기 즐기기	책에 관심을 가지고 상상하기를 즐긴다.
	동화, 동시에서 말의 재미를 느낀다.
	말놀이와 이야기 짓기를 즐긴다.

정리하면, 개정된 누리과정에서의 의사소통 영역의 목표와 내용범주는 유아가 일상생활에서 다른 사람의 말이나 이야기를 듣고 말하기를 즐기며, 주변의 상징

을 읽고 글자와 비슷한 형태로 써 보기에 관심을 가지며, 다양한 책과 이야기를 통해 상상하기를 즐기는 내용으로 구성되었다.

앞서 제시한 2019년 개정 누리과정에서 의사소통 영역의 목표 및 내용범주를 구성하는 데 있어 다음과 같은 고려사항을 명시하였다.

- ◉ 유아의 듣고 말하는 경험이 분리되지 않음을 고려하여 기존의 3~5세 연령별 누리과정에서 분리된 '듣기'와 '말하기'를 통합하여 '듣기와 말하기'로 제시하였다.
- ◉ 유아의 읽고 쓰는 경험이 분리되지 않음을 고려하여 기존 누리과정의 '읽기'와 '쓰기'를 '읽기와 쓰기에 관심 가지기'로 통합하여 제시하였다.
- ◉ 유아가 동화와 동시, 말놀이와 이야기 짓기 등 일상에서 자연스럽게 문학을 즐기는 경험에 중점을 두어 '책과 이야기 즐기기' 내용범주를 새롭게 추가하여 제시하였다.

4) 의사소통 영역에서 내용범주별 내용 이해 및 유아 경험의 실제

(1) 내용범주: 듣기와 말하기

가. 목표

일상생활에서 듣고 말하기를 즐긴다.

나. 내용

- 말이나 이야기를 관심 있게 듣는다.
- 자신의 경험, 느낌, 생각을 말한다.
- 상황에 적절한 단어를 사용하여 말한다.
- 상대방이 하는 이야기를 듣고 관련해서 말한다.
- 바른 태도로 듣고 말한다.
- 고운 말을 사용한다.

다. 내용 이해(6개) 및 유아 경험의 실제 예시(의사소통 영역)

<table>
<tr><th>내용 이해</th><th>유아 경험의 실제</th></tr>
<tr><td>1. 말이나 이야기를 관심 있게 듣는다.
유아가 다른 사람이 하는 말과 흥미로운 주제, 익숙한 경험이 담긴 이야기에 관심을 가지며 듣는 내용이다.</td><td>유아가 친구들에게 동물원에 놀러 갔던 이야기를 신나고 재미있게 들려준다. 유아는 “나는 호랑이다, 어흥!” 하며 눈을 크게 뜨고 목소리를 굵고 거칠게 한다. 그리고 원숭이에 대한 이야기를 할 때는 가늘고 날카로운 음성으로 바꿔서 말한다. 옆에서 이야기를 듣던 유아들이 원숭이 동작과 목소리를 흉내 내며 웃는다.</td></tr>
<tr><td>2. 자신의 경험, 느낌, 생각을 말한다.
유아가 상대방에서 자신의 경험, 느낌, 생각을 자유롭게 말하는 내용이다.</td><td rowspan="2">유아들이 병원놀이를 한다. 의사 역할을 하는 유아가 “어디가 아파서 오셨어요?”라고 묻자, 환자 역할을 하는 유아가 “의사 선생님, 배가 너무 아파요.”라고 말하며 배를 움켜쥔다. 의사가 진찰한 후, 옆에 있던 간호사 역할을 하는 유아가 “이쪽으로 오세요. 주사 맞아야 합니다.”라고 말한다.</td></tr>
<tr><td>3. 상황에 적절한 단어를 사용하여 말한다.
유아가 때와 장소, 대상과 상황을 고려하여 적절한 단어와 문장을 선택하여 말하는 내용이다.</td></tr>
<tr><td>4. 상대방이 하는 이야기를 듣고 관련해서 말한다.
유아가 다른 사람이 이야기하는 내용을 듣고 말하는 사람의 생각, 의도, 감정을 고려하여 말하는 내용이다.</td><td>유아들이 자신이 가장 좋아하는 음식에 대해 서로 이야기를 나누고 있다. S가 “나는 아이스크림이 좋아. 왜냐하면 시원하고 달콤…” 하고 말을 끝내기도 전에 옆에 있던 Y가 “나는 짜장면!” 하면서 끼어든다.
그때 S가 “야, 내가 말하고 있잖아. 내 말 아직 안 끝났거든. 기다려 봐!”라고 말하며 “아이스크림은 달콤해. 딸기 아이스크림이 제일 좋아. 넌?”</td></tr>
<tr><td>5. 바른 태도로 듣고 말한다.
유아가 말하는 사람에게 주의를 기울이며 듣는 내용이다. 말을 끝까지 듣고, 자신의 의견을 말하는 내용이다.</td><td rowspan="2">P가 선생님에게 웃음참기 놀이를 하자고 제안한다. 선생님이 P에게 웃음참기 놀이의 방법을 물어보자, P는 자신이 생각한 웃음참기 놀이의 방법을 또박또박 설명한다.
P 그런, 음…. 서로 웃기게 해서 안 웃으면 되는 거예요.
교사 어머, 정말 재밌겠는데, 여기 친구도 함께해도 될까?
P 네, 같이 하면 더 재미있어요.
교사 그럼, 친구에게 웃음참기 놀이 방법을 설명해 줄래?
P H야, 서로 웃기게 해서 안 웃으면 되는 거야. 웃음을 참아야 해. 알겠지? 선생님, 이제 시작해요.</td></tr>
<tr><td>6. 고운 말을 사용한다.
유아가 일상생활에서 자주 쓰는 유행어, 속어, 신조어, 상대방을 비난하는 말을 사용하지 않고, 우리말을 바르게 사용하는 내용이다.</td></tr>
</table>

출처: 교육부. 2019 개정 누리과정 해설서(pp. 74–76).

(2) 내용범주: 읽기와 쓰기에 관심 가지기

가. 목표

읽기와 쓰기에 관심을 가진다.

나. 내용

- 말과 글의 관계에 관심을 가진다.
- 주변의 상징, 글자 등의 읽기에 관심을 가진다.
- 자신의 생각을 글자와 비슷한 형태로 표현한다.

다. 내용 이해(3개) 및 유아 경험의 실제 예시(의사소통 영역)

내용 이해	유아 경험의 실제
1. 말과 글의 관계에 관심을 가진다. 유아가 일상에서 말이 글로, 글이 말로 옮겨지는 것에 관심을 갖는 내용이다.	유아들이 음식점 놀이를 하고 있다. 유아가 "선생님, 우리 지금 가게 만들 건데 '김밥 가게' 어떻게 적어요?" 하면서 선생님에게 도움을 요청한다. 선생님은 유아가 잘 볼 수 있도록 보드판에 천천히 '김밥 가게' 글자를 크게 적는다. 유아는 보드판의 글자를 보며 천천히 따라 적는다.
2. 주변의 상징, 글자 등의 읽기에 관심을 가진다. 유아가 일상에서 자주 보는 상징(표지판, 그림문자 등)이나 글자 읽기에 관심을 가지는 내용이다. 유아가 상징이나 글자에는 사람들의 생각과 감정, 정보가 담겨 있다는 것을 이해하는 내용이다.	유아가 교실 입구의 비상구 표시등을 가리키며 "저것 봐! 사람이 초록색이야. 이렇게 하고 있어." 하면서 비상구 사람의 모습을 흉내 낸다. 함께 이야기를 나누던 유아는 "나 저거 알아. 저거는 불날 때 저쪽으로 빨리 피하라는 말이야."라고 말한다.
3. 자신의 생각을 글자와 비슷한 형태로 표현한다. 유아가 자신의 생각이나 말을 끼적거리거나 글자와 비슷한 선이나 모양, 글자와 비슷한 형태로 표현하는 내용이다.	

출처: 교육부. 2019 개정 누리과정 해설서(p. 77).

(3) 내용범주: 책과 이야기 즐기기

가. 목표

책이나 이야기를 통해 상상하기를 즐긴다.

나. 내용

- 책에 관심을 가지고 상상하기를 즐긴다.
- 동화, 동시에서 말의 재미를 느낀다.
- 말놀이와 이야기 짓기를 즐긴다.

다. 내용 이해(3개) 및 유아 경험의 실제 예시(의사소통 영역)

내용 이해	유아 경험의 실제
1. 책에 관심을 가지고 상상하기를 즐긴다. 유아가 책에 흥미를 가지며 책 보는 것을 즐기고 상상하는 즐거움을 경험하는 내용이다.	유아가 여러 책을 한꺼번에 쌓아 두고 읽는다. 다른 유아가 와서 "내가 좋아하는 공룡 책 여기 있어?" 하며 책을 찾는다. 유아가 책장을 넘기며 공룡 이름 맞히기를 하다가 브라키오사우루스가 나오자 "와! 정말 길다. 여기서 여기 끝까지 미끄럼 타면 진짜 재미있겠다.", "그런데 여기까지는 어떻게 올라가지?" 하며 낄낄낄 웃는다.
2. 동화, 동시에서 말의 재미를 느낀다. 유아가 동화와 동시를 자주 들으며 우리말의 재미와 아름다움을 느끼는 내용이다.	S가 친구들에게 이야기를 한다. S 그 공주님이 사는 성에는 아~주 유명한 사다리가 있어. 그런데 그 사다리는 하늘까지 올라가고, 또 하늘을 넘어 가지고…. H 우주도 넘어? S 어, 우주에 우주까지도 넘는대. 유아들 헤엑!
3. 말놀이와 이야기 짓기를 즐긴다. 유아가 끝말잇기, 수수께끼, 스무고개 등 다양한 말놀이를 즐기는 내용이다. 자신의 경험, 생각, 상상을 기초로 새로운 이야기를 만드는 과정을 즐기는 내용이다.	3세 반에서 교사가 동시를 읽어 주자 유아들이 서로 "꼬불꼬불?"이라고 말하며 까르르 웃는다. 그리고 유아들은 리본 막대를 휘두르며 "꼬불꼬불" 하며 서로 까르르 웃는다.

출처: 교육부. 2019 개정 누리과정 해설서(p. 78).

[말놀이] 끝없이 이어지는 아이들의 이야기

유아들이 모여 J가 풍부한 상상력을 발휘하여 지어낸 이야기를 듣고 있다. J는 운율과 리듬을 실어 자신이 상상으로 지어낸 이야기를 신나게 펼쳐 내고, 친구들은 서로 맞장구를 치며 재미있게 듣고 있다.

J 어떤 아이가~ 엄~~~청 엄청 부잣집에 살고 있었는데.
그 집은 엄청 밥도 많고♬, 장난감도 많고, 돈도 많고♪, 쌀도 많고, 가구도 엄청 좋은 거고. ♬~↗

O 변기통도 많고↘ ♩ 바가지도 많고. ♬

아이들 하하하하!

J 근데 방이 만 개가 되는 거야.
H 옛날 집인데도?

J (속삭이며) 옛날 집 아니야. 근데 그 옆에는 엄~~~~~~청 가난한 집이 있었어. 쌀도 한 개도 없고↘ 집에 방도 하나도 없고~♬ 아예 집에~ 코딱지 한 개도 없는 거야.

O 벌레 하나도 없어 가지고~~ 하하하!

J 그런데 거기는 아~주 유명한 공주 장난감이 있었는데, 그 공주 장난감에는 사다리가 하늘까지 하늘을 넘어 가지고, 우주를 넘어 가지고, 저어~~~~ 우주를 넘는 사다리가 아주 긴~~ 사다리가 나오는데, 그게 만 원도↘ 넘고♬ 그다음 백만 원도 넘고♬ 너~무 비싼 거야~~~.

H 일억도 넘어?
J (고개를 끄덕임) 너~~무 비싸 가지고… 억만 백천구백 원이었대.

아이들 헤엑~!

G 만 원 백 개로 살 수 있겠다.
H 만 원 백 개 있으면 백만 원인데?
J 그래서~ 나무를 팔아 가지고 책상도 만들고↘ 의자도 만들고↗♬, ㅇㅇ해서 그 가난한 집은 금방 부자가 됐대~~.

그림 4-3 의사소통 영역의 통합적 이해(예시)

앞서 소개한 〈그림 4-3〉의 의사소통 영역의 통합적 이해 관련 사례를 2019년 개정 누리과정의 5개 영역과 어떻게 연관되어 있는가(*이탤릭체로 밑줄* 친 부분 참고)를 살펴보면 다음과 같다.

◉ 신체운동 · 건강

- 신체활동 즐기기: 신체 움직임을 조절한다. 유아들은 이야기에 나오는 상황을 몸짓으로 표현할 때 자신의 신체 움직임을 조절함

◉ 의사소통

- 듣기와 말하기: *말이나 이야기를 관심 있게 듣는다*. 유아들은 J가 지어낸 재미있고 풍부한 상상 이야기를 적극적으로 들음. *자신의 경험, 느낌, 생각을 말한다*. 유아는 자신의 생각, 느낌을 친구들 앞에서 말함. *상황에 적절한 단어를 사용하여 말한다*. 유아들은 상상의 세계에 맞는 단어를 선택하기도 하고, 현실 세계에 적절한 단어를 선택하여 이야기함. *상대방이 하는 이야기를 듣고 관련해서 말한다*. 유아들은 서로 이야기를 듣고 맞장구치며 관련하여 말함

- 읽기와 쓰기에 관심 가지기: *말과 글의 관계에 관심을 가진다*. 유아는 자신이 지어낸 이야기를 종이에 적어 종종 보면서 이야기를 이어감. *자신의 생각을 글자와 비슷한 형태로 표현한다*. 유아는 상상의 이야기를 종이에 글자로 표현함

- 책과 이야기 즐기기: *책에 관심을 가지고 상상하기를 즐긴다*. 유아들은 이야기 속에 몰입하여 상상하기를 즐김. *말놀이와 이야기 짓기를 즐긴다*. 유아들은 말도 안 되지만 나름대로 의미가 있는 말을 만들어 상상의 이야기를 즐김

◉ 사회관계

- 더불어 생활하기: *친구와 서로 도우며 사이좋게 지낸다.* 유아들은 J의 말에 맞장구를 치며 즐겁게 대화를 나누는 좋은 관계에 있음. *서로 다른 감정, 생각, 행동을 존중한다.* 유아들은 신나게 이야기하는 J의 상상 이야기를 재미있게 들음.

◉ 예술경험

- 창의적으로 표현하기: *신체, 사물, 악기로 간단한 소리와 리듬을 만들어 본다.* J는 음의 고저와 장단을 살려 아주 많거나 크다는 표현을 할 때는 높고 긴 소리를 내고, 그 앞 어휘의 끝은 소리를 낮춰 가며 이야기를 함.

제5장

보육교사에게 필요한 전문지식

전문적인 보육교사로서 갖추어야 할 여러 가지 자질 중 핵심적인 것은 보육과정 운영에 대한 지식을 갖추는 것이라고 볼 수 있다. 이에 본 장에서는 앞의 장에서 살펴본 표준보육과정의 6개 영역(기본생활, 신체운동·건강, 의사소통, 사회관계, 예술경험, 자연탐구)의 내용 구성에 따른 지도원리에 대해 살펴보고자 한다. 이를 통해 보육교사는 보육현장에서 보다 효과적으로 보육과정을 계획하고 운영하는 능력을 기를 수 있을 것이다.

보육현장에서 보육교사와 영유아 간 바람직한 상호작용이 이루어지기 위해서 보육교사는 표준보육과정의 영역에 따른 연령별 보육목표와 내용뿐만 아니라 표준보육과정 영역에 따른 지도지침을 잘 알고 실천할 수 있어야 한다. 구체적인 지도지침의 내용으로는 표준보육과정의 각 영역에 요구되는 영유아 발달에 대한 지식, 바람직한 물리적 환경 구성, 영유아 지도방법, 지도할 때 유의할 점 등이 있다. 이러한 사항에 초점을 두고 표준보육과정의 6개 영역에 따른 지도원리에 대해서 표준보육과정의 교사지침(보건복지부, 2000; 보건복지부·교육부, 2020; 한국보육진흥원, 2013)에 의거하여 살펴보면 다음과 같다.

1 '일과운영'에 따른 지도원리

교사는 영유아의 등원부터 귀가까지 일어나는 다양한 활동을 통해 일과를 운영하는 능력을 갖춰야 하며 이를 위해 영유아의 발달적 특성, 개별적인 차이와 흥미에 대한 이해를 바탕으로 발달에 적합하고 풍부한 환경을 제공하고 보육계획과 평가를 통해 일과

운영이 영유아의 전인적인 발달을 지원하도록 발전시켜 나가야 한다. 이러한 '일과운영'의 효과적 지도를 위해 보육교사가 전문적 지식으로 익혀야 하는 지도원리는 다음과 같다(한국보육진흥원, 2013).

- 하루 일과운영은 표준보육과정에 근거한 보육과정의 운영 범위 안에서 개인적·집단적 요구가 반영되어야 한다.
- 일과운영에서 일어날 수 있는 어려움이나 특징을 예측하고 준비하여야 한다.
- 일과를 일관성 있게 계획하고 운영하여 영유아들이 규칙성을 경험하며 매일 반복되는 일과를 어느 정도 예측할 수 있도록 도와주어야 한다.
- 낮잠 및 휴식, 간식과 식사 지도 등의 일상의 양육활동이 즐겁고 안전하며 교육적인 경험이 되도록 해야 한다.
- 영유아의 생리적 욕구를 개별적으로 해결해 주고 이를 충족할 수 있는 시간과 공간을 배려해야 한다.
- 조용한 놀이와 활동적 놀이, 실내활동과 실외활동, 개별활동과 집단활동, 교사가 주도하는 활동과 영유아 주도 활동, 활동하는 시간과 휴식하는 시간 등이 균형 있게 배치되도록 한다.
- 교사와 개별 유아, 교사와 집단, 영아와 영아, 유아와 유아, 영유아와 교구 간의 상호작용 기회가 골고루 제시되도록 계획하고 적용한다.
- 영유아들의 흥미, 요구, 반응 등을 민감하게 관찰하여 융통성 있게 운영한다.
- 일과운영을 한 후 그날 활동에 대해 평가하고 내일을 기대할 수 있도록 한다.
- 일과운영은 서로 운영의 특성을 최대화할 수 있도록 전체적으로 보육종사자 간의 충분한 의사소통이 이루어져야 한다.

1) 등원 시 지도원리

- 부모에게 전달할 내용이나 메모를 교실이나 현관 입구에 붙여놓고 하루 일과에 대해 안내해 주어 어느 시간에 어떤 활동이 이루어지는지 예측할 수 있도록 한다.

- 현관에 투약의뢰서를 미리 비치해 놓는다.
- 부모와 영유아를 반갑게 맞이하고 지난밤 있었던 일에 대한 정보 및 영유아의 기분, 건강, 투약, 귀가 등의 간략한 정보를 나눈다.
- 유아들은 소지품과 옷을 스스로 사물함에 정리할 수 있도록 도와주고, 영아들은 정리를 교사와 함께하도록 한다.
- 소속된 반이나 통합보육실에서 하고 싶은 놀이를 선택하여 시작할 수 있도록 도와준다. 특히 영아들은 부모와 편안하게 떨어질 수 있도록 수용적이고 반기는 분위기를 조성해 준다.

2) 실내 자유선택활동의 지도원리

- 자유선택활동을 계획할 때 전날 했던 활동을 자연스럽게 연계하여 계획하도록 하고 새로운 놀이나 활동 역시 소개해 주어 호기심을 갖도록 한다. 특히 오후 자유선택활동은 오전에 했던 활동을 좀 더 확장시켜 할 수 있도록 해 준다.
- 자유선택활동을 실행할 때는 오전과 오후, 실내와 실외 활동이 서로 연계될 수 있도록 하며 적절한 교사-유아, 유아-유아, 유아-환경 간의 상호작용이 일어나 자연스럽게 발달이 촉진될 수 있도록 도와준다. 개별 유아의 특성을 파악하여 적합한 놀이와 개입시기를 조정하고 모든 유아가 놀이를 선택하여 참여할 수 있도록 해 준다.
- 자유선택활동을 평가할 때는 참여했던 활동을 다른 영유아에게 소개하고 다른 친구들의 놀이와 서로의 느낌, 감정 등이 공유되도록 한다. 언어적 상호작용이 원활하지 않은 영아일지라도 자신이 했던 결과물을 친구들에게 보여 주는 과정 등을 통해서 평가시간을 진행해 볼 수 있다. 또한, 개별적으로 했던 활동 중에서 협동하여 확장할 수 있는 놀이 등을 찾아서 다음 날 진행해 볼 수 있다.

3) 정리정돈 및 전이활동의 지도원리

- 영유아가 사용하기에 적합한 크기의 정리도구 등을 마련하고 물건의 위치 등을 표시하는 사진을 교구장에 붙여놓아 스스로 정리할 수 있도록 해준다.
- 정리하기 5분 전에 종이나 벨, 음악 등으로 신호를 주어, 하던 활동을 마무리 하거나 더 이상 확장하지 않도록 한다.
- 교사의 도움이 필요한 영역에 가서 함께 정리를 도와주며, 영유아들이 서로 서로 도와가며 협력할 수 있는 기회를 제공한다.
- 작품이나 결과물이 나온 활동은 전시할 공간을 마련해 주고 미완성일 때는 다음 날 연계해서 활동할 수 있도록 해준다.

4) 대·소집단 활동의 지도원리

- 대집단 활동을 할 때 교사가 주도적으로 이끌어가기보다는 유아들의 개별적 경험을 나누고 지루하지 않도록 배려한다.
- 대·소집단 활동을 하는 동안 교사는 적절하게 질문하고 제안하며 격려하는 등의 상호작용을 하고 주의집중이나 도입이 너무 길어지지 않도록 한다.

5) 실외 자유선택활동의 지도원리

- 실외 자유선택활동은 안전사고의 위험에 대비하여 정기점검 등을 통하여 시설물 및 주변의 위험 요소를 살펴본다.
- 안전교육을 사전에 충분히 하고, 스스로 안전하게 활동기구 등을 이용할 수 있도록 도와준다. 또한 교사는 영유아에게서 시선을 떼지 않고 지속적인 관찰을 통해 사고를 예방한다.
- 신체활동뿐만 아니라 동화 듣기, 미술 활동, 자연관찰, 과학실험, 간식 먹기 등 다양한 영역의 활동을 제공한다.
- 기온이나 날씨 변화에 따라 시간을 융통성 있게 조절한다.

6) 간식 및 점심의 지도원리

- 간식이나 식사를 하기 전에 손과 식탁 등을 깨끗이 닦고 정리하도록 한다.
- 개인차에 따른 적절한 식사량을 제공하고 편식을 하지 않도록 하며 식사 예절을 지키도록 한다.
- 영아의 경우 스스로 먹을 수 있는 기회를 제공하고 도움이 필요할 때 교사가 도와주도록 한다.
- 대화를 통해 즐거운 분위기를 조성하고 식습관 등을 관찰해 본다.
- 스스로 정리할 수 있도록 지도하고 양치질을 하도록 한다.

7) 낮잠 및 휴식의 지도원리

- 개별적인 휴식과 낮잠 습관을 파악하여 충분히 휴식 시간을 취할 수 있도록 한다.
- 인형 등의 개인 애착물을 허용하고 조명이나 음악 듣기, 그림책 읽어 주기 등으로 분위기를 만들어 준다.
- 낮잠을 자지 않는 영유아는 억지로 권하지 말고 조용히 휴식을 취하도록 한다.
- 잠들기 전까지 곁에서 상호작용해 주어 편안한 느낌이 들게 한다.
- 낮잠 자는 동안 교사는 반드시 영유아의 곁에서 영유아의 상태를 수시로 확인해야 한다.
- 낮잠 후 침구 정돈에 참여시키고 옷을 갈아입거나 머리를 빗겨 준다.

8) 기저귀 갈이 및 화장실 다녀오기의 지도원리

- 위생적이고 편안한 기저귀 갈이 환경을 만들어 준다.
- 기저귀를 가는 동안 긍정적인 상호작용을 해 주고 이후에 배변훈련이 편안하게 이루어지도록 심리적 준비를 하게 해 준다.
- 동화 등의 다양한 자료를 통하여 배변훈련의 과정을 이해하도록 하고 발달적

준비가 충분히 되었을 때 천천히 시도하도록 한다.

◉ 손 씻기, 변기 사용하기 등과 관련된 자료를 준비하고 스스로 할 수 있을 때까지 천천히 단계적으로 지도한다.

2 '기본생활' 영역 지도원리

기본생활 영역은 영유아기에 형성되어야 할 기본생활습관을 교육하는 데 중점을 두고 있다. 기본생활습관이란 개인이 건강하고 안전하게 생활하기 위해 요구되는 것을 영유아기부터 익혀서 습관화하는 것을 의미한다. 기본생활 영역은 개인 및 사회생활의 기초가 되는 건강, 영양, 안전에 관한 지식과 기술을 영유아가 습득하고 바르게 생활하는 태도를 기르는 내용으로 구성된다. 3~5세 누리과정은 기본생활 영역의 건강하게 생활하기와 안전하게 생활하기가 신체운동·건강 영역에 제시되어 있다. 0~2세 표준보육과정의 내용을 중심으로 기본생활 영역의 효과적인 지도를 위해 보육교사가 염두에 두어야 할 지도원리를 영역별로 제시하면 다음과 같다(보건복지부, 2020; 보건복지부·교육부, 2020; 여성가족부, 2007).

1) '건강하게 생활하기' 지도원리

건강하게 생활하기에서는 영유아의 건강·영양·위생적인 생활에 요구되는 습관 형성을 강조하며 영아가 건강의 기본이 되는 신체 청결 및 위생, 휴식과 수면, 바른 식생활과 의생활, 건강검진 및 예방접종 등의 중요성에 대해 인식하고, 이를 습관화하도록 하는 데 목표를 두고 있다. 이를 위해 보육교사는 다음의 지도사항 등을 지켜야 한다(한국보육진흥원, 2010).

(1) 기저귀 갈이와 배변훈련

◉ 영아는 자신의 기본적인 욕구를 제대로 표현하지 못하는 경우가 많으므로 교

사는 영아의 행동을 유심히 관찰하여 기저귀를 갈아 주어야 할 때를 잘 파악하여야 한다. 기저귀 갈이대를 소독을 한 후 기저귀를 갈아 주고 기저귀를 갈기 전후 교사와 영아는 모두 손을 씻는다. 기저귀를 가는 시간은 1대1 상호작용의 좋은 기회이므로 간단한 마사지를 통해 영아와 대화를 시도하고 사용한 기저귀는 공기 감염을 막기 위하여 반드시 비닐에 싸서 버린다.

◉ 영아의 발달에 따라 개인차가 있지만 18~24개월 전후로 배변훈련을 하게 되는데 배변훈련이 즐거운 경험이 되도록 흥미로운 환경을 제공해 준다.

◉ 기저귀를 뗀 영아의 경우, 놀이에 열중하다 보면 대·소변의 배변 욕구를 잊어버리거나 참는 경우가 자주 발생하여 교실 안에서 실수를 하기도 한다. 따라서 교사는 영아들의 신체리듬을 고려하여 일정한 시간마다 화장실에 다녀오도록 권유하여 영아의 배변습관을 도울 수 있도록 해야 한다.

(2) 수유와 이유식, 점심과 간식 제공

◉ 수유와 이유를 준비할 때 교사는 손을 깨끗이 씻는다. 부모가 보낸 모유나 우유, 이유식이 있으면 따뜻하게 데워서 먹이고 분유는 영아의 월령에 맞추어 끓여서 식힌 물에 타서 잘 흔들어 먹인다. 젖병으로 수유하는 영아는 편안하게 안아 얼굴을 마주 보고 말을 걸어 주며 수유한다. 이유식은 월령과 개인차를 고려하여 부모와 상의한 후 시작하며 점차 양과 횟수를 늘려간다.

◉ 12개월이 지나 밥을 먹기 시작하면 진밥부터 제공하며 영아 스스로 먹을 수 있는 기회를 제공하고 영유아가 질감이나 색, 냄새에 따라 거부하는 음식은 억지로 먹이기보다 조리 방식을 다양하게 하여 경험해 볼 수 있도록 돕는다.

(3) 이 닦기

◉ 영아들도 수유나 이유, 식사와 간식 후에 꼭 양치하도록 한다. 이가 나지 않은 어린 영아는 교사의 손가락에 삶아서 식힌 가제 손수건을 감아 잇몸을 마사지해 주고, 이가 나기 시작하면 실리콘 칫솔을 이용해 이를 닦고 잇몸을 마사지한다. 영아들이 스스로 이를 닦을 기회를 주지만, 마지막에는 교사가 구석구석 닦아 준다.

(4) 낮잠 및 휴식

◉ 월령이 낮은 영아는 개인의 리듬에 따라 낮잠 및 휴식을 취할 수 있도록 돕고 월령이 높은 영아는 정해진 시간에 잠을 자도록 한다. 잠을 자지 않더라도 일정 시간 차분하게 쉴 수 있도록 기회를 제공하고 교사는 영아가 낮잠을 자는 자리를 떠나지 않고 반드시 영아를 관찰하도록 한다.

(5) 건강검진과 아픈 영유아 돌보기

◉ 보육종사자와 영유아는 매년 건강검진을 실시하여 결과 자료를 비치한다. 영유아가 건강검진과 예방접종을 빠뜨리지 않도록 교사는 체크하여 안내하도록 한다.

◉ 투약을 해야 하는 영유아는 반드시 부모가 투약의뢰서를 작성하도록 하고 열이 나는 영유아는 부모와 상의하여 해열제를 투여하고 다른 영유아와 격리된 장소에서 쉬도록 한다.

◉ 전염성 질환이 의심되는 경우 보육실 이외의 공간으로 격리한 후 귀가할 수 있도록 조치하고 진단명이 나오면 다른 부모에게도 공지하여 자녀들의 건강 상태를 확인할 수 있도록 한다.

건강하게 생활하기는 영유아에게 바른 식생활, 수면과 휴식, 적당한 운동, 청결, 건강검진 등이 건강에 미치는 영향을 설명하여 영유아가 건강한 생활습관의 중요성을 알고 스스로 실천할 수 있도록 지속적이고 일관성 있게 지도한다. 영유아가 받게 되는 신체 및 정신적 스트레스를 민감하게 파악하고 영유아가 건강하게 스트레스를 해소할 수 있도록 도와주어 가정처럼 편안한 보육환경에서 교사에게 신뢰감을 가지고 정서적인 안정을 가질 수 있도록 지원한다.

2) '안전하게 생활하기' 지도원리

안전하게 생활하기에서는 영유아가 여러 가지 위험한 상황에 대해서 알고 안전하게 생활하기 위해 필요한 규칙을 지키며 안전교육에 적극적으로 참여해 자신과 타인의 안전을 보호하도록 하는 데 목표를 두고 있다. 이를 위해 보육교사는 다음의 지도사항 등을 고려한다(보건복지부, 2020; 보건복지부·교육부, 2020; 여성가족부, 2007).

(1) 환경의 안전

- 보육시설 안전점검표에 따라 정기적으로 어린이집 실내 및 실외 시설물과 물품의 위험 요인을 점검한다. 영유아가 만지는 교구들은 깨지거나 부서진 곳이 없는지 매일 교구를 점검하여 깨진 교구는 보수하거나 교체하여야 한다.
- 영아는 교구를 입에 넣는 경우가 많기 때문에 영아들이 쉽게 삼킬 염려가 있는 작은 이물질 등이 있는지 수시로 점검하고 영유아들이 사용하는 교구는 매일 소독해 주어야 한다.
- 보육실 주변 환경에서 위험 요소를 제거하거나 안전장치를 하여 안전한 보육환경을 조성하고 교사들이 사용하는 위험한 물건(칼, 가위, 접착제, 글루건 등)은 영유아의 손이 닿지 않도록 하고 교사실이나 별도의 장소(자료실 등)에 보관하여야 한다.

(2) 활동 내용의 안전

- 교사는 영유아의 미숙한 운동 능력과 지각 판단 능력을 인식하여 활동을 계획할 때 반영하여야 한다. 예를 들어, 영유아가 이동할 때 교사들이 자주 사용하는 '한 줄 기차'의 경우 팔다리가 짧고 운동 능력이 미숙한 영유아의 경우 앞 친구의 어깨에 손을 올리고 걸어가는 것은 시야를 방해하고 발이 서로 부딪히는 등의 사고를 유발할 수 있다.
- 계단을 오르내릴 때도 반드시 안전봉을 잡고 오르내리도록 지도하며 놀이터 사용 시 기구의 바른 사용법을 충분히 설명하여 사고를 미연에 방지하도록 한다.

(3) 안전교육

◉ 영유아들이 안전습관을 형성할 수 있도록 정기적으로 교통안전, 화재안전, 재난안전, 약물 오·남용, 학대, 유괴 등의 안전교육을 실시한다. 각 상황에 대한 위험을 알고 주변에 도움을 요청하는 방법을 익히며 안전교육을 반복적으로 실시하여 위급상황에서의 대처 요령이 몸에 습득되도록 한다.

◉ 학기 초에 학부모들에게 반드시 귀가책임자에 대하여 정보를 받고 상황에 따라 귀가책임자가 달라지는 경우 부모님의 동의가 확인된 후 영유아를 귀가시킨다.

3 '신체운동' 영역 지도원리

0~2세의 신체운동 영역은 감각 및 신체를 인식하며 활동을 즐기는 것을 목표로 하고, 3~5세의 신체운동·건강 영역은 영유아가 실내외에서 신체활동을 즐기고, 건강하고 안전한 생활을 하는 것을 목표로 한다. 0~2세 표준보육과정은 감각과 신체 인식하기, 신체활동 즐기기의 범주로 보육내용을 구분한다. 각 영역에서 보육교사는 다음의 지도사항 등을 고려해야 한다(보건복지부, 2020; 보건복지부·교육부, 2020; 여성가족부, 2007).

1) '감각과 신체 인식하기' 지도원리

◉ 감각과 신체 인식 능력이 영유아의 전인적 발달의 기초가 되는 시기임을 고려하여 영유아가 일상생활에서 시각, 청각, 촉각, 후각, 미각의 다양한 감각적 경험을 접할 수 있는 환경을 구성한다. 또한 일상생활과 자연환경 속에서 접할 수 있는 다양한 감각적 자극에 대해 민감하게 느끼고 반응할 수 있도록 한다.

◉ 영유아가 느끼는 감각에 대한 반응을 관찰하고 다양한 방법으로 표현해 보도록 격려하여 감각인식 및 여러 감각의 통합 능력을 기를 수 있도록 돕는다.

◉ 신체를 활용한 다양한 놀이나 게임을 통해 영유아 스스로 신체에 대해 인식할 수 있도록 돕고 교사와 함께하는 신체활동을 통해 교사와의 애착이 커지고 심리적 안정감을 얻도록 배려한다.
◉ 몸을 움직일 때 각 신체의 명칭이나 움직임에 대해 언어적 상호작용을 함으로써 영유아가 신체의 명칭이나 기능에 대하여 자연스럽게 인식하도록 돕는다.
◉ 영유아가 자신의 신체적 특징이나 다른 사람과의 차이를 긍정적으로 인식하도록 돕는다.

2) '신체활동 즐기기' 지도원리

◉ 교사는 움직임이 불안정한 영유아들이 안전하게 신체활동을 할 수 있는 환경을 제공하여 영유아가 대·소근육을 충분히 움직이는 경험을 통해 자연스럽게 자신의 신체를 인식하고 조절하며 다양한 신체활동에 자발적으로 참여할 수 있도록 돕는다.
◉ 월령과 개인에 따른 발달의 차이를 잘 관찰하고 빠르게 성장·변화하는 영유아의 신체 발달의 특성을 고려하여 단계에 맞는 활동을 제시한다.
◉ 영유아에게는 물건 잡기, 밀고 당기기 등 손을 이용하는 다양한 감각 및 신체 놀이활동을 반복적으로 제공하여 영유아의 운동 능력, 협응 능력이 발달할 수 있도록 돕는다.
◉ 영유아용 정글짐, 높이가 낮은 오르고 내리기 기구, 매트, 스펀지 블록, 탈 것 등 대근육 발달이나 신체조절력과 균형감각을 증진할 수 있는 놀이기구를 제공한다.
◉ 영유아들의 소근육 발달과 눈과 손의 협응력을 기를 수 있도록 모양 맞춰 끼우기, 고리 던져넣기, 바구니에 공 넣기 등의 활동 및 간단한 조작교구를 제공하고 다양한 방법으로 놀이활동을 시도해 볼 수 있도록 격려한다.

4 '의사소통' 영역 지도원리

의사소통 영역은 영유아가 의사소통의 기초를 형성하고 상상력을 기르는 것을 목표로 하여 듣기와 말하기, 읽기와 쓰기에 관심 가지기, 책과 이야기 즐기기의 세 가지 범주로 보육내용이 구성된다. 각 영역별 구체적인 지도원리를 제시하면 다음과 같다(보건복지부, 2020; 보건복지부·교육부, 2020; 여성가족부, 2007).

1) '듣기와 말하기' 지도원리

- 영유아들은 소리의 감각적인 자극에 관심을 보이고 익숙한 말소리에 반응하는 등 듣기에 관심이 많으므로 교사는 풍부한 언어적 자극을 제공한다. 특히 일상생활에서의 다양한 상황을 구체적인 말로 표현하여 영유아에게 들려주도록 한다.
- 영유아들이 주위에서 나는 여러 가지 소리에 주의를 기울이고 들을 수 있도록 안전하게 만지면서도 흔들면 다양한 소리가 나는 놀잇감을 제공하고 두드리기, 콧노래, 손뼉치기, 노래 부르기 등을 통해서 소리를 듣는 활동에 참여할 수 있도록 한다.
- 영유아에게 말을 할 때 감정이나 상황에 따라서 목소리의 크기, 높이, 음색 등을 변화 있게 함으로써 영유아가 소리에 집중해서 듣는 태도를 기르고 소리를 통해 감정을 알 수 있도록 도와준다.
- 영유아의 이야기를 들을 때 영유아의 눈높이에 맞추어 눈을 마주 보고 상호작용하며 적극적으로 영유아의 이야기에 반응해 줌으로써 다른 사람의 이야기를 듣는 태도에 대하여 영유아가 배울 수 있도록 한다.
- 영유아가 말소리와 이야기 듣는 것에 관심을 갖게 하려면 교사는 영유아의 흥미를 파악하여 영유아가 좋아하는 주제에 대한 이야기를 들려주도록 한다.
- 영유아들은 주변의 말소리에 관심을 가지고 즐기며 '말하기' 능력의 기초가 되는 다양한 소리 내기, 옹알이를 시도하므로 교사는 영유아가 옹알이나 쿠

잉 등으로 말소리를 낼 때 주의하여 들어 주며, 이때 눈을 맞추고 다정한 목소리로 반응해 주어 이를 격려해 준다.

- 교사는 영유아가 하는 말소리와 몸짓을 통해 영유아의 의사를 민감하게 파악해야 하며 매일매일 대화를 하여 영유아가 새로운 말과 발음을 익히며 의사소통 기술을 습득할 수 있도록 한다.
- 영유아기는 가작화 활동이 활발한 시기이므로 인형, 전화, 마이크, 사진, 그림 등과 같은 다양한 자료를 갖춰 영유아들이 놀이를 통해 혼잣말, 여러 어른의 말투를 흉내 내며 인형과 대화놀이를 하는 등 말하기 기회를 많이 갖도록 해준다.
- 영유아가 일상생활에서 접하는 여러 사물과 상황, 자신의 느낌, 생각, 경험에 대해 편안하게 말할 수 있도록 교사는 개방적인 분위기를 조성하고 일상생활에서 수시로 질문을 하여 영유아에게 말할 기회를 충분히 제공해 준다.
- 말로 표현하고 싶은 것은 많으나 언어적인 표현이 능숙하게 잘 안 되는 시기이므로 교사는 영유아가 차근차근 말할 수 있도록 기다려 주고 열심히 들어주며 적극적으로 반응하도록 한다.
- 영유아기의 말하기 발달 수준은 개인차가 크므로 교사는 이를 고려해서 일상생활에서 필요한 기본적인 낱말에 대한 말을 지도하는 수준에서부터 존댓말, 예사말 등으로 듣고 있는 상대방과 상황에 맞게 말할 수 있는 정도까지 활동이 이루어지도록 한다.

2) '읽기와 쓰기에 관심 가지기' 지도원리

- 주변의 그림과 상징에 관심을 갖도록 돕고 일상에서 말이 글로, 글이 말로 옮겨지는 것에 관심을 갖도록 돕는다.
- 일상생활에서 접하는 글자에 영유아들이 관심을 가질 수 있도록 교실에 있는 영역표시판, 여러 가지 사물들, 옷장 및 신발장 이름표, 교실 이름, 친구 이름 등을 읽어 볼 수 있도록 격려한다.

◉ 여러 가지 인쇄물(실물, 잡지책, 안내책자 등)을 제공하여 생활 주변에서 자주 볼 수 있는 글자에 대해서 관심을 가지고 읽어 보는 활동을 제공한다. 이러한 과정을 통해 글자에는 사람들의 생각과 감정, 정보가 담겨 있다는 것을 이해하도록 돕는다.

◉ 영유아에게 무해한 크레파스, 펜, 색연필과 종이, 스케치북, 신문지, 달력 뒷장 등 다양한 쓰기 도구를 제공하여 마음껏 끼적이도록 한다. 이 과정에서 영유아가 자연스럽게 소근육을 사용하며 손과 팔을 의도적으로 움직이는 즐거움을 경험하도록 한다.

◉ 영유아가 쓰고자 하는 욕구와 글의 내용에 대해 관심을 가지고 격려함으로써 영유아가 '쓰는 활동' 자체에 흥미를 가질 수 있도록 하고, 이를 위해 색연필, 사인펜, 연필, 크레용 등의 필기도구와 종이나 모래글자판, 컴퓨터, 프린터 등 쓰기 도구를 제공하여 여러 매체를 이용하여 쓰기 활동을 할 수 있도록 한다.

◉ 일상생활에서 영유아가 느낌, 생각, 경험 등을 말이나 그림으로 표현할 때 교사는 그것을 글로 표현하는 과정을 보여줌으로써 영유아가 쓰기 활동의 의미에 대해서 관심을 가지고 이해할 수 있도록 지원해 준다.

◉ 일상생활 및 놀이활동 과정에서 영유아들이 자연스럽게 쓰기 활동을 경험할 수 있도록 지원해 준다. 예를 들어 '시장놀이'에서 가게 간판, 물건 이름, 메뉴판 쓰기, 그리고 병원놀이 시 병원 이름 쓰기, 차트 쓰기 등과 같은 쓰기 활동에 참여할 수 있도록 한다.

3) '책과 이야기 즐기기' 지도원리

◉ 영유아에게는 여러 가지 촉감을 느낄 수 있는 헝겊책, 영유아가 쉽게 넘길 수 있는 크기의 비닐책, 종이책 등 안전하고 흥미 있는 다양한 책들을 제공해 주어 영유아가 그림책 자체에 관심 가지기, 그림 보기, 책장 넘기기, 읽어 주는 내용에 관심을 가질 수 있도록 격려한다.

◉ 그림책을 읽어 줄 때 리듬감 있게 읽어 주어 말소리를 즐기도록 하며 그림책

에 묘사된 구체적인 상황에 대해서 영유아에게 물어보고 이야기를 하는 등 그림책을 읽는 과정에서 영유아가 책과 이야기에 관심을 갖도록 상호작용한다.

- 책의 내용을 통해 상상하는 즐거움을 경험하고 동화, 동시, 운율이 있는 글을 통해 우리말의 재미와 아름다움을 느껴 보게 하고 끝말잇기, 수수께끼, 스무고개 등의 다양한 말놀이를 즐기며 언어가 확장되고 상상력이 풍부해지도록 돕는다.

5 '사회관계' 영역 지도원리

사회관계 영역은 자신을 알고 존중하고 더불어 생활하는 태도를 가지는 것을 목표로 한다. 이를 위하여 0~2세 표준보육과정은 나를 알고 존중하기, 더불어 생활하기의 두 가지 내용범주, 3~5세 누리과정은 사회에 관심 가지기를 포함하여 세 가지 범주로 보육내용이 구성된다. 각 영역에서 보육교사는 다음의 지도사항 등을 고려해야 한다(보건복지부, 2020; 보건복지부·교육부, 2020; 여성가족부, 2007).

1) '나를 알고 존중하기' 지도원리

- 교사는 놀이 시간, 간식 시간, 기저귀 갈기나 식사 시간 등의 일상생활 중에 영유아에게 충분한 신체적 접촉과 언어적 상호작용을 제공하여 영유아로 하여금 자신이 존중과 사랑을 받는 존재인 것을 알고 자신에 대해 긍정적인 느낌이 들도록 한다.
- 영유아 자신의 이름, 얼굴 사진, 가족과 관계된 자료 등을 교실 곳곳에 붙여 주어 영유아가 자신을 인식하고 자신에 대해 긍정적인 자아개념을 갖도록 돕는다.
- 일상생활에서 영유아가 혼자서 할 수 있는 일들은 스스로 해 볼 수 있는 기회를 충분히 제공하고 자신이 스스로 성취할 수 있도록 기다려 준다. 이때 영유

아가 스스로 한 일에 대해서 격려를 해 주어 자신의 능력에 대한 자신감과 자율성을 가질 수 있도록 돕는다.

- 영유아가 자기 자신에 대해 알고 자아를 형성하는 과정에서 다른 사람과 자신이 다른 점에 대하여 긍정적으로 인식할 수 있도록 도와주어 자신이 남과 다른 독특하고 개별적인 존재로서 소중한 존재임을 깨달을 수 있도록 한다.
- 영유아가 본인 성의 특성과 차이를 알아 성 정체감을 갖도록 하고 양성 평등의식을 갖도록 돕는다.
- 일생생활에서 훈육이 필요할 경우에는 영유아가 사랑받는 존재로 느낄 수 있도록 온화한 분위기 속에서 진행해야 하며 자신의 행동 중 어떤 행동이 좋고 나쁜지에 대해 스스로 의견을 말할 수 있는 기회를 제공하여 자신이 존중과 신뢰를 받고 있다고 느끼도록 한다.
- 영유아의 자아존중감은 가족과의 관계에서 근본적으로 형성되므로 가정에서도 영유아가 부모와 형제로부터 존중받는 존재로 인식될 수 있도록 부모 교육을 실시한다.
- 영유아기는 다양한 정서가 발달하므로 영유아의 감정에 민감하게 반응하며 이를 언어로 표현해 주어 자신의 감정을 인식하고, 이를 상황에 맞는 방법으로 표현할 수 있도록 지도한다.

2) '더불어 생활하기' 지도원리

- 교사는 영유아의 기본적인 욕구에 지속적이고 신속하게 반응함으로써 영유아로 하여금 자신을 돌보는 교사에 대하여 신뢰감을 발달시키고 애착을 형성할 수 있도록 해야 한다.
- 또래에 관심을 가지고 또래와의 관계를 통해 양보, 배려, 협력 등의 친사회적 행동을 습득할 수 있도록 방법과 의사소통을 가르치고 다른 사람의 감정과 행동에 주의를 기울여 사람들마다 생각, 감정, 행동이 다름을 알고 서로 존중할 수 있도록 돕는다.

- 영유아들은 자신의 정서에 대한 인식과 정서조절 능력이 충분히 발달되지 않은 상태이고 좌절상황이나 화가 나는 상황에서 공격적으로 되며 타인의 정서를 이해하지 못하는 발달 단계이므로 교사는 이에 대해 이해하고 배려해야 한다.
- 또래와의 갈등상황에서 긍정적으로 해결하는 방법을 배우며 자신의 행동을 조절할 수 있도록 지도한다. 영유아의 자기조절 능력을 키우기 위해 교사는 허용되는 행동과 그렇지 못한 행동에 대해서 영유아에게 다정한 태도로 지속적으로 설명해 주고 영유아로 하여금 스스로 자제할 수 있도록 격려해 준다.
- 영아기는 자기중심성이 강하므로 다툼이 발생하지 않도록 충분한 양의 놀잇감을 제공한다. 유아기는 공동체의 약속, 규칙의 필요성을 이야기하고 구성원으로서 약속과 규칙을 지킬 수 있도록 격려한다.
- 교사는 영유아의 사회적 능력을 발달시키기 위해 역할놀이, 협동게임, 견학, 연극 등 영유아가 협동하며 활동할 수 있는 활동과 사회적 관계를 경험할 수 있는 활동을 일과운영에서 통합적으로 제공한다.

3) '사회에 관심 가지기' 지도원리

- 사회에 관심 가지기는 유아기 누리과정에 편성되어 있으며, 유아가 사회 구성원으로서 자신의 지역과 사회에 관심을 가지고 탐구하며, 우리나라의 상징, 언어, 문화를 경험할 수 있도록 하는 내용이다. 이를 위하여 우리나라의 역사, 지도, 국경일, 우리나라의 자랑스러운 인물 등과 관련된 구체적 경험을 할 수 있도록 돕는다.
- 각 지역사회 구성원으로서 정체성과 자부심을 가질 수 있도록 지역사회에 대한 소개, 지역사회의 역사, 지역사회의 풍물, 토산물 등 지역사회 기관과 관련된 구체적인 경험을 할 수 있도록 기회를 제공한다. 예를 들어, 지역사회 관련 기관을 방문하거나 지역 인사를 교실에 초빙해 영유아가 지역사회의 구성원으로서 자부심을 갖게 한다.

◉ 세계 여러 나라에 대한 다양한 자료와 경험을 할 수 있도록 영유아들에게 기회를 제공하여 세계 여러 나라의 정치, 경제, 문화, 풍속 등에 대해 관심을 가지고 알아볼 수 있도록 한다.

6 '예술경험' 영역 지도원리

예술경험 영역은 영유아 스스로가 주변의 사물이나 소리, 자연, 예술작품의 아름다움 같은 예술적 요소에 관심을 가지고 탐색하며, 이에 대한 생각이나 느낌을 음악, 동작, 극, 미술로 표현하고 표현된 것들을 보고 감상함으로써 풍부한 감성 및 창의성을 기르는 내용으로 구성되며 아름다움 찾아보기, 창의적으로 표현하기, 예술 감상하기의 범주로 이루어진다. 교사들은 예술경험의 탐색, 표현, 감상은 단계적으로 이루어지는 것이 아니라 상호 역동적으로 이루어지는 것임을 인식하고, 예술경험을 통해 영유아의 심미적 탐색, 창의적 표현 능력을 기르고 동시에 예술활동에 대한 관심과 이해를 높일 수 있도록 해야 한다(보건복지부, 2020; 보건복지부·교육부, 2020; 여성가족부, 2007).

1) '아름다움 찾아보기' 지도원리

◉ 영유아가 다양한 자극에 대해 호기심을 가지고 탐색할 수 있도록 여러 가지 관련 도구나 자료, 탐색시간과 공간을 충분하게 제공한다. 구체적으로 영유아가 사용하기 쉽고 안전한 것으로 여러 가지 색깔이나 모양, 소리, 질감을 탐색할 수 있는 놀잇감과 리듬악기, 생활용품 등을 충분히 제공하고 자유롭게 보고 만지며 두드리고 색깔, 촉감, 소리, 리듬 등을 탐색할 기회를 제공한다.

◉ 일상생활에서 경험하는 자연현상 및 자연의 변화(바람, 햇살, 비, 눈 내림, 꽃이 핌, 나뭇잎, 낙엽 떨어짐) 등에서 여러 가지 아름다움을 자연스럽게 느끼고 탐색하는 것을 즐기도록 격려한다.

- 주변 환경이나 사물에서 나타나는 소리나 움직임, 변화를 보고 들을 수 있도록 실외 활동을 자주 계획하며 이러한 다양한 자극에 대해 영유아들이 호기심을 가지고 자발적으로 탐색하도록 격려한다.
- 영유아가 주변 환경물이나 소리 나는 놀잇감에 영유아의 시선이 맞추어졌을 때 소리를 듣거나 사물을 보려는 영유아의 시도를 적극적으로 권장한다.

2) '창의적으로 표현하기' 지도원리

- 일상생활에서 다양한 소리, 표정, 몸동작 등을 규칙적으로 많이 들려주고 보여줌으로써 표현활동에 대해서 관심을 가질 수 있도록 한다.
- 일과에서 영유아의 얼굴과 신체 부위의 이름을 자주 말해 주며 자신의 각 신체 부분을 자유롭게 움직이며 이를 즐길 수 있도록 격려하고 적극적으로 반응해 준다.
- 영유아가 손쉽게 조작할 수 있는 리듬악기나 사물을 충분히 제공하여 영유아가 여러 가지 방법으로 다양한 소리를 만들어 보고 표현할 수 있도록 격려한다.
- 영유아가 자신의 생각이나 느낌, 아이디어를 리듬이나 노래, 악기, 몸 움직이기, 춤, 극놀이, 그리기와 만들기 등의 활동을 통해 자유롭게 표현하도록 한다.
- 영유아의 연령, 흥미, 주제, 상황에 적합한 노래와 좋아하거나 친근한 노래를 자주 들려주어 즐기면서 부르는 것을 권장하고 교사가 영유아의 노래에 적극적으로 호응해 준다.
- 영유아에게 종이에 끼적이기, 얇은 종이 찢기, 스티커 붙이기, 손바닥으로 문지르기 등의 소근육을 발달시키는 미술 활동을 많이 제공한다.
- 영유아들이 손쉽게 쓸 수 있는 기본적인 미술재료를 교실에 구비하여 자유롭게 사용하도록 하고, 이를 활용할 수 있는 기본 기술을 습득하도록 지원함과 더불어 영유아 스스로 다양한 표현활동을 시도해 볼 수 있도록 격려한다.
- 미술재료를 여러 방법으로 사용하여 창의적인 표현물을 만들도록 격려하고 영유아가 서로 협동하여 하나의 작품을 만드는 기회를 제공한다. 또한 교사

는 영유아에게 자신과 다른 사람의 미술작품에 대한 생각과 느낌을 자유롭게 표현하도록 격려한다.

- 교사는 영유아의 미술표현에 대한 생각과 느낌을 존중해 주고 영유아가 미술 활동과정을 즐기도록 격려한다.
- 일과 중에서 자유놀이시간을 충분히 제공하고 극놀이에 필요한 의상과 소품을 충분히 제공하여 영유아로 하여금 여러 가지 역할을 할 수 있는 극놀이 활동에 참여하도록 격려한다. 또한 영유아의 흥미에 적합한 극놀이 주제를 활성화하기 위하여 보다 다양한 주제를 다루고 있는 동화책 읽기, 견학활동, 영유아의 경험과 관련된 이야기 나누기 등의 기회를 제공한다.

3) '예술 감상하기' 지도원리

- 누리과정의 '예술 감상하기'는 유아가 일상생활에서 자연스럽게 주변 환경과 음악, 동작, 극, 미술작품을 보고 듣고 즐기면서 자연스럽게 아름다움에 대한 심미성을 경험하도록 한다.
- 교사는 유아에게 일상생활에서 여러 종류의 음악을 들려주고 일과 중에 유아에게 주변 자연과 사물에서 들리는 소리나 움직임 및 미술적 요소들을 즐겁게 감상할 수 있는 시간과 장소를 충분히 제공한다.
- 실외 놀이에서 유아가 자연과 주변 사물에서 들리는 소리나 움직임, 색이나 형태 등 자연환경의 미술적 요소, 날씨 및 계절에 따른 변화를 느끼도록 감상 기회를 계획하고 탐색하도록 격려한다.
- 주위의 실내 및 실외에서 유아가 들을 수 있는 다양한 소리를 녹음하여 들려주고, 이에 대한 느낌을 표현해 보도록 한다.
- 우리나라와 다른 나라를 대표하는 여러 가지 미술작품, 음악, 춤 등에 대하여 유아들이 친숙하게 느낄 수 있도록 관련 자료들을 정기적으로 충분히 제공해 준다. 또한 다양한 공연에 대한 관람 기회를 제공하여 감상할 수 있도록 한다.

7 '자연탐구' 영역 지도원리

자연탐구 영역은 영유아가 주변 환경과 자연을 탐구하는 과정을 즐기고 자연과 더불어 살아가는 태도를 가지는 것을 보육 목표로 한다. 구체적으로 탐구과정 즐기기, 생활 속에서 탐구하기, 자연과 더불어 살기의 내용으로 구성되어 있다. 이에 대한 구체적인 지도원리는 다음과 같다(보건복지부, 2020; 보건복지부·교육부, 2020; 여성가족부, 2007).

1) '탐구과정 즐기기' 지도원리

- 교사는 영유아가 궁금해하는 것에 대하여 관심을 갖고 성실하게 대답하여 영유아의 호기심을 격려하고, 영유아가 지속적으로 탐구할 수 있도록 격려한다.
- 영유아의 탐색하는 경향은 개인의 기질과 성향에 따라 다를 수 있음을 인식하고 이를 고려하여 지도해야 한다. 예를 들어, 조용하고 미세한 탐색을 주로 하는 영유아도 있고 반경이 크고 행동 강도가 높은 탐색을 즐기는 영유아도 있다는 점을 고려한다.
- 영유아가 주변의 사물과 자연환경에 관심을 가지고 이에 대해 알아가고자 하는 탐구하는 태도와 이에 필요한 기초 기술을 습득하도록 한다. 특히 한 가지에 지속적으로 관심을 가지고 반복적으로 탐색하는 것이 탐구하는 태도의 기초가 되므로 영유아의 호기심을 격려하고 지속적인 관심을 가질 수 있도록 격려한다.
- 교사는 영유아가 탐구적 태도를 가지고 끈기 있게 호기심을 해결하고 영유아의 흥미와 지적 욕구 충족을 지원하기 위해 관심 있는 주제를 지속적으로 영유아가 탐구하도록 격려한다. 이를 위하여 풍부한 자료를 제공한다.
- 일상생활에서 영유아가 관심을 가지는 문제에 대해 지속적인 관심을 가져주고 영유아들의 질문에 함께 해답을 찾아감으로써 호기심을 자극하고 문제해결 의지를 북돋워 준다. 영유아들의 질문에 직접적으로 지식을 전달하려 하

기보다는 사고 발달과 문제해결력 발달에 중점을 두고 지도한다.

2) '생활 속에서 탐구하기' 지도원리

- 교사는 일상생활 속에서 영유아들에게 자연스러운 활동을 통해 수와 양의 개념에 대해 이해할 수 있도록 지도한다.
- 영유아가 색깔과 크기가 다른 블록, 공, 구슬 꿰기, 소꿉놀이, 조각 그림 맞추기, 자동차, 인형 등의 놀잇감과 주변 환경을 통해 여러 유형으로 나타나는 색, 모양, 수, 관계 등에 대한 패턴을 발견하도록 격려한다. 그리기, 꿰기, 일렬로 놓기 등의 활동을 통해 패턴 및 수의 규칙성을 표현해 보도록 지원한다.
- 영유아들이 일상에서 수집한 자료들을 색, 크기, 모양, 길이 등 속성별로 분류·조직할 수 있는 기회를 제공한다.

3) '자연과 더불어 살기' 지도원리

- 영유아가 주변에서 동식물을 충분히 접할 수 있도록 함으로써 다양한 생명체가 있음을 인식하게 하고 움직이는 곤충이나 떨어지는 나뭇잎, 열매 등 세밀히 관찰할 수 있는 기회를 제공하여 생명체와 자연에 대한 관심을 갖도록 한다.
- 일상생활에서 산책할 수 있는 충분한 기회를 주어 빗소리, 바람 소리 등 자연의 소리를 직접 경험하게 하여 자연적인 현상을 직접 느끼고 즐길 수 있게 한다.
- 이러한 과정을 통해 생명과 자연환경을 소중히 여기도록 돕고 날씨와 계절의 변화를 일상생활과 관련 지어 볼 수 있도록 한다. 이 과정에서 영유아들이 자연현상의 변화와 규칙성을 이해하는 데 도움이 되는 교육 방안을 고려한다.

제6장 보육실습 경험하기

보육실습은 보육교사의 전문성 향상을 위해 필수적인 과정이다. 보육실습에서 보육교사가 되고자 하는 실습생은 일정 기간 동안 지도교사의 지도하에 그동안 수업에서 배운 이론과 지식을 현장에 적용해 보게 된다. 본 장에서는 보육실습이 원활하게 이루어질 수 있도록 보육실습의 목적과 전반적인 절차 그리고 보육실습생의 역할 및 책임 등에 대해서 구체적으로 살펴보고자 한다.

1 실습의 목적

보육실습은 실제 경험을 통하여 교육자로서의 적성을 파악하고 품성과 지도 능력을 갖추도록 하는 과정으로 보육교사에 대해 구체적인 이해를 하고 바람직한 교사를 양성하기 위함이 주요 목적이다. 또한 보육교사가 되기 위한 필수과정의 하나로 실습생들이 현장에서 교사가 아닌 학생의 신분으로 교사 및 영유아를 관찰하고 놀이활동에 참여하며 가르치는 등, 교사로서의 역할을 직접 경험해봄으로써 보육교사가 갖추어야 할 지식, 기술, 태도 등을 형성·발달시켜 나가게 된다.

이소희·이숙희·이정혜·장명림·도미향(2004)은 보육실습의 의의를 다음과 같이 구체화시켰다. 첫째, 현장에 참여하여 직접 보육과정을 경험함으로써 교사직에 대한 인식을 새롭게 할 수 있다. 둘째, 보육교사로서 필요한 지식과 기술을 획득하는 과정을 알게 된다. 셋째, 현직 보육교사의 교수법을 관찰하고 배우는 기회를 갖게 된다. 넷째, 영유아들과 직접 접촉하는 경험을 통해서 영유아에 대한 이해를 높이는 기회를 갖게 된다. 다섯째, 어린이집에서 정한 일정 기간의 직접적인 교수 경험을 통하여 보육의 단면을 체험하는 기회를 갖게 된다. 여섯째, 어린이집 내의 보육교직원들과의 역동적인 인간관계를 체험함으로써 인간관계의 중요성을 인식하게 된다. 일곱째, 어린이집의 운영에 필요한 관리기술을 관찰하고 배우는 기회를 갖게 된다. 여덟째, 어린이집의 전반적인 운영과정을 파악할 수 있다. 아홉째, 어린이집과 지역사회의 연계에 대해 이해를 높이는 기회를 갖게 된다. 마지막으로, 예비보육교사로서의 자신을 평가해 보는 기회를 갖게 된다.

보육교사 자격증을 취득하기 위하여 법령이 규정하는 실습 관련 내용은 다음과 같다.

표 6-1 보육실습에 관한 기준*1)

구분	기준
실습 운영	• 이론수업과 보육현장실습으로 운영
실습 기간	• 6주 240시간(2회에 나누어 실시 가능)
실습 기관	• 실습 시작 당시 정원이 15명 이상이고 평가인증 유지(또는 평가제 평가결과 A, B등급) 어린이집 • 방과후과정을 운영하는 유치원
실습 지도교사	• 보육교사 1급 또는 유치원 정교사 1급 • 실습 지도교사 1명당 보육실습생 3명 이내 지도
실습 인정시간	• 평일(월요일~금요일) 오전 9시~오후 7시 • 실습시간은 하루 8시간으로 함 ※ 부득이한 사유*2)로 1일 8시간의 실습시간을 충족하지 못한 경우, 증빙서류를 제출하고 1일 6시간 이상 실습한 경우에 한하여 인정함 *2) 부득이한 사유의 인정 여부는 보육시설종사자 자격검정위원회에서 심의·의결
실습의 평가	• 보육실습일지와 실습평가서 작성 • 평가점수 80점 이상

*1) 2017. 1. 1. 이후에 보육실습을 시작한 사람에게 적용

2 실습의 형태

협의의 개념으로 보육실습은 법에 명시된 대로 6주 동안 어린이집에서 이루어지는 정규실습으로 정의될 수 있으나 최근에는 실습을 사전실습, 정규실습, 사후실습을 모두 포함하는 광의의 개념으로 사용되는 것이 일반적인 추세이다. 실습의 형태는 다음과 같이 세 가지로 구분되며 시차를 두고 실습기관에서 이루어지게 된다.

그림 6-1 실습의 단계

1) 사전실습

사전실습은 정규실습을 위한 준비과정이며 연계과정으로 정규실습 이전에 단기간에 걸쳐 현장 경험을 하게 하는 것이다. 이를 통하여 정규실습을 하게 될 어린이집 및 교직원 그리고 영유아의 특성을 미리 살펴봄으로써 정규실습에 대한 막연한 두려움을 줄여 정규실습의 효과를 높이는 데 의미가 있다. 일반적으로 사전실습 시기는 정규실습 1~2개월 전 또는 1~2학기 전부터 시작되며 실습시간 및 요일은 학기 중에 규칙적으로 진행되는 경우가 대부분으로 관찰이나 부분 참여수업이 주를 이루게 된다.

사전실습의 목적

- 실습 어린이집의 환경, 시설, 교직원, 일과, 프로그램 등을 개괄적으로 이해할 수 있도록 도와준다.
- 영유아의 개인차를 발견하고 영역별 발달 특성에 대해 폭넓게 이해할 수 있도록 도와준다.

- 영유아의 연령 및 발달 수준에 적합한 보육 및 교수방법에 대해 이해할 수 있도록 도와준다.
- 학교에서 배운 이론과 어린이집에서의 실제에 대한 차이를 체험하며 보육 목적, 내용, 과정, 방법 등에 대한 이해를 도와준다.
- 보육교사의 다양한 역할에 대한 전반적인 이해 및 보육교사로서의 교육관 확립에 도움을 준다.
- 다양한 문제 상황을 미리 경험함으로써 정규실습에 좀 더 쉽게 적응할 수 있도록 도와준다.
- 어린이집의 제반조건에 대한 기본적인 이해를 도와준다.

2) 정규실습

정규실습은 보육교사 자격 취득을 위한 필수과정의 하나로 6주에 걸쳐 기관에서 이루어진다. 이 기간 동안 실습생은 보육활동을 직접 계획·실시·평가해 보며 학교에서 배운 이론이나 지식을 현장에 적용해 본다. 정규실습은 보통 관찰실습, 참여실습, 실제 지도실습의 3단계로 나누어 볼 수 있다. 관찰실습은 일반적으로 6주간의 정규실습 기간 중에서 처음 1주 정도에 해당하며, 실습생이 어린이집의 제반사항을 객관적인 관점에서 관찰하게 된다. 참여실습은 실습생이 주 교사의 보조교사로서 주 교사가 계획하고 진행하는 보육활동에 여러 형태로 참여하게 된다. 실제 지도실습은 실습의 마지막 과정으로 실습생이 교사의 지도하에 영유아들을 직접 지도하게 된다. 실제 지도실습은 부분 수업(주 교사가 전체 교육활동을 진행하고 실습생은 부분적으로 한 가지 수업 및 활동만 준비하여 실행해 보는 과정), 연결 수업(주 교사가 전체 교육활동을 진행하고 실습생은 연계된 두 가지 수업 및 활동을 준비하여 실행해 보는 과정), 전일 수업(일과 전체를 실습생이 준비하여 직접 진행하는 과정)으로 나누어 단계적으로 진행된다. 실습의 마지막에는 실습생에 대한 평가회를 가지게 되며 정규실습의 내용에는 관찰, 놀이 및 활동 지도, 일과 지도, 생활 및 행동 지도, 사무 관리가 모두 포함된다.

표 6-2 6주 보육실습 실시 내용의 예

<table>
<tr><th colspan="2">주</th><th>1일차</th><th>2일차</th><th>3일차</th><th>4일차</th><th>5일차</th></tr>
<tr><td colspan="2">사전방문과 교육</td><td colspan="5">• 사전방문하여 실습 오리엔테이션을 실시함
• 보육실습 일정과 내용, 준비물, 준비서류 및 기타 유의사항 합의</td></tr>
<tr><td>사전 참여 실습</td><td>1주</td><td colspan="5">• 어린이집의 운영 철학 및 보육서비스 등의 특징 파악
• 어린이집 보육교직원들과 친밀감 형성
• 모든 연령의 반 참여관찰: 일과운영, 보육환경, 영유아-교사 상호작용 등.
영아반과 유아반 고르게 경험. 실습기관의 지침에 따라 순서는 융통성 있게 운영
• 보육실습일지 작성과 지도교사의 평가</td></tr>
<tr><td rowspan="8">보육 활동 운영 실습</td><td rowspan="2">2주</td><td colspan="5">• 실습 반 영유아와 친밀감 형성하기
• 보조교사로서의 역할 수행하기</td></tr>
<tr><td colspan="2">• 실습 반 관찰
(일과운영, 보육환경,
영유아-교사 상호작용 등)</td><td colspan="3">• 3주차 영역별 보육활동 선정 및 계획안 제출과
지도교사의 평가</td></tr>
<tr><td rowspan="2">3주</td><td></td><td>• 영역별
보육활동 실습</td><td></td><td>• 영역별
보육활동 실습</td><td></td></tr>
<tr><td></td><td>• 자기평가,
지도교사 평가</td><td>• 영역별
보육활동 선정</td><td>• 자기평가,
지도교사 평가</td><td>• 연계활동
계획안 제출</td></tr>
<tr><td rowspan="2">4주</td><td></td><td>• 연계활동 실시</td><td></td><td></td><td></td></tr>
<tr><td>• 연계활동 자료
준비 및 제작</td><td>• 자기평가,
지도교사 평가</td><td colspan="2">• 반일(일일) 보육계획 협의</td><td>• 반일(일일)
보육계획안 제출</td></tr>
<tr><td rowspan="2">5주</td><td></td><td></td><td>• 반일(일일)
보육활동 실시</td><td></td><td></td></tr>
<tr><td colspan="2">• 반일(일일) 보육활동자료 점검</td><td>• 자기평가,
지도교사 평가</td><td></td><td></td></tr>
<tr><td>사후 참여 실습</td><td>6주</td><td colspan="3">• 참여 관찰
(일과운영, 보육환경, 영유아-교사 상호작용 등)
• 보조교사 역할 수행하기
• 보육실습일지 작성</td><td>• 최종 어린이집
실습 평가회
(원장, 지도교사
등 참여)</td><td>• 실습일지 및
기타 실습 관련
서류 제출</td></tr>
</table>

출처: 한국보육진흥원(2017).

표 6-3 ○○어린이집 영아반(만 0~2세) 보육실습 내용 예시

주	실습 내용
1주	• 관찰 기록 – 보육실 흥미영역 구성, 활동 준비 및 하루 일과의 진행과정 관찰 – 영아와 영아, 영아와 보육교사 간 상호작용 및 보육교사의 업무 관찰 • 영아반의 일과 특성 이해하기 (예 기저귀 갈기, 배변훈련, 수유 및 이유, 급식 지도 등) • 영아의 연령별, 개인별 발달 특성 이해하기 (예 흥미, 수준, 언어표현, 상호작용 등) • 1주차 관찰 및 보육실습에 대한 평가: 지도교사, 보육실습생
2주	• 관찰 기록 – 일과운영, 보육환경, 영아-보육교사 상호작용 등 관찰 • 영아와 친밀감 형성하기 • 3주차 보육활동 계획 및 검토 – 영역별 보육활동 선정 및 계획안 작성: 지도교사의 검토 및 지도 받기 – 계획한 보육활동에 필요한 자료 및 교재·교구 준비 • 2주차 관찰 및 보육실습에 대한 평가: 지도교사, 보육실습생
3주	• 관찰 기록 – 일과운영, 보육환경, 영아-보육교사 상호작용 등 관찰 • 영아 개인에 맞는 일상적인 생활 지도 방법 익히기 • 영역별 보육활동 실습 – 흥미영역 활동 2회 진행 및 보육활동에 대한 평가: 지도교사, 보육실습생 • 4주차 보육활동 계획 및 검토 – 연계 보육활동에 대한 계획안 작성: 지도교사의 검토 및 지도 받기 – 계획한 보육활동에 필요한 자료 준비 및 제작 • 3주차 보육실습 및 보육활동에 대한 평가: 지도교사, 보육실습생
4주	• 영아와 보육교사 간의 상호작용 관찰 기록 • 보육연계 활동 점검 및 준비 – 보육활동 연계활동 진행 및 보육활동에 대한 평가: 지도교사, 보육실습생 • 5주차 보육활동 계획 및 검토 – 반일(일일) 보육활동 계획 및 계획안 작성: 지도교사의 검토 및 지도 받기 – 계획한 보육활동에 필요한 자료 및 교재·교구 준비 • 4주차 보육실습 및 보육활동에 대한 평가: 지도교사, 보육실습생
5주	• 영아와 보육교사 간의 상호작용 관찰 기록 • 반일(일일) 보육활동 점검 및 준비 • 반일(일일) 보육활동 진행 및 보육활동에 대한 평가: 지도교사, 보육실습생 • 5주차 보육실습 및 보육활동에 대한 평가: 지도교사, 보육실습생
6주	• 영아와 보육교사 간의 상호작용 관찰 • 보육실습 최종 평가회: 원장, 지도교사, 보육실습생 • 보육실습 종료(보육실습생 평가표, 보육일지, 출근부 정리)

출처: 한국보육진흥원(2017).

표 6-4 △△어린이집 유아반(만 3~5세) 보육실습 내용 예시

주	실습 내용
1주	• 관찰 기록 – 흥미영역 구성 및 활동 준비, 하루 일과의 진행과정 관찰 – 유아와 유아, 유아와 보육교사 간 상호작용 및 보육교사의 업무 관찰 • 유아반의 일과 특성 이해하기 • 유아의 연령별, 개인별 발달 특성 이해하기 • 1주차 관찰 및 보육실습에 대한 평가: 지도교사, 보육실습생
2주	• 유아 놀이 관찰 및 유아와 보육교사, 유아-유아, 유아-교구 간의 상호작용 관찰 기록 • 유아와 친밀감 형성하기 • 3주차 보육활동 계획 및 검토 – 영역별 보육활동에 대한 계획안 작성: 지도교사의 검토 및 지도 받기 – 계획한 보육활동에 필요한 자료 및 교재·교구 준비, 영역별 보육활동 실습 • 2주차 보육실습 및 보육활동에 대한 평가: 지도교사, 보육실습생
3주	• 유아 놀이 관찰 및 유아와 보육교사, 유아-유아, 유아-교구 간의 상호작용 관찰 • 영역별 보육활동 실습 – 흥미영역 활동 2회 진행 및 보육활동에 대한 평가: 지도교사, 보육실습생 • 4주차 보육활동 계획 및 검토 – 연계활동 및 대·소집단 활동에 대한 계획안 작성: 지도교사의 검토 및 지도 받기 – 계획한 보육활동에 필요한 자료 및 교재·교구 준비 • 3주차 보육실습 및 보육활동에 대한 평가: 지도교사, 보육실습생
4주	• 유아 놀이 관찰 및 유아와 보육교사, 유아-유아, 유아-교구 간의 상호작용 관찰 • 연계활동 및 대·소집단 활동 준비 및 진행 – 연계 보육활동 1회, 대·소집단 보육활동 1회 진행 – 보육활동에 대한 평가: 지도교사, 보육실습생 • 5주차 보육활동 계획 및 검토 – 반일 또는 일일 보육(흥미영역 활동 2개, 대집단 활동 1개, 실외자유선택 활동 1개 포함)에 대한 보육활동 계획안 및 반일(일일) 계획안 작성: 지도교사의 지도 받기 – 계획한 보육활동에 필요한 자료 및 교재·교구 준비 • 4주차 보육실습 및 보육활동에 대한 평가: 지도교사, 보육실습생
5주	• 유아 놀이 관찰 및 유아와 보육교사, 유아-유아, 유아-교구 간의 상호작용 관찰 • 반일(일일) 보육활동 점검 및 준비 • 반일(일일) 보육활동 진행 및 보육활동에 대한 평가: 지도교사, 보육실습생 • 5주차 보육실습 및 보육활동에 대한 평가: 지도교사, 보육실습생
6주	• 유아 놀이 관찰 및 유아와 보육교사, 유아-유아, 유아-교구 간의 상호작용 관찰 • 반일(일일) 보육활동 실습 – 보육활동과 관련된 환경구성 • 보육실습 최종 평가회: 원장, 지도교사, 보육실습생 • 보육실습 종료(보육실습생 평가표, 보육일지, 출근부 정리)

출처: 한국보육진흥원(2017).

정규실습의 유의점

- 실습계획은 관찰실습의 기초 위에서 일관성 있게 수립되어야 한다.
- 실습의 목적 및 목표를 명확히 인식하고, 그에 적합하게 행동화해야 한다.
- 실습생은 지도교사와 협의하고 실제 지도활동을 계획하며, 그에 필요한 시설·자료 등 제반조건을 사전에 충분히 점검·준비하여야 한다.
- 보육 및 교수방법과 지도원리를 적용하여 지도상의 제반 문제를 발견하고 해결하며, 예비 보육교사로서 교직에 관한 제반 문제 능력을 배양해야 한다.
- 실습생은 학급경영의 일관된 체제에 따라 제반활동을 내면화 또는 행동화의 상태까지 발전시켜야 한다.
- 실습생에게는 실습이지만 영유아에게는 보육의 일부라는 점을 유념하여 영유아에게 피해가 가지 않도록 본래 보육활동의 분위기에서 벗어나지 않도록 한다.

3) 사후실습

사후실습은 일정 기간의 정규실습 이후에 갖게 되는 현장 경험으로 정규실습 과정을 보완하고 심화하는 과정이다. 즉, 정규실습 이후에 실습과정에서 나타난 문제점을 보완하고 학급운영에 보다 능동적으로 참여함으로써 보육철학 및 보육에 대한 정체성을 확립하는 과정으로 사후실습은 반드시 필요하다. 사후실습기관은 정규실습기관과 동일한 기관을 선택할 수도 있으나 다른 기관을 선택하는 것도 가능하며 사전실습과 마찬가지로 의무적인 과정은 아니므로 사후실습의 참여 여부, 시기 또는 기간은 양성교육기관이나 현장, 실습생의 필요에 따라 결정될 수 있다.

3 실습 유의사항

1) 실습 전 유의점

보육실습을 원활하게 수행하기 위하여 실습생은 실습 전에 충분한 준비를 함으로써 실습에 대한 자신감과 올바른 마음가짐을 갖고 임해야 한다. 구체적인 준비사항은 다음과 같다.

- 평소의 일반 강의 및 학습에서 다루어지는 보육실습에 대해 관심을 기울이며 실습과 관련된 학습내용을 총 점검하여 실습에 대비한다.
- 교육자다운 마음과 태도를 가지고 보육실습에 대한 체계적이고 구체적인 계획을 세운다.
- 보육실습에서의 변화된 환경 및 활동에 대비하여 건강관리를 철저히 한다.
- 보육실습에 관한 지침서·사례집 등을 읽고 선배·동료들과 의견을 나누며 실습기관이 배정되면 동료 중에서 대표를 뽑아 그를 중심으로 구체적 실습활동을 의논하고 준비한다.
- 보육실습 전에 실습기관을 방문하여 기관에 대한 현황 및 실태 등을 파악한다.
- 보육실습에 필요한 실습일지, 지침서, 필기 도구, 명찰, 실내화, 운동복 등을 준비하고 용모·복장·언어·태도 등에 있어서 특별히 유의하여 보육교사로서의 품위를 손상시키지 않도록 해야 한다.
- 보육실습에 대한 목적 의식을 분명히 하고 동료를 대상으로 모의실습을 해봄으로써 실제 지도에 대한 연습을 해 본다.

어린이집에서의 사전 지도

① 어린이집 보육운영 방침
② 어린이집 현황 안내: 교직원 현황 및 조직, 어린이집 위치, 어린이집 시설·설비 및 사용법
③ 보육실습 일정
④ 반별 보육실습생 배정
⑤ 일일 보육실습 과정
⑥ 보육실습일지 기록상의 유의점
⑦ 보육실습평가 내용 및 기준

2) 실습 중 유의점

보육실습생은 실습 기간 중 다음의 사항에 유의해야 한다.

① 실습 기간 중 어린이집의 규정과 지시에 따른다. 실습생은 해당 기관의 원장 및 지도교사의 지도를 성실하게 받아 자기 책임을 다한다.
② 출근 시간을 엄수하고 일과에 대한 준비와 정리를 충실히 한다.
③ 모든 일은 지도교사와 의논하여 해야 하며 근무 중 무단결석·무단외출을 삼가도록 하고 부득이 지각·조퇴를 할 때는 사전에 어린이집에 사유서를 제출하여 허락받도록 한다.
④ 지도교사의 보조 역할을 수행하면서 지도와 협조를 구하는 겸손한 태도로 임해야 하며 언행과 품위를 지키고 단정한 복장에 반드시 명찰을 패용한다.
⑤ 실습생 상호 간은 서로 존경하고 협동하며, 항상 열의와 성의를 다해서 임해야 한다. 반드시 경어를 사용하고 지도교사에 대한 예절을 지킨다.
⑥ 영유아들의 이름을 되도록 빨리 기억하도록 하며 실습으로 인하여 어린이집의 교육이나 그 분위기 조성에 장애가 되는 일이 없도록 노력한다. 또한 원아에게 체벌은 물론, 상벌을 가하지 않도록 한다.
⑦ 지도교사의 허락 없이 학부모와의 개인적인 관계 유지를 피한다.
⑧ 어린이집의 시설·비품을 사용하고자 할 때는 지도교사와 협의 후 담당자의

허가를 받아 사용한다.

⑨ 각종 제출물은 기일을 엄수하여 제출한다.

⑩ 실습활동의 일정을 정확히 지키고 적극적이고 긍정적인 자세로 참여한다.

⑪ 실습생은 항상 연구적이고 교사로서의 자질 향상에 힘써야 하며 어린이집의 보육 목표와 방침을 이해하고 이를 달성하기 위하여 적극적으로 협력·참가한다.

표 6-5 보육실습 일정표(예시)

구분	시간	내용
출근	8:15	
교사 회의	8:30~9:00	지도교사와 일과 협의, 지시사항 전달받기
보육활동 참여	9:00~17:30	배정반 보육활동 참여
정리정돈	17:30~18:30	보육실 정리정돈, 보육실습일지 작성
퇴근	18:30	퇴근 전 보육실습일지 지도교사에게 제출

3) 실습에 대한 책임

보육실습생의 실습에 대한 책임 내용을 살펴보면 다음과 같다.

(1) 원아에 대한 책임

① 실습생은 자신이 가르치는 원아와 관계를 가진 전문적인 실천자이다. 어린이집이나 원아에 관한 모든 자료는 기밀이 보장되어야 한다.

② 실습생은 자신이 가진 종교적·정치적 견해를 원아에게 강요해서는 안 된다.

③ 실습생은 원아에 대해서 신체적·정신적·지적·도덕적으로 모범이 되어야 한다.

④ 실습생은 원아의 발달을 이해하도록 부단히 노력해야 한다.

⑤ 실습생은 어떠한 원아에게도 편견을 가지고 차별대우를 해서는 안 된다.

(2) 실습 어린이집에 대한 책임

① 어린이집의 책임은 법적으로 원장 및 교사가 부담하게 되어 있으므로 그 통제도 이들이 하게 된다. 따라서 실습생은 자기에게 위임된 책임만을 행사한다.
② 실습생은 원장, 지도교사, 기타 교직원, 양성교육기관의 지도교수의 직능적 권한 및 인격적 위엄을 존중한다.
③ 실습생은 실습 현장에서 곤란한 문제가 발생했을 때는 먼저 지도교사와 상의를 한다.

(3) 양성교육기관에 대한 책임

① 실습 중 아무리 작은 실수라도 그것은 실습생이 대표로 되어 있는 양성교육기관에 영향을 미친다는 것을 인식해야 한다.
② 실습생은 자기가 배우고 있는 양성교육기관에 적극적인 태도를 지니고 심리적으로 가까이 하여야 한다.
③ 실습생은 양성교육기관의 지도교수가 제공하는 원조를 높이 평가하여 이를 건설적으로 활용해야 한다.

4 보육교사의 정의 및 역할

보육교사는 영유아의 보육, 건강관리 및 보호자와의 상담 그 밖에 어린이집의 관리운영 등의 업무를 담당하는 전문가로 개개 영유아의 연령과 발달 수준을 고려하여 신체, 사회, 정서, 언어, 인지 발달을 균형 있게 격려할 수 있도록 보육환경을 구성하고 자극을 제공해야 한다. 또한 부모와의 원활한 의사소통을 통해 교사나 어린이집에 대한 신뢰감을 형성하도록 하는 역할을 담당한다. 보육교사의 자질로는 영유아와 공감력, 희망적이고 긍정적인 사고, 원만하고 조화로운 대인관계 능력, 심신의 건강 등 개인적인 자질과 전문 지식, 교수 자질, 보육에 자부심을 느끼는 전문적인 자질을 갖추어야 한다.

표 6-6 일과에서 보육교사의 역할

구분	일과
등원 전	• 영유아들이 오기 전에 교실을 둘러보고 점검하기 • 수업계획에 따라 교재·교구를 정비하는 등 수업 준비하기 • 화장실 청결 상태를 살피고 수건을 새로 걸어놓기
등원 및 맞이하기	• 현관, 통합보육 놀이실에서 일찍 온 영유아를 반갑게 맞이하기 • 부모와 간단한 대화를 나누고 영유아의 그날 상태(기분, 건강)를 확인하기 • 영유아들이 조용한 음악을 들으며 그림책 보기, 조작놀이 등 조용한 개별활동을 하도록 돕기 • 현관에 일일보고서를 비치하여 부모들이 등원 전 영유아의 상태와 전달사항을 기록하도록 하기 • 전체 교실환경을 점검하고 그날 활동 자료를 준비해 놓은 상태에서 영유아들을 맞이하기 • 놀이실에서 영유아들과 함께 놀잇감을 정리하고 각 놀이실로 이동하기
오전 실내 자유놀이	• 각 흥미영역에 계획된 활동이나 영유아의 정적인 자유놀이 진행하기 • 동일한 놀잇감을 충분히 준비하여 분쟁을 막고 효과적인 놀이환경 마련하기 • 영유아를 관찰하여 개인적 특성을 파악하며 개인에게 적절한 방법으로 상호작용하기
전이	• 정리정돈 시간을 5분 전에 미리 예고하고 놀잇감을 정리하도록 하기 • 정리정돈이 즐거운 활동이 되도록 분위기를 이끌고 화장실 다녀오기
오전 실외 자유놀이	• 비 오는 날, 너무 추운 날을 제외하고 가능한 한 실외자유놀이를 하기 • 실외 환경의 안전점검에 유의하여 안전사고를 예방하기 • 실외 놀이는 실내 놀이와 동일하게 미리 계획하고 자료를 준비하여 적극적으로 상호작용하고 놀이를 촉진하기 • 신체 영역, 물·모래 놀이 영역, 탐구 영역에서 활동이 고르게 일어나도록 돕기
집단활동	• 영유아의 주의 집중이 쉽고 교사가 전체 유아를 볼 수 있는 영역에서 실시하기 • 게임, 이야기 나누기, 동화 및 언어 활동, 음률 활동 등 다양한 활동을 계획·실시하기 • 교사가 일방적으로 주도하기보다 영유아의 생각을 묻고 영유아의 반응에 따라 적절하게 활동을 전개하기 • 영유아가 집중할 수 있는 시간을 고려하여 너무 지루하지 않도록 하며 집단에 모이기 힘든 영유아는 서서히 집단에 참여하도록 하기
간식 및 점심	• 영유아들이 감사하는 마음으로 즐겁게 식사할 수 있게 분위기 이끌기 • 식사 시간을 통해 영양 교육, 바람직한 식습관 형성, 기본생활습관 훈련이 이루어지도록 하기 • 식사 속도가 다를 수 있으므로 2명의 교사가 적절히 영유아를 나누어 돌보기 • 학기 초에는 2명의 교사 중 1명이 먼저 식사를 마치고 영유아를 돕기

구분	일과
낮잠	• 놀이실의 조용하고 넓은 영역을 택해 잠자리 준비하기 • 양치질, 손 씻기가 끝나면 각자 자기 자리에 누워 조용히 휴식하거나 낮잠 자기 • 낮잠 자기를 힘들어하는 영유아는 너무 강요하지 말고 조용히 쉬도록 하기 • 영유아들이 완전히 잠든 다음 보육교사는 관찰일지, 일일보고서를 작성하고 자료 등을 준비하기
오후 실내 자유놀이	• 오전 활동을 연장하거나 확장하도록 돕기 • 영유아들이 선택 활동을 충분히 즐길 수 있도록 교구와 자료를 제공하고 적절히 개입하기
개별활동 및 귀가 준비	• 실내에서 조용하고 개별적인 활동이 이루어지도록 지도하기 • 귀가 준비하기 • 일일보고서를 현관에 비치하기 • 부모와 영유아의 당일 활동에 관해 간단히 대화를 나누고 인사하기 • 당직교사에게 남아 있는 영유아들을 인도하고 전달사항 알리기
원아 하원 후	• 하루를 정리하고 다음 날 수업 및 활동을 준비하기 • 일지, 영유아 관찰기록, 작품 정리 등 각종 파일을 정리하기 • 교실 청소하기 • 교구 제작하기 • 어린이집 전체의 문단속, 소등 상태를 점검한 후 퇴근하기

출처: 한국보육진흥원(2013).

5 실습하기

1) 관찰하기

실습의 첫 단계는 영유아의 행동과 하루 일과 그리고 교사의 행동 등에 대한 관찰로 시작되며, 이는 전체 실습의 성패를 결정한다. 따라서 세밀히 관찰하고 분석하는 것이 필요하며, 이를 위해 관찰법을 구체적으로 알고 있는 것이 필요하다.

관찰법이란 관찰 대상이 일상생활 속에서 자연스럽게 활동하는 모습을 본대로 기록하는 것으로 가장 일반적이고 보편적인 방법이다. 관찰법에서는 일정한 도구가 없이 관찰자 자신이 평가 도구가 된다. 관찰자는 관찰된 사실을 그대로 기록하기 때문에 관찰 능력과 기술이 우수할수록 정확한 판단을 내리게 된다.

관찰은 영유아의 발달에 적합하도록 보육과정을 구성하는 데 중요한 자료를 제공할 뿐만 아니라 보육교사의 일과 계획 및 운영 그리고 보육교사의 교수 행동에 대하여 세밀한 파악을 할 수 있으며 보다 적합한 교수활동에 대한 정보를 얻을 수 있다. 따라서 실습생이 관찰법의 장단점에 관해 바르게 이해하고 관찰 방법에 익숙하다면 유용하게 사용할 수 있을 것이다.

관찰에 관한 주의사항

- 다양한 상황에서 영유아를 관찰할 수 있도록 적절한 시간과 장소를 결정해야 한다.
- 관찰 내용은 일정한 형식에 따라 일관성 있게 기록해야 한다. 또한 관찰된 내용을 기록할 때에는 실제로 관찰한 것과 관찰자의 해석을 분명히 구분해야 한다.
- 영유아의 행동이 일어났을 때 즉시 기록할 수 있도록 항상 준비한다.
- 관찰을 할 때 관찰자는 추측을 해서는 안 된다. 오직 실제로 일어난 상황만을 그대로 기록으로 옮겨야 한다.
- 영유아나 교사의 주변 요소, 즉 후광효과에 의해 그들의 행동을 미리 판단하거나 선입견을 가지고 관찰하여서는 안 되며 영유아나 교사에 대한 자신의 느낌이나 태도에서 편견이 없도록 유의한다.

2) 상호작용하기

학습과정에 있어서 보육교사의 가장 중요한 역할은 상호작용이다. 영유아는 사회의 규범, 생활양식, 인간관계 기술 등을 교사-영유아, 영유아-영유아 그리고 영유아-교구 간의 상호작용을 통해 습득한다. 이를 위해, 보육교사는 영유아에게 언어뿐만 아니라 비언어적 상호작용도 적극적으로 사용해야 한다. 즉, 보육교사는 정보를 제공하며 개방적인 질문을 사용하는 등 언어적인 상호작용은 물론이며 미소 짓기, 쓰다듬기, 안아주기와 같은 신체적 접촉과 몸을 낮추고 영유아와 눈 맞

보육활동 계획 시 고려 요소

- 보육활동 지도의 요소와 절차를 파악한다.
- 보육내용에 대한 이해와 목표를 파악하고 있어야 한다.
- 실습하고 있는 어린이집의 보육방침과 목표를 확인하고 이를 지도계획에 반영하여야 한다.
- 보육내용과 자료를 충분히 연구하여 적절한 교재·교구를 선정하여야 한다.
- 지도계획을 잘 세우고 3~4일 전에 지도교사에게 제출하여 승인을 받아야 한다.
- 영유아의 개인차를 고려한다.
- 지역사회와의 연계를 고려하고 교육적으로 활용할 수 있는 자원을 파악한다.
- 평가인증지표를 잘 파악하고 반영한다.

2 보육계획안 작성 순서

보육계획이 계획한 대로 이루어져서 소기의 성과를 내기 위해서는 순서적으로 이루어질 필요가 크다.

① **주제명**: 활동을 포함하는 큰 주제명을 쓴다.

↓

② **주제 선정 이유**: 보육과정의 학문적 입장, 국가·사회적 입장, 영유아의 입장에서 주제의 필요성과 의의를 쓴다.

↓

③ **주제의 구조**: 큰 주제 속에 작은 주제들의 구분과 연관성을 갖는다.

↓

④ **주제의 목표**: 큰 주제 속에서 이루고자 하는 목표를 구체적으로 진술한다.

↓

⑤ **활동계획**: 보육활동 계획의 균형, 자유선택활동 시간 2시간 30분 이상, 일과의 통합적 운영, 일상생활 관련 활동, 실외 활동을 1시간 이상으로 하고 이에 필요한 교수자료를 제시한다.

↓

⑥ **활동의 실제**

↓

⑦ **보육과정 평가**: 평가를 위한 관점을 기입하고 다음 활동에 반영할 수 있도록 한다.

그림 6-2 보육계획안 작성 순서

3 보육계획안의 작성 요령

보육계획안은 일일 보육계획안, 주간 보육계획안, 월간 보육계획안, 연간 보육계획안으로 구분된다. 기본적으로 활동주제명, 주제 선정의 이유, 주제의 구조, 목표, 활동계획, 활동의 실제, 평가사항을 기록하게 되어 있으나 어린이집에 따라 양식을 정하여 사용할 수 있다. 평가인증지표상에 연간과 주간 보육계획안 및 일일 보육계획안은 필수이며, 이에 따른 평가지표 내용은 정적인 활동과 동적인 활동, 소집단 활동과 대집단 활동이 균형있게 계획·실행되며 평가를 통해 그 다음 활동에의 반영 여부 등이다.

보육계획안 작성 시 고려 요소

보육계획안은 보육과정에 근거하여 각 어린이집의 설립 목적과 설립 주체 및 주변 환경을 고려하여 작성한다.

① 목표가 명확하고 내용 및 방법이 간결하며 구조적이고 체계적으로 짜여져야 한다.

② 영유아 학습원리에서 강조하는 내용들이 반영된 보육활동 계획이 되도록 지도교사의 조언을 구한다.

③ 폭넓고 깊이 있는 준비를 바탕으로 영유아 보육 특성에 맞는 보육활동 계획을 수립함으로써 보육계획안대로 보육활동이 이루어질 수 있어야 한다.

④ 보육활동 실제에서의 예상활동을 충분히 고려하여 영유아들의 흥미에 따라 변화될 수 있는 융통성 있는 계획안이어야 한다.

표 6-7 일일 보육활동 계획안 작성의 예시

<table>
<tr><td rowspan="2">제출일</td><td rowspan="2" colspan="2">20○○월 ○○일 ○○요일</td><td rowspan="2">결재</td><td>실습생</td><td>지도교사</td><td>원장</td></tr>
<tr><td></td><td></td><td></td></tr>
<tr><td>반명</td><td>만 2세 ○○반</td><td>일시</td><td colspan="4">20○○년 ○○월 ○○일 ○요일</td></tr>
<tr><td>날씨</td><td>흐린 후 맑음</td><td>결석 영유아</td><td colspan="4">김○○(감기), 박○○(여행)</td></tr>
<tr><td>주제</td><td>더워요</td><td>소주제</td><td colspan="4">여행가는 놀이를 해요</td></tr>
</table>

시간 및 일과	활동 계획 및 내용	활동 자료 및 유의점
~9:00 등원 및 맞이하기	• 등원하는 영아의 이름을 부르며 반갑게 맞이한다. • 투약의뢰서 유무를 확인한다. • 영유아의 상태를 시진한다(기분, 건강, 청결 상태 등).	• 일일연락장 • 투약의뢰서
9:00~9:30 오전 간식	• 화장실 다녀오기 및 손 씻기 지도를 한다. • 준비된 간식을 스스로 먹고 정리할 수 있도록 한다.	• 오전 간식: 시리얼, 우유
9:30~10:30 오전 실내 자유놀이	• 영아들이 관심 있는 영역에서 자유롭게 활동하도록 돕고 긍정적으로 상호작용한다. • 교사의 도움이 필요한 놀이에 적절히 참여한다. [언어 영역] 『약간 세지 뭐』 막대동화를 들어요 • 목표 – 선생님이 들려주는 동화를 즐겁게 듣는다. (의사소통 〉 듣기 〉 짧은 이야기 듣기 〉 짧은 이야기와 노랫말 등을 즐겁게 듣는다.) – 자신의 생각을 말로 표현해 본다. (의사소통 〉 말하기 〉 상대방을 바라보며 말하기 〉 말할 순서에 상대방을 바라보며 말을 주고받는다.) • 활동방법 1. 곰돌이 모양 손인형이 들려줄 이야기에 대해 설명한다. 교사: 안녕, 나는 곰돌이야. 오늘 선생님께서 숲속 웅덩이에서 어떤 일이 일어났는지 들려주신다고 해서 찾아왔어. 우리 어떤 일이있었는지 잘 들어 보자.	〈활동 자료〉 • 동화책 '약간 세지 뭐', 막대인형 자료, 배경판 〈유의점〉 • 영아들은 출입문을 등지고 반원 모양으로 앉는다. • 영아들의 시야에 막대인형이 보이지 않게 준비한다. • 영아들이 직접 막대인형을 움직여 보게 한다.

시간 및 일과	활동 계획 및 내용	활동 자료 및 유의점
9:30~10:30 오전 실내 자유놀이	2. 동화를 듣는다. 교사: 랄랄라 랄랄라 해님이 방긋 랄랄라 랄라라 (곰돌이 등장) 시원한 숲속 장난꾸러기 곰돌이가 숲속으로 놀러 가요. 교사: 조심해! 곰돌아, 숲속에는 커다란 웅덩이가 있어. 교사: (곰돌이 웅덩이에 빠진다.) 살려줘요! 곰돌이 좀 살려줘요! 어푸, 어푸! (중략) 3. 영아들과 들은 동화에 대해 이야기해 본다. 교사: 얘들아, 곰돌이가 웅덩이에 풍덩 빠져서 어떤 동물 친구들이 곰돌이를 구해 주었나? [역할 · 쌓기 영역] 선글라스를 끼고 여행가요 • 목표 – 셀로판지를 통해 여러 가지 색을 경험한다. (자연탐구 〉 탐구하는 태도 기르기 〉 호기심 가지기 〉 주변 사물과 자연 세계에 호기심을 가진다.) – 선글라스를 끼고 여행놀이의 즐거움을 느낀다. (예술경험 〉 예술적 표현하기 〉 모방과 상상놀이하기 〉 일상생활 경험을 상상놀이로 즐긴다.) • 활동방법 1. 물고기 까꿍판을 모양으로 살펴본다. 2. 물고기 까꿍판을 탐색한다. 교사: 물고기가 무슨 색일까? 교사: 바다처럼 시원한 파란색 물고기랑 산처럼 시원한 초록색 물고기구나. (셀로판지 부분에 눈을 갖다 대며) 여기로 ○○의 얼굴이 보여 물고기 색처럼 ○○의 얼굴이 파랗게 보이는구나. 3. 선글라스의 기능을 살펴본다. 교사: 얘들아, 이게 무엇일까? (“이것을 본 적이 있니?”) 선글라스를 껴 보자. ☞ 선글라스를 끼고 바다의 놀이를 해 본다.	〈지도교사 조언〉 • 읽는 사람은 천천히 읽어도 속도가 빨라지는 경우가 있으니 충분히 연습하는 것이 필요합니다. • 동화가 끝나자마자 영아들이 몰려 조작해 보려고 하므로 질문한 후 대답한 영아가 나와서 직접 붙여볼 수 있게 하면 어떨까요? 〈유의점〉 • 영아가 원하는 색의 선글라스를 나누어 준다. 〈지도교사 조언〉 • 교사: ‘얘들아, 이게 무엇일까?’는 ‘이것을 본 적이 있니?”’로 바꿈 • 역할놀이로 연계되어 진행되었으므로 필요한 소품이 있다면 미리 준비하는 것이 중요해요.

<table>
<tr><th>시간 및
일과</th><th>활동 계획 및 내용</th><th>활동 자료 및
유의점</th></tr>
<tr><td rowspan="2">9:30~10:30
오전 실내
자유놀이</td><td>교사: ○○는 선글라스를 끼고 어디 놀러 가고 싶니? 우리 선글라스 끼고 바다에 가서 재미있게 수영해 볼까?
☞ 선글라스를 껴 본 느낌에 대해 이야기 나눈다.
교사: 얘들아, 선글라스를 껴 보니까 어땠니?</td><td></td></tr>
<tr><td>[탐색 · 조작 영역] 조개껍데기 모양 탐색하기
• 다양한 조개껍데기의 모양을 탐색해 본다.

[미술 영역] 우유갑 사진기
• 우유갑에 색테이프 붙여 사진기를 만들어 본다.</td><td></td></tr>
<tr><td>10:30~11:10
정리정돈
및
화장실 가기</td><td>• 놀잇감을 영아들과 함께 정리한다.
• 화장실로 손 씻으러 간다.
–복도에 앉아 먼저 나온 영아들과 노래를 부르며 늦게 나온 영아들을 기다린다.</td><td>영아들이 화장실을 갈 때 넘어지지 않도록 주의 깊게 관찰한다.</td></tr>
<tr><td>11:10~11:50
실외 활동
및
손 씻기</td><td>삽으로 모래를 퍼서 페트병에 부어 보기
• 목표
–모래를 퍼서 페트병에 담는다.
(신체운동 〉 신체 조절과 기본 운동하기 〉 소근육 조절하기 〉 눈과 손을 협응하여 소근육을 조절해 본다.)
–모래를 담고 쏟기를 반복한다.
(자연탐구 〉 탐구하는 태도 기르기 〉 반복적으로 탐색 즐기기 〉 관심 있는 사물을 반복하여 주도적으로 탐색하기를 즐긴다.)

• 활동방법
1. 모래놀이를 할 때 조심할 점을 알아본다.
교사: 얘들아, 모래를 친구한테 던지면 친구 눈에 들어가서 아파, 그러니까 친구한테 모래 던지지 말자.
2. 모래를 손으로 만져 보며 촉감을 느껴 본다.
교사: 얘들아, 모래를 만지니까 느낌이 어떠니?</td><td>영아 5~6명씩 두 그룹으로 나누어 모래놀이를 한다.</td></tr>
</table>

시간 및 일과	활동 계획 및 내용	활동 자료 및 유의점
11:10~11:50 실외 활동 및 손 씻기	3. 삽으로 모래를 퍼 보고 페트병에 부어 본다. 교사: (손바닥으로 페트병 입구를 막고) 병 속에 모래를 담아 주세요. 4. 다른 크기의 페트병마다 모래가 쏟아지는 것을 살펴본다. 5. 모래놀이가 끝나면 깨끗하게 손을 씻는다. – 영아들이 놀이를 정리한다. – 화장실을 가서 손을 씻고 소변을 본다.	
11:50~13:10 점심 및 이 닦기	• 즐겁고 편안한 분위기로 식사한다. • 식사 후 자기 자리를 정리한다. • 이 닦기는 순서대로 닦는다. • 밥을 다 먹은 영아들은 책을 읽거나 조용한 놀이를 하며 기다린다.	• 점심 메뉴: 흑미밥, 된장찌개, 삼치구이, 숙주 맛살 무침, 열무김치
13:10~15:00 낮잠 준비와 낮잠	• 자신이 선택한 책을 선생님과 함께 본다. • 개별 침구를 깔고 조명을 조절한다. • 잠이 올 때까지 자기 이불에서 또래의 낮잠과 휴식을 방해하지 않고 조용히 쉬도록 한다. • 낮잠을 재우고 깨울 때 부드럽게 토닥거려 준다.	• 조용한 음악, 조명, 개별 침구 • 블라인드나 커튼을 치고 불을 끄며 매트를 깔고 조용한 음악을 튼다.
15:00~15:30 화장실 다녀오기 및 오후 간식	• 화장실을 다녀온다. • 자기가 먹을 양만큼 먹고 남기지 않도록 한다.	• 오후 간식: 간장 비빔 쌀국수, 사과
15:30~17:00 오후 실내 자유놀이	• 원하는 영역에서 자유롭게 놀이하도록 한다. [언어 영역] • 『약간 세지 뭐』 막대동화를 들어요 • 여행 다녀온 사진 보며 이야기하기 [음률 영역] • 쿵쿵쿵 북을 쳐요 [역할·쌓기 영역] • 선글라스를 끼고 여행가요	〈지도교사 조언〉 • 오후에는 오전과 다른 양상으로 놀이가 진행될 수 있음을 참고하세요. • 음률 영역: 쿵쿵쿵 북을 쳐요 – 오후에는 오전보다 자극이 적은 활동으로 변경하여 진행하는 것이 좋겠습니다.

시간 및 일과	활동 계획 및 내용	활동 자료 및 유의점
17:00~17:30 오후 실외 놀이 및 손 씻기	• 실외 놀이터에서 자유놀이(또는 유희실 놀이)	〈지도교사 조언〉 • 반에서 유희실 이동 시에는 어떻게 전이할 것인지, 유희실에서는 어떤 놀이를 할 것인지도 계획하시기 바랍니다.
17:30~18:00 귀가 및 가정연계	• 귀가 지도를 한다. • 귀가하는 순서를 고려해 옷을 갈아입히고 머리를 다시 묶어 준다.	
유의사항	• 비가 오면 실외자유놀이는 유희실 놀이로 대체한다.	

※ 지도교사는 보육실습생의 일일 보육활동 계획안을 검토하여 적절한 조언을 통해 계획을 수정·보완할 수 있도록 한다.

출처: 한국보육진흥원(2013).

4 평가받기와 스스로 평가하기

실습에서의 평가는 보육실습의 지도교사에게 있어서는 물론이고 어린이집 측이나 또는 실습생 자신에게 있어서도 매우 중요한 단계이다. 이러한 보육실습의 평가는 다음과 같은 구체적인 목적을 가지고 있다.

- 보육실습 목표를 달성하기 위해서이다.
- 실습생의 개인차를 발견하기 위해서이다.
- 실습생의 자기 발전의 정도를 확인시키는 방법의 하나가 된다.
- 실습생의 실습생활에서 동기 유발을 꾀할 수 있다.
- 실습에 대한 지도원리의 타당성을 검토할 기회를 제공한다.
- 관계기관의 협력을 구축할 수 있고 자료를 얻을 수 있다.

실습에서의 평가는 자신의 전문적 발달을 위해 필수적인 요소이다. 이는 실습생이 자신의 책무를 다했는지에 관한 검사나 판정의 측면이 아니라 전문적인 보육교사로 발전하기 위한 것으로 객관적이고 세밀한 평가의 과정이 힘들고 괴롭더라도 필수적으로 수용해야 할 부분이다.

실습평가에는 지도교사들에 의해 이루어지는 평가와 원장, 혹은 주임교사의 평가 그리고 자기 자신의 평가 등을 들 수 있다. 대부분의 경우, 교사나 주임, 원장의 평가 등 타인에 의한 평가는 많이 이루어지지만 자기 스스로 실습에 대해 평가하는 부분은 무시되기 쉽다. 그러나 교수-학습 과정에서 능력 있는 교사가 되기 위해서 자신의 행동에 관한 평가는 필수적이다. 교사의 의식적·무의식적 행동 모두가 영유아에게 매우 중요한 영향을 미칠 수 있으며 교사의 계획과는 다르게 영유아가 교수-학습 과정을 받아들일 수 있기 때문이다.

실습의 평가는 다음과 같은 내용에 대해 구체적이고 실질적인 검토가 이루어져야 하며 실습 진행 단계별에 따른 평가의 필요가 요청된다.

- 실습 계획 및 준비(양성교육기관과 어린이집 측의 준비, 계획 상황)
- 실습 목표(적절성, 구체성 등)
- 실습 내용(적절성, 효율성 등)
- 실습 운영(효율성, 시설, 여건, 협조 상황 등)
- 실습 지도(양성교육기관 지도교수·원장·지도교사의 기능과 역할)
- 실습 평가(객관성·타당성·활용도)
- 실습 도구·교재(활용성·시설 정비 및 수량 등)

표 6-8 실습생 평가항목표

영역	평가항목
근무 태도	근무 상태(출·결석, 지각, 조퇴 등), 성실성
일반 자질	영유아에 대한 태도, 인성, 교사로서의 품위, 신념 등
학습지도 능력	활동 계획 및 계획안 작성, 지도기술, 교재 제작 및 활용, 평가, 기술·교재 연구 등
연구조사 활동	연구 태도 및 자세, 자료 수집 및 처리 분석, 동료와의 협력 등
학급경영 및 사무처리 능력	생활 지도, 환경 정리, 사무처리, 영유아 관리 등

실습생의 교수-학습 과정에서 수업을 위한 준비와 교수 행동에 대한 타인의 평가는 긍정적으로 수용하는 것이 좋다. 보다 객관적인 관점에서 그리고 경험이 많은 교사들에 의해 이루어지는 평가는 교사로서의 발전을 위해 매우 유용한 것이기 때문이다. 실습은 학생이 배우는 과정의 하나이기 때문에 실수를 할 수 있으며, 그러한 실수를 바탕으로 보다 전문적인 교사로 성장할 수 있다는 생각을 가지는 것이 좋다.

표 6-9 보육실습생 평가 영역 및 배점

<table>
<tr><th>평가 영역</th><th colspan="2">평가 내용</th><th>배점</th><th>점수</th></tr>
<tr><td rowspan="4">근무 태도와 자질 (20)</td><td>근무사항</td><td>출석, 결석, 지각, 조퇴 등</td><td>5</td><td></td></tr>
<tr><td>태도</td><td>성실성, 근면성, 친절, 적극성, 복장 및 용모, 예절</td><td>5</td><td></td></tr>
<tr><td>자질</td><td>영유아 존중, 책임감, 인성, 열의</td><td>5</td><td></td></tr>
<tr><td>관계형성</td><td>실습지도교사와의 관계, 동료실습생과의 관계</td><td>5</td><td></td></tr>
<tr><td rowspan="2">보육활동 계획과 실행 (30)</td><td>보육활동 계획</td><td>영역별, 반일 또는 일일 보육활동 계획의 적합성과 충실한 준비</td><td>15</td><td></td></tr>
<tr><td>보육활동 실행</td><td>영역별, 반일 또는 일일 보육활동의 효과적이고 적절한 실행 정도</td><td>15</td><td></td></tr>
<tr><td rowspan="3">예비보육교사로서 역할 수행 (30)</td><td colspan="2">영유아 행동 및 놀이 관찰, 보육환경 관찰</td><td>5</td><td></td></tr>
<tr><td colspan="2">보육일과 진행 보조 및 일상생활 지도</td><td>10</td><td></td></tr>
<tr><td colspan="2">영유아 상호작용과 놀이 참여</td><td>15</td><td></td></tr>
<tr><td>보육실습일지 작성 (10)</td><td colspan="2">구체적이고 충실한 보육실습일지 작성과 일일 자기평가 및 지도교사 평가 반영</td><td>10</td><td></td></tr>
<tr><td>총평(10)</td><td colspan="2">실습기간 동안 예비보육교사로서 향상된 정도</td><td>10</td><td></td></tr>
<tr><td colspan="3">총점</td><td>100</td><td></td></tr>
</table>

출처: 한국보육진흥원(2017).

타인의 평가 이외에 자기 자신에 대한 평가는 항상 이루어져야 한다. 이는 교수-학습 과정에서 자기 교수방법에 대한 평가는 영유아의 흥미, 반응, 태도 등에 관한 평가를 통해 이루어질 수 있다. 만약 영유아의 성취도, 참여 및 흥미가 낮다면 교사가 준비한 자료나 활동, 그리고 활동의 제공방법이 적절치 않았기 때문일 수 있기 때문이다. 따라서 일과를 마친 후 앞으로의 새로운 실행을 위한 반성적 사고를 실행함으로써 본인의 교수활동을 되돌아볼 수 있을 것이다. 자신의 실습에 대해 체계적으로 평가를 해 보려면 자신의 보육과정 계획과 실행 그리고 영유아와의 상호작용 등에 대해 다음과 같은 내용(심성경·백영애·이희자·이영희·변길희, 2009)을 중심으로 생각해 보는 것이 좋다.

- 활동이 영유아의 발달 정도에 적절하였는가? 적절하지 않았다면 어떻게 변형할 수 있는가?
- 활동이 잘 진행되었는가? 그렇게 생각하는 이유는? 아니라면 어떻게 수정할 수 있는가?
- 활동이 영유아의 사전 발달이나 활동과 어떻게 연결되는가?
- 모든 영유아를 반갑게 맞이하였으며 그들의 말을 경청해 주었는가? 그리고 항상 따뜻하게 대하였는가?
- 개별적인 다양한 요구를 이해하고, 이를 수용하였는가? (활동에 대한 흥미나 적극성의 차이 / 낮잠 등 신체적 요구 / 의사표현 기술 / 활동 수준 차이)
- 영유아와의 상호작용은 적합하였는가? (1대1 눈 맞춤 / 관심 표현 / 정보 제공 / 놀이 / 칭찬과 격려)
- 또래 간의 긍정적인 관계를 장려하였는가?

6 보육실습의 효과

보육교사의 자질은 교사가 받은 교사양성교육의 질을 크게 벗어날 수 없으며 교사양성교육 가운데 실습과목은 현장 및 실제에 대한 생생한 경험 때문에 교직에 대한 인식과 태도, 행동 등에 직접적인 영향을 미친다. 이러한 실습에 긍정적 또는 부정적 영향을 미치는 요인은 실습 시 접촉한 사람들, 실습 프로그램, 실습기관시설의 특징 및 환경 요인으로 나눌 수 있으며 부정적인 영향을 줄이기 위한 방법으로 적절한 실습기관을 선정하여 실습생들이 교재·교구 만들기, 청소하기, 잡무 보조와 같이 소모적인 활동으로 시간을 보내지 않도록 하며 실습생과 지도교사 그리고 학교 간의 긴밀한 협조체제를 이루어 실습이 계획적이고 체계적으로 이루어지도록 해야 한다.

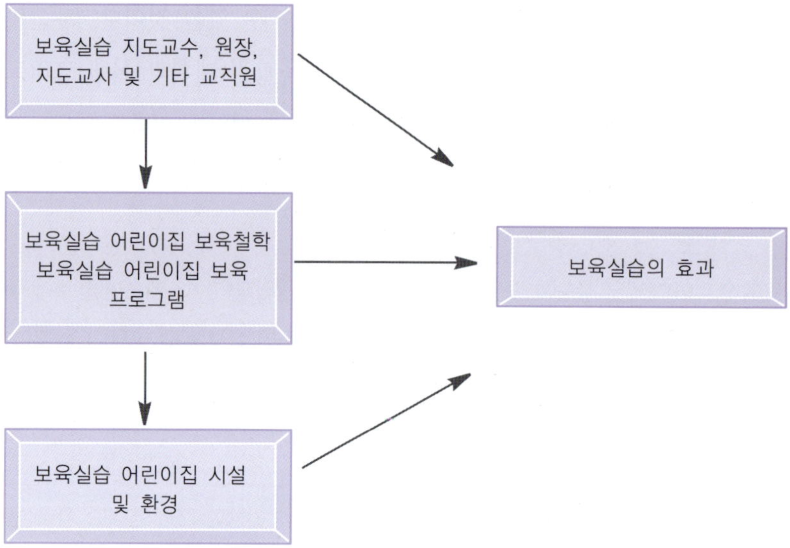

그림 6-3 보육실습의 효과에 영향을 미치는 요인

보육실습의 긍정적 효과

- 영유아기 및 영유아를 바르게 판단하고 이해하는 능력 증가
- 수용적이고 비편견적 태도 및 문제를 가진 영유아를 수용하고 문제를 해결하는 능력 증가
- 개인차를 인정하는 태도 및 민주적 학급운영 태도 증가
- 교수 준비도 및 신중한 교수태도의 증가
- 교수방법의 정교화와 능숙화 및 영유아의 학습 동기 유발 능력의 증가
- 영유아 중심의 교수방법 선호 및 교수방법에 대한 정확한 평가의 증가

보육실습의 부정적 효과

- 보육교사직에 대한 심적 갈등과 영유아 등에 관한 관점의 변화
- 권위적이고 관료적인 태도 및 현실적이고 안이한 태도 증가
- 실습 이전엔 바람직하지 않다고 생각하던 교수방법 사용 증가 및 집단적이고 획일적인 활동 선호
- 실습 기간 동안 경험한 것들이 실제 현장의 전부로 인식

제3부

유능한 보육교사로서 일하기

어린이집에서 근무하는 보육교사는 영유아뿐만 아니라 다양한 대상들을 만나면서 관계를 형성하고 관련된 역할을 수행해 나간다. 동료교사들과 협력하면서 자신감을 가지게 되고, 그 가운데 리더십을 발휘할 수 있다. 아울러 학부모의 지지와 참여 속에서 보육의 질을 향상시키는 경험을 기대할 수 있다. 지역사회도 보육교사의 중요한 협력자가 되는 동시에 상호 공존의 관계를 가진다.

제3부에서는 유능한 보육교사가 수행해야 할 동료교사, 학부모, 지역사회와의 관계 맺기, 업무 및 태도 등에 관해 살펴보고자 하며 아울러 성공적인 교사로 성장하기 위해 필요한 현직교육 및 장학에 대해 이해하고 전문직업인으로서 실천해야 할 직업윤리에 대해 알아보고자 한다.

제7장

보육현장에서 동료와 함께 일하기

어린이집은 교육의 목적을 달성하기 위해 구성원이 집단 경험을 공유하면서 나타나는 사고 및 생활 방식을 갖고 있으며 영유아와 보육교직원으로 이루어진 교육기관으로 고유한 근무환경을 갖고 있다. 보육교사는 교사라는 전문직에 종사하는 직업인이면서 자질과 역할을 수행해야 하는 책임과 의무가 있으며, 동시에 어린이집이라는 조직의 구성원으로서 조직을 이해할 필요가 있다. 따라서 본 장에서는 보육현장이 가지는 조직적 특성 및 근무환경과 관련된 제반사항에 대해 알아보고자 한다.

1 어린이집의 조직 특성

보육교사들은 어린이집이라는 조직 내에서 근무하며 영유아나 부모 외에도 조직 구성원으로서 다양한 관계를 접하고 전문성을 지닌 일을 하지만, 초·중등학교의 교사에 비해 차별화된 이미지를 갖고 있다. 그 이유는 「영유아보육법」이라는 관련법을 가지고 있음에도 불구하고 다양한 원인으로 인하여 법적으로 초·중등 교사에 비하여 보호받지 못하고 있기 때문이다. 그 원인을 알아보기 위해서는 어린이집의 조직 특성을 다양한 관점에서 살펴볼 필요가 있다.

첫째, 어린이집은 보호와 교육이라는 목적성과 기능에서 오는 특징이 있다. 어린이집은 교육과 함께 건강하고 안전하게 돌봄이 매우 중요한 기능이므로 다른 학교 조직에 비해 부모와 어린이집 간, 보육교사와 영유아 간의 친밀감, 관심, 지원 등이 강조된다. 어린이집에서 보육교사는 영유아와의 관계에서 가족적인 관계이며 영유아와의 스킨십이 강조된다. 따라서 어린이집의 보육교사는 체계적인 교육도 중요하지만, 따뜻하고 안정적인 양육자로서의 역할을 우선적으로 요구받게 된다.

둘째, 대다수의 어린이집은 다른 조직에 비해 그 규모가 작고 인적 구성이 단순하다. 기본적으로 하나의 어린이집을 운영하기 위해서는 영유아를 보호하고 교육해야 하며, 그에 필요한 교재·교구를 제작하고 여러 가지 행사를 해야 한다. 유치원이나 초·중등 학교와 같이 규모가 큰 조직의 경우에는 각 과제를 분담할 수 있는 조직적인 체계를 갖추고 있고, 이러한 조직 체계는 각자의 역할 책임을 분명히 하여 과제를 수행하는 가운데 역할 혼돈이나 갈등의 소지를 줄인다. 반면에 어린이집과 같이 그 규모가 작아지면 한 명의 조직원이 동시에 여러 가지 과제를 수행하기 때문에 과제 수행에 대한 부담이 클 뿐만 아니라 과제 완성에 대한 책임 소재도 불분명한 경우가 많이 발생하게 되고 그로 인하여 조직 구성원 간에 갈등이 발생할 소지가 많아진다. 어린이집의 규모가 작다는 것은 단순히 영유아 수, 교직원의 수가 적다는 것만을 의미하는 것이 아니라 교육적, 경제적, 행정적 측면에서 다양한 의미를 지니며 경제적 규모가 작다는 뜻과 조직 구조가 단순하다는 것을 말한다. 조직 구조가 단순하기 때문에 임의대로 이루어지는 것에 크게 지장을 받지 않으며 조직 내에서도 과학성, 체계성, 합리성이 강조되기보다는 가족적 분위기가 강조된다.

셋째, 근무여건이 열악하고 조직, 공동체에 대한 의식이 낮다. 어린이집의 경우 이직률이 높아 조직에 대한 응집력이 약하다. 위에서 살펴보았듯이 어린이집 조직의 성격은 가족적인 응집력을 많이 요구하고 있지만, 근무조건이나 조직 관리의 미흡으로 인해 응집력을 갖지 못하는 경우가 많다.

넷째, 어린이집의 조직 구성원인 보육교사는 20~30세가 50% 이상을 차지하고 있으며 대부분이 여성으로 구성되어 있다. 보건복지부(2013a)의 통계에 의하면 어린이집의 경우, 여교사가 96.0%(전체 보육교직원 수 284,237명 중 여교사가 273,741명)를 차지하는 것으로 조사되었다. 여성의 조직은 남성 위주의 조직과 달리 의사소통방식은 매우 사적이며 공적 업무보다는 인간관계를 중심으로 이루어진다. 이러한 의사소통 체계는 일단 각자의 개인적인 상황에 대한 양해와 이해를 통해 맥락을 형성하고 의사소통의 상대방과 사적인 관계를 형성한 후에 모든 공적인 일도 사적인 관계 속에서 처리하는 방식이다. 이러한 방식은 인간관계나 조직의 운영에 있어서는 긍정적인 영향을 끼치지만 공적인 업무처리에 대해 생각을 나누고 체계적으로 처리하는 데 있어서는 부정적인 영향을 준다.

다섯째, 어린이집의 질을 결정하는 집단인 보육교사의 업무 성격은 매우 독립적이고 개인적이지만 업무량은 많다. 어린이집은 이용 대상이 맞벌이부부의 자녀가 주를 이루기 때문에 교사는 늦게까지 영유아와 함께 지내야 한다. 이외에도 보육교사는 관심을 가져야 하는 일이 많아 업무량이 매우 많다. 어린이집은 업무를 위한 회의조차도 시간이 부족해서 제한을 받는다. 예를 들면, 회의 시간이 근무시간 이전 혹은 이후나 낮잠 시간에 주로 이루어지므로 교육을 위한 충분한 협의나 의사소통의 장으로 이용되기보다는 관리자(주임, 원장)와의 의사전달의 장으로 대부분 이용되고 있다.

여섯째, 우리나라 어린이집은 설립 주체가 매우 다양하다. 현재 어린이집은 설립 주체에 따라 국공립, 법인, 직장, 가정, 부모협동, 민간 어린이집 등으로 구분되는데, 각 설립 주체별로도 다른 설립 취지를 가지고 있으며 어린이집의 설치 상황 및 과정 등이 너무 다양하고 복잡하여 운영 현황과 특성 그리고 재정 상황 등이 제각각이다. 이러한 어린이집의 특성은 보육서비스의 질적 차이의 원인이 된다(김옥희, 2006).

또한 어린이집은 보호와 교육이라는 서비스를 제공하여 가정과 학교의 특징을 동시에 요구하며 대부분 그 규모가 작고 세심함, 배려, 사랑, 봉사, 가족과 같은 분위기가 강조된다. 아울러 조직 구성원은 거의 여성으로 조직되어 있고 20대가 주를 이루며 근무조건이 열악하고 의사소통의 기회가 적다는 점에서 어린이집은 유치원과는 또 다른 의미의 조직적 특성을 가지고 있음을 알 수 있다.

이러한 어린이집의 조직적 특성은 보육교사가 근무하는 곳의 환경이나 조직 풍토, 의사소통방식 등 보육교사의 근무여건에 직접적인 영향을 미치며 이러한 영향은 보육교사 자신의 리더십, 직무 만족도와 스트레스 등에 영향을 주게 된다.

2 보육교사의 근무환경

보육교사의 근무환경이란 보육교사가 자신의 책임을 효과적이고 효율적으로 수행할 수 있도록 하는 환경 전반을 지칭하는 것으로 어린이집의 근무환경은 보육교사의 직무 수행을 원활히 할 수 있도록 지원하는 한편 보육교사의 복지 차원에서도 중요한 역할을 한다.

1) 보육교사의 근무환경

어떤 직업에 있어서나 효과와 능률의 극대화를 도모하기 위해서는 무엇보다도 그 직업에 알맞은 근무조건의 정비를 필수 요건으로 하고 있다. 따라서 보육의 효과와 교수 능률을 높이기 위해서는 보육교사의 근무환경이 매우 중요하며 보육교사의 근무조건이 근무과중으로 연결되면 보육활동의 효과와 능률을 저하시키고 보육교사의 자질 향상과 전문성 신장도 저해하며 보육교사의 사기를 저하시키게 된다.

그렇다면 보육교사의 근무환경은 어떠한가? 우리나라 보육교사의 근무환경은 시간적으로나 물리적인 측면에서 그다지 만족할 만한 수준에 있다고 보기 힘들다. 그 원인을 살펴보면 다음과 같다.

첫째, 시간적 측면에서 보면, 어린이집의 경우 보육교사의 하루 근무 시간이 「근로기준법」에서 허용하는 일일 법정노동 시간인 8시간을 초과하여 거의 10시간 이상을 근무하고 있다. 국공립기관이나 법인설립기관에 따라서는 초과 근무수당을 지급하거나 영유아의 등·하원 시간을 고려하여 보육교사의 시차제 출·퇴근을 시행하는 경우도 있지만, 대다수의 어린이집에서는 보육교사의 일일노동시간에 대한 배려가 매우 부족한 실정이다.

이처럼 많은 노동 시간은 보육교사를 지치게 하고, 이는 고스란히 영유아의 열악한 보육환경으로 이어진다는 점을 간과해서는 안 될 것이다.

둘째, 공간적 측면에서 보면, 어린이집의 경우 보육교사의 휴식 공간이 별도로 구성된 곳은 매우 드물고 교사실을 별도로 갖고 있지 않은 곳도 많으며 교사용 책상이 별도로 존재하지 않는 곳도 상당하다. 장시간을 영유아와 함께 생활하는 보육교사가 업무 수행을 원활히 할 수 있도록 물리적 환경을 지원하는 한편 보육교사의 복지 차원에서도 이에 대한 배려가 필요하다.

셋째, 업무적인 측면에서 보면, 어린이집의 경우 보육교사는 주된 업무인 보육활동 이외에도 다양한 업무를 수행하고 있어 잡무가 많다. 예를 들어, 교실을 청소한다든지, 영유아의 등·하원 차량에 동승하여 통학 지도를 하는 것은 비교적 일반적인 일이며 규모가 작은 기관에서는 문서 업무, 식단 짜기, 간호, 주방일 등의 부차적인 업무로 인해 심한 스트레스를 받고 있다. 이로 인해 영유아의 보육활동에 지장을 주기도 한다는 것은 매우 심각한 문제이다.

맞벌이부부가 증가하고 영유아를 어린이집에 맡기는 시간이 늘어나며 학부모의 질 높은 교육에 대한 요구가 높아지고 있는 시점에서 부모와 영유아의 입장만을 배려하고 보육교사의 입장을 고려하지 않은 보육 현실은 그리 바람직하지 않다. 따라서 보육교사의 근무환경에 대한 연구가 선행되어야 할 것이며, 이를 바탕으로 보육교사의 우수한 근무환경을 위한 제도적 장치를 마련해야 될 것이다(김은주·권미량, 2008).

2) 보육교사 근무환경의 구성 요소

보육교사의 근무환경은 여러 복합적인 요인들로 구성되어 있으며 보육교사의 근무환경에 직접적으로 영향을 미칠 수 있다고 판단되는 요인을 「영유아보육법 시행규칙」에 근거하여 근로조건, 고용조건, 보수교육, 의사소통으로 나누어 살펴보고자 한다.

(1) 근로조건

1 보육교사 대 영유아 비율

보육교사 대 영유아 비율은 보육교사와 영유아의 상호작용 질에 영향을 미치는 중요한 요소가 된다. 보육교사가 담당하고 있는 영유아 수가 적절하면 보육교사는 모든 영유아를 보다 안전하게 보호해 줄 수 있고 개별 영유아의 요구에 더 민감하게 반응해 줄 수 있다. 이뿐만 아니라 영유아의 행동을 지도할 때 통제나 지시보다 개별 영유아의 발달 특징에 맞추어 긍정적인 상호작용이 가능하게 된다.

표 7-1 연령별 반편성 시 반별 정원 기준(영유아보육법 시행규칙 제10조 별표 2)

반별 정원 기준	만 0세	만 1세	만 2세	만 3세	만 4세 이상
원칙	3명	5명	7명	15명	20명

※ 교사 대 아동 비율을 준수하는 범위에서 보육과정 및 아동 1인당 보육실 면적 등을 감안하여 1개의 보육실에서 2개 이상의 반을 함께 보육하는 것이 가능

2 근무 시간

「근로기준법」 제50조에 의하면, 법정 근로자의 1일 근무 시간은 휴식 시간을 제외하고 8시간을 초과할 수 없으며, 1주일에 40시간을 초과할 수 없다. 그러나 보육교사는 어린이집의 운영 시간이 7시 30분~19시 30분으로 되어 있기 때문에 하루에 8시간 이상을 근무할 수밖에 없는 근로조건으로 되어 있는 실정이다. 보건복

지부(2020)에 의하면, 어린이집 보육교직원의 근무 시간을 8시간 근무를 원칙으로 하고 있으며 시간을 초과하여 근무하는 경우에는 초과근무수당을 지급하는 등의 내용을 제시하고 있다. 이와 같이 보육교사가 복무규정을 지키도록 명시하고 있지만 현실적으로 근무 시간에 대한 여건은 매우 열악한 상태이다.

3 보육교사 전용 공간

보육교사의 전용 공간은 보육교사가 이용하는 공간과 어린이집의 물적 환경으로 교사실, 교사 휴게실, 보육실 내 교사 책상, 교사용 컴퓨터, 성인용 화장실 및 세면대 등을 말하는데, 어린이집의 경우 1인 교사가 종일제의 수업을 온종일 담당하게 되므로 근무환경의 특성상 전용 공간의 활용은 높지 않다.

(2) 고용조건

1 보수

보육교사의 보수는 보건복지부가 정한 보육사업 안내에서 그 기준을 정하고 있다. 보육교사의 보수는 기본 급여와 각종 수당을 합산한 금액을 말하며 보육교사의 보수는 연봉제를 택하고 있다. 어린이집 보육교직원의 보수 기준은 보육교사의 호봉, 근무성적과 어린이집의 운영 여건 및 당해 연도 보육교직원의 인건비 지원 기준을 참고하여 지급하고, 지방자치단체의 장 또는 어린이집을 설치·운영하는 자는 재정 형편에 따라 기준을 초과하여 보수를 보조 또는 지급할 수 있도록 하고 있다. 보육교사의 보수는 기본 급여(호봉)와 각종 수당(기말수당, 가계지원비, 정근수당, 장기근속수당, 가계보조수당, 명절휴가비, 교통급식비 등 포함)을 합산한 금액을 말하며 보육교사의 보수는 연봉제를 택하고 있다. 호봉은 근무 경력 기간에 따라 1년을 단위로 인건비 책정을 달리하는 기준을 말하며 호봉의 승급은 매년 1월 1일과 7월 1일을 기준으로 결정된다. 보육교사 신규채용 시 초임 호봉은 1호봉으로 하되 호봉인정 근무 경력 1년을 1호봉씩으로 하여 초임 호봉을 확정한다. 호봉인정 근무 경력이란 호봉 산정 시 인정되는 어린이집 등에 종사한 경력을 말한다.

보수는 근무에 대한 금전적 보상으로 생활유지의 수단이다. 보육교사가 자신의 생활을 유지할 수 있는 적정한 보수를 받지 못할 때 그 사기는 저하되기 마련이며 이런 상태에서 보육교사에게 보육활동에 대한 열의와 성실성 그리고 능력이나 직무 수행의 향상을 기대할 수 없다. 즉, 보수는 근무환경에 있어 가장 기본적인 요소로 직무 만족도와 밀접한 관계를 맺고 있다고 볼 수 있다.

2 휴가 및 휴식 시간

「영유아보육법 시행규칙」[별표 2] 보육교사의 휴가에 대한 사항은 다음과 같다(구세희, 2019).

보육교사의 휴가는 보육 공백을 최소화할 수 있도록 순번제로 실시하고 보수교육, 출산휴가 등으로 공백이 생기는 경우에는 비상근 교사나 대체교사를 배치하여 보육 공백을 최소화해야 하며(영유아보육법, 2015), 휴가는 월차, 연차, 유급휴가, 경조휴가(6개월 이상 재직자에 한하여 본인 결혼 5일, 본인 및 배우자의 직계존속 사망 3일 등) 및 공가(병역 관련 소집, 공무로 국가기관 소환, 천재지변으로 불가능한 출근), 병가(취업이 불가능한 질병 및 부상의 경우 1개월 이내), 포상휴가, 출산휴가(90일 이내), 보건휴가(생리휴가, 산전후 휴가, 육아휴직)로 나누어 볼 수 있다.

「근로기준법」 제54조에 의하면, 모든 근로자는 근로 시간이 4시간인 경우에는 30분 이상, 8시간인 경우에는 1시간 이상의 휴식 시간을 근로 시간 도중에 가지는 것으로 제시되어 있으며, 휴식 시간은 "근로자가 자유롭게 이용할 수 있다."라고 명기하고 있다.

그러나 어린이집의 경우 보육교사가 휴식을 취한다는 것은 영유아가 보육교사 없이 방치되는 것을 의미하는 것이므로 어려움이 있는 것이 현실이다.

휴가, 휴일, 휴식 등 근로 시간과 관련이 있는 사항에 대해서는 「근로기준법」 등 노동 관련 법령에 따른다(보건복지부, 2020).

3 퇴직금 및 4대 보험 가입

보육교직원이 1년 이상 어린이집에 근무하고 퇴직할 때는 퇴직금을 지급해야 하며, 퇴직금 지급액은 「근로기준법」에 의한 퇴직금 지급 기준에 의거 지급해야 한다. 퇴직금 적립은 보수의 1/12을 매월 사용자가 적립한다.

어린이집을 설치·운영하는 자는 퇴직금을 지급할 수 있도록 별도의 퇴직적립금을 관리 운영해야 한다(보건복지부, 2020).

4대 보험인 국민연금, 국민건강보험, 고용보험, 산재보험에 대한 내용은 「영유아보육법 시행령」 [별표 8] 어린이집의 운영 기준 제3항에 다음과 같이 명시되어 있다.

"어린이집의 대표자는 보육교직원을 위하여 「국민연금법」에 따른 국민연금, 「국민건강보험법」에 따른 건강보험, 「고용보험법」에 따른 고용보험 및 「산업재해보상보험법」에 따른 산재보험에 가입하여야 한다(영유아보육법, 2016)."

4 수당

수당이란 직무 및 생활 여건에 따라 지급되는 부가급여를 말한다. 어린이집에서 지급하는 보육교사의 수당 종류는 초과근무수당, 초과보육수당, 명절수당, 직책수당(원장, 주임)이며, 처우개선비는 국가에서 일괄적으로 지급한다.

영유아에게 질적인 보육서비스를 제공하기 위해서는 모든 보육교사에게 균등한 대우를 해야 하는데, 민간어린이집 보육교사의 수당 지원과 관련하여 처우개선이 시급한 실정이다(허문영, 2010).

5 고용 및 계약

보육교사의 채용은 어린이집 보육교직원 채용 기준에 따라 공개경쟁을 원칙으로 한다.

보육교사의 채용방법은 국공립어린이집의 경우 시·도지사 또는 시·군·구청장이 보육교사를 채용 후 배치할 수 있다. 또한 보육교사를 채용한 어린이집에서는 원장과 채용교사가 구체적인 근무조건을 제시한 근로계약서를 작성한 후 보관하는 것을 의무화하고 있는데, 근로계약은 가능한 계약기간을 명시하지 않은 계약을 체결함을 원칙으로 한다.

보육교사를 채용할 경우에 보육교사의 권익보호 차원에서 2002년 8월 1일부터 부당계약을 금지하고 있다.

부당계약은 서면 또는 구두 계약으로 결혼, 출산 등으로 퇴직을 요구하는 계약을 말하는데, 모든 어린이집에서 보육교사를 포함한 보육교직원 채용 시 이러한 부당계약을 방지해야 하며 관할 행정기관은 이를 적극적으로 지도·감독해야 한다고 규정하고 있다(문정아, 2007).

그러나 보육교사의 근무조건 계약과 이행과정에서 원장의 자율권에 의존하고 있고 강제조항이 없기 때문에 부당계약이 나올 수 있는 여지가 많다고 보는 견해도 있다.

(3) 보수교육

보육교사의 보수교육은 승급교육(1급, 2급)과 직무교육(일반직무교육, 특별직무교육)으로 구분되고 기존의 보육교사나 원장은 매 3년마다 받도록 되어 있으며, 신규 임용자는 임용된 해에 보수교육을 받도록 되어 있다.

어린이집에서 특수교사나 치료사로 근무한 자도 일반·특별직무 대상으로서 보수교육을 이수하여야 한다(일반직무교육이나 특별직무교육 중 선택적으로 이수할 수 있음). 또한 보수교육을 연속하여 3회 이상 받지 아니한 경우 어린이집 원장 또는 보육교사가 자격이 정지될 수 있으므로 보수교육 대상자는 필히 보수교육을 이수하여야 한다.

보수교육을 실시하는 이유는 사회의 변천에 따라 보육 욕구나 요구가 다양하게 표출되어서 그에 대응한 대책이 필요하기 때문에, 이를 통해서 자신의 위치를 되돌아 볼 수 있는 기회가 되며 맡은 바 직무를 보다 의욕적으로 수행할 수 있는 계기를 제공하기 때문이다. 이러한 중요성을 감안하여 보육교사의 보수교육은 「영유아보육법」에 규정되어 있다.

또 다른 의미에서의 재교육은 보육교사에게 장학과 같은 교육의 기회를 제공하는 것이다. 교육의 기회란 직무교육과 승급교육 같은 보수교육뿐만 아니라, 보육교사를 대상으로 이루어지는 모든 교육과 이런 교육이 제대로 이루어질 수 있도록 뒷받침할 수 있는 제도 및 분위기가 어린이집에 어떠한 방식으로 마련되어 있는가를 나타내는 것이다. 교육의 기회는 근무환경을 구성하는 요인일 뿐만 아니라 직무 만족도에 있어서도 중요한 요인이다(양인자, 2009).

(4) 의사소통

의사소통(communication)은 인간관계의 필수불가결한 요소이다. 의사소통 없이는 의미 있는 인간관계란 있을 수 없으며 인간관계를 생각하지 않는 의사소통은 가능하지도 않다. 또한 조직이 그 목적을 달성하기 위해서는 인간관계가 매우 중요하기 때문에 조직에서의 의사소통은 심장의 고동과도 같은 것으로 비유될 수 있다.

의사소통은 '시간에 따라 연속적인 변화를 보이는 어떤 현상 또는 그 연속적인 작용'으로 하나 또는 그 이상의 유기체가 다른 유기체와 지식, 신념, 정보, 감정들을 공유하는 행동이라 할 수 있다.

어린이집에서는 보육교사, 영유아, 학부모, 지역사회 등 다양한 대상과의 의사소통 기술이 필요하며 교육활동 역시 의사소통을 통해서 이루어진다. 따라서 어린이집이 성공적으로 그 기능을 발휘하기 위해서는 효과적인 의사소통이 원활히 이루어지는 것이 중요한데, 효과적인 의사소통을 위해서는 다음과 같은 요소가 충족되어야 한다(이인원·김호년·전정희·김의석·김영애, 2012).

① 쌍방적 의사소통: 의사소통은 두 인격체가 만나 서로 메시지를 교환하여 이해를 전달하고 영향을 주고받는 것이기 때문에 쌍방적 의사소통이 되기 위해서는 일방적으로 의사를 전달하는 방법이 아닌 민주적인 관계와 자유로운 대화 분위기가 조성되어야 한다.

② 경청: 의사소통에서 말하는 것보다 듣는 것이 더 중요하다. 상대방의 이야기를 듣지 않으면 대화의 흐름을 이해할 수 없을 뿐만 아니라 상대방의 의도를 알 수 없게 되므로 정확히 듣고 그에 대한 이해를 바탕으로 피드백을 줄 때 의사소통은 바람직하게 이루어진다.

③ 분명한 메시지: 말하는 사람은 자기가 의도한 내용을 상대방에게 정확히 전달해야 상대방이 왜곡 없이 받아들일 수 있는데, 항상 말하는 사람과 듣는 사람 간의 격차는 있기 마련이다. 이러한 점을 고려한다면 말하는 사람의 의도가 듣는 사람에게 정확히 전달된다는 것은 참으로 어려운 일이다.

④ 진실성: 말하는 태도에 진실성이 결여되어 있다면 내용도 믿기 어려울 것이다.

⑤ 공감: 상대방의 감정, 의견, 주장 등에 대하여 정서적인 공감대가 형성되면 인간적인 감화로 서로에게 영향을 줄 수 있다.

⑥ 존중: 두 사람 간에 대화가 지속되기 위해서는 인간적인 신뢰가 바탕이 되어야 하며 신뢰 속에 상대방에 대한 존중이 생기게 된다.

⑦ 피드백: 상대방이 말하는 내용에 대하여 듣고 아무런 반응이 없다면 말하는 사람은 아무 말도 하고 싶지 않을 것이다. 그러므로 들은 사람은 들은 내용에 대하여 어떤 반응을 보여 주어야 대화가 단절되지 않는다. 여기서의 반응은 꼭 말이 아닌 비언어적인 메시지(고개 끄떡거림, 미소 등)도 가능하다.

보육교사의 근무환경은 조직 특성에서 오는 의사소통의 부재가 어려운 점 중에 하나인데, 어린이집에서의 바람직한 의사소통을 위해 고려해야 할 사항은 다음과 같다(조성일·장선철, 2005).

① 장기적인 안목에서 의사소통 능력이 좋은 보육교사를 체계적으로 채용하는 방법도 생각할 수 있다. 그러나 이것은 실천하는 데 많은 애로가 있다. 이에 대한 대안으로 현직교육을 통하여 의사소통에 관한 지식을 얻도록 하는 것이 좋다. 여기에는 집단역학, 행동기술, 지각검사, 자기감정 설명하기, 자기 표현하기, 경청훈련, 집단 상담 등의 프로그램이 포함된다.

② 의사소통을 할 때는 먼저 상대방을 생각하는 어린이집의 분위기를 조성해야 한다. 예를 들면, 어린이집에서 개별적인 가정통신문을 보낼 때 상대방 학부모에게 오해가 가지 않도록 명확하게 전달해야 한다. 대체로 언어표현이 보내는 사람의 의도를 정확하게 전달하지 못하는 경우가 많이 있기 때문이다.

③ 같은 말도 사람에 따라 서로 달리 받아들이는 경우가 있다. 아직 언어 발달이 미숙한 영유아를 상대로 한 의사소통에서는 더더욱 이러한 점을 유의할 필요가 있다. 실제로 같은 말이 두 사람에게 똑같은 의미를 가지지 않는 경우가 있다. 즉, 송신자와 수신자가 다른 해석을 하는 경우에는 오해가 생길 수 있다.

④ 어린이집에서는 의사 전달 매체를 상황에 따라 무엇으로 할 것인가에 대한 점도 충분히 고려해야 한다. 1대1의 면담으로 할 것인가, 메모를 사용할 것인가, 전화로 할 것인가 등을 검토해야 한다. 이 전달 매체를 잘못 선택해서 소기의 목적을 이루지 못하는 사례가 많다.

⑤ 의사소통의 내용은 송신자나 수신자 모두에게 서로 관심이 있는 것이어야 한다.

⑥ 메시지는 가장 적절한 시기에 전달하여 받는 사람의 심리적 영향을 극대화하도록 한다. 시기를 놓치면 그 메시지는 값어치를 놓치게 된다.

⑦ 메시지의 양도 너무 많아서는 안 된다.

이와 같이 말하고 듣는 것에 관한 방법이 고루 발달되었을 때 교직원 간의 의사소통은 바람직하게 이루어진다고 할 수 있다.

3 보육교사의 리더십

어린이집처럼 극소수의 관리자가 존재하고 다수의 교사가 존재하는 조직에서는 어떤 조직의 형태보다 주인의식을 가진 보육교사의 리더십이 중요하다. 보육교사는 어린이집 전체의 조직에서 볼 때 조직의 구성원이기도 하지만, 한 학급을 이끌어 가는 운영자이기도 하기 때문에 영유아의 교육을 현장에서 이끄는 보육교사의 리더십은 영유아에게는 물론 어린이집 운영 전반에 큰 영향을 미칠 수도 있다.

또한 끊임없이 변화하는 교육환경과 교육정책 등의 사회 변화 그리고 매체의 발달로 인한 다양한 지식정보와 학부모의 높은 교육 수준에 의한 마찰 등은 보육교사가 리더가 되어 신속히 대응해야 할 과제이다. 따라서 리더십 발휘를 증진하는 것이 보육교사에게 얼마나 중요한 일인지를 간과해서는 안 될 것이다(박근주·송원호·김연진·이화영, 2009).

1) 리더십의 개념

리더십은 관점이나 이론에 따라 의미가 달리 해석되기 때문에 한마디로 정의하긴 어렵지만, Rauch와 Behling(1984)는 리더십을 목표 달성을 위하여 조직화된 집단 구성원의 행동들에 영향을 미치는 과정이라 정의하였고, 김창걸(1982)은 조직의 목적을 효율적으로 달성하기 위해 조직 구성원의 협동적 노력을 유도하고 촉진하는 기술 또는 영향력, Hemphill와 Coons(1957)는 공동의 목표를 향해 집단 구성원의 행동을 지휘하는 개인 행동을 리더십이라고 정의하였다.

이와 같이 리더십은 조직원의 행동에 영향력을 행사하여 조직의 목적을 달성시키려는 행동이라는 점이 공통적이며, 한 마디로 정의하면 리더십은 목표를 달성하기 위하여 개인 및 집단을 조정하고 동작하게 하는 기술, 혹은 집단 구성원으로 하여금 정해진 목표를 열정적이며 자발적으로 조직에 공헌하도록 하는 영향력을 행사하는 행동이라고 정의할 수 있다.

따라서 교사 리더십은 '변화를 위해서 동료교사들을 북돋우는 능력', '학급 및 학교 공동체 발전을 위해 기여하는 능력', '능동적 노력을 통해 전문성을 계발시키는 능력' 등(Boles & Troen, 1992)으로 정의할 수 있다. 교육과정에 있어서 학급의 모든 활동을 조정할 책임이 교사에게 있다는 점에서 교사로서의 리더 역할은 당연하면서도 중요하다고 하겠다.

보육 분야에서의 리더십 개념을 좀 더 실제적으로 살펴보면 다음과 같은 내용이 포함된다.

- 생각과 아이디어를 공유함으로써 다른 사람들에게 영감 주기
- 모범이 되는 역할 모델이 되기
- 방향을 제시하고 앞으로 나아갈 길을 찾고 분명한 방향을 설명함으로써 창의적인 보육서비스에 기여할 수 있도록 교직원과 부모의 행동에 영향을 주기
- 팀워크를 형성하고 협조와 포용으로 서비스를 효율적으로 운영하기
- 개인적 성장과 임파워먼트, 전문성 계발과 발전을 향상시킬 수 있는 방식으로 교직원을 관리하고 부모들을 안내하기
- 조직 효율성과 전문적 효율성을 높이기 위한 변화를 계획하고 실행하기

2) 리더십 이론

시대적 흐름에 따라 변화 되어온 리더십 이론은 각각의 특성과 공통점이 있으며 리더십 이론의 목적은 일반적으로 리더십의 유효성을 결정하는 요소가 어떠한 것들인가 발견하는 것이었다.

(1) 전통적 리더십 이론

전통적 리더십 이론은 다음의 세 가지로 구분할 수 있다.

1 리더십 특성 이론(Trait theory)

리더십 특성 이론은 리더는 고유의 개인적 특성을 가지고 있으며 처한 상황이나 환경에 관계없이 지도자가 될 수 있고 리더는 신체적 특성, 성격, 능력 등의 특성을 보이며 리더가 아닌 사람이 갖고 있지 않은 특성을 갖고 태어난다고 하였다. 성공적인 리더는 후천적으로 만들어지기보다는 선천적으로 태어난다고 보았으며 (황윤세·임미혜·이혜원, 2011), 리더가 특성을 가지고 있으면 어떠한 상황에서든지 효율적인 리더가 될 수 있다.

2 리더십 행위 이론(Behavioral theory)

리더십 행위 이론은 리더가 어떻게 행동하는가, 즉 리더십의 유효성은 리더의 행동에 따라 달라진다고 보며 리더십은 계발될 수 있다고 본다. 따라서 유전적으로 타고난 자질이 아니라 리더로서의 기술을 습득하였는가가 중요시된다.

3 리더십 상황 이론(Situational theory)

리더십 상황 이론은 리더십의 특성이나 행위들이 서로 다른 상황의 리더에게는 다르게 적용된다는 점에 주목하여 대두된 이론으로 효과적인 리더십은 리더의 개인적 특성, 리더의 행위, 리더의 상황 요인 등이 상호작용함으로써 결정된다는 입장이다. 즉, 리더십의 효과는 주어진 상황에 따라 달라진다는 것이다.

이상에서 소개한 전통적 리더십의 세 가지 접근법은 각각의 특성을 가지고 있으나 세 가지 모두 리더가 추종자에게 일방적으로 행하는 관계로 본다는 공통점이 있다. 즉, 리더와 추종자 간 상호작용과 추종자의 자율성을 중시하기보다 리더가 추종자를 관리하는 측면이 크다(이인원 외, 2012).

(2) 최근 리더십 이론

최근 들어 사회의 조직구조와 리더의 역할이 다양해지면서 전통적 리더십 이론의 한계점을 직시하고 그 이론들이 갖고 있는 제한점과 장점에 대해 새롭고 더욱 실제적인 측면을 규명하려는 연구가 진행되어 많은 학자들에 의하여 새로운 리더십 이론이 제시되고 있다.

1 카리스마적 리더십(Charismatic leadership)

현대 카리스마적 리더십 연구의 시초는 Weberd의 연구에서 볼 수 있는데, 그는 사회적 권위체제를 전통적, 합법적, 카리스마적 권위로 분류하였다. 카리스마적 리더십의 열쇠로서 지도자의 천부적인 재능 혹은 초월적인 자질의 중요성을 강조하였다(장이권, 2002).

카리스마적 리더십의 핵심개념으로는 높은 수준의 자신감, 지배하려는 경향, 영향력 발휘, 신념에 대한 확신, 신비스러운 자질, 탁월한 능력, 존경, 추종 등이 있다.

2 변혁적 리더십(Transformation leadership)

변혁적 리더십은 리더가 구성원들과의 관계에서 추종자들이 처한 사회·경제·직업적 현실에 대한 자각을 고취시키기 위해 윤리적 원칙을 적용시키는 하나의 과정이다. 즉, 구성원들이 신나게 일을 할 수 있는 분위기를 만들어 목표를 향해 능력 이상의 목표를 발휘하도록 만드는 유형이다.

3 문화적 리더십(Cultural leadership)

문화적 리더십은 리더십-추종성 관계에 배어 있는 문화적 맥락에 초점을 두고 있다. 즉, 인간의 의미 추구 욕구를 만족시킴으로써 그 구성원을 조직의 주인으로 만들고 조직의 통합을 가능하게 한다.

문화를 이루는 요소에는 조직의 관습, 역사, 전통, 습관, 규범, 기대, 공통의 의미, 공유된 가정 등이 있다.

4 서번트 리더십(Severvant leadership, 섬기는 리더)

서번트 리더십은 섬김을 받는 리더가 아니라 섬기는 리더로서 역설적으로 위가 아닌 아래의 위치에서 구성원을 움직이는 힘을 발휘한다. 훌륭한 리더가 되기 위해서는 구성원들을 주인과 같이 섬기는 관계를 확보해야 하며 리더의 권력은 행하는 것이 아니라 구성원을 통하여 만들어지는 것이라고 본다.

서번트 리더십의 특징은 타인의 말을 잘 들어 주고 동정심을 가지며 타인에게 용기를 북돋워 주기도 하는 등 타인의 성장에 몰두한다.

5 도덕적 리더십(Moral leadership)

도덕적 리더십은 리더의 도덕성과 구성원들의 자율성이란 이원적 구조를 통해 리더는 스스로 리더의 특성을, 구성원은 자기 리더의 특성을 나타내도록 하는 리더십으로 조직을 도덕적인 조직으로 만드는 것을 목적으로 하는 리더십이다. 도덕적 리더십이 성립되기 위해서 리더는 도덕적 측면인 청렴성, 사명감, 공정성, 책임감을 가져야 하고 품성적 측면에서 권한 부여, 비전 제시가 있어야 하며 능력 측면에서 공동체 규범의 확립, 전문 직업적 이상, 내재적 만족, 동료의식 등을 형성할 수 있어야 한다(이인원 외, 2012).

이와 같이 리더십 이론의 발전과정을 표로 나타내면 다음과 같다.

표 7-2 리더십 이론과 발전 과정

기간	접근방법	중심주제
1940년대 후반 이전	특성 이론	리더십 능력은 타고난다.
1940년대 후반~ 1960년대 후반	행위 이론	리더십 유효성은 리더의 행위에 따라 달라진다.
1960년대 후반~ 1980년대 초반	상황 이론	리더십 유효성은 상황에 따라 달라진다.
1980년대 초반 이후	새로운 리더십 이론 (카리스마적 리더십, 변혁적 리더십, 문화적 리더십, 서번트 리더십, 도덕적 리더십 등)	리더는 비전을 지녀야 하며 하위자에게 강한 정서적 반응을 이끌어 내야 한다.

출처: Bryman(1992).

3) 보육교사의 리더십 유형

리더십 유형이란 리더가 조직의 목표를 효율적으로 달성하기 위하여 구성원을 지도하는 형태에 관한 것으로 리더의 성격, 역할 기능, 리더와의 관계, 조직의 특성, 지도방법, 집단 상황에 따라 다양하게 분류될 수 있다.

Halpin(1956)이 제시한 지도 유형 분류를 성취 정도에 따라 리더십 유형을 효율성, 비효율성, 과업형, 인화형의 네 가지로 유형화하여 제시하면 다음과 같다(유지영, 2004).

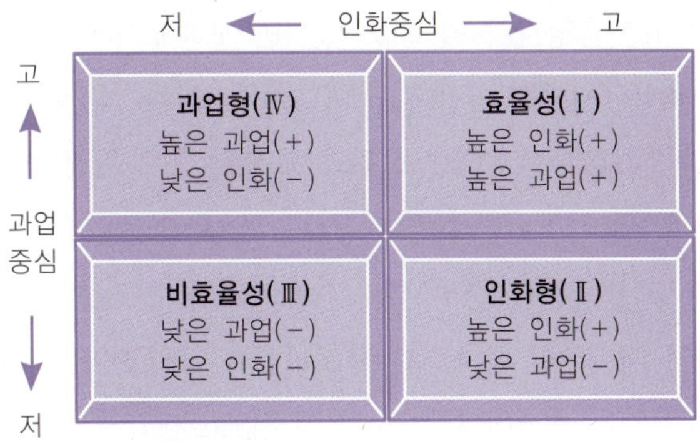

그림 7-1 Halpin의 지도 유형 분류

제Ⅰ상황은 효율적 지도성 유형으로 인화관계가 잘 이루어지고 과업도 잘 성취되는 지도성으로 가장 효율적인 지도성임을 알 수 있다. 이 범주에 속하는 보육교사는 보육교직원과의 인간관계를 포함하여 상호작용에 의해 과업과 업무를 수행하며 집단의 목표 달성을 위해 함께 일하면서 동료교사의 사기를 높여 준다.

제Ⅱ상황은 인화 중심 지도자 유형으로 인간관계는 잘 이루어지나 과업이 잘 성취되지 않는 지도성이며 이런 범주에 속하는 보육교사는 인간적이라고 할 수 있다. 따라서 대인관계에 큰 관심을 가지며 업무의 대부분은 기관 밖에서 처리하는 경향이 있고 조직 전체의 과업과 업무 추진에 관해서는 거의 관여하지 않아 과학적 경영관리를 하지 못하고 임기응변적으로 일을 처리하는 경향이 있다고 볼 수 있다.

제Ⅲ상황은 비효율성적인 지도 유형이다. 이 유형은 과업도 잘 성취되지 않고 인간관계도 잘 이루어지지 않는 지도성으로 네 가지 유형 중 가장 바람직하지 못하여 비효율적인 유형이라고 할 수 있다.

제Ⅳ상황은 과업 중심 지도 유형으로 과업은 잘 성취되나 인간관계는 잘 이루어지지 않는 지도성으로 이 범주에 속하는 보육교사는 과업과 업무 수행만을 강조한다.

4) 어린이집의 리더가 추구해야 할 리더십

어린이집의 리더는 운영자가 될 수도 있지만 보육교사 스스로가 리더 역할을 해야 할 경우가 매우 많은데, 어린이집에서 보육교사가 역할을 수행하는 과정에서 영유아를 위한 질 높은 프로그램 실행과 교직원 간에 긍정적인 분위기를 만들기 위하여 추구해야 할 리더십은 다음과 같다(이영자·신동주, 2011).

첫째, 긍정적이고 생산적인 근무 분위기를 만든다. 보육교사는 비전을 제시하고 동료교직원들과 대화해야 한다. 즉, 어린이집 교직원 모두가 함께 문제점을 분석하고 가능한 해결책을 모색한 후 가장 적절하다고 생각하는 방향으로 어린이집을 운영해 나가는 것이 필요하다. 중요한 사안들에 대해 서로 협력하여 문제를 해결해 나가기 위해서는 ① 해결해야 하는 문제가 무엇인지 정확히 파악하고, ② 다양한 여러 가지 해결책을 모색하고 이들의 실현 가능성을 검토하며, ③ 최선의 해결책을 선정한 후, 이를 실행할 구체적인 계획을 세운 다음 실제로 적용하는 것이 필요하다.

둘째, 동료교직원이 발전할 수 있도록 지원한다. 동료교직원이 자기 발전을 할 수 있는 기회를 제공하는 것은 어린이집의 질을 높이는 데 있어 매우 중요하다.

4 보육교사의 직무 만족도와 직무스트레스

보육은 보육교사의 질을 능가할 수 없다고 한다. 그 이유는 보육교사가 매우 중요한 부분임을 역설적으로 표현하는 것이다. 영유아가 행복하려면 보육교사가 자신의 직무에 만족하고 직무에 대한 스트레스가 없어야 올바른 교육을 할 수 있다. 따라서 본 절에서는 보육교사의 직무 만족과 직무스트레스를 알아보고 그 대처방안을 살펴보고자 한다.

1) 보육교사의 직무 만족도

일반적으로 직무 만족이란 한 개인이 자신이 종사하고 있는 직무와 관련하여 가지고 있는 감성적이고 정서적인 태도로서 특히 자신의 일에 만족할 수 있도록 하는 심리적, 생리적, 환경적인 여건의 결합이라고 정의할 수 있다.

보육교사는 어린이집의 설립 목적을 달성하기 위해서 직무를 수행하는 과정 중에 직무에서 만족감을 느낄 때 자신이 하는 일에 보람을 갖고 조직에 최선을 다하게 된다. 즉, 보육교사의 직무 만족은 교사의 교육 대상자인 영유아에게 직접적인 영향을 주는 인적 환경교육이라고 할 수 있으며, 이는 교육의 질을 제고하는 직접적인 요인이 된다. 또한 조직의 성과와 구성원 개인의 목표에 중요한 영향을 미치는 요인이 되기도 한다(이인원 외, 2012).

직무 만족도의 구성 요인들을 연구자별로 살펴보면 〈표 7-3〉과 같이 매우 다양하다(김문희, 2011).

표 7-3 직무 만족도의 하위 요소

연구자	직무 만족도 하위 요소
Locke(1973)	직무 자체, 임금, 승진, 인정, 복지, 후생, 근속 여건, 감동, 동료, 회사정책
Jorde-Bloom(1989)	동료교사와의 관계, 원장과의 관계, 직무 자체의 특성, 보수와 승진 기회, 근무환경
유정혜(1997)	직무에 대한 신념, 사회적 인식, 보수, 인간관게, 행정 체계, 복지차원
이분려(1998)	동료교사와의 관계, 원장과의 관계, 직무 자체의 특성, 보수와 승진의 기회, 근무환경, 기관에 대한 느낌
배혜자(2008)	직무 전반, 보수, 승진의 기회, 동료와의 관계, 원장과의 관계, 근무환경 및 후생복지

출처: 김문희(2011).

최근 들어 보육교사의 직무 만족도와 관련된 연구들은 주로 동료교사와의 관계, 근무 시간을 포함한 환경, 보수와 승진의 기회, 직무 자체, 원장과의 관계, 의사소통 유형, 개인의 자아실현, 적성과 사회 인구학적인 요인 등에 대해 연구되고 있다(김경이, 2012; 김정희, 2007; 염미애, 2004; 윤건호, 2003).

보육교사와 유치원 교사의 직무 만족도를 비교조사한 연구들(경규혜, 1995; 권웅, 2002; 염미애, 2004; 윤건호, 2003)에 의하면, 보육교사가 직무 자체와 동료와의 관계, 보수, 원장과의 관계 등에서는 대체로 만족하는 것으로 나타났으나 행정제도 측면에서는 보육교사가 유치원 교사보다 만족도가 낮게 나왔다. 특히 사회적 인식, 근무환경이 유치원 교사보다 만족하지 못한 것으로 나타났는데, 이는 일반인들이 보육교사의 보호가 강조된 업무의 특성을 유치원 교사나 초·중등 교사에 비해 낮게 인식하고 대우를 하는 경우가 많아서 나온 결과로 설명할 수 있다. 이외에도 보육교사의 직무 만족도는 개별 요인인 기관 유형, 현 직위, 교사의 연령과 교육수준, 담당하는 학급당 영유아 수, 출근 시간과 근무 시간, 결혼 유무 등에 따라 차이가 있는 것으로 나타났으며(조성연, 2003), 연령과 경력이 많을수록 국공립에 근무하며 기혼일수록 직무 만족도가 높게 나타났다(김미예, 2010; 김진아, 2008; 배혜자, 2008; 조인숙, 2005).

직무 만족도 체크리스트

다음에 제시되는 문항은 보육교사가 현재 하는 일에 어느 정도 만족하고 있는지 알아보기 위한 것이다.

보육교사가 되었을 때 자신의 직무 만족도를 체크하는 데 사용할 수 있다.

① 전혀 그렇지 않다 ② 별로 그렇지 않다 ③ 보통이다
④ 비교적 그렇다 ⑤ 매우 그렇다

	질문 내용	전혀 그렇지 않다	별로 그렇지 않다	보통이다	비교적 그렇다	매우 그렇다
1	동료들은 나에게 관심을 갖는다.					
2	나는 동료들과 잘 지낸다.					
3	나와 동료들은 개인적인 문제(관심사)를 서로 이야기한다.					
4	나는 동료들을 이해하기 어렵다.					
5	동료들은 내가 하는 일을 못마땅하게 생각한다.					
6	나는 동료들에게 신뢰감을 못 느낀다.					
7	동료들은 매우 비협조적이다.					
8	나와 동료들은 생각과 자료를 서로 주고받는다.					
9	동료들은 나와 경쟁적이다.					
10	동료들은 나를 격려하고 지지한다.					
11	원장은 내가 하는 업무를 지지해 준다.					
12	원장은 너무 바빠서 내가 어떻게 일을 하고 있는지 모른다.					
13	원장은 내가 하는 일에 너무 지나치게 관여한다.					
14	원장은 나에게 도움되는 피드백을 제공한다.					

	질문 내용	전혀 그렇지 않다	별로 그렇지 않다	보통 이다	비교적 그렇다	매우 그렇다
15	원장은 나의 견해를 묻는다.					
16	원장은 직무 수행 능력이 뛰어나다.					
17	원장은 신뢰롭지 못하다.					
18	원장은 내가 새로운 아이디어를 실행하도록 격려해 준다.					
19	원장은 내가 무능력한 사람이라고 느끼게 해 준다.					
20	원장은 예측할 수 없는 사람이다.					
21	유아와 하루의 활동을 끝내고 나면 보람을 느낀다.					
22	내가 하는 일은 도전적이고 매력적인 것이다.					
23	내가 하는 일은 학부모들에게 존경을 받는 일이다.					
24	나의 일은 잡무가 많다.					
25	나의 일은 업무가 단조롭다.					
26	나의 일은 창의적이지 못한 일이다.					
27	모든 일을 처리하기에는 시간이 부족하다					
28	나의 일은 유아들의 삶에 중요한 영향을 미친다.					
29	내가 받은 훈련과 기술을 적용시키기 어렵다.					
30	나의 일은 나에게 성취감을 준다.					
31	나는 일하는 시간을 융통성 있게 조정할 수 있다.					
32	교사와 유아의 비율이 적당하다.					
33	내가 필요한 자료가 어디에 있는지 안다.					
34	나는 너무 구속받고 있다고 느낀다.					
35	내가 하는 일은 좀 더 잘하기 위해 새로운 설비와 자료가 필요하다.					
36	근무환경에 실내장식이 더 필요하다.					
37	어린이집은 청결하다.					
38	사적인 대화를 나눌 수 있는 장소가 없다.					
39	어린이집은 소음이 심하다.					

	질문 내용	전혀 그렇지 않다	별로 그렇지 않다	보통이다	비교적 그렇다	매우 그렇다
40	어린이집의 정책과 절차는 명료하다.					
41	나의 보수는 적당하다.					
42	나의 보수는 경력과 능력을 고려해 볼 때 공정하다.					
43	나는 보육교직원 보수 규정에 따른 호봉을 받고 있다.					
44	나는 어린이집 보수 규정에 따른 수당을 받고 있다.					
45	대보험 보장제도가 부적절하게 되어 있다.					
46	나는 내일이라도 해고당할 수 있다.					
47	나에게 주어지는 휴일과 방학이 충분하다.					
48	나는 일한 것에 비해 적은 보수를 받고 있다.					
49	나에게 승진, 발전의 기회가 너무 제한되어 있다.					
50	나는 내년에 나의 보수가 인상될 것이라고 기대한다.					
51	나는 보육교사라는 사실을 남 앞에서 떳떳하게 말할 수 있다.					
52	일반적으로 보육교사에 대한 사회적 인식은 좋은 편이다.					
53	사람들은 대체로 보육의 중요성을 잘 인식하고 있다.					
54	보육교사는 초·중등 교사에 비해 사회적 인정을 받고 있지 못하다.					

2) 보육교사의 직무스트레스

모든 사람은 살아가면서 어느 정도는 스트레스를 경험하고 살아가지만, 특히 직업과 관련하여 생기는 스트레스를 직무스트레스라고 한다. 보육교사의 직무스트레스란 교사로서 직무를 수행하는 과정에서 사람, 사물, 사건으로 인해 경험하게 되는 긴장, 좌절, 불안, 분노와 의기소침 같은 불쾌한 정서를 경험하는 것을 말한다.

보육교사의 직무스트레스는 직무 수행 실적이나 직무 만족도 등에 직접적 영향력을 행사하는데, 보육교사의 발전을 위해서는 긍정적인 면도 있으나 영유아를 가르치고 돌보는 역할은 물론 부모와의 원만한 관계, 동료교사와 원장과의 관계까지 고려하는 부담을 가지게 되어 보육교사 역할을 수행하는 과정에서 많은 스트레스를 받게 된다. 이러한 요인은 교육에 있어서 조직 몰입이 어렵고 이직이 잦은 부작용을 초래하게 되는 등 직무스트레스를 유발시키는 요인이 된다(이경자, 2002).

직무스트레스를 유발하는 요인을 정리하면 〈표 7-4〉와 같다.

표 7-4 교사의 직무스트레스 유발 요인

요인	원인
행정적 지지	원장의 행정적인 지원 부족, 통찰력의 부족, 의사소통의 문제, 원장의 인식 부족
동료교사와의 관계	동료교사와의 상호작용 및 인간관계의 부적합
유아들과의 활동	유아 지도와 교수에 관한 부담
재정적인 안정	불충분한 보수
업무 요인	과중한 업무

출처: 이인원 외(2012).

보육교사의 직무스트레스 요인은 보육활동에 관련된 업무 수행, 일반잡무 수행, 교사 대우 및 근무 여건, 학급 통솔 문제, 원장과의 관계, 동료교사와의 관계, 학부모와 관계된 것으로 나눌 수 있다.

특히 보육교사는 업무 관련 요인에서 가장 많은 직무스트레스를 받고 있는 것으로 나타났는데, '학급운영을 위하여 준비할 시간이 부족하다'가 가장 높은 스트레스의 요인이었으며, 이는 보육교사가 교재·교구의 부족으로 인해 직무스트레스를 가장 많이 받고 있음을 의미한다(김윤주, 2005).

그다음으로 원아활동 요인, 경제 관련 요인, 행정 지원 요인, 대인 관련 요인 순으로 스트레스를 받고 있는 것으로 나타났다(권혜경, 2003). 이외에도 보육교사의 개인 관련 요인 중 연령, 학력, 경력, 결혼 유무에서도 직무스트레스를 많이 받는 것으로 나타났다. 학력에 있어서는 전문대학 이하의 학력을 소지한 보육교사가 대학교 이상의 학력을 소지한 보육교사에 비하여 높은 직무스트레스를 보이고 있고 교육 경력에 있어서는 3년 미만의 보육교사가, 연령에 있어서는 20대 보육교사가, 기혼보다는 미혼의 보육교사가, 보수에 있어서는 90만 원 미만일수록 보육교사의 직무스트레스가 커지는 것으로 보인다(민선우, 2004; 이현진, 2001).

이처럼 연령이 낮을수록, 경력이 적을수록, 학력이 낮을수록, 직무스트레스가 높다(민선우, 2004)는 사실은 보육교사의 전문성을 높이고 이직률을 낮추기 위해 경력, 학력, 연령에 따른 계속적인 재교육이 필요하며 행·재정적 측면에서 국가 차원의 보육 지원이 마련되어야 함을 의미한다.

또한 보육교사의 직무스트레스를 줄이기 위한 방안으로 적절한 행·재정적 지원도 필요하지만, 보육교사는 개인적으로 스트레스를 긍정적인 방향으로 대처해 나갈 필요가 있다.

보육교사를 대상으로 한 보육교사의 직무스트레스 대처방안에 관한 연구를 살펴보면, 직접적 대처 또는 사회적 전략(대안의 모색, 조언자의 충고 듣기 등)이 가장 많았다. 교사의 개인적 특성(연령, 학력, 경력, 결혼 유무)에 따른 대처방안의 차이에 대해 첫째, 20대가 30대보다 직무스트레스에 더 많이 대처하며, 둘째, 학력과 경력에 따른 대처방안의 차이는 없었으며, 셋째, 결혼 여부에 따라서는 미혼인 교사가 기혼인 교사보다 직무스트레스에 더 잘 대처한다고 보고하였다(장미아, 1996).

이와 같이 스트레스란 일상생활에서 피할 수 없는 것으로 스트레스가 미치는 영향은 개인적인 특성이나 성격, 사회적 지지에 따라 개인적 차이가 많으며 자신의 스트레스 상황을 전반적으로 파악함으로써 새로운 스트레스 대처방안을 배워 스트레스를 극복해 나갈 수 있다. 따라서 운동을 하거나 원만한 인간관계를 갖기 위해 노력하거나 정서적 안정을 꾀하기 위한 여가활동 및 종교활동과 같은 정신적 전략을 세우는 등 보육교사가 스스로 건강하고 건전한 사고를 바탕으로 생활할 필요가 있겠다(김은주·권미량, 2008).

직무 만족도 체크리스트

다음은 보육교사의 직무스트레스를 알아볼 수 있는 체크리스트이다.

보육교사가 되었을 때 자신의 직무스트레스를 체크하는 데 사용할 수 있다.

① 전혀 그렇지 않다　② 별로 그렇지 않다　③ 보통이다

④ 비교적 그렇다　⑤ 매우 그렇다

	문항 내용	전혀 그렇지 않다	별로 그렇지 않다	보통이다	비교적 그렇다	매우 그렇다
1	학습활동에 참여하지 않으려는 영유아에게 동기를 부여하는 데 힘이 든다.					
2	내가 맡은 학급에는 항상 문제를 일으키는 영유아가 있다.					
3	나는 영유아를 적절히 통제하지 못한다.					
4	내가 담당하고 있는 학급의 영유아 수가 많다					
5	부적응 영유아를 어떻게 지도해야 할지 모르겠다.					
6	정해진 근무 시간 내에 업무를 마치기에는 시간이 충분하지 않다.					
7	교육활동에 필요한 수업 자료가 너무 부족하다.					
8	교육활동을 계획하고 조직하는 데 너무 광범위한 능력이 요구된다.					
9	내가 근무하는 기관은 사무직원의 도움이 없이 업무처리를 혼자 한다.					
10	나는 현재의 내 업무를 감당하지 못한다.					
11	필요 이상으로 행사가 너무 많다.					
12	청소, 설거지, 차량 지도 등의 잡무가 너무 많다.					
13	교구 제작에 대해 과다한 요구를 받고 있다.					
14	내가 근무하는 기관은 교사를 위한 행정적 지원이 부족하다.					
15	내가 근무하는 기관의 운영은 교육실제와 맞지 않는다.					
16	나의 의견이 무가치하게 받아들여질 때가 있다.					
17	권한에 비해 너무 많은 책임을 부여한다.					

	문항 내용	전혀 그렇지 않다	별로 그렇지 않다	보통이다	비교적 그렇다	매우 그렇다
18	내가 근무하는 기관은 좋은 수업에 대한 인식이 부족하다.					
19	어린이집 또는 유치원에 관련된 많은 문제에 대해 내가 어떻게 생각하는지를 허심탄회하게 말할 수 있다.					
20	내가 맡은 학급의 일에 대해 상사의 간섭이 심하다.					
21	내가 근무하는 기관의 운영방식은 일관성이 없다.					
22	나는 교사 간의 갈등적 분위기가 있는 기관에 근무한다.					
23	교수-학습 활동을 도와줄 보조교사가 부족하다.					
24	내가 근무하는 기관은 교사 간에는 서로 협조하는 정신보다는 경쟁이 심하다.					
25	내가 근무하는 기관은 교사 간의 관계가 좋지 않다.					
26	내가 근무하는 기관은 자기에게 부여된 업무를 적절히 수행하지 않는 교사가 더러 있다.					
27	내가 근무하는 기관의 교사 간에는 파벌이 존재한다.					
28	내가 근무하는 기관의 교사 간의 의사소통이 잘 이루어지지 않는다.					
29	많은 학부모가 어린이집 문제에 관해 무관하다.					
30	내가 근무하는 기관의 학부모는 어린이집 문제에 지나치게 관여한다.					
31	내가 근무하는 기관의 학부모는 어린이집에 많은 것을 요구한다.					
32	학부모와의 관계가 원만하지 못하다.					
33	월급 급여일의 변동이 잦다.					
34	영유아를 가르치는 일에 보람을 느끼지 못한다.					
35	영유아 간의 싸움이나 안전사고 등으로 어린이집에 항의하는 부모가 많다.					
36	미혼자의 경우: 결혼 후에도 계속 근무하고 싶지만 기관이 원하지 않는다.					
37	기혼자의 경우: 결혼 후 가정생활과 직장생활을 병행하는데 많은 어려움이 있다.					

출처: 김경이(2012).

제8장

보육교사로서 가족 및 지역과 함께 일하기

본 장을 통해 보육교사가 영유아의 가족 및 지역사회와의 협력을 맺는 것이 왜 필요하고 중요한지를 이해하게 된다. 더불어 학부모와 함께 의견을 상호 교환하는 구체적인 방법을 모색하고, 그들에게 어린이집을 개방하고 부모가 참여할 수 있는 기회를 어떻게 마련할 수 있는지 구체적인 방법을 생각해 볼 수 있다. 또한 지역사회와의 연계방법을 고민하고 필요한 도움을 얻는 방법을 알게 된다.

부모와 어린이집 간에 영유아와 관련된 의사소통이 활발하게 이루어지면 어린이집에서는 영유아의 상태를 고려하여 이들의 활동과 참여를 보다 적절하게 지원해 줄 수 있고, 부모는 어린이집의 경험을 가정과 연계하여 영유아가 가정에서 편안하고 즐겁게 생활할 수 있도록 양육할 수 있다. 또한 어린이집에서 부모와 밀접하게 협력하고 지역사회와 활발하게 교류할 때 영유아는 가정과 어린이집, 지역사회의 일원으로서 소속감과 안정감을 느낄 수 있고, 자신이 속한 여러 가지 주변 환경의 특성에 대해 자연스럽게 이해할 수 있게 된다.

어린이집은 영유아가 가정과 어린이집에서 일관된 양육 및 교육환경을 경험할 수 있도록 가정과 긴밀한 협력 관계를 가져야 한다. 아울러 어린이집에서는 다양한 지역사회 자원을 활용하여 영유아가 풍부한 경험을 할 수 있도록 지원하여야 한다. 어린이집에서는 시설을 개방하고 부모와 원활한 의사소통을 이루며 부모 간 교류 및 부모교육의 기회를 제공해야 한다. 그리고 어린이집 주변의 환경과 자원을 적극 활용하여 영유아가 지역사회에서 잘 적응할 수 있도록 가정 및 지역사회기관과의 협력과 다양한 교류를 형성하는 것이 요구된다.

1 포괄적 보육서비스

보육서비스는 본래 출발 단계에서부터 저소득층 가정의 부모에게는 자녀를 대신 양육해 주는 서비스를 제공함으로써 취업을 통한 소득의 보장과 가정생활의 안정에 기여하는 역할을 한다. 또한 영유아의 신체적인 보호와 영양의 공급을 통해 안전과 생존을 보장해 주는 포괄적인 목적과 기능을 지닌다는 측면에서 포괄적인 보육서비스는 새로운 방법과 기능이 충분히 발휘될 수 있도록 서비스의 범위와 내용을 확대하는 적극적인 보육서비스의 개념이라고 할 수 있다.

1) 영유아를 위한 포괄적 보육서비스

영유아를 위한 포괄적 보육서비스는 그들이 지니고 있는 욕구와 위험, 문제를 해결하는 것으로 일차적으로 심리·사회·경제적 문제로 어린이집에 적응하지 못하거나 발달상의 어려움을 겪고 있는 이들을 위하여 행해진다(이성순, 2013). 즉, 영유아의 발달 단계에 대한 통찰을 기반으로 복합적인 발달의 욕구를 포괄적으로 충족하는 것, 가정의 빈곤이나 문제 등으로 인해 특별한 욕구를 갖고 있거나 방임과 학대, 가정의 해체현상 등으로 위기에 처한 영유아에게 치료적이고 교정적인 서비스를 제공하는 것이 중심이 된다.

2) 가정을 위한 포괄적 보육서비스

Bronfenbrenner(1979)는 부모들이 가족 내에서 자녀의 양육 역할을 효과적으로 수행할 수 있는지의 여부는 다른 환경들에서 발생되는 역할 기대, 스트레스, 지원 등에 달려있다고 보았다. 보육서비스는 가족의 기능을 보완하고 지지하는 기본적인 사회적 서비스이다. 가족을 지지하는 서비스는 가족의 건강성을 유지하기 위해 제공하는 서비스로서 부모 역할에 대한 확신, 능력의 고취를 통해 영유아에게 지적이고 안정적인 환경을 제공하며 긍정적인 발달을 향상시키기 위해 제공되는 서비스이다.

3) 지역사회를 위한 포괄적 보육서비스

지역사회서비스는 지역사회가 영유아보육의 책임을 공유하며 어린이집에서 영유아들에게 보다 양질의 서비스를 제공할 수 있도록 협력하고 어린이집과 영유아는 지역사회 구성원으로서 지역사회복지에 기여한다는 양 측면의 서비스가 통합된 영역이다. 특히 지역사회의 참여를 유도함으로써 영유아와 가족은 보다 양질의 전문적인 서비스를 받을 수 있게 되며 어린이집은 보다 풍부한 자원을 확보할 수 있게 된다(김명희, 2020). 즉, 포괄적 보육서비스는 지역사회의 특성을 반영하여 욕구를 충족하고 문제를 해결하기 위한 서비스를 제공한다는 기본 전제에 기초하여 영유아의 발달적 욕구에 대한 서비스 외에도 지역사회의 참여, 지역사회 자원 활용, 지역사회 봉사, 지역사회 연계를 통해서 보육서비스의 질적 발전과 지역사회 발전에 도모하고자 하는 것이다.

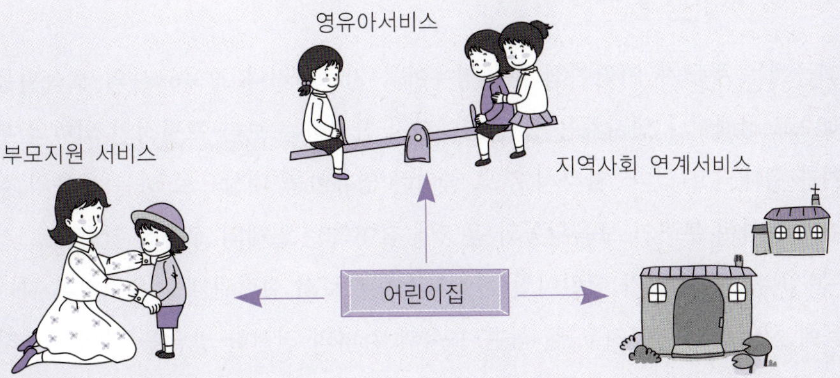

구분	목표
영유아서비스	영유아 중에서 심리, 사회, 경제적인 문제로 인해 어린이집에 부적응하거나 발달상 어려움을 겪고 있는 경우, 이들을 일차적인 대상으로 하여 이들의 문제와 욕구를 해결해 주어 궁극적으로 보육의 목적을 달성하도록 도와준다.
부모지원서비스	부모에 대한 지원을 통해 가정 및 부모 역할을 향상시킴으로써 영유아에게 긍정적인 영향을 미칠 수 있도록 한다.
지역사회 연계서비스	영유아를 둘러싸고 있는 지역을 바람직한 환경으로 만들고 영유아와 가족에게 적절한 서비스를 제공할 수 있도록 연계한다.

2 부모의 참여와 협력

영유아의 삶에 부모가 차지하는 역할과 중요성은 매우 크기 때문에 보육의 질을 극대화하기 위해서는 부모의 참여와 협력이 반드시 필요하다.

1) 부모 참여의 필요성

최근에는 부모가 어린이집에서 영유아를 가르치거나 보육교사의 보육활동을 도와주고 정책이나 인사채용 등 운영에까지 참여하는 보다 포괄적인 의미의 부모 참여가 확대되고 있다. 따라서 부모 참여란 영유아를 대상으로 하는 보육의 질을 높이기 위하여 부모가 보육활동과 운영에 참여하는 일체의 교육적 활동으로 정의할 수 있다. 즉, 부모가 어린이집 운영의 동반자로서 협력관계를 유지하며 자녀의 교육에 책임을 나누어지고 질 높은 보육과 자녀의 건전한 발달을 위해 노력하는 모든 과정이라고 할 수 있다.

부모가 어린이집 운영에 참여하는 가장 큰 이유는 보육의 질적 향상을 통한 영유아의 최적의 성장과 발달을 돕기 위함이다. 부모와 교사가 서로 협력한다면 영유아를 보다 더 효율적으로 발달시킬 수 있다. 이는 보육현장에서 경험하고 배운 것을 가정으로까지 확장할 경우 보육은 더 성공적으로 이루어질 수 있기 때문이다. 그러므로 보육활동이 효과적으로 이루어지기 위해서는 어린이집과 가정이 보육과정의 정보를 나누고 책임을 함께 하는 등 상호 관련을 맺고 협력해야 한다.

또한 영유아기는 발달의 결정적인 시기로 부모의 관심과 사랑이 절실히 필요한 시기이다. 따라서 자녀가 어린이집에 맡겨진다 해도 부모의 관심이 여전히 필요하고 부모가 책임을 져야 하는 부분은 있기 때문에 보육교사와 부모의 밀접한 관계 유지는 매우 필요하다.

2) 부모 참여의 유형

어린이집에서 부모가 참여할 수 있는 수준을 수동적 참여에서 능동적 참여에 이르기까지 다섯 단계로 정리해 볼 수 있다(김경회·문혁준·김선영·김신영·김지은·김혜금 외, 2013).

① 수동적인 교육정보 수혜자로서의 참여: 학부모 회의, 전화나 통신문 받기, 학급방문관찰, 부모교육강연회 참가 등 수동적인 역할로 참여한다.

표 8-1 부모에게 정보를 제공하려는 목적의 통신문의 제목

자녀교육 관련 정보	부모교육 및 지원 관련 정보	부모참여 행사 관련 정보
• 주간 또는 월간 교육계획안 • 연간 행사계획안 • 좋은 도서목록 • 문화행사/박물관 정보 • 견학 관련 안내문 • 방학 및 개학 안내편지	• 신입원아 부모 오리엔테이션 안내 • 집단 및 개인 면담 안내 • 지역사회 및 외부에서 실시되는 부모교육 안내 • 부모회 안내 • 도서 대여 프로그램 안내	• 아버지, 어머니, 조부모 참여일 • 민속의 날 참관 • 운동회 참관 • 재롱잔치 행사

출처: 김희진(2006).

② 자녀교육으로서의 참여: 가정에서 자녀를 키우는 데 필요한 교육을 직접 훈련받은 부모들이 할 수 있는 활동에 상호작용자로 참여한다.

③ 자원봉사자나 보조자로서의 참여: 보수를 받지 않으면서 보육교사를 돕는 인적 자원으로서 참여한다.

④ 훈련된 보조자로서의 참여: 보육교사는 아니지만 보조자로서 훈련을 받아 지원인사로, 소집단 지도자로 참여한다.

⑤ 의사결정자로서의 참여: 자녀를 위해 중요한 정책, 교육내용, 교육활동, 교사교육 등을 결정하고 부모의 입장을 이야기하며 참여한다.

3) 부모 참여 시 고려사항

◉ 부모의 교육적인 요구를 사전 조사하여 교육내용에 대한 기대감을 준다.

◉ 부모로서 자신의 능력에 대한 효능감을 경험할 기회를 제공한다.

- 실제 생활에 쉽게 적용이 가능한 프로그램을 진행한다.
- 부모들의 흥미를 최대한 유발시킬 수 있는 방법으로 접근한다.
- 부모들의 인지적·신체적 조건을 고려한다.
- 자녀양육에 대한 생활 경험이나 양육 유형 등 부모의 기본적인 조건을 충분히 고려하여 참신하고 유용한 주제를 다룬다.

4) 효율적인 의사소통을 통한 교사-부모 관계 증진

보육교사가 학부모와 관계를 맺고 보육활동에 적극적으로 참여시키기 위해서는 무엇보다 효율적인 의사소통을 할 수 있어야 한다. 다음은 의사소통을 잘하는 교사의 모습을 정리한 것이다(정계숙·문혁준·김명애·김혜금·심희옥·안효진 외, 2012).

- 말하는 사람에게 자신의 모든 주의를 집중한다. 눈을 맞추고 분명한 신체언어를 통해 지금 이야기되고 있는 내용에 나의 모든 관심이 쏟아져 있다는 것을 보여준다.
- 상대방의 관심에 대해 다시 말해 준다. 지금 말하고 있는 것을 분명하게 해주고 말하는 상대방의 의미와 감정을 알아차리려고 노력한다.
- 부모에 대한 존중을 표현한다. 부모의 관심, 의견, 질문들이 서로를 이해하고 소통하는 데 중요하다는 것을 인식한다.
- 부모가 어떤 감정을 가지고 있는지를 파악한다.
- 부모와의 의논은 그 상황에 대처하는 부모의 능력에 맞춘다.
- 자녀가 가진 어려움에 대처할 능력이 없어 보이는 부모들을 자극하지 않는다. 부모를 책망하지 말고 다른 모임과 활동을 통해 부모와 더 많은 시간을 보내도록 노력한다.
- 한 번에 한 가지 주제만 다룬다. 영유아가 잘하게 된 것이나 흥미를 보이는 것에 대해 구체적인 관심을 기울인다.

- 잘 듣는다. 부모가 전하고자 하는 내용의 의미와 감정에 귀 기울인다. 보육교사로서 그것을 제대로 이해했는지 구체적인 관심을 기울인다.
- 부모와 한편이 된다.

5) 어린이집 평가제를 통해 본 가족 및 지역과 함께 일하기

(1) 어린이집 평가제 관련 평가(보건복지부 · 한국보육진흥원, 2020)

다음은 평가제 지표 중 '가정과의 연계' 평가와 관련된 항목이다.

	평가항목
2-4-1	어린이집을 개방하여 다양한 부모참여와 교육이 이루어진다.
2-4-2	평소 가정과 다양한 방법으로 소통하고 정기적인 개별면담을 통해 가족을 지원한다.

(2) 평가제 관련 항목 소개(보건복지부 · 한국보육진흥원, 2020)

2-4-1	어린이집을 개방하여 다양한 부모참여와 교육이 이루어진다.
평가 내용	① 부모가 보육실 활동을 참관할 수 있는 구체적인 절차와 방법을 안내하고 있음 ② 부모가 자원봉사, 현장학습 동반, 급식 지원 등의 방법으로 어린이집 운영지원에 참여하고 있음 ③ 부모교육을 두 가지 이상의 방법으로 실시하고 있음
평정 기준	3개 모두 충족해야 Y로 평정

1 부모가 보육실 활동을 참관할 수 있는 구체적인 절차와 방법을 안내하고 있음

【기록】

- 부모에게 보육실 참관에 관한 구체적인 절차와 방법을 안내한 자료(운영계획 등)가 있음

【면담】

◉ 원장) 보육실 참관을 원하는 부모를 위해 어떠한 절차와 방법을 마련하고 있는가?

◉ 원장) 마련된 절차와 방법을 부모에게 어떻게 안내하는가?

◉ 교사) 부모의 보육실 참관은 어떤 방법으로 이루어지고 있는가?

2 부모가 자원봉사, 현장학습 동반, 급식 지원 등의 방법으로 어린이집 운영 지원에 참여하고 있음

【면담】

◉ 원장) 최근 1년 이내에 부모가 어린이집 운영지원에 참여한 적이 있는가? 언제, 어떤 방법으로 참여하였는가?

3 부모교육을 두 가지 이상의 방법으로 실시하고 있음

- 부모교육은 대면교육(집단모임)과 비대면교육(지면, 온라인매체 등)을 모두 실시하는 것이 바람직함

【기록】

◉ 부모교육을 다음 중 두 가지 이상의 방법으로 실시하고 있음

- 지면(가정통신문, 양육정보지, 양육 안내편지, 리플릿, 소책자 등)
- 온라인 매체(홈페이지, 카페, 블로그 등)
- 집단모임(소모임, 부모 강연회, 워크숍 등)

2-4-2	평소 가정과 다양한 방법으로 소통하고 정기적인 개별면담을 통해 가족을 지원한다.
평가 내용	① 평소 두 가지 이상의 방법으로 가정과 소통하고 있음 ② 모든 영유아의 부모와 연 2회 이상 개별면담하고 주요 면담내용을 기록, 관리함 ③ 영유아나 가족의 문제를 파악하고 이해하고자 노력하고 있음
평정 기준	3개 모두 충족해야 Y로 평정

1 평소 두 가지 이상의 방법으로 가정과 소통하고 있음

【기록】

◉ 어린이집에서 사용하는 가정과의 의사소통 방법이 두 가지 이상임
- 지면(가정통신문, 알림장, 소책자, 게시판 등)
- 전화 및 온라인 매체(문자메시지, SNS, 스마트알림장, 홈페이지, 카페, 블로그 등)
- 수시면담(영유아의 특성이나 가정의 배경을 고려한 비정기적인 의사소통 등)
- 집단모임(소모임, 행사 등)
- 부모만족도조사(어린이집의 서비스 전반 및 운영에 대한 만족도조사)

2 모든 영유아의 부모와 연 2회 이상 개별면담하고 주요 면담내용을 기록, 관리함

【기록】

◉ 모든 영유아의 부모와 연 2회 이상(학기당 1회 이상) 개별면담을 실시하고, 주요 내용을 기록하고 있음
- 개별면담 실시 일시, 대상 및 면담자, 면담내용에 대한 기록이 있음
  ※ 신규개원 6개월 이내의 어린이집의 경우, 부모와의 개별면담을 1회 이상 실시한 기록이 있음

3 영유아나 가족의 문제를 파악하고 이해하고자 노력하고 있음

- 영유아의 적응 문제나 가족이 당면한 문제를 영유아 관찰, 개별면담, 가정통신문 등을 통해 파악하고 있음
- 보호자가 요청할 경우, 지역사회 내 전문기관에 대한 정보를 제공함

【면담】

◉ 공통) 현재 재원하는 영유아나 가족의 문제에 대해 알고 있는 사례가 있는가?
◉ 공통) 영유아나 가족에 대한 문제를 어떤 방법으로 파악하고 있는가?
◉ 공통) 영유아나 가족에 문제가 있을 때 활용할 수 있는 지역사회의 전문기관이나 전문가 정보를 알고 있는가?

〈신입원아 부모를 위한 오리엔테이션 안내문 예시〉

신입원아 OT 및 부모간담회 안내

본 어린이집에서는 신입원아의 어린이집 적응을 위한 오리엔테이션 및 부모간담회를 통해 부모님들에게 다양한 교류의 기회를 제공하고자 하오니, 부디 참석하시어 활발한 교류의 장이 마련될 수 있도록 협조를 바랍니다.

일시	20□□년 □□월 □□일 (□□요일)　　오후 □□시 □□분 ※ 부모간담회는 신입원아 오리엔테이션이 끝나고 이어집니다.
장소	각 반 교실
내용	• 신입원아 오리엔테이션 • 반 특징 및 담임 소개 • 부모 소개 • 부모교육 안내 • 각 반 담임을 중심으로 간담회 실시

절 취 선

※ 신입원아 오리엔테이션 및 부모간담회 참가신청서

_______반　　　이름: __________

참석	불참	불참 사유

※ 참석 여부에 따라 해당하는 곳에 ○ 표시하여 어린이집으로 □□일(□□요일)까지 보내 주시기를 바랍니다.

출처: 중앙보육정보센터(2011).

〈가정통신문 예시〉

〈20○○년도〉

기　간: 3월 1주(3월 2일~3월 7일)　　　교사: ○○○

주제		살펴보아요					
목표		새싹반 교실환경에 적응하고 어린이집 환경을 살펴본다.					
요일		월	화	수	목	금	토
등원 및 맞이하기		바르게 인사하기, 출석 부르기					
실내 자유 선택 활동	언어 영역	즐거운 어린이집(동시), 친구 이름 불러보기					
	신체 영역	굴러가는 공을 따라가요					
	감각탐색 영역	색안경을 써요					
	역할 · 쌓기 영역	원통블록으로 놀이해요					
일상 생활	기본 생활 및 안전	혼자서 양말을 벗어요					
	식사 및 간식	즐겁게 먹어요					
	낮잠	내 이불과 베개를 찾아요					
실외 놀이		어린이집 주변 산책하기, 놀이기구 이용방법 익히기					
기본 생활 및 안전교육		어린이집 버스 이용 시 차례로 타고 내리기					

알려드립니다

1. 안녕하세요. 새싹반 담임교사 ○○○입니다.
   우리 어린이집이 안정되고 바람직한 발달을 돕는 데 성심 성의껏 노력하겠습니다. 사랑과 정성으로 교육할 수 있도록 부모님들의 많은 격려와 협조 부탁드립니다.
2. 일일보고서 안내
   등원 시 현관에 비치된 일일보고서를 반드시 작성해 주시어 아이들의 일과가 보다 교육적으로 진행될 수 있도록 도와주시고, 귀가 시에는 기재된 내용을 꼭 확인하시기 바랍니다.
3. 투약 안내
   약을 먹이는 자녀의 경우 일일보고서 작성 시 투약의뢰란에 투약 시간과 분량을 정확히 기록해 주시기 바랍니다. 투약의뢰서를 기초로 해당 유아에게 투약하게 됨으로 투약 내용을 기록하지 않으실 경우 투약하지 않는 것을 원칙으로 합니다.
   반드시 투약의뢰를 기재해 주시기 바랍니다.
4. 개인 침구류 및 세탁 안내
   매주 금요일은 자녀의 개별 침구류를 가정에 보내드리니 세탁하여 월요일에 다시 보내 주시기 바랍니다.

초록어린이집 000-0000~0

〈알림장 예시〉

20○○년도 ○○월 ○○일 ○요일

<table>
<tr><th colspan="3">가정에서</th><th colspan="3">어린이집에서</th></tr>
<tr><td rowspan="3">원아상태</td><td>기분</td><td>좋음 보통 나쁨
(이유:)</td><td rowspan="3">원아상태</td><td>기분</td><td>좋음 보통 나쁨
(이유:)</td></tr>
<tr><td>건강</td><td>좋음 보통 나쁨
(이유:)</td><td>건강</td><td>좋음 보통 나쁨
(이유:)</td></tr>
<tr><td>체온</td><td>열이 있음 많음 정상</td><td>체온</td><td>열이 있음 많음 정상</td></tr>
<tr><td rowspan="3">식사</td><td>저녁</td><td></td><td rowspan="3">식사</td><td>저녁</td><td></td></tr>
<tr><td>간식</td><td></td><td>간식</td><td></td></tr>
<tr><td>아침</td><td></td><td>아침</td><td></td></tr>
<tr><td rowspan="2">배변</td><td>저녁</td><td>안 했음 했음
(딱딱함 보통 설사)</td><td rowspan="2">배변</td><td>저녁</td><td>안 했음 했음
(딱딱함 보통 설사)</td></tr>
<tr><td>아침</td><td>안 했음 했음
(딱딱함 보통 설사)</td><td>아침</td><td>안 했음 했음
(딱딱함 보통 설사)</td></tr>
<tr><td>수면</td><td colspan="2">○○시 ○○분부터 ○○시 ○○분까지</td><td>수면</td><td colspan="2">○○시 ○○분부터 ○○시 ○○분까지
○○시 ○○분부터 ○○시 ○○분까지</td></tr>
<tr><td rowspan="4">투약*</td><td>약의 종류</td><td></td><td rowspan="4">투약*</td><td rowspan="2">증상</td><td rowspan="2"></td></tr>
<tr><td>약의 용량</td><td></td></tr>
<tr><td>투약 시간/횟수</td><td></td><td>약의 용량</td><td></td></tr>
<tr><td>의뢰자</td><td></td><td>투약 시간</td><td></td></tr>
<tr><td>전달내용</td><td colspan="2"></td><td>전달내용</td><td colspan="2"></td></tr>
</table>

* 가정에서 투약용 약을 가져온 경우에는 반드시 기록한다.

** 각 내용은 영유아의 연령에 따라 필요한 내용으로 기록한다.

출처: 보건복지부 · 한국보육진흥원(2012).

<어린이집과 가정 간의 의사소통 예시>

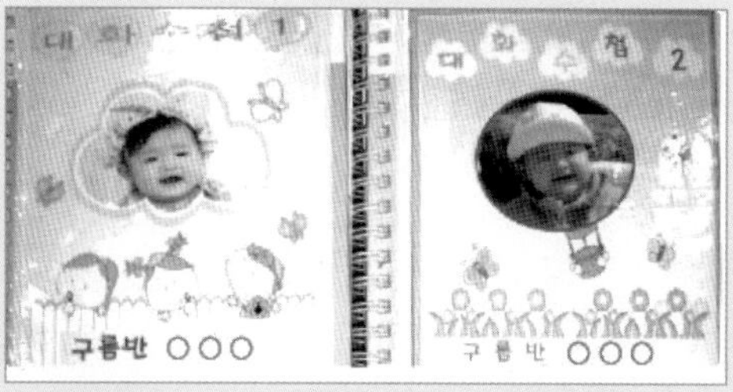

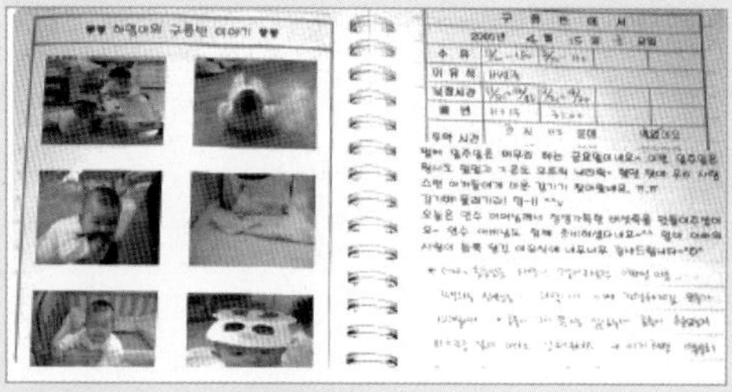

[대화수첩 활용]

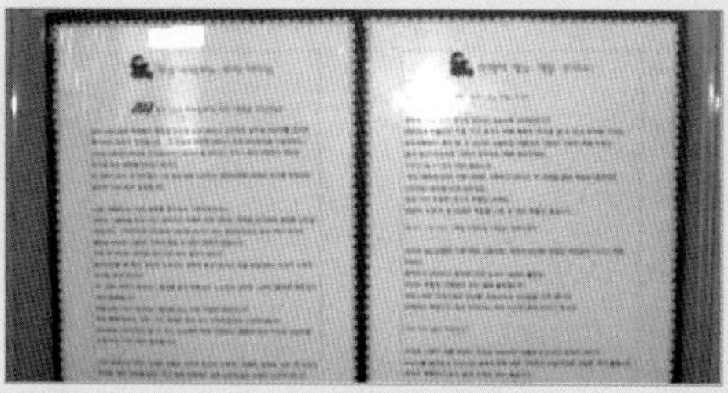

[어린이집 내 게시판]

[홈페이지 게시판 활용]

출처: 중앙보육정보센터(2009b).

〈어린이집 개방 안내문 예시〉

어린이집 개방 안내문

부모님께

본 어린이집 개방과 관련하여 안내 드립니다.

저희 ○○어린이집에서는 부모님께 보육일과를 지켜보거나 활동의 일부를 자녀와 함께 할 수 있도록 어린이집을 개방하고 있습니다. 자녀와 함께하는 보육 경험은 자녀의 행동 및 어린이집을 이해하는 데 도움이 될 것입니다.

영유아보육에 지장을 초래하지 않는 범위 내에서 모두에게 유익한 기회가 되도록 다음 사항에 협조해 주시기 바랍니다.

1. 반별 보육실 개방 시간과 관련하여서는 담임선생님과 협의하여 주시기 바랍니다.
2. 부모님의 보육실 입실과정에서 영유아들의 안정된 생활과 선생님들의 보육활동이 원활히 진행될 수 있도록 협조 부탁드립니다.
3. 특히 영아반 부모님께서는 보육실 입실 시 어린이집 원아들의 건강과 청결한 위생을 위해 손을 깨끗이 씻고 입실하여 주시기 바랍니다.
4. 감기, 전염성 질환 등이 있는 경우에는 어린이집 입실에 제한되오니 이점 양해 바랍니다.

20○○년 ○○월 ○○일

○○어린이집

출처: 중앙보육정보센터(2011).

〈부모 모임 안내문 예시〉

강연회 안내

학부모님께

안녕하십니까? 가정에 늘 밝은 웃음과 행복이 넘치길 기원합니다.

예쁜 자녀를 저희 어린이집에 보내신 후 자녀들의 어린이집 생활에 대하여 많이 궁금하시지요? 저희 어린이집에서는 자녀에 대한 부모님의 궁금증도 풀어드리고 좀 더 나은 보육을 실현하고자 부모님께 자녀양육과 관련한 강연회를 준비하였습니다. 모두 참석하셔서 우리 아이들의 행복과 건강 등 많은 이야기를 공유하는 시간이 되었으면 합니다. 고맙습니다.

- 일자: 20○○년 ○○월 ○○일 (○○요일) ○○ : ○○~○○ : ○○
- 강연회 제목:
- 강사: ○ ○ ○ (소속 및 직책:)

※ 강연회가 끝난 후 각 반별로 간담회가 이어집니다.

20○○년 ○○월 ○○일

○○어린이집

----------------------------------- 절 취 선 -----------------------------------

______반 이름____________

- 강연회에 참석합니다. ( )
- 강연회에 참석하지 못합니다. ( )

 이유는______________________________________

※ 절취선을 오려 ○○일까지 어린이집으로 보내주십시오.

출처: 중앙보육정보센터(2011).

〈부모 면담 일지 예시〉

<table>
<tr><td colspan="2">면담 일시</td><td>20○○년 ○○월 ○○일
○○:○○~○○:○○</td><td>면담교사</td><td></td></tr>
<tr><td colspan="2">영유아 이름</td><td></td><td>생년월일</td><td>20○○년 ○○월 ○○일
(만 세)</td></tr>
<tr><td colspan="2">면담 참여자</td><td></td><td>면담 형태</td><td>방문( )
전화( )</td></tr>
<tr><td colspan="2">구분</td><td>교사 의견</td><td colspan="2">부모 의견</td></tr>
<tr><td rowspan="5">현행수준</td><td>생활습관</td><td></td><td colspan="2"></td></tr>
<tr><td>대인관계
(어른,
형제, 또래)</td><td></td><td colspan="2"></td></tr>
<tr><td>발달 정도
(언어,
신체 등)</td><td></td><td colspan="2"></td></tr>
<tr><td>행동
특성</td><td></td><td colspan="2"></td></tr>
<tr><td>기타</td><td></td><td colspan="2"></td></tr>
<tr><td colspan="2">면담하기를
원하는 내용</td><td></td><td colspan="2"></td></tr>
<tr><td colspan="2">종합 의견</td><td colspan="3"></td></tr>
<tr><td colspan="2">건의사항</td><td colspan="3"></td></tr>
</table>

출처: 중앙보육정보센터(2011).

표 8-2 어린이집 운영위원회

운영위원회의 설치 · 운영 관련 근거	「영유아보육법」 제25조 제1항의 규정, 시행령 제21조의2 및 같은 법 시행규칙 제26조에 의거 어린이집 운영위원회를 설치·운영할 수 있다. • 국공립, 법인, 법인 외 및 40인 이상 어린이집은 의무사항 • 제26조의 규정에 따라 취약보육을 우선적으로 실시해야 하는 어린이집도 의무사항
운영위원회의 설치 목적	어린이집 운영의 자율성과 투명성을 높이고 지역사회와의 연계를 강화하여 지역 실정과 특성에 맞는 보육을 실시할 수 있도록 하기 위하여 어린이집 운영위원회를 설치·운영한다.
운영위원회의 구성 및 운영	당해 어린이집의 원장, 보육교사 대표, 원아부모 대표 및 지역사회 인사(직장어린이집의 경우에는 당해 직장의 어린이집 업무담당자)를 포함한 5인 이상 10인 이내로 구성한다. • 운영위원회의 위원장은 보육교직원이 아닌 위원 중에서 호선한다. • 운영위원회 회의는 가급적 상·하반기 각 1회 이상 개최하고 공개를 원칙으로 하며 회의록을 작성·보관한다.
운영위원회의 기능	어린이집 운영위원회는 다음 각호의 사항을 심의한다. • 어린이집 운영규정 제·개정에 관한 사항 • 어린이집의 예산 및 결산(보고사항) • 영유아의 건강·영양 및 안전에 관한 사항 • 보육시간·보육과정의 운영방법 등 어린이집의 운영에 관한 사항 • 그 밖에 어린이집 운영에 대한 제안 및 건의 사항

〈운영위원회 회의록 예시〉

<table>
<tr><th>일시</th><td colspan="6">20○○년 ○○월 ○○일 (20○○년 차)
개회 시간: ~ 폐회 시간: ~</td><th>위원장</th><th>원장</th></tr>
<tr><th>장소</th><td colspan="6"></td><td>(인)</td><td>(인)</td></tr>
<tr><th rowspan="6">출석
위원
현황</th><th colspan="2">총원</th><th colspan="2">참석</th><th colspan="2">불참</th><th colspan="2">참관인 (총 ________명)</th></tr>
<tr><td colspan="2" rowspan="5"></td><td colspan="2" rowspan="5"></td><td colspan="2" rowspan="5"></td><th>성명</th><th>직위</th></tr>
<tr><td></td><td></td></tr>
<tr><td></td><td></td></tr>
<tr><td></td><td></td></tr>
<tr><td></td><td></td></tr>
<tr><th>구분</th><th colspan="7">회의 내용</th><th>비고</th></tr>
<tr><th>토의 안건</th><td colspan="7"></td><td></td></tr>
<tr><th>토의
및
의결사항</th><td colspan="7"></td><td></td></tr>
<tr><th>특이사항
및
비고</th><td colspan="7"></td><td></td></tr>
<tr><th>출석위원</th><th>위원 1</th><th>위원 2</th><th>위원 3</th><th>위원 4</th><th>위원 5</th><th>위원 6</th><th>위원 7</th><th>위원 8</th></tr>
<tr><th>확인</th><td></td><td></td><td></td><td></td><td></td><td></td><td></td><td></td></tr>
</table>

3 지역사회와의 연계

어린이집은 지역사회의 특성과 요구를 충분히 고려하여 운영해야 하며 지역사회 역시 어린이집 운영에 도움을 주어야 질 높은 보육이 이루어질 수 있다.

1) 지역사회 연계의 필요성

영유아는 다양한 종류의 환경에서 생활하며 그들의 삶은 부모, 가족, 어린이집, 이웃, 지역사회, 국가 등의 영향을 받아 형성된다. 영유아를 위한 보육의 효과를 극대화하기 위해서는 어린이집과 지역사회가 협동적인 동반자 관계를 형성하는 것이 필수적이다. 지역사회는 가족, 보육전문가, 영유아, 어린이집과 더불어 보육의 효과를 높이기 위하여 가장 중요하게 고려되어야 할 주체이다. 생태학적 체계 이론에 따르면, 영유아들은 그들이 처한 환경을 형성하는 관계의 맥락 내에서 성장하게 된다. 특히 미시 체계는 영유아가 속한 가장 직접적인 환경으로 영유아와 직접적으로 상호작용을 하며 관계를 맺음으로써 영유아에게 영향을 준다. 가족, 어린이집, 주요 시설, 지역사회 등이 이에 해당된다. 이러한 측면에서 볼 때 가족과 어린이집에서 영유아를 위한 효과적인 보육이 이루어지기 위해서는 지역사회 그리고 사회 전체의 지원이 필요하다. 이 중 지역사회의 다양하고 풍부한 자원을 보육현장에 적극적으로 활용하고 협력한다면 영유아는 어린이집에서 보다 안정감을 느끼고 부모는 어린이집과 보육교사를 더 신뢰하게 된다.

2) 지역사회에 관심 가지기

(1) 지역사회의 특성 이해하기

보육교사는 자신이 근무하고 있는 어린이집이 위치한 지역사회의 특성이 무엇인지를 파악해야 한다. 어린이집 주변이 아파트단지, 단독주택지, 상가건물들로 이루어져 있는지 여부와 도시지역, 농어촌지역 여부, 영유아 또는 노인인구 밀집도 여부, 경제적 소득 수준 여부 등에 따라 어린이집의 프로그램이나 보육과정 운영은 달라질 수 있다.

또한 지역사회 주변의 공원, 바다, 산책로 등의 자연환경이 조성되어 있는지와 미술관, 도서관, 시청 등의 공공시설이나 문화시설이 있는지를 상세히 파악한 뒤 보육과정에 반영해야 한다.

(2) 지역사회의 요구 반영하기

어린이집이 지역사회와 효과적인 인간관계를 맺기 위해서는 지역사회의 요구사항을 경청하고 반영하려는 개방적이고 적극적인 자세가 필요하다. 따라서 지역주민들과 만났을 때 인사와 안부를 전하고 그들이 이야기하는 것에 귀를 기울일 필요가 있다.

지역사회와 협력관계를 맺기 위해 보육교사가 할 수 있는 일을 다음과 같이 정리할 수 있다(김은주·권미량, 2008).

◉ 인적 교류

- 지역주민을 자원봉사자로 활용하기
- 참관생 및 실습생 수용하기
- 지역사회의 인사를 초빙하기
- 지역사회의 봉사자로 참여하기

◉ 물적 교류

- 지역사회의 물적 자원을 보육활동에 활용하기
- 지역사회 행사에 참여하기
- 어린이집을 지역주민에게 개방하기

3) 지역사회기관과의 협조체계

영유아를 대상으로 한 어린이집은 특정 지역사회 내에 위치하고 있으며, 각 지역사회에는 보육 프로그램을 실시하는 과정에서 유용하게 활용될 수 있는 다양한 자원이 있다. 어린이집에서 보육교사들이 활용할 수 있는 지역사회의 자원은 다음과 같이 분류될 수 있다.

(1) 지역사회 자원을 이용한 활동

◉ 부모자원 활용 시에는 신학기 오리엔테이션 진행 시 부모자원 활용 요청을 위한 설문을 통해 부모자원을 확보하고 보육활동을 계획하여 진행한다.

◉ 활동의 예
- 지역사회 병원과 연계하여 응급 시 협조
- 병원 의사나 간호사가 어린이집을 방문하여 영유아에게 건강한 치아에 대해 교육하는 활동
- 지역사회 도서관과 연계하여 영유아와 노인이 함께 활동
- 인근 노인정과 연계하여 영유아와 노인이 함께 활동

(2) 지역사회기관 활용

◉ 지역사회 관련 기관이나 시설의 활용을 통해 협력적인 관계를 유지한다.
- 현장학습을 위해 공공건물이나 시설을 활용한다.
- 다양한 지역사회 기관 및 시설과의 형식적·비형식적 관계를 유지한다.

◉ 지역사회와의 의사소통을 위해 어린이집을 개방한다.
- 보육 관련 단체 및 개인의 요청에 따라 어린이집의 참관을 허용한다.
- 참관 및 견학을 통해 어린이집에 대한 이해를 높인다.

◉ 공공기관과 연계하여 영유아에게 필요한 서비스를 연결해 준다.

◉ 지역사회기관

- 시청, 구청, 동사무소, 경찰서, 소방서, 보건소, 의료기관, 어린이교통공원, 시설안전관리공단, 사회복지관, 아동보호전문기관, 자활후견기관, 경로당, 초등학교, 환경단체, 도서관, 문화재, 미술관, 박물관, 문화회관, 재래시장, 은행, 대형마트, 농장, 과수원, 공원, 관리사무소 등

(3) 지역사회 자원 활용

◉ 지역사회의 인적 자원을 어린이집 운영에 참여할 수 있도록 하여 지역사회의 기대나 요구를 어린이집 운영에 반영하고 지역사회의 다양한 지원을 받는다.

◉ 지역사회와 연계한 보육 프로그램 활동 시 지역사회 자원을 활용한다.

- 전통에 대한 보육주제를 전개하기 위하여 지역사회인사의 참여를 유도한다.
- 다양한 직업 관련 보육주제를 전개하기 위하여 소방관, 경찰관, 의사, 사서, 큐레이터, 노인정의 어르신 등 지역사회의 인적 자원을 적극 활용한다.

(4) 자원봉사 활동 활용

◉ 영유아들이 지역사회 주민들과 접촉함으로써 영유아들의 대인 경험을 풍부하게 한다. 지역주민과 주변 학교 학생들의 자발적인 참여를 통해 영유아들과의 대인관계가 긍정적으로 유지되도록 도와준다.

- 다양한 성인 모델의 접촉을 통해 인간관계에 대한 이해를 돕는다.

◉ 육아종합지원센터나 자원봉사센터 등 외부 기관과의 긴밀한 협력관계를 통해 필요한 자원봉사자를 모집하거나 지원을 받는다.

- 어린이집에서의 자원봉사에 대한 의미를 인지하고 체험할 기회를 제공한다.

4) 어린이집과 지역사회 연계 관련 시설 평가

(1) 평가제 관련 평가(보건복지부·한국보육진흥원, 2020)

다음은 평가제 지표 중 '지역사회과의 연계' 평가와 관련된 항목이다.

	평가항목
2-4-3	지역사회와 연계한 다양한 활동을 실시하고 있다.

(2) 평가제 관련 항목 소개(보건복지부·한국보육진흥원, 2020)

2-4-3	지역사회와 연계한 다양한 활동을 실시하고 있다.
평가 내용	① 지역사회 자원을 이용한 다양한 활동을 월 1회 이상(영아의 경우 2개월에 1회 이상) 실시한 기록이 있음
평정 기준	1개 충족해야 Y로 평정

1 지역사회 자원을 이용한 다양한 활동을 월 1회 이상(영아의 경우 2개월에 1회 이상) 실시한 기록이 있음

【기록】

◉ 지역사회의 자원을 이용하거나 지역주민 등과 연계한 활동이 월 1회 이상(영아의 경우 2개월에 1회 이상) 기록되어 있음

- 지역사회에 있는 공원, 산책로 등을 활용한 일상생활 관련 활동
- 지역의 자원(도서관, 우체국, 초등학교, 노인센터, 마트, 해변, 생태습지, 박물관, 유적지 등)을 방문하는 등의 활동
- 지역사회의 경찰관, 소방관, 보건소 직원 등이 어린이집을 방문하여 안전·건강에 대해 교육하는 활동 등
- 지역사회 어르신들이 어린이집을 방문하여 예절 교육, 동화책 읽어 주기 등을 지원

- 인근 노인정, 마을회관에 방문하여 어르신들을 즐겁게 해드릴 수 있는 미니 공연
- 유아들이 만든 활동 결과물을 이용하여 거리에서 아동안전에 대한 미니 캠페인 실시 등

〈○○어린이집 부모교육 및 지역사회 연간 계획서 예시〉

월	주제 (만 4세)	소주제	부모교육	가족 지원	지역사회 연계
3	어린이집 생활	• 새로운 반 • 어린이집에 대해 알아보기 • 약속과 규칙 • 친구와 사이좋게 지내기	운영위원회 구성	전문기관에 대한 정보 제공	• 협력기관과 협약 • 공원관리사무소와 연계한 공원 이용 교육
4	봄	• 봄의 변화 • 봄의 생활 • 봄의 식물 • 봄의 동물	1학기 부모 개별 면담/ 운영위원회 1차 회의		• 협력병원(보건소)에서 구강교육 실시
5	나와 가족	• 특별한 나 • 나의 몸/나의 마음 • 가족의 역할 • 가족의 소중함 알기	부모교육 (강연회)/ 부모간담회		• 노인정(노인대학, 노인 시니어클럽)과 교류 • 책 읽어 주기 실시
6	우리 동네	• 지역사회 돌아보기 • 우리 동네 가게 • 우리 동네 공공기관 • 여러 가지 직업			• 도서관 견학(도서대여 프로그램 참여)
7	여름	• 깨끗한 우리 몸 • 여름 날씨와 생활 • 여름철 놀이와 안전 • 신나는 물놀이 • 바닷속 친구들 • 즐거웠던 여행			• 아동보호전문기관과 연계하여 아동 학대 예방교육 실시
8	교통 수단	• 육상 교통수단 • 해상·항공 교통수단 • 교통안전	중간 입소 원아 오리 엔테이션/ 부모간담회		• 동사무소(주민자치센터) 방문

월	주제 (만 4세)	소주제	부모교육	가족 지원	지역사회 연계
9	건강한 몸과 마음	• 건강한 생활 • 우리 몸에 필요한 음식 • 여러 가지 운동 • 내가 좋아하는 운동 • 즐거운 운동 경기	부모워크숍/간담회	전문기관에 대한 정보 제공	• 도로교통공단 의뢰 교통안전교육 실시
10	가을	• 추석 • 가을의 날씨와 생활 • 가을의 열매와 추수	부모교육		• 육아종합지원센터 방문 프로그램 참여 • 지역 내 사회복지관/자활 후견 기관과 연계
11	우리 주변의 것들	• 색 • 모양 • 소리	2학기 부모 개별 상담		• 소방서 견학 프로그램 참여(화재 대피 교육)
12	도구와 기계/겨울	• 생활에 도움을 주는 도구와 기계 • 미래의 도구와 기계 • 겨울의 날씨와 생활 • 겨울의 동식물 • 성탄절			• 경찰서 방문 프로그램 참여 • 아름다운 가게와 연계하여 재활용 교육 후 벼룩시장 개최(어려운 이웃에게 나눔)
1	우리나라와 다른 나라의 생활	• 우리나라와 다른 나라의 새해맞이 • 우리나라와 다른 나라의 옷 • 우리나라와 다른 나라의 음식 • 우리나라와 다른 나라의 집			• 도서관 견학
2	형, 언니가 되어요	• 나의 성장/설날 • 즐거웠던 ○○반 • △△반이 되어요	신입/재원 유아 오리엔테이션/부모간담회		• ○○초등학교 방문

출처: 중앙보육정보센터(2011).

어린이집에는 가정환경이나 발달적 특성이 또래들과 달라서 특별한 보호가 있어야 하는 영유아가 있다. 특수한 요구사항의 예로는 영유아의 개별적인 행동문제(예 다른 영유아보다 어떤 사물을 아주 무서워함, 또래에게 공격적인 행동을 함)에서부터 동생이 태어나는 것, 이사 등과 같은 가족의 변화, 부모의 이혼이나 학대, 질병에 이르기까지 다양하다. 근래에는 조부모와 함께 사는 조손가정의 영유아나 부모 중 한쪽 이상이 외국 출신인 다문화가정의 영유아도 늘어나는 추세이다. 어떠한 이유로든 어린이집이나 또래와 순조롭게 적응하지 못하는 영유아가 있을 경우 어린이집에서는 영유아와 가족이 건강하고 심리적으로 안정된 생활을 영위할 수 있도록 필요한 도움을 주어야 한다. 일반적으로 부모는 자신의 자녀를 객관적으로 관찰하기 어렵기 때문에 자녀의 적응문제를 예민하게 파악하지 못하는 경우가 많다. 원장과 보육교사는 영유아의 문제에 대해 부모에게 사려 깊고 전문적인 태도로 설명해 주어야 하며 부모 및 전문가와 함께 영유아의 적응을 돕기 위해 노력할 필요가 있다.

어린이집은 아래와 같이 영유아와 가족의 문제에 관심을 가지고, 이를 지원하기 위하여 전문가와 협조하여 노력한다.

- 개별 면담, 가정통신문 등을 통해 영유아의 적응문제나 영유아 가족의 당면한 문제에 대해 파악하고 이해한다. 또한 다른 영유아와 가족들이 이를 어떻게 인식하고 지원하는 것이 바람직한지에 대해 안내한다.
- 영유아의 적응문제에 대해 부모에게 알리고 부모와 어린이집이 영유아를 돕기 위해 어떠한 일을 해야 할지 논의한다. 이때 어린이집의 원장이나 보육교사는 전문가로서 부모에게 자녀의 적응문제가 이들의 발달에 궁극적으로 해로운 결과를 초래할 수 있다는 점을 이해할 수 있도록 도와주되, 부모를 존중하고 이해하는 사려 깊은 태도로 상담에 임해야 한다.
- 영유아와 가족의 특정문제를 도와줄 전문기관에 대한 실질적인 정보(예 서비스 종류, 전화번호, 비용 등)를 가지고 있으며, 이를 부모에게 안내해 준다.
- 어린이집은 부모가 영유아나 가족 문제에 대해 지역사회의 전문기관, 동사무

소, 구청 또는 전문가(예 의사, 상담전문가, 특수교육전문가, 건강가정사, 사회복지사 등)에게 어떻게 도움받고 있는지에 대해 파악하고 있고 영유아의 적응을 위해 어린이집에서 어떻게 해야 할지에 대해 부모와 논의한다.

◉ 특수한 요구가 있는 영유아를 위해서는 필요한 경우 관련 전문가와 협조하여 함께 문제를 해결하도록 노력할 수 있다.

영유아와 가족을 돕기 위한 전문가와의 협조

가족 지원이 필요한 경우 지역사회복지관을 이용하세요.

- 가족 구성원 개인 및 가족 전체를 대상으로 상담·치료 등의 복지서비스를 사례 관리를 통하여 종합적으로 제공함으로써 가족문제의 해결과 예방 및 가족해체를 방지하고 가족기능을 정상화하여 가족의 행복을 유지할 수 있도록 지원한다.
- 한국사회복지관협회(http://www.kaswc.or.kr)에서 지역별 복지관을 안내받을 수 있다.

영유아에게 정서·행동·발달상의 문제가 있는 경우 아동상담센터를 이용하세요.

- 영유아가 겪고 있는 정서·행동적 사회 적응상의 문제들을 아동상담전문가와 함께 다양한 매체(놀이, 미술, 모래)를 통해 상호작용하고 나눔으로써 심리적 안정감과 사회성을 향상시키고 의사소통을 증진시켜 부적응 행동을 완화시키고 사회 적응력을 키워 나갈 수 있도록 도와준다.
- 영유아가 겪는 발달(언어·인지 학습)상의 어려움을 놀이 위주의 접근방법으로 상호작용함으로써 의사표현을 적절히 할 수 있도록 도와주고 학습에 지장을 주는 특성을 파악하여 적절한 학습방법을 터득하도록 돕는다.
- 증상이 아주 심각한 것부터 경미하지만, 앞으로 발생할 수 있는 문제를 예방하는 것까지 아동이 겪을 수 있는 모든 문제가 상담의 대상이 될 수 있다.
- 대상 아동
  - 주의가 산만한 아동
  - 학습에 문제가 있는 아동
  - 우울하거나 불안이 있는 아동
  - 또래 관계에 문제가 있는 아동

- 공격성, 거짓말, 도벽 등의 행동문제를 보이는 아동
- 눈을 깜박이는 등의 틱 증상이 나타나는 아동
- 야뇨증과 유분증의 증상이 나타나는 아동
- 부모와 자녀 관계에 어려움이 많은 아동
- 자폐성향이 있는 아동
- 발달이 지연된 아동 등

• 한국아동상담센터(http://www.adongclinic.co.kr)

아동 학대의 경우 아동 학대 관련 센터를 이용하세요.

• 신체 학대: 보호자를 포함한 성인이 아동에게 우발적인 사고가 아닌 상황에서 신체적 손상을 입히거나 또는 신체 손상을 입도록 한 모든 행위를 말한다.
• 정서 학대: 보호자나 양육자가 아동에게 언어적·정서적 위협, 감금이나 억제, 기타 가학적 행위를 하는 것으로 언어적·정신적·심리적 학대라고도 한다.
• 성 학대: 성인의 성적 만족을 위해 아동의 신체에 접촉하는 행위를 말하며 아동과 성인 사이의 부적절한 성적인 행동들을 모두 포함한다.
• 방임: 고의적·반복적으로 아동 양육과 보호를 소홀히 함으로써 정상적인 발달을 저해하는 모든 행위를 말한다.
• 아동보호전문기관(http://korea1391.org, 1577-1391)
• 한국복지재단(http://childabuse.or.kr)

출처: 중앙보육정보센터(2009b).

제9장

전문성을 지닌 보육교사로 성장하고 발달하기

영유아들에게 적합한 보육을 제공하기 위해서는 보육정책이나 행정적 지원 그리고 보육 환경과 내용이 잘 갖추어져야 하지만, 그중에서도 보육교사의 역할이 가장 중요하다. 보육교사는 영유아의 발달적 특성과 개별 요구에 맞는 양육과 보살핌 그리고 양질의 교육을 제공하기 위해서 꾸준한 자기 성장을 통한 전문성 신장을 이루기 위해서 노력해야 한다.

전문성을 지닌 보육교사로 성장하고 지속적인 발달을 이루어 나가도록 돕기 위해서 보육교사를 지원하는 체계적인 교사교육이 필요하다. 본 장에서는 교사의 교직 발달에 대해서 설명하는 대표적인 이론들과 모형들 그리고 연구결과들에 입각하여 보육교사의 전문성 발달과 직무스트레스, 교사의 관심사에 기초한 전문성 발달 지원, 교사의 발달 단계에 기초한 전문성 발달 지원 그리고 보육교사의 발달과 소진에 대해서 다룬다.

1 보육교사의 전문성 발달과 직무스트레스

교사의 전문성은 지식, 신념, 기술의 세 가지 차원으로 구성된다. 전공과 관련된 전문지식이나 교수방법 등의 학문적 능력이 '지식' 요인에 포함되며, 교사의 태도, 가치관, 인성 및 소명의식 등은 '신념' 요인에 해당된다. 또한 수업을 진행하거나 교육 자료를 개발하고 학급을 경영하는 능력은 '기술' 요인에 포함되는 것으로 볼 수 있다(김옥예, 2006). 즉, 보육교사는 영유아발달이나 교수-학습 방법에 대한 지식뿐 아니라 어린 영유아들을 돌보고 교육하는 데 필요한 윤리의식을 지녀야 하고 전문 지식을 보육현장에서 실제로 실행할 수 있는 능력을 갖추어야 한다. 또한 보육교사는 영유아를 양육하는 부모들을 조력하는 역할을 하게 되므로 영유아뿐 아니라 부모들과 효율적으로 의사소통할 수 있어야 한다(임민정, 2020). 전문가로서 자기계발을 위한 노력을 지속하는 보육교사는 보육현장에서 교사 역할을 수행하면서 전문성을 발달시키고 더욱 유능한 보육교사로 성장하게 된다.

교사가 된 후에 전문적 성장을 지속하지 않으면 높은 직무스트레스를 경험하게 되고, 이는 보육현장에서의 교사-영아 간 상호작용의 질을 떨어뜨리는 동시에 교사의 직무 만족도를 감소시켜 보육의 질을 저해하거나 교사의 이직을 초래하는 요인으로 작용할 수 있다(김옥주·조혜진, 2010). 보육교사의 직무스트레스란 보육교사가 직무를 수행하는 과정에서 불안과 긴장, 억압 등의 부정적인 정서 상태를 경험하는 것으로 보육교사의 정신건강에 악영향을 주어 궁극적으로 영유아들에게 제공되는 보육의 질을 저해하는 요인으로 작용할 수 있다(Kyriacou, 2001). 직무스트레스가 높은 교사는 교사로서의 인식과 책무성이 낮아지며 전문성 발달에 대한 동기와 의욕이 약화될 수 있으므로(명준희, 2006) 보육교사의 직무스트레스 발생 요인을 파악하고 이를 최소한의 수준으로 유지하기 위한 노력을 할 필요가 있다.

보육교사의 직무스트레스는 전문성에 대한 보육교사 자신의 인식 정도에 영향을 받게 된다. 즉, 보육교사로서의 역할 수행에 대해서 회의를 느끼고 갈등을 경험하며 전문성을 낮게 인식하는 경우에는 직무스트레스가 더 높게 나타나는 반면, 보육교사가 자신의 전문성에 대해서 높게 인식할수록 직무스트레스의 정도가 낮아지는 것으로 보고되었다(김유진, 2003). 이는 보육교사의 전문성과 이에 대한 인식을 강화함으로써 직무스트레스를 감소할 수 있음을 시사하는 것이다.

실제로 전문성에 대한 보육교사의 인식이 높을수록 교사와 유아 간에 이루어지는 긍정적 상호작용 빈도가 높게 나타나며(윤주연·신혜원, 2013) 전문성 발달을 위한 활동에 지속적으로 참여하는 교사의 효능감이 높아지므로 보육교사의 전문성 발달을 지원하는 환경을 조성하는 것이 필요하다. 즉, 보육교사가 꾸준한 자기 성장을 위해서 노력할 수 있는 분위기를 조성하고 보육교사의 역할 수행에 필요한 지식과 기술을 습득함으로써 보육교사로서의 능력을 신장할 수 있도록 돕는 환경을 조성해야 한다. Williams(2000)는 〈표 9-1〉에 제시한 바와 같이 교사의 전문성을 지원하는 환경적 요인으로 교사가 자신의 전문성을 향상시킬 수 있는 모임이나 세미나에 참여하는 것을 장려하고 교사와 기관장이 상호 협력적인 관계를 유지하면서 기관의 정책과 교육과정을 결정하는 분위기를 조성하며 영유아의 학습과 발달에 대한 긍정적인 가치관을 교사가 가지고 있음을 인정하고 학급운영이나 보육과정을 결정할 수 있는 의사결정권을 교사에게 제공할 것을 제안하였다.

표 9-1 교사의 전문성 발달을 지원하는 환경적 요인

- 교사의 전문성을 향상시킬 수 있는 세미나 참석
- 교사와 기관장의 협력적인 관계 유지
- 영유아의 학습과 발달에 대한 교사의 긍정적인 가치관 인정
- 학급운영과 보육과정에 대한 교사의 결정권 허용

보육교사의 전문성에 관한 연구결과에 의하면 보육교사의 경력이 많을수록 전문성에 대한 인식이 높게 나타났고 바람직한 교수 기술과 지식을 갖추고 있다고 믿으며 자신감이 높게 나타났고 자신이 다른 사람과 긍정적인 관계를 형성하고 있다고 생각하는 경향이 있는 것으로 보고되었다(김지영, 2010). 따라서 경력이 적은 초임보육교사들에게는 전문성 발달과 교사로서의 자신감 향상을 위한 더 많은 노력과 지원이 요구된다.

보육교사가 보육현장에서 직면하게 되는 직무스트레스는 교사 개인의 노력만으로는 감소시키기 어려운 부분이 있다. 보육교사의 직무스트레스를 감소시키는 요인으로 전문성에 대한 인식 외에도 탄력적인 근무시간, 원장의 리더십과 동료교사들과의 긍정적인 인간관계, 개방적이고 안정된 조직 분위기, 원만한 교사-부모 관계 등이 포함된다(윤혜영, 2009; 최명, 2006). 또한 보육교사의 보수가 적거나 근무 시간이 길수록 직무스트레스가 높아지며(강이슬·김민경, 2011), 보육교사가 역할을 수행할 때 이론과 실제의 차이로 인해서 어려움을 경험할 때 직무 만족도가 낮아지는 것으로 보고되었다. 이와 더불어, 보육교사를 비전문직으로 인식하는

사회적 편견을 지속적으로 경험하거나 하루 종일 영유아들과 함께 생활하는 가운데 경험하는 신체적 소진도 보육교사의 직무스트레스를 가중시키는 요인이 된다(이윤영·배지희·김은혜, 2013). 보육교사가 경험하는 신체적 소진으로 인한 직무스트레스와 관련된 사례는 다음과 같다.

사례

"말을 되게 많이 해야 하잖아요. 말 배우는 시기나 놀이할 때, 상호작용을 많이 할 때, 목 때문에 성대에 문제가 생기는 경우도 있고요. 영아들을 업고 다니니까 허리 디스크가 걸리는 경우도 있고요. 연령이 어려질수록 교사의 몸은 더 힘들죠."

"영아들이 대부분 앉아 있거나 누워 있다 보니 교사도 정말 자주 앉았다 일어났다를 반복해요. 나중에는 정말 무릎이 아파요. 결국 신경통이 오는 거죠. 아이들이 일어나기 전에 잡아줘야 하고, 혹시라도 넘어지려고 하면 먼저 가서 넘어지지 않게 해야 하고, 지금 제가 손목에 하고 있는 밴드도 아이들 안고 업고 하니까 팔목, 허리, 어깨, 무릎, 발목 아픈 게 정말 심해요. 저도 지금 오른쪽 팔목을 거의 힘을 쓸 수 없을 정도로 팔목이 안 좋거든요. 대부분 아이들이 울거나 보채면 안고 업고 그래야 하잖아요. 종종 둘이 동시에 울어서 둘을 안고 업고 해야 할 경우도 있어요."

"3시 반, 4시만 되면 기운이 하나도 없어요. 머리부터 어깨까지 쑤시고 목소리는 거의 안 나와요. 몸이 상하니까, 나 스스로 내가 이 일을 얼마나 오래 할 수 있을까 하는 생각을 하게 돼요."

출처: 이윤영 외(2013), p. 212.

위에 제시된 사례에서 볼 수 있듯이 영유아들과 함께 장시간 생활하는 보육교사들은 체력적인 소모를 경험하는 경우가 많다. 특히 영아반 보육교사들은 영아들의 특성으로 인해서 기저귀 갈기, 안아 주기, 옷 입혀 주기 등과 같은 신체적 돌봄에 지속적으로 참여하게 되고 보살핌의 비중이 커서 신체적·정신적으로 힘든 상태에 이르거나 낮은 직무 만족도로 이어질 수 있다(김지현·양옥승, 2009; 조미숙, 2016). 따라서 보육교사가 경험하는 신체적인 피로감을 해소하고 보육교사로서의 직무에 자부심을 가지고 영유아들과 상호작용할 수 있도록 지원하는 방안을 마련할 필요가 있다. 한편 보육교사의 경력도 직무스트레스에 영향을 주는 주요한 요인으로 나타났는데, 경력 1년 미만의 교사가 경력 5년 이상의 교사보다 원아들과의 활동에서 느끼는 직무스트레스를 더 많이 경험하는 것으로 보고되었다(김옥주·조혜진, 2010). 특히 초임보육교사에게는 원아들과의 활동에서 느끼는 직무스트레스를 감소시킬 수 있는 지원이 필요함을 알 수 있다. 초임교사들이 보육현장에서 일상적으로 경험하는 어려움과 혼란을 극복하고 보육전문가로 성장하도록 돕기 위해서 정서적인 지원과 함께 영유아들의 생활 지도 및 교육활동에 대한 정보를 제공하고 교수-학습 방법의 개선을 위한 정보를 제공함으로써 직무스트레스를 감소시킬 수 있다. 이는 궁극적으로 보육교사의 소진과 이직을 감소시키는 데 기여할 수 있다.

보육교사의 직무스트레스 감소에 영향을 줄 수 있는 요인을 종합하여 그림으로 나타내면 다음과 같다.

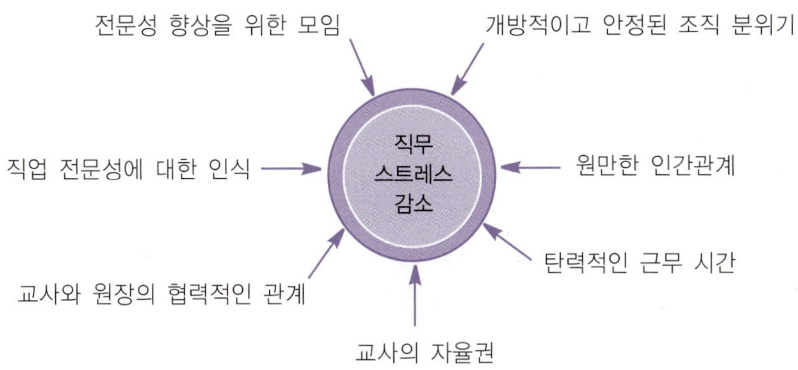

그림 9-1 보육교사의 직무스트레스 감소에 영향을 주는 요인

2 보육교사의 관심사에 기초한 전문성 발달 지원

보육교사의 발달을 지원하기 위해서는 기관의 설립 목적이나 지역에서 요구되는 바를 달성하기 위한 노력과 동시에 보육교사 개인의 관심사에 따른 지원을 하

는 것이 필요하다. 또한 보육교사 자신의 노력이 있어야 하지만, 이러한 개인적인 노력을 뒷받침해 줄 수 있는 기관과 국가적인 차원에서의 지원이 이루어져야 한다. 보육교사의 관심사는 교사가 효율적인 수업을 하는 것과 관련이 있으므로 학생들의 성취에도 영향을 주는 요인으로 간주된다(Adams & Martray, 1981). 따라서 많은 교사교육자들은 교사의 관심사에 기초한 교사교육에 대하여 연구를 하였다. Peterson(1969)은 보육교사가 가지고 있는 관심사를 잘 반영한 교사교육을 할 때 보육교사들의 만족도가 더 높게 나타났으며 더욱 효과적인 교사교육이 이루어질 수 있었음을 보고하였다. 또한 Fuller와 Case(1969)는 보육교사의 관심사가 반영되지 않은 교사교육은 효과적일 수 없다는 가정하에 보육교사의 관심사 발달에 기초한 교사교육을 제안하였으며, 이에 준하여 전문성 발달 지원을 설명하면 다음과 같다.

1) Fuller와 Case의 보육교사 관심사 발달 단계

① 1단계: 관심사 이전 단계

영유아를 가르쳐 본 경험이 없는 예비보육교사들은 아직 보육교사로서의 뚜렷한 관심사를 가지기 어렵다. 예비보육교사들은 보육현장에서의 실습을 통하여 영유아들을 가르치는 경험을 함으로써 비로소 보육교사로서의 관심사를 형성하게 된다. 따라서 보육교사로서의 관심사를 발달시키기 위해서는 보육실습 경험이 필수적이다.

② 2단계: 초기 관심사 단계 – 보육교사 자신에 대한 관심

영유아들을 가르치는 경험을 시작한 초기에는 영유아보다는 보육교사 자신에 대한 관심에 집중하게 된다. 즉, 자신이 보육교사로서 보육현장에서 생존할 수 있을 것인가 혹은 교실에서 일어나는 여러 상황을 제대로 통제할 수 있는 능력을 갖출 수 있을 것인가 하는 것에 가장 많은 관심을 가지게 되는 것이다. 이 시기에 보육교사는 영유아들의 개별적 요구를 반영하는 것과 교실 상황을 통제해야 하는 역할 사이에서 갈등을 느끼게 된다. 영유아들이 문제 행동을 보이거나 특이한 행동양식을 나타낼 때 교사로서 어떻게 상황을 수습해야 할지에 대한 관심이 높아지고 상황 통제 능력이 부족하다고 느낄 때 자신감이 낮아지는 부정적인 감정을 경험하기도 한다. 따라서 이 시기에는 영유아의 문제 행동 지도방법이나 특수한 요구를 지닌 영유아를 돕는 방법에 대한 교육이 필요하다.

교실 상황 통제 능력과 보육교사로서의 생존 자체에 대한 관심은 이후 보육교사로서의 직무 수행에 대한 관심으로 옮겨간다. 즉, 보육교사로서 지녀야 할 충분한 지식을 자신이 가지고 있는지, 자신이 선정한 교육내용이 담당 학급 영유아들에게 적절한 것인지, 계획한 활동과 관련된 교수 자료를 구할 수 있을 것인지 여부 등 보육교사로서의 직무 수행에 영향을 주는 요소에 관심을 두게 된다.

③ 3단계: 후기 관심사 단계 – 학생의 발달과 성장에 대한 관심

초임보육교사와 달리 경험이 많은 보육교사는 자기 자신에 대한 관심에서 벗어나 학생의 발달과 성장에 대한 관심으로 옮겨간다. 즉, 보육교사의 경우 담당 학급 영유아의 학습과 발달에 필요한 적절한 지원을 하고 있는지, 효과적인 교수-학습 방법이 무엇인지, 영유아의 성장과 발달이 잘 이루어지고 있는가 평가할 수 있는 방법이 무엇인지, 보육교사가 계획한 대로 영유아들이 실제로 잘 배우고 성장하고 있는 것인지 등에 대한 관심을 가지게 된다.

영유아의 발달과 학습에 대한 관심이 주를 이루게 되는 이 시기에는 효과적인 교수-학습 방법에 대한 세미나와 워크숍 그리고 영유아의 학습과 발달을 평가할 수 있는 방법에 대한 교사교육에 관심을 보이게 된다. 이는 보육교사로서의 가장 성숙한 관심사 단계에 해당되며 다른 사람의 평가뿐만 아니라 보육교사 자신의 반성과 평가가 중요하게 작용하는 시기이다.

Fuller와 Case(1969)에 의하면, 위에서 제시된 바와 같이 보육교사로서의 관심사는 교직 경험에 따라 발달해 가는 것이기 때문에 각 시기별 관심사를 적절하게 반영한 교사교육이 제공되어야 한다. 예를 들면, 교실 상황 통제에 대한 관심이 높은 단계의 보육교사들에게는 정서적으로 불안정한 영유아, 화가 난 상황에서 통제를 잘하지 못하는 영유아, 정상적인 발달 경로를 벗어난 영유아, 매우 산만하거나 집중을 하지 못하는 영유아 등 독특한 사례에 대한 집중적인 분석과 탐구, 문제해결 방법에 대한 브레인스토밍 등이 포함된 교사교육이 효과적이다. 또한 영유아의 학습과 발달에 집중된 관심을 보이는 단계에 있는 보육교사에게는 교수-학습 상황을 영유아의 시각에서 이해하고 영유아의 학습과 발달을 효과적으로 평가하기 위하여 일화기록, 그림 분석, 포트폴리오 평가, 영유아와의 대화 녹음 및 분석, 수업 상황을 촬영한 동영상 분석 등의 방법이 포함된 교사교육이 도움이 된다.

Fuller와 Case(1969)가 제시한 보육교사의 관심사 발달과 이에 적합한 교사교육 방법을 표로 정리하면 다음과 같다.

표 9-2 Fuller와 Case가 제안한 보육교사 관심사 발달의 특징과 교사교육 방법

구분	1단계: 관심사 이전 단계	2단계: 초기 관심사 단계	3단계: 후기 관심사 단계
특징	보육실습을 통하여 영유아들을 가르친 경험을 하기 전에는 보육교사로서의 뚜렷한 관심사가 없음	영유아들을 가르치는 경험을 시작한 초기에는 보육교사 자신에게 관심이 집중됨	보육교사의 경력이 쌓이면 교사 자신에 대한 관심에서 영유아의 성장과 발달에 대한 관심으로 옮겨감
교사교육	보육실습 경험을 제공함	교실 상황 통제 능력, 영유아의 문제행동 지도방법 및 보육교사로서의 자신감을 향상시키기 위한 교육이 적절함	효과적인 교수-학습 방법, 영유아의 학습과 발달 평가방법 등 교수 능력 향상을 위한 교육을 제공함

2) Katz의 보육교사 관심사 발달 단계

Katz(1995)는 보육교사들이 전문가로 성장해 나가는 과정에서 발달적 경로를 거치게 된다는 것을 제시하면서 교사의 발달 단계에 따라 다르게 나타나는 관심사를 반영하여 교사교육을 제공함으로써 보육교사의 전문적 성장을 효율적으로 도울 수 있다고 하였다. Katz가 제시한 보육교사 발달에 따른 관심사는 크게 4단계로 구분된다(문혁준 외, 2010, 재인용). 이에 준하여 보육교사 발달에 따른 관심사에

대해서 설명하면 다음과 같다.

1 1단계: 생존기(Stage I: Survival)

교사가 된 후 첫 1년 동안 교사의 최대 관심은 교직 생활에서 생존할 수 있을 것인가 여부에 집중되어 있다. 초임보육교사들은 영유아들과 하루를 무사히 잘 지낼 수 있을 것인가, 과연 이 일이 자신에게 적합한 것인가, 동료교사들과 부모들에게 잘 받아들여질 것인가 등 보육교사로서 교실 상황에서 생존하는 것에 대해 염려하게 된다. 이 과정에서 실제 교실에서 매일매일 직면하게 되는 당면 과제를 잘 해결하지 못하면 스스로 보육교사로서의 자질을 의심하고 자신감을 상실할 수도 있다.

2 2단계: 강화기(Stage II: Consolidation)

보육교사로서의 첫 1년을 무사히 지내고 나면 대부분의 보육교사들은 자기 자신을 교실 상황에서의 위기를 잘 극복하고 생존할 수 있는 능력이 있는 존재로 여기게 된다. 보육교사들은 교직 생활 2년 혹은 3년 차가 되면 어느 정도의 안정감을 갖게 된다. 이 시기에는 생존에 대한 즉각적인 관심에서 벗어나 개별 영유아와 특정한 문제 상황에 대한 관심을 가지게 된다. 즉, 부모와 떨어지기 힘들어 하는 영유아를 어떻게 도와줄 수 있을 것인지, 자신의 감정을 잘 조절하지 못하는 영유아들을 어떻게 지도하는 것이 좋을지, 집단생활에서 어려움을 경험하거나 또래의 활동을 방해하는 영유아들을 도울 수 있는 효율적인 방법이 무엇인지 등 영유아들을 잘 지도할 수 있는 방법에 관심을 두게 된다.

3 3단계: 갱신기(Stage III: Renewal)

보육교사가 된 지 3년 혹은 4년이 지나면 반복되는 일상에 지루함을 느끼게 된다. 이때 보육교사는 기존에 자신이 주로 사용해 오던 교육방법에 대해 돌아보면서 개선되어야 할 점이나 새로운 교육적 접근을 찾기 위해 노력한다. 즉, 이 시기는 자신에게 익숙한 교육적 접근 외에 새로운 아이디어를 찾게 되는 시기이다.

4 4단계: 성숙기(Stage IV: Maturity)

경력 5년 이상이 되는 대부분의 보육교사들은 보육교사로서의 자신감을 갖게 되고 유능감을 형성하게 된다. 이제는 일상적인 관심에서 벗어나 좀 더 근본적인 질문을 하게 된다. 예를 들면, 보육교사로서 자신이 지니고 있는 아동관이 무엇이며 영유아들이 궁극적으로 어떤 사람으로 자라나길 바라는지, 영유아의 학습과 발달의 원동력이 무엇인지 등에 대해서 보다 깊은 관심을 가지게 된다. 이전에는 보육교사로서 매일매일 직면하는 실제적인 교실 중심의 상황에 관심이 집중되었다면, 이제는 보다 근본적이고 철학적인 질문들에 의미를 두게 된다. 그러나 단지 경력이 쌓이는 것만으로 모든 교사들이 성숙기에 도달하는 것은 아니므로 현직교사의 관심사에 따라 적절한 현직교육과 지원이 이루어져야 한다.

이처럼 교직 경험에 따라 보육교사가 가진 관심사가 달라지기 때문에 각 단계에 맞는 효과적인 교사교육 방법도 달라지게 된다. Katz는 보육교사의 단계에 따른 교사교육 방법을 다음과 같이 제안하였다.

먼저, 생존기에 있는 보육교사들에게는 개별 보육교사가 처한 상황에 대해서 잘 이해하는 선배 보육교사들의 지원과 격려 그리고 특정한 상황에 맞는 교수 전략과 영유아들의 행동에 대한 구체적인 대처방법을 알려 주는 상황 중심의 교육이 필요하다. 일회성으로 그치는 세미나와 워크숍보다는 가까이에 있으면서 초임 보육교사가 처한 상황에 대해서 잘 알고 있는 선배 보육교사의 지속적인 지원이 가장 큰 도움이 된다.

둘째, 강화기에 접어든 보육교사들은 자신을 도울 수 있는 선배 보육교사와 함께 특정한 문제 상황을 해결해 나가거나 특정한 영유아를 돕기 위한 방법을 탐구하는 과정에 참여함으로써 도움을 받게 된다. 즉, 자신의 감정을 잘 조절하지 못하는 영유아가 있다면 이 문제를 해결하기 위해서 교사가 그간 어떤 방법을 사용해 보았으며 이에 대한 해당 영유아의 반응은 어떠했는지, 이 영유아가 자신의 감정을 잘 조절하지 못하는 원인이 무엇인지, 이 문제를 해결하기 위해서 부모와 어떻게 협력할 것인지 등에 대해서 보다 경력이 많은 유능한 보육교사와 함께 의논하면서 자신의 교실 상황에 맞는 가장 적절한 방법이 무엇인지 함께 찾아 나가는 방법이 적절하다.

셋째, 갱신기에 접어든 보육교사들은 자신과 다른 교육 프로그램을 사용하는 교사들과 만나서 논의하는 것을 좋아하고 학술세미나와 워크숍 그리고 전문 단체에서 제공하는 교사교육 프로그램에 자발적으로 참여하는 경향이 있다. 또한 자신이 수업하는 모습을 동영상으로 촬영하여 자기 평가를 하거나 다른 어린이집을 방문하여 동료 보육교사들의 수업을 참관하는 것이 보육교사로서의 성장에 도움이 된다.

마지막으로, 성숙기에 접어든 보육교사들에게는 워크숍이나 학술세미나에 참여하는 기회를 제공하는 것이 좋다. 대학원에 진학하여 공부하거나 이전보다 폭넓은 독서를 하기 원하는 경우도 있다. 이 시기에는 이전 단계 때 도움이 되었던 직접적 지원방식에 만족하기보다는 좀 더 깊이 있는 지식을 탐구하기 원한다.

Katz가 제시한 보육교사의 발달에 따른 관심사의 특징과 교사교육 방법을 정리하면 다음의 〈표 9-3〉과 같다.

표 9-3 보육교사의 발달에 따른 관심사와 교사교육 방법

구분	1단계: 생존기 (경력 1년)	2단계: 강화기 (경력 2~3년)	3단계: 갱신기 (경력 3~4년)	4단계: 성숙기 (경력 5년 이상)
관심사	일상적인 교실 상황에서의 생존 여부에 관심을 가짐	특정한 문제를 지닌 개별 영유아와 문제 상황에 관심을 가짐	자신의 교육방법에 대해서 뒤돌아보고 새로운 교육적 접근에 관심을 가짐	아동관, 보육의 목적 등 근본적인 질문에 관심을 가짐
교사교육 방법	구체적인 상황 중심의 조언을 필요로 함	경력이 많은 선배 보육교사와 함께 특정한 문제 상황을 해결하는 방법에 대해서 탐구하는 과정을 필요로 함	새로운 보육 프로그램에 대한 학술세미나에 참석하거나 자신의 수업에 대한 평가 및 동료보육교사의 수업 참관을 통해서 도움을 받을 수 있음	학술대회나 세미나 참석, 대학원 진학, 폭넓은 독서, 혹은 동료보육교사들과의 깊이 있는 토론을 원함

보육교사의 관심사에 대한 이해는 보육교사의 발달 과업과 연결되고 가장 효율적인 교사교육의 내용과 방법을 결정하는 데 도움이 되므로 이에 대한 지속적인 연구와 논의가 필요하다. 보육교사의 관심사를 최대한 반영하기 위해서 집단으로 이루어지는 보수교육뿐만 아니라 1대1의 만남을 통해서 일정한 기간 동안 목표를 정해서 이루어지는 멘토링 형식의 교사교육에 대한 요구가 제기되었다.

멘토링은 지식과 경험을 가지고 있는 사람이 멘토가 되어 도움을 필요로 하는 사람이 지속적으로 발전할 수 있도록 지원하는 것으로 전문성을 충분히 갖춘 교사가 후배교사에게 모델링이 되어주고 교수-학습 방법에 대한 지원뿐만 아니라 정서적인 지원을 함께 제공함으로써 교사의 전문성이 향상되도록 돕는 과정이다(Scott, 1999). 연구결과, 우리나라 보육교사들은 경력에 상관없이 멘토링 참여의사가 높으며 경력이 낮을수록 인간관계에 기초한 교사 자질 향상을 위한 멘토링을 필요로 하는 것으로 나타났다. 또한 멘토링에 참여하기 이전에는 보육 프로그램에 대한 명확한 개념을 형성하지 못한 보육교사들이 멘토링에 참여한 이후에는 보육 프로그램에 대한 이해와 수행 능력이 향상된 것으로 보고되어 개별 교사의 관심사를 반영한 교사교육이 필요함을 알 수 있다(백영숙·김춘자, 2011).

이와 함께, 이론적이고 형식적인 교사교육의 한계를 극복하기 위한 방안으로 학습공동체가 최근 많은 관심을 받고 있다. 학습공동체는 교사들이 함께 학습을 하고자 하는 동기를 가지고 교수-학습, 학급 운영, 생활 지도에 필요한 지식과 정보를 공유하기 위하여 모임을 구성하여 정기적으로 상호작용하면서 전문성을 발달시킬 수 있는 방법이다. 학습공동체가 성공적으로 운영되기 위해서는 공동체 구성원들이 공감할 수 있는 공동의 목표와 과제를 찾는 것이 필요하다. 학습공동체는 각 학급에 고립된 교사들이 지식과 자료를 공유하고 경험을 나누는 가운데 공동체가 함께 성장할 수 있다는 장점이 있다(최남정·임부연, 2013).

학습을 목적으로 하는 교사들이 자발적으로 학습공동체 모임을 형성하고 동료교사들과 어려움을 공유하면서 문제해결을 위해서 서로 돕는 과정을 통하여 다양한 시각에서 교사의 역할에 접근해 나갈 수 있다. 다양한 경력을 지니고 있으며 서로 다른 교사 발달 단계에 있는 보육교사들이 자신의 발달 단계에 따라 전문성 발달에 대한 요구가 다른 경우에도 공동의 관심사를 찾고 각자의 보육현장에서 당면한 문제를 해결하기 위하여 협력하면 수평적 협력관계를 형성할 수 있으며 이는 궁극적으로 보육교사의 전문성 향상으로 이어지게 된다(박소영·정지현, 2015).

학습공동체에 참여하는 가운데 교사들은 다양한 교수-학습 방법에 대해서 이해하게 되며 이를 자신의 교실에서 시도하고자 하는 노력을 하게 되고, 동료교사들의 수업뿐 아니라 자신의 수업에 대한 성찰을 하는 가운데 교수-학습 능력과 전문성 발달이 이루어지게 된다. 또한 교사는 자발적으로 형성한 학습공동체 모임에 참여하게 되면서 가르침에 대한 열정과 교사로서의 정체성과 자신감을 회복하게 된다. 학습공동체를 성공적으로 유지하고 발전하기 위해서 무엇보다 참여하는 교사들의 자발적인 의지가 있어야 하며 동료교사의 수업 방식을 일방적으로 평가하기보다는 신뢰를 바탕으로 동료교사의 수업을 지원하며 합리적인 의사소통을 해나가기 위해서 노력하는 것이 중요하다. 교사들이 학습공동체를 통하여 함께 나눌 수 있는 주제는 매우 다양하여 수업의 내용과 방법에 대한 것뿐 아니라 교사와 영유아의 관계, 생활 지도, 문제행동 지도 등을 포함할 수 있다(김나희, 2018).

이처럼 전문성 발달을 위한 교사교육 방법은 이론적이고 형식적인 내용을 넘어서 교사의 당면 과제를 함께 해결할 수 있는 방향으로 나아가고 있다. 또한 대집단으로 이루어지는 전달식 강의 형식을 넘어서 서로 다른 발달 단계에 있는 교사들이 상호 신뢰를 기반으로 어려움을 공유하고 지원하는 소그룹 학습공동체 운영에 이르기까지 다양한 방식으로 전문성 발달을 위한 노력이 이루어지고 있다.

3 보육교사의 발달 단계에 기초한 전문성 발달 지원

영유아를 위한 효과적인 교육을 제공하기 위해서 발달 단계를 이해하는 것이 필수적인 것처럼 교사의 발달 단계를 이해하는 것은 각 단계별로 적절한 전문성 발달 지원을 하기 위해서 선행되어야 하는 부분이기 때문에 이에 대한 많은 연구가 진행되어 왔다.

Burke, Christensen과 Fessler(1984)는 이전의 연구자들이 교직 발달을 몇 개의 단계를 거치면서 순차적으로 이루어지는 직선적인 발달로 간주하여 교직 발달에 영향을 주는 복합적인 요인들을 충분히 고려하지 못했다는 한계점을 지적하면서 교직순환모형(Teacher Career Cycle Model: TCCM)을 제시하였다. 교직순환모형은 다양한 환경적 요인의 영향을 받아 순환적으로 교직 발달이 이루어지는 과정을 설명한다.

교직순환모형에 의하면, 교사의 개인적 환경과 조직적 환경은 교직 발달에 영향을 주는 주요한 요인이 된다. 교사의 개인적 환경(personal environment)은 교사의 가족이 제공하는 지원, 결혼과 출산 등의 긍징적인 개인사, 사랑하는 사람의 병이나 가정생활의 어려움 등을 포함한 인생의 위기, 취미와 종교 활동 등의 개인적인 관심사를 포함하는 것이다. 긍정적인 개인적 환경은 교사로서의 발달을 지원하는 역할을 하지만, 개인적 위기와 갈등 상황은 교사로서의 성장을 방해하는 요소로 작용하게 된다. 한편 교직 발달에 영향을 주는 교사의 조직적 환경(organizational environment)에는 교원의 인사정책이나 자격 요건 등에 대한 규정, 의사소통 체제와 지원 정도를 포함하는 기관의 경영 형태, 교사에 대한 신뢰와 지원을 포함하는 공적 신임, 교사에 대한 사회적 기대 및 전문 단체의 역할 등이 해당된다. 교사가 속한 조직적 환경이 긍정적인 경우에는 교사의 전문성 발달을 강화할 수 있지만 반대로 조직적 환경이 부정적으로 작용하여 교사의 전문성 발달을 저해할 수도 있다. 즉, 교직순환모형은 교사의 발달이 경력이나 시간의 흐름에 따라 순차적으로 이루어지기보다는 교사를 둘러싸고 있는 개인적 환경과 조직적 환경이 어떻게 작용하는지에 따라 역동적이고 순환적으로 이루어진다는 것을 제안한다.

Burke와 그의 동료들(1984)이 제안한 교직순환모형에 따르면, 교사들은 교직 준비기(preservice), 입문기(induction), 유능감 형성기(competency building), 열정과 성장기(enthusiastic and growing), 좌절감 경험기(career frustration), 정체기(stable but stagnant), 교직 하향기(career wind-down) 그리고 퇴직기(career exit)의 8단계를 거치게 된다. 이에 대한 설명은 〈표 9-4〉에 제시된 바와 같다.

표 9-4 교직순환모형(TCCM)의 단계 및 내용

단계	내용
교직 준비기	교사 역할 수행을 위한 준비 시기로 직전교육 및 교사가 된 후에 상급학교로 진학하거나 새로운 역할 수행을 위한 자격 연수를 받는 경우가 해당됨
입문기	교사가 된 후 초기 몇 년 동안 교사생활에 적응해 나가는 시기로 동료교사, 학부모, 영유아들로부터 인정받기 위해 노력하며 초임교사로서 어느 정도의 불안감과 걱정스러움을 경험하기도 함
유능감 형성기	교수 능력 향상을 위해서 노력하는 시기로 새로운 교육적 접근을 시도하며 새로운 아이디어를 얻기 위하여 워크숍에 참여하거나 대학원에 진학하는 경우도 있음
열정과 성장기	높은 수준의 유능감을 형성하였으나 전문가로 계속 성장하기 위해서 도전하는 시기로 교직에 대한 열정과 만족도가 높은 시기임
좌절감 경험기	교직에 대한 만족도가 사라지고 회의감을 경험하는 시기로 일반적으로는 교직 생활 중반에 접어들어서 이러한 느낌을 갖게 되지만 교직 초기에 이미 좌절감을 경험하는 경우도 있음
정체기	의무적인 일은 수행하지만, 새로운 일에 대해서는 수동적인 태도를 지니게 되는 시기로 교사로서의 열정을 회복하여 정체기를 극복할 수 있는 계기를 마련하는 것이 중요함
교직 하향기	교직을 떠날 준비를 하는 시기에 해당됨
퇴직기	교직을 떠나는 시기임

Burke와 동료들은 교사들의 교직 발달을 돕는 효율적인 현직교육을 제공하는 데 필요한 몇 가지 시사점을 제시하였다(문혁준 외, 2010, 재인용). 이에 준하여 보육교사의 발달을 위한 재교육의 시사점을 정리하면 다음과 같다. 먼저 보육교사의 교수기술을 향상시키기 위한 교사 재교육은 입문기 또는 유능감 형성기에 있는 교사들에게 가장 효과적이므로 이 시기의 보육교사들을 대상으로 하는 것이 적절하다. 또한 보육교사의 개인적인 환경은 교직 발달에 많은 영향을 주기 때문에 개인적인 어려움을 경험하는 보육교사들에게는 개인적인 어려움을 해결할 수 있는 도움을 제공한 후에 전문성 발달을 위한 지원을 하는 것이 효과적이다. 마지막으로 모든 보육교사들이 동일한 발달 경로를 따르는 것이 아니라 교사 개인의 상황에 따라 다양한 경로를 경험하기 때문에 개별 보육교사의 상황을 파악하여 이에

적합한 지원을 할 필요가 있다. 예를 들어, 보육교사로서의 경력이 많다고 하더라도 유아반을 주로 담당하던 보육교사가 영아반 담임을 처음 맡게 되는 경우에는 새로운 적응을 해야 하는 상황에 직면하게 되고 영아들의 특성과 발달에 대한 실천적 지식이 상대적으로 부족하여 어려움을 겪기도 한다(권현조·배지희, 2018). 이처럼 교사들이 직면하는 상황은 개인에 따라 다르게 나타나게 되므로 개인의 필요에 부응하는 개별화된 교사교육과 일회성에 그치지 않는 지속적인 지원이 요구된다.

한편 Steffy와 Wolfe(2001)는 유능한 교사가 오랫동안 교직에 머무르도록 하기 위해서는 교사들이 교직에 만족감을 느낄 수 있도록 지원하는 것이 필요하다는 것을 주장하면서 교사교육을 제공할 때 교사들이 자신이 속한 각 단계에 따라 지니게 되는 다양한 요구들을 이해하고 반영하는 것이 중요함을 지적하였다. Steffy와 Wolfe가 제시한 생애순환적 발달모형(Life-cycle Model for Career Teachers)에서는 6단계의 교직 발달 단계가 제시되었다(문혁준 외, 2010, 재인용). 이에 준하여 보육교사의 발달 단계를 설명하면 다음과 같다.

1 초보 단계(Novice phase)

보육교사가 되기 전에 받는 직전교육과정에서 경험하게 되는 보육실습을 통하여 보육교사로서의 역할을 처음으로 경험하게 되는 시기이다. 이때 영유아들을 대상으로 많은 수업을 실제로 하는 것은 아니지만 보육현장을 처음으로 경험하면서 보육교사로서의 성장의 기초가 형성된다.

2 견습 단계(Apprentice phase)

견습 단계는 보육교사가 된 후 첫 2~3년 동안에 해당되는 시기이다. 이때 처음으로 자신이 담당한 학급 영유아들을 대상으로 실제 수업을 계획하고 수행하는 역할을 하게 되고 교사교육을 통하여 배운 전문적 지식을 보육현장에서 영유아들을 대상으로 실행해 나가는 초기 단계이다.

3 전문성 형성 단계(Professional phase)

보육교사로서의 자신감을 형성하게 되는 단계이다. 보육교사로서 자신감을 형성해 나가는 데는 영유아들의 반응이 많은 영향을 준다. 영유아들이 보육교사로서 자신을 존중해 주고 잘 따라줄 때 보육교사로서의 유능감을 형성할 수 있는 반면, 그렇지 않은 경우에는 자신감을 잃게 될 수도 있다.

4 숙련 단계(Expert phase)

보육교사로서 숙련된 단계에 도달한 시기로 보육교사에게 요구되는 높은 기준을 충족하는 단계이다. 단순히 시간이 흐르고 경험이 쌓인다고 해서 모든 보육교사가 숙련 단계에 도달할 수 있는 것은 아니므로 지속적이고 체계적인 교사교육을 통하여 많은 보육교사가 숙련 단계에 도달할 수 있도록 지원하는 것이 필요하다.

5 수훈 단계(Distinguished phase)

일반적으로 우수하다고 평가되는 보육교사에게 기대되는 수준을 능가하는 단계이며 숙련 단계와 마찬가지로 단지 경력이 많다고 해서 모든 보육교사가 이 단계에 도달할 수 있는 것은 아니다. 이 단계에 도달한 보육교사들은 그들에게 의무적으로 기대되는 역할 수준을 능가하여 더 높은 전문성의 경지에 이르기 위하여 노력을 아끼지 않는다.

6 명예교사 단계(Emeritus phase)

보육교사로 재직하고 퇴직한 후에 명예교사로 일하는 시기이다. 보육현장에서 긍정적인 평가를 받고 인정받은 보육교사들은 퇴직 후에도 교사교육자나 멘토로 일하면서 자신이 가지고 있는 지식과 전문성을 환원하는 역할을 하게 된다.

Steffy와 Wolfe(2001)가 제시한 생애순환적 발달모형은 초임교사들에게만 교직 발달이 이루어지는 것이 아니라 교사들의 전 생애를 통해서 발달이 이루어져야 함을 시사하는 것이다. 경력이 많은 교사라 할지라도 반성(reflection)-갱신(renewal)-성장(growth) 주기를 통해서 교사로서의 발달이 이루어진다. 이들이 제시한 교사로서의 발달 주기를 보육교사에게 적용하여 설명하면 다음의 〈표 9-5〉와 같다.

표 9-5 생애순환적 발달모형에서 제시한 반성-갱신-성장 주기

주기	내용
반성	교사의 가치관, 수업방식, 태도 등에 대해서 돌아보는 과정으로 동료장학이나 저널 쓰기 혹은 스터디 그룹에 참여하는 것이 도움이 될 수 있으며 반성의 과정을 통해 가르치는 일에 대해서 더 깊이 이해하고 교사로서 유능감을 형성함
갱신	자신이 교사가 된 이유와 현재 가지고 있는 교육에 대한 신념을 되돌아보고 교육에 대해서 기존에 가지고 있던 관점을 새로운 시각으로 바라보거나 새로운 목표를 선정하고 도전하며 교사교육 프로그램에 참여하여 새로운 정보를 받아들임
성장	반성과 갱신의 과정을 통하여 보다 유능한 교사로 성장함

4 보육교사의 발달과 소진

보육교사는 발달의 결정적 시기에 있는 영유아들의 양육과 교육을 책임지는 역할을 담당하므로 매우 중요한 위치에 있다. 그러나 역할의 특성상 보육교사는 장시간 어린 영유아들을 돌보고 교육하면서 육체적 피로감을 경험하거나 낮은 보수와 사회적 인식 그리고 열악한 근무환경 속에서 소진(burnout)을 경험할 수도 있다. 소진은 정서적으로 고갈됨을 느끼고 직무에 대한 성취감과 열정을 갖기 어렵게 만들기 때문에 보육교사의 소진은 지속적인 전문성 발달을 저해하는 요인으로 작용하며 이직으로 이어지기도 한다. 보육교사가 신체적·심리적 소진을 경험하게 되면 일상적인 역할에서 벗어나 새로운 지식과 교수방법을 습득하고 보다 유능한 보육교사로 성장하기 위한 노력을 하기 어렵게 되고 이는 직무 만족도를 낮추는 요인으로 작용하게 된다.

보육교사가 경험하는 소진은 여러 요인들과 연관되어 있다. 보육교사의 소진에 대한 연구결과에 의하면, 보육교사의 연령이 낮거나 보육 경력이 적을수록, 교사 대 아동 비율이 높고 근무시간이 길고 보수가 적을수록, 승진의 기회가 적을수록,

원장 및 동료교사들과의 인간관계에서 어려움을 겪을수록 소진을 더 많이 경험한다. 담당 학급에 따른 소진의 정도에도 차이가 있는데, 혼합연령 학급을 담당하는 경우 소진 수준이 높게 나타났고 단일연령 학급의 경우에는 2세와 3세를 담당하는 경우에 소진 수준이 높게 나타나서 여러 연령이 혼합된 학급을 담당하거나 어린 연령을 담당할 때 보육교사의 소진 정도가 높게 나타날 수 있다. 또한 보육교사의 직무 만족도가 높을수록 소진을 덜 경험하는 반면, 직무스트레스가 높을수록 소진을 경험하는 빈도가 높아진다. 한편 보육교사가 높은 자아존중감을 가지고 있고 원장, 동료교사들, 그리고 영유아의 부모들과 원만한 대인관계를 유지하고 낙관적인 태도를 지니고 있는 경우에는 소진을 더 적게 경험하는 것으로 나타났다(이정희·조성연, 2011). 보육교사가 경험하는 소진의 원인에는 업무 과다, 열악한 근무환경, 인간관계의 어려움, 높은 강도의 정서노동 등이 포함되고, 소진의 양상으로는 신체적 피로, 스트레스와 무기력, 자존감 저하, 이직에 대한 욕구 등이 있다(정덕희, 2015).

보육교사의 소진을 감소시키고 자기계발과 전문성 발달을 위한 노력을 증진시키기 위해서는 보육교사의 어려움과 요구에 귀 기울일 필요가 있다. 보육교사의 직무스트레스를 완화시키고 소진을 감소시키기 위하여 보육교사들이 제안하는 몇 가지 방안을 제시하면 다음과 같다.

◉ 보육교사의 경험을 고려한 교사 배치

"그냥 보육교사 경력이 많은 것보다 영아반은 영아반 담당 경력이 많은 사람을 뽑고, 유아반은 유아반 교사 경력이 많은 사람을 뽑아야 한다고 생각해요. 그래야 조금 더 전문적이고 아이들에게도 이로우니까요."

◉ 보조교사의 배치

"극화놀이를 하면 아이들이 극화 영역에 많이 몰리거든요. 그러면 극화 영역 외에 있는 표현 영역이나 언어 영역에 있는 아이들을 인턴 선생님들이 봐 주셨으면 해요. 제가 극화놀이를 많은 아이들과 하고 있는데, 한 아이가 와서 책을 읽어 달라고 할 때, 저는 혼자 있으니까 그 아이의 요구를 바로 수용해 줄 수가 없잖아요."

◉ **상담과 관련된 재교육**

"상담기법에 관한 교육이 필요한 것 같아요. 조금 더 능숙하고 전문가답게 어머니들과 대화를 나눌 수 있게 되면 어머니들 입장에서도 교사를 더 신뢰할 수 있을 것 같아요."

"어머니들과의 거리를 좁힐 수 있는 건 교사의 말로부터 시작되거든요. (중략) 특히 상담할 때 서로 얼굴을 익히고 아이에 대해 의논하면서 전문가다운 모습을 보여 주면 좋죠. 그래서 상담기술과 같은 교육이 필요해요."

출처: 이윤영 외(2013), pp. 213-217.

보육교사의 소진을 감소시키고 전문성 발달을 위한 노력을 지속하도록 돕기 위해서 보육교사를 둘러싼 사회적 지지체계를 마련해 주고 긍정적인 자아개념과 원만한 인간관계를 형성하는 데 도움을 주는 내용의 직전교육과 보수교육이 이루어져야 한다. 보수교육은 보육교사의 자긍심 획득과 자기계발에 대한 동기 부여에 도움을 주어야 하며 보수교육의 시간대를 잘 선택하고 보육교사들의 업무량을 지나치게 증가시키는 요인이 되지 않도록 해야 하며 보수교육기관이 근거리에 위치하여 접근이 용이하도록 해야 한다(김의향·서문희·임양미·민미희, 2010). 한편 보수교육의 내용이나 방법도 그 효과를 좌우하는 중요한 요인이 된다. 예를 들면, 어린이집에는 0세, 1세, 2세반을 담당하는 영아반 교사와 만 3~5세를 담당하는 유아반 교사가 있으므로 보육교사는 영유아의 연령에 따른 특성과 교사의 역할에 대한 내용이 담당 학급 영유아들의 연령에 따라 세분화된 교육이 이루어지기를 기대한다(권현조·배지희, 2018). 보육교사의 개별적 요구와 흥미를 고려하지 않고 일반적이며 이론적인 내용 중심의 대집단 강의 위주로 교육이 이루어진다면 형식적인 수준에 머무르게 된다는 한계점이 있다. 따라서 최근에는 교사들이 자발적이고 주도적으로 전문성 향상을 위해 노력하며 자율적으로 필요한 정보를 습득하고 이를 보육현장에 활용하는 노력을 지속하는 자율장학(이은화·조부경, 2000)을 통하여 보육교사의 전문성을 발달시키려는 노력이 중시되고 있다. 개별 교사의 관심과 흥미에 입각한 자기계발과 성장의 과정이 지속될 때 양질의 보육이 보장될 수 있을 것이다.

보육교사의 전문성 발달을 격려하는 환경적 요인과 더불어 보육교사 스스로가 전문성 발달에 긍정적 가치를 부여하고 이를 위해서 꾸준히 노력할 때 전문성을 지닌 보육교사로 성장할 수 있다. 한 분야에서 전문성을 지니기 위해서는 장기간의 훈련을 통해 전문 지식과 기술을 습득해야 하며 전문성은 고정적인 것이 아니라 계속해서 성숙될 수 있는 것이다. 또한 보육교사가 지녀야 하는 전문성의 주요 특성이 무엇인가에 대해서는 다양한 의견이 있을 수 있다. 한 예로, 최근에 이루어진 연구(임민정, 2020)에 의하면 보육교사와 부모가 생각하는 보육교사의 전문성에 대한 인식에 차이가 있다. 보육교사들의 경우에는 영유아와의 상호작용 능력과 교수-학습 기술을 보육교사 전문성의 중요한 부분으로 높게 인식한 반면 부모들은 의사소통 능력과 영유아들의 개별적 차이에 대한 수용을 보육교사 전문성의 특성으로 가장 높게 인식하였다. 이처럼 보육교사에게 기대되는 전문성에 대한 다양한 인식은 보육교사의 역할이 돌봄과 교육을 포괄하는 매우 복합적인 특성을 지니고 있고 보육교사의 역할 중 가장 중요한 것이 무엇인가에 대한 견해에 차이가 있기 때문이라고 볼 수 있다. 보육교사가 자신의 직업이 전문적이라고 인식하는 정도가 높을수록 직무 만족도가 높게 나타나므로(오미혜·박영아, 2018) 전문성을 지닌 보육교사로 성장하기 위하여 보육교사 본인의 지속적인 노력이 필요함과 동시에 이러한 교사들의 노력을 인정하고 지원하는 사회적 지원 체계가 확대되어야 할 것이다.

제10장 보육교직원의 보수교육 및 장학

보육교직원의 성장과 발달에 있어 보수교육이 필수이다. 보육교직원들이 의무적으로 수행해야 하는 보수교육과 어린이집 내외에서 이루어지는 장학, 개인 연수 등의 현직교육은 보육교직원으로서 자신의 능력을 계발하고 재충전을 위한 귀중한 시간이 된다. 본 장에서는 법률적 근거에 의해 제도화되어 있는 보수교육의 제도적 측면과 보수교육의 교육내용을 살펴보고 서울형 어린이집에서 이루어졌던 자율장학에 대해 알아보고자 한다.

1 보수교육

1) 보수교육의 정의 및 실태

(1) 보수교육의 정의 및 법적 근거

보육의 질은 보육교직원의 전문성에 의해 상당 부분 결정된다고 볼 수 있다. 보육교사의 양성과정이 개방형 자격 취득과정으로 다양한 경로를 통해 보육교사로 진입하고 있는 상황에서 보육교사의 보육역량을 강화하는 데 있어 보수교육은 중요한 역할을 한다고 할 수 있다. 특히 보수교육은 재직기간 동안 주기적으로 이루어지고 있으며 현직에서 느끼는 어려움을 재교육을 통해 보완할 수 있다는 점과 보육교사의 역량을 일정 수준 이상으로 함양하도록 한다는 점에서 보육의 질적 향상에 기여한다. 서울특별시에서는 교사 전문성 향상 훈련 및 교육계획을 국공립어린이집 평가 기준 중 하나로 하고 있다. 또한 어린이집 운영관리 점검사항에 원장과 보육교사의 보수교육 이수 여부를 점검·평가하도록 하고 있다(서울특별시, 2020).

보수교육은 보육교직원의 자질 향상을 위해 실시하는 교육으로서, 보육에 필요한 지식과 능력을 유지·개발하기 위하여 보육교직원이 정기적으로 받는 직무교육과 보육교사가 상위 등급의 자격(3급 → 2급, 2급 → 1급)을 취득하기 위해 받아야 하는 승급교육 및 어린이집 원장이 자격을 갖추기 위하여 받아야 하는 사전직무교육을 말한다(보건복지부, 2020).

보수교육의 법적 근거는 「영유아보육법」(시행 2019. 7. 1. 법률 제215270호, 2017. 12. 19. 타법개정)으로, 제23조 '어린이집 원장의 보수교육'과 제23조 2의 '보육교사의 보수교육'에 정하고 있다. 이에 따르면 보건복지부 장관은 어린이집 원장의 자질 향상을 위해 사전직무교육과 직무교육을 실시하여야 하고, 보육교사의 자질 향상을 위해 직무교육과 승급교육을 실시하여야 한다. 보수교육은 집합교육을 원칙으로 하고 그 내용은 성폭력 및 아동학대 예방, 실종·유괴의 예방과 방지, 감염병 및 약물의 오·남용 예방 등 보건위생관리, 재난대비 안전, 교통안전, 영유아의 인권보호를 포함한 어린이집 원장(보육교사)의 인성 함양과 그 밖에 보건복지부령으로 정하는 사항 등으로 규정하고 있다. 보건복지부령으로 정하는 사항은 「영유아보육법 시행규칙」에서 보육에 대한 실무능력을 함양하기 위한 내용이라고 말한다. 보수교육의 기간, 방법, 내용 등의 필요한 사항은 보건복지부령으로 정한다고 규정한다. 이에 「영유아보육법 시행규칙」(시행 2019. 6. 12. 보건복지부령 제631호, 2019. 6. 12. 일부개정) 제11조 2 '어린이집 원장의 사전직무교육', 제20조 '보수교육의 실시', 제39조 4 '보수교육 실시의 위탁절차 등'에 관한 규정과 「영유아보육법 시행령」(시행 2019. 6. 25., 대통령령 제2980호, 2019. 6. 4. 일부개정) 제24조 '비용의 보조', 제26조 '권한의 위임' 등에 관한 규정에 근거하여 보수교육이 실시되고 있다.

「영유아보육법」 제46조 '어린이집 원장의 자격정지'와 제47조 '보육교사의 자격정지'에 의하면 어린이집 원장과 보육교사가 제23조에 따른 보수교육을 연속하여 3회 이상 받지 아니한 경우 1년 이내의 범위에서 보건복지부령으로 정하는 바에 따라 그 자격을 정지시킬 수 있다고 명시하고 있다.

(2) 보수교육의 운영 현황

보수교육은 「영유아보육법」 제23조, 제23조 2, 시행규칙 제11조 2, 제20조, 제39조 4 등의 법률 규정에 근거하여 실시되고 있다. 보수교육이 실시된 이래로 2010년에 어린이집 원장 신규교육이 시행규칙에 신설되고, 2011년에 원장직무교육에 사전직무교육이 새롭게 포함되었으며, 2015년에는 보수교육은 집합교육을 원칙으로 한다고 명기하고 있다. 2016년에는 보수교육 과정의 내용을 6개 교육과정 영역에서 3개 영역—인성·소양 영역, 건강·안전 영역, 전문지식·기술 영역—으로 개정하였으며, 일반직무교육에 기초과정과 심화과정을 두어 교육 대상자들이 경력과 필요에 따라 선택할 수 있게 하였다.

2007년 삼성복지재단의 시범사업을 통해 온라인 특별직무교육이 실시되었다. 특별직무교육은 영아 보육, 장애아 보육, 방과후 보육과정을 말한다. 보건복지부에서는 2018년 온라인 특별직무교육을 삼성복지재단에 위탁하여 실시하여 오다가 2015년부터는 에듀케어, 2017년에는 한화엔스엔씨 등 3개 기관을 특별직무교육 위탁기관으로 선정하였다. 2019년에는 6개 기관, 2020년에는 5개 기관을 특별직무교육 위탁기관으로 선정하여 보육교직원 온라인 보수교육을 실시하고 있다.

보수교육의 운영에 관한 법적 기준에 따라 보수교육에 참여한 보육교직원은 매년 꾸준히 늘고 있으며 예산 지원도 확대되고 있다. 2019년 국비 기준 보육예산을 보면 교직원 보수교육과 보육자격관리 관련 운영비 지원을 위한 어린이집 교원양성 지원 예산으로 24억 7천 4백만 원을 배정하고 있다(보건복지부 보육정책과, 2020: 300, 보육통계 2019년 12월 말 기준).

2018년 보육실태조사(보건복지부·육아정책연구소, 2018)에 따르면 원장을 대상으로 한 조사에서 교사를 위한 일반직무 보수교육의 경우 기본과정의 교육 대상자가 있는 기관은 전체 어린이집 중 50.7%였는데, 이 중 92.8%가 일반직무교육을 이수하였다. 심화과정의 교육 대상자가 있는 기관은 전체 어린이집 중 14.8%로 이수율은 92.8%였다. 원장을 위한 일반직무 보수교육 중 기본과정의 교육 대상자가 있는 기관은 전체 어린이집 중 30.3%였으며 이수율은 93.1%였다. 심화과정의 교육 대상자가 있는 기관은 전체 어린이집 중 14.2%였으며 이수율은 92.5%로 나타났다. 보육교사의 승급교육은 2급 승급교육 대상자가 있는 어린이집은 11.0%, 1급 승급교육 대상자가 있는 어린이집은 39.7%였는데, 교육 대상자의 이수율은 2급 승급교육 89.6%, 1급 승급교육 88.9%로 나타났다. 보수교육으로 특별직무교육을 이수한 교사는 영아 보육 42.8%, 장애아 보육 10.5%, 방과후 보육 7.8%였다.

원장을 대상으로 보수교육 교육 대상자가 보수교육이나 승급교육을 받지 못한 이유를 조사한 결과, 대상자 모두 교육을 이수했다는 응답이 78.7%였으나, 개인사정(4.4%), 대체교사가 없어서(2.8%), 어린이집 일정상(2.7%), 교육기회 없음(1.5%), 기타(9.2%) 등 21.3%는 보수교육을 받지 않은 것으로 보고되고 있다.

2017년에 의무보수교육 외에 어린이집에서 자체적으로 실시한 재교육이 있었는지를 조사한 결과, 재교육을 실시한다는 응답은 81.4%였다. 재교육의 유형은 자체 별도 보수교육이 54.2%로 가장 많았으며, 동료 간 멘토링 36.2%, 기타 28.5%, 컨설팅 27.5%, 자율공부모임 14.2% 등으로 가정어린이집보다는 국공립과 직장어린이집이 기관 자체 지원 및 교육 실시율이 높았다. 어린이집 기관 자체 지원 및 교육내용을 보면 아동학대 예방이 84.2%로 가장 많았으며, 그다음으로 안전 62.0%, 보육과정 상호작용 56.2%, 평가인증 48.6%, 누리과정 11.5% 등의 순으로 나타났다.

중간경력교사 3,400명을 대상으로 이루어진 보육실태조사(보건복지부·육아정책연구소, 2018)에서 2017년 한 해 동안 보수교육의 이수 현황을 조사한 결과, 교사 중 69.1%가 일반직무, 특별직무, 승급교육을 포함한 보수교육을 이수한 것으로 나타났다. 보수교육 유형별 이수 현황을 보면 일반직무 중 기본과정은 55.4%, 심화과정은 23.0%였으며, 특별직무 중 영아 보육은 53.6%, 장애아 보육은 16.5%, 방과후 보육은 7.2%의 이수율을 보였다. 중간경력교사의 2급과 1급 승급교육 이수율은 각각 6.6%와 23.3%로 나타났다. 보수교육 형태는 집합교육 39.5%, 집합교육과 온라인 교육형태 33.4%, 인터넷 등 온라인 교육 39.5%로 2015년 조사보다 집합교육이 감소하였다.

보육교사들에게 보수교육 기간에 대체인력 지원이 있었는지 조사한 결과, 온라인 교육이어서 지원이 필요 없는 경우가 29.4%로 높았으며, 항상 지원됨이 27.9%였다. 대체인력 지원이 적었음은 17.3%, 지원된 적 없음은 15.3%로 2015년 조사에 비해 지원이 향상되었다고 보고하였으나, 소규모나 읍·면지역의 어린이집 교사의 경우 보수교육에 대한 지원이 보다 필요한 것으로 조사되었다(보건복지부·육아정책연구소, 2018).

2) 보수교육의 종류 및 대상

(1) 보수교육의 종류

「영유아보육법」 제23조와 제23조 2의 원장과 보육교사의 보수교육과 「영유아보육법 시행규칙」 제11조 2 어린이집 원장의 사전직무교육, 제20조 보수교육의 실시에 근거하여 보육교직원을 위한 보수교육의 종류를 보면 〈표 10-1〉과 〈표 10-2〉와 같다(보건복지부, 2020).

표 10-1 어린이집 원장의 보수교육

직무교육					사전직무교육
일반직무교육		특별직무교육			어린이집 원장 사전직무교육
기본교육/심화교육	장기 미종사자 교육	영아 보육 직무교육	장애아 보육 직무교육	방과후 보육 직무교육	

출처: 보건복지부(2020), p. 221.

표 10-2 보육교사 등의 보수교육

직무교육					승급교육	
일반직무교육		특별직무교육			2급 보육교사 승급교육	1급 보육교사 승급교육
기본교육/심화교육	장기 미종사자 교육	영아 보육 직무교육	장애아 보육 직무교육	방과후 보육 직무교육		

출처: 보건복지부(2020), p. 221.

보수교육은 원장의 경우 직무교육과 사전직무교육으로 구분된다. 보육교사의 경우는 직무교육과 승급교육이 있다. 원장과 보육교사 모두 직무교육은 경력에 따라 선택이 가능한 기본교육과 심화교육 그리고 장기 미종사자 교육으로 나눈다. 특별직무교육은 영아 보육 직무교육, 장애아 보육 직무교육, 방과후 보육 직무교육 등이 있다. 보육교사를 대상으로 하는 승급교육에는 2급 보육교사 승급교육과 1급 보육교사 승급교육이 있다.

(2) 보수교육의 대상

보수교육은 현재 어린이집에 근무하고 있는 보육교직원을 대상으로 실시하는 것으로 어린이집 원장이나 교사 자격을 가지고 있더라도 보수교육을 시작하는 시점에 어린이집에 근무를 하고 있지 않다면 보수교육을 받을 수 없다. 다만 어린이집 원장 사전직무교육은 어린이집에 근무하지 않는 경우라도 신청 및 이수가 가능하다. 또한 교육비 전액을 자비로 부담하는 경우 현직에 있지 않은 사람도 보수교육의 이수가 가능하다.

보수교육은 집합교육이 원칙이며(영유아보육법 제23조 2, 개정 2015. 5. 18.) 특별직무교육에 한하여 온라인 교육으로 이수하는 것을 인정한다. 또한 원장 및 보육교사의 일반직무교육에서 기본 및 심화교육 과정은 보육업무 경력 등을 감안하여 교육 대상자가 선택하여 이수할 수 있다.

보수교육 대상자의 선정 기준이 되는 보육업무 경력은 어린이집 및 보육정보센터에 근무한 경력과 「유아교육법」에 따른 종일제 유치원에서 원장, 원감, 교사로 근무한 경력을 말한다. 경력 산정에서 주당 30시간 미만 근무하는 보육교사의 경우 합산한 근로 시간이 8시간인 경우 1일로, 209시간인 경우 1개월의 경력으로 인정하고 있다. 그러나 육아휴직 기간 및 육아기 근로 시간 단축의 사용으로 실제 근무하지 않은 시간, 업무상 재해로 인한 병가 기간이 1개월 이상인 경우는 보육업무 경력에서 제외한다(보건복지부, 2020).

1 직무교육

직무교육은 보육에 필요한 지식과 능력을 유지·개발하기 위하여 보육교직원이 정기적으로 받는 교육으로 보육 대상자에 따라 일반직무교육과 특별직무교육으로 구분하여 이루어지고 있다.

보육교사의 직무교육은 현직에 종사하고 있는 보육교사로서 보육업무 경력이 만 2년이 지난 사람과 보육교사 직무교육(승급교육을 포함)을 받은 해부터 만 2년이 지난 사람을 대상으로 한다.

어린이집 원장의 직무교육은 현직에 종사하고 있는 어린이집 원장으로서 어린이집 원장의 직무를 담당한 때부터 만 2년이 지난 사람과 어린이집 원장 직무교육을 받은 해부터 만 2년이 지난 사람을 대상으로 한다.

장기 미종사자를 대상으로 하는 직무교육은 어린이집 원장 또는 보육교사의 자격을 취득한 사람으로서 만 2년 이상 보육업무를 수행하지 아니하다가 다시 보육업무를 수행하려는 사람을 대상으로 한다.

현직 어린이집 원장 및 보육교사가 직무교육을 이수하여야 하는 연도에 이수하지 못한 경우는 그다음 연도 12월 31일까지 직무교육을 이수하여야 하며 특별직무교육을 이수한 경우에는 일반직무교육을 이수한 것으로 보고 있다.

2020년 3월 1일 이후 채용되는 경우 장기 미종사자 교육 대상자는 반드시 다시 보육업무를 수행하기 이전(채용 이전)까지 교육을 받아야 하는데 다시 보육업무를 수행하기 이전 만 2년 안에 보수교육을 이수한 경우 장기 미종사자 교육을 이수한 것으로 본다(보건복지부, 2020).

2 특별직무교육

특별직무교육은 영아·장애아·방과후 보육을 담당하고 있는 일반직무교육 대상자와 영아·장애아·방과후 보육을 담당하고자 하는 보육교사 및 어린이집 원장을 대상으로 한다. 영아·장애아·방과후 담당 보육교사로 근무하고자 하는 원장과 보육교사는 영아·장애아·방과후 보육을 담당하기 전에 특별직무교육을 받아야 하는 것이 원칙이나, 불가피하게 받지 못한 경우에는 채용 후 6개월 이내에 특별직무교육을 받아야 한다. 특별직무교육을 받은 사람은 일반직무교육을 이수한 것으로 본다.

③ 보육교사의 승급교육

보육교사를 대상으로 하는 승급교육은 2급 보육교사 승급교육과 1급 보육교사 승급교육이 있다. 2급 보육교사 승급교육은 3급 보육교사 자격을 취득한 후 보육업무에 종사한 경력이 만 1년이 지난 사람을 대상으로 한다. 1급 보육교사 승급교육은 2급 보육교사 자격을 취득한 후 보육업무에 종사한 경력이 만 2년 이상이 지난 사람을 대상으로 한다. 보육교사 2급 자격을 취득한 후 보육 관련 대학원에서 석사학위 이상을 취득한 경우는 보육업무 경력이 만 6개월이 지나면 1급 승급교육을 받을 수 있다.

승급을 위한 보육교사 경력은 보육교사 자격증을 취득한 자격인정일 이후에 어린이집에 근무한 임면일을 기준으로 산정하며, 승급교육을 받은 사람은 일반직무교육을 이수한 것으로 한다.

④ 어린이집 원장 사전직무교육

일반어린이집, 가정어린이집, 영아전담어린이집, 장애아전문어린이집을 운영하고자 자격을 취득하려는 사람은 어린이집 원장 사전직무교육을 받아야 한다. 사전직무교육을 한 번 이수한 사람이 다른 원장 자격을 취득하고자 하는 경우에는 중복하여 사전직무교육을 다시 받을 필요는 없다. 원장 사전직무교육을 받은 사람은 일반직무교육을 이수한 것으로 본다.

(3) 보수교육의 교육 구분별 대상자와 시간

보수교육의 교육 구분에 따른 교육 대상자와 교육 시간을 보면 〈표 10-3〉과 같다. 직무교육을 위한 보수교육의 교육 시간은 보육교사나 어린이집 원장 모두 40시간이며 승급교육의 경우 교육 시간은 80시간이다.

표 10-3 교육 구분별 보수교육 대상자와 교육 시간

교육 구분			교육 대상	교육 시간	비고
직무교육	일반직무교육	보육교사	현직에 종사하고 있는 보육교사로서 보육업무 경력이 만 2년을 경과한 자와 보육교사 직무교육(승급교육 포함)을 받은 해부터 만 2년이 경과한 자	40시간	매 3년마다
		원장	어린이집 원장의 직무를 담당한 때부터 만 2년이 지난 경우	40시간	매 3년마다
		장기 미종사자	만 2년 이상 보육업무를 수행하지 아니하다가 다시 보육업무를 수행하고자 하는 보육교사 또는 원장 자격 취득자	40시간	이수하고자 하는 자
	특별직무교육	영아 보육	영아 보육을 담당하고 있는 일반직무교육 대상자와 영아 보육을 담당하고자 하는 보육교사 및 어린이집 원장	40시간	이수하고자 하는 자
		장애아 보육	장애아 보육을 담당하고 있는 일반직무교육 대상자와 장애아 보육을 담당하고자 하는 보육교사 및 어린이집 원장	40시간	이수하고자 하는 자
		방과후 보육	방과후 보육을 담당하고 있는 일반직무교육 대상자와 방과후 보육을 담당하고자 하는 보육교사 및 어린이집 원장	40시간	이수하고자 하는 자
승급교육	2급 승급교육		보육교사 3급의 자격을 취득한 후 보육업무 경력이 만 1년이 경과한 자	80시간	이수하고자 하는 자
	1급 승급교육		보육교사 2급의 자격을 취득한 후 보육업무 경력이 만 2년이 경과한 자 및 보육교사 2급의 자격을 취득한 후 보육 관련 대학원에서 석사학위를 취득한 경우 보육업무 경력이 만 6개월이 경과한 자	80시간	이수하고자 하는 자
원장 사전직무교육			「영유아보육법 시행령」[별표 1] 제1호의 가목부터 라목(일반, 가정, 영아전담, 장애아전담 어린이집 원장)까지 어느 하나의 자격을 취득하고자 하는 자	80시간	이수하고자 하는 자

※ 어린이집에서 특수교사나 치료사로 근무하는 자도 일반·특별직무교육 대상으로서 보수교육을 이수해야 함(일반직무교육이나 특별직무교육 중 선택적으로 이수할 수 있음)

※ 보수교육을 연속하여 3회 이상 받지 아니하는 경우 어린이집 원장 또는 보육교사 자격이 정지될 수 있으므로 보수교육 대상자는 필히 보수교육을 이수해야 함

예 2016년에 직무교육을 이수한 어린이집 원장 및 보육교사의 경우 만 2년이 경과한 2018년에 직무교육을 이수해야 하며 그해에 교육을 받지 못한 경우, 다음 해인 2019년 12월까지 받아야 함. 2019년에도 받지 않았다면 1회 위반, 2020년에도 받지 않았다면 2회 위반, 2021년도에도 받지 않았다면 3회 위반에 해당함

출처: 보건복지부(2020).

3) 보수교육의 내용

2015년 개정된 「영유아보육법」 제23조(어린이집 원장의 보수교육)와 제23조의 2(보육교사의 보수교육)에 따르면 보수교육의 내용으로 성폭력 및 아동학대 예방, 실종·유괴의 예방과 방지, 감염병 및 약물의 오·남용 예방 등 보건위생관리, 재난대비 안전, 교통안전 등의 내용과 영유아의 인권보호 교육을 포함한 어린이집 원장(보육교사)의 인성함양을 보수교육의 내용을 포함하여야 하며, 그 밖의 내용은 보건복지부령으로 정한다고 하였다. 이에 따라 2016년부터는 보수교육의 내용이 인성·소양 영역, 건강·안전 영역, 전문지식·기술 영역의 3개 영역으로 개편되었으며 현장에서 활용할 수 있는 실습 위주의 교육과정으로 변경되었다. 또한 일반직무교육을 기본과정과 심화과정으로 구분하였으며 특별직무교육도 이론보다는 실무 중심의 실습으로 교육내용을 구성할 것을 권장하고 있다.

(1) 일반직무교육

보육교사와 어린이집 원장을 위한 일반직무교육의 교육과정은 〈표 10-4〉, 〈표 10-5〉에 제시하였다. 또한 만 2년 이상 보육업무를 수행하지 아니하다가 다시 보육업무를 수행하고자 하는 보육교사 및 원장 자격 취득자를 위한 장기 미종사자 교육과정은 〈표 10-6〉과 같다.

보육교사를 위한 일반직무교육을 보면 기본과정과 심화과정으로 구분되어 있어 필요와 경력에 따라 선택할 수 있도록 하였다. 교육과정을 보면 인성·소양 영역에 교사의 인권, 직무역량 강화, 건강관리 등 3개 과목 8시간, 건강·안전 영역에 안전사고 예방교육, 보건위생관리, 아동학대·성폭력·실종 예방 및 사후관리 3개 과목 9시간이다. 전문지식·기술 영역은 장애 및 다문화 실제, 보육활동 운영의 실제, 가족 및 지역사회 협력 3개 분야 9개 과목 23시간으로 전체 15개 과목 40시간으로 구성된다.

표 10-4 보육교사 일반직무교육의 교육내용

<table>
<tr><th colspan="2" rowspan="2">영역</th><th colspan="2">일반직무교육(기본과정)</th><th colspan="2">일반직무교육(심화과정)</th></tr>
<tr><th>교과목</th><th>시간</th><th>교과목</th><th>시간</th></tr>
<tr><td colspan="2" rowspan="3">인성·소양
(8시간)</td><td>• 보육교사와 인권
– 인권에 대한 이해
– 교사와 아동의 인권존중 이해</td><td>3</td><td>• 보육교사의 인문적 소양
– 행복한 교사 되기</td><td>3</td></tr>
<tr><td>• 보육교사의 직무역량 강화
– 보육교사 직무 이해
– 보육교사 의사소통기법 훈련</td><td>3</td><td>• 보육교사의 직무역량 강화
– 보육교사 리더십 키우기
– 기관 구성원 간 멘토링 실행</td><td>3</td></tr>
<tr><td>• 보육교사의 건강관리
– 보육교사의 신체·정신건강 이해·관리</td><td>2</td><td>• 보육교사의 건강관리
– 보육교사의 신체·정신건깅 이해·관리</td><td>2</td></tr>
<tr><td colspan="2" rowspan="3">건강·안전
(9시간)</td><td>• 안전사고 예방교육
– 재난대비, 교통안전, 응급처치</td><td>3</td><td>• 안전사고 예방교육
– 재난대비, 교통안전, 응급처치</td><td>3</td></tr>
<tr><td>• 보건위생관리
– 감염병 및 약물 오·남용, 응급처치</td><td>3</td><td>• 보건위생관리
– 감염병 및 약물 오·남용, 응급처치</td><td>3</td></tr>
<tr><td>• 아동학대·성폭력·실종 예방 및 사후관리
– 아동학대의 이해
– 성폭력 및 실종 예방교육</td><td>3</td><td>• 아동학대·성폭력·실종 예방 및 사후관리
– 아동학대의 이해
– 성폭력 및 실종 예방교육</td><td>3</td></tr>
<tr><td rowspan="5">전문 지식 · 기술
(23시간)</td><td rowspan="2">장애 및 다문화 실제
(4시간)</td><td>• 다문화교육 이해와 실제
– 현장사례 중심 분석</td><td>2</td><td>• 다문화교육 과정 심화
– 다문화 프로그램 개발</td><td>2</td></tr>
<tr><td>• 장애통합보육 운영 실제
– 개별화 프로그램 이해, 개발</td><td>2</td><td>• 장애통합보육 운영 실제
– 개별화 프로그램 적용 및 부모 협력 강화</td><td>2</td></tr>
<tr><td rowspan="3">보육 활동 운영의 실제
(16시간)</td><td>• 영유아 관찰 및 기록 실제
– 신체·인지·언어·정서 등 발달 관찰 및 사례 분석</td><td>3</td><td>• 영유아 관찰 기록의 활용
– 관찰 기록 분석 및 영유아 발달 평가와 상담 활용 능력 키우기</td><td>3</td></tr>
<tr><td>• 영유아 부적응 행동의 이해
– 부적응 행동 유형의 이해(불안, 위축, 공격, 주의산만 등)</td><td>2</td><td>• 영유아 행동 유형별 발달지원
– 부적응 행동 예방과 지도</td><td>2</td></tr>
<tr><td>• 보육정보 탐색의 적용과 사례
– 인터넷 등 정보 활용방법, 보육통합정보시스템 이해</td><td>2</td><td>• 보육교사의 놀이참여 및 확장·연계
– 영유아 놀이 관찰, 개입을 통한 확장 및 연계 교수-학습 방법</td><td>2</td></tr>
</table>

영역		일반직무교육(기본과정)		일반직무교육(심화과정)	
		교과목	시간	교과목	시간
전문 지식 · 기술 (23시간)	보육 활동 운영의 실제 (16시간)	• 디지털시대의 교수매체 활용 및 적용 – 인터넷, 스마트기기 등의 교수매체로서의 활용방법 이해 및 실습	3	• 영유아 프로그램 계획 및 운영 – 보육 대상 및 철학에 따른 보육 프로그램 운영	3
		• 영유아 인성교육의 실제 – 기본생활습관 지도 및 활동에 따른 인성교육 실제 사례	3	• 영유아 인성교육의 심화 – 기관 및 영유아의 발달특성에 인성교육 계획 실습	3
		• 영아교사의 상호작용 전략(선택) – 영아 발달, 흥미, 놀이에 따른 교수방법 학습	3	• 어린이집 시설·설비 관리(선택) – 어린이집 시설·설비 관리 능력 학습	3
		• 유아교사의 상호작용 전략(선택) – 유아 발달, 흥미, 놀이에 따른 교수방법 학습	3	• 동료 수업 멘토링(선택) – 동료교사 간 수업지원 능력 학습	3
		• 보수교육기관 자체개발 교과목(선택)	3	• 보수교육기관 자체개발 교과목(선택)	3
	가족 및 지역 사회 협력 (3시간)	• 부모-교사 의사소통의 이해와 실제(선택) – 부모-교사 간 의사소통 이해 및 갈등 상황 시 소통 능력 함양	3	• 열린어린이집 계획 및 운영(선택) – 열린어린이집 개념과 환경 구성 – 열린어린이집 계획과 운영 실제	3
		• 부모 개별 면담 기법(선택) – 성공적인 부모면담을 위한 대화법	3	• 지역사회 연계 프로그램 사례 분석(선택) – 지역 내 육아 인프라 활용 능력 함양	3
계		15과목	40	15과목	40

※ 교육 영역별 이수시간을 고려하여 보수교육기관에서 일부 교과목 선택하여 운영·개설 가능

예 '보육활동 운영의 실제'와 '가족 및 지역사회 협력'의 경우 교과목 일부 선택 이수 가능

※ 건강·안전 영역의 응급처치 관련 교육은 심폐소생술, 응급처치 실습 등 이론보다 실습 위주로 교육하도록 함

※ 건강·안전 영역 교육에서 「긴급복지지원법 시행규칙」 제2조의 3에 따른 긴급지원 신고의무자에 대한 내용을 1시간 이상 포함하여 교육하도록 함

※ 건강·안전(9시간) 영역 내 '아동학대·성폭력·실종 예방 및 사후관리' 교육내용에서 아동의 성 관련 문제의 유형과 사례, 대응방법 등 내용을 포함하여 교육을 실시하도록 함

출처: 보건복지부(2020), pp. 225-226.

원장의 일반직무교육도 보육교사와 같이 기본과정과 심화과정으로 구분되어 있다. 교육과정을 보면 인성·소양 영역에 보육철학과 윤리, 건강관리, 보육교직원의 인문적 소양 등 3개 과목 8시간, 건강·안전 영역에 안전사고 예방 및 대책, 보건위생관리, 아동학대·성폭력·실종 예방 및 사후관리 3개 과목 9시간이다. 전문지식·기술 영역은 장애 및 다문화 실제, 기관운영의 실제, 가족 및 지역사회 협력 3개 분야 9개 과목 23시간으로 총 16과목 40시간으로 구성되어 있다.

표 10-5 어린이집 원장의 일반직무교육의 교육내용

영역	일반직무교육(기본과정)		일반직무교육(심화과성)	
	교과목	시간	교과목	시간
인성·소양 (8시간)	• 보육철학과 윤리 – 원장의 역할과 윤리	3	• 아동권리와 보육철학 – 보육철학과 보육이념 및 아동권리 이해	3
	• 원장의 건강관리 – 건강의 개념 및 건강관리 – 신체·정신건강 관리의 이해	3	• 원장의 건강관리 – 성인기의 건강관리, 건강한 생활습관, 스트레스와 건강	3
	• 보육교직원의 인문적 소양 – 행복에 대한 인문학적 고찰	2	• 보육교직원의 문화적 소양 – 예술적 소양 증진을 위한 지역문화 인프라 연계 교육	2
건강·안전 (9시간)	• 안전사고 예방 및 대응 – 안전사고 사례별 예방법 – 재난대비, 교통안전 등 관련 법규 및 안전사고 관련 자체 매뉴얼 작성법 – 안전사고 처리 절차	3	• 안전사고 예방 및 대응 – 안전사고 사례별 예방법 – 재난대비, 교통안전 등 관련 법규 및 안전사고 관련 자체 매뉴얼 작성법 – 안전사고 처리 절차	3
	• 보건위생관리 – 응급처치, 질병관리, 감염병 및 약물 오·남용, 위생관리	3	• 보건위생관리 – 응급처치, 질병관리, 감염병 및 약물 오·남용, 위생관리	3
건강·안전 (9시간)	• 아동학대·성폭력·실종 예방 및 사후관리 – 아동학대·성폭력·실종 이해 및 예방을 위한 지원 – 아동보호 서비스 체계	3	• 아동학대·성폭력·실종 예방 및 사후관리 – 아동학대·성폭력·실종 이해 및 예방을 위한 지원 – 아동보호 서비스 체계	3

영역		일반직무교육(기본과정)		일반직무교육(심화과정)	
		교과목	시간	교과목	시간
전문 지식 · 기술 (23시간)	장애 및 다문화 실제 (4시간)	• 다문화교육 프로그램 이해와 실제 – 현장사례 중심 분석	2	• 다문화교육 프로그램 개발 – 다문화교육 프로그램의 현황 분석 및 개발	2
		• 장애통합보육 운영실제 – 기관 내 장애통합보육의 운영 이해 – 개별화교육 프로그램의 실제	2	• 장애통합보육을 위한 운영관리 – 기관 내 특수교사 및 담임교사의 협력 지원	2
	기관 운영의 실제 (16시간)	• 어린이집 내 영유아 관찰과 평가 – 영유아 놀이와 행동 관찰 기록 방법 – 관찰기록을 통한 아동평가 이해	3	• 아동발달 진단도구의 이해와 활용 – 기관에서 교사가 활용할 수 있는 아동발달 진단도구 및 방법 이해	3
		• 보육계획과 보육일지 작성 관리 – 보육교사 지도원리 및 보육계획 수립 지도 – 보육일지 작성 원리 및 작성 지도	2	• 보육 프로그램 개발 및 평가 – 보육 프로그램의 이해 및 개발 실제 – 영아반·유아반 프로그램 평가	2
		• 영유아 생활 지도를 위한 교사교육 – 영유아 생활 지도의 기초와 교사교육 – 영유아 생활 지도의 실제에서의 교사 지원	2	• 교사교육 프로그램 개발 및 운영 – 교사교육 프로그램 개발을 위한 개념 및 중요성 – 교사교육 프로그램 운영의 실제	2
		• 교수매체 선정과 평가 – 교수매체의 유형, 구입 시 선정 기준, 제작 시 고려사항 – 교육적 가치 평가, 활용도 및 효율성 평가	2	• 보육과정 디지털 활용 능력 개발 – 어린이집 운영관리와 디지털 활용의 실제 및 실습	2
		• 원장의 대외협력 관리 – 원장의 대외협력 직무에 대한 이해 – 부모 및 지역사회의 요구 대처관리	2	• 원장의 리더십과 조직관리 – 원징의 리더십 유형 점검 – 리더십 유형별 조직관리 특성 및 바람직한 리더십	2

영역		일반직무교육(기본과정)		일반직무교육(심화과정)	
		교과목	시간	교과목	시간
전문 지식 · 기술 (23시간)	기관 운영의 실제 (16시간)	• 영상정보처리기기(CCTV)의 관리 및 운영 – CCTV 관련 규정 및 법규 이해 – CCTV 열람 관리방법 – CCTV 관련 개인정보 유출 예방 관리	2	• 개인정보보호와 디지털 매체 윤리의 실제 – 개인정보보호 관련법에 대한 이해 – 어린이집 내 개인정보 관리 방법 – 디지털 매체 사용 예절과 윤리(사례 중심 이해)	2
		• 우수 보육 프로그램 사례(선택) – 우수 보육 프로그램의 최신 동향 – 보육 프로그램의 개선	3	• 우수 보육 프로그램 동향(선택) – 우수 보육 프로그램의 최근 연구동향, 사례 분석 – 우수 보육 프로그램 개발 및 지원방안	3
		• 보수교육기관 자체개발 교과목(선택)	3	• 보수교육기관 자체개발 교과목(선택)	3
	가족 및 지역 사회 협력 (3시간)	• 부모자원 활용계획과 운영(선택) – 어린이집 운영에 부모참여 활성화를 위한 부모자원 활용계획과 운영방법	3	• 부모요구 조사 및 활용(선택) – 연간 운영계획 및 의사결정을 위한 부모요구 조사방법 및 활용 이해	3
		• 어린이집과 지역사회 자원 연계의 실제(선택) – 지역사회 연계 참여 – 지역사회 연계 실제	3	• 어린이집과 지역사회 자원 연계 개발(선택) – 지역사회 연계 활용 – 지역사회 연계 활동 계획	3
계		16과목	40	16과목	40

※ 교육 영역별 이수시간을 고려하여 보수교육기관에서 일부 교과목 선택하여 운영·개설 가능
예 '보육활동 운영의 실제'와 '가족 및 지역사회 협력'의 경우 교과목 일부 선택 이수 가능

※ 건강·안전 영역의 응급처치 관련 교육은 심폐소생술, 응급처치 실습 등 이론보다 실습 위주로 교육하도록 함

※ 건강·안전 영역 교육에서 「긴급복지지원법 시행규칙」 제2조의 3에 따른 긴급지원 신고의무자에 대한 내용을 1시간 이상 포함하여 교육하도록 함

※ 건강·안전(9시간) 영역 내 '아동학대·성폭력·실종 예방 및 사후관리' 교육내용에서 아동의 성 관련 문제의 유형과 사례, 대응방법 등 내용을 포함하여 교육을 실시하도록 함

출처: 보건복지부(2020), pp. 227–228.

장기 미종사자의 일반직무교육은 어린이집 원장과 보육교사로 나누어 교육과정을 제시하고 있다. 교육과정을 보면 원장의 경우 인성·소양 영역에 아동권리와 인권, 원장직무의 이해 및 윤리 2개 과목 8시간, 건강·안전 영역에 영유아 건강·안전 1개 과목 4시간, 전문지식·기술 영역에 보육정책의 최신 동향, 보육 관련 법규의 이해, 어린이집 인사관리, 재무회계 관리, 조직관리와 리더십, 어린이집 개인정보보호 관리 및 보육통합정보시스템 이해, 보육 프로그램 개발과 운영 7개 과목 28시간 등 총 10개 과목 40시간으로 구성된다.

보육교사를 위한 교과목은 인성·소양 영역에 보육교사의 역할과 윤리, 아동복지와 인권 2개 과목 8시간, 건강·안전 영역에 영유아 건강·안전 1개 과목 4시간, 전문지식·기술 영역에 영유아 관찰 및 평가, 영유아 행동지도, 영유아 긍정적 상호작용, 영유아 행동의 발달적 이해, 보육계획 수립, 보육일지 작성의 실제, 표준보육과정 운영 7개 과목 28시간으로 총 10개 과목 40시간으로 구성된다.

표 10-6 장기 미종사자 일반직무교육의 교육내용

영역	어린이집 원장		보육교사	
	교과목	시간	교과목	시간
인성·소양 (8시간)	• 아동권리와 인권 – 아동복지와 인권의 이해 – 아동권리와 학대	4	• 보육교사의 역할과 윤리 – 보육교사의 역할 – 보육교사의 윤리	4
	• 원장직무의 이해 및 윤리 – 원장직무 이해 – 원장의 윤리 경영	4	• 아동복지와 인권 – 아동복지와 인권의 이해 – 아동권리와 학대	4
건강·안전 (4시간)	• 영유아 건강·안전 – 영유아 건강·안전교육 계획 및 관리 – 영유아 안전사고 예방 및 대응 – 친환경 급식 및 영양관리 – 시설·설비 안전관리	4	• 영유아 건강·안전 – 영유아 건강·안전교육 – 영유아 안전사고 예방교육 – 보육교사의 건강	4

영역	어린이집 원장		보육교사	
	교과목	시간	교과목	시간
전문 지식 · 기술 (28시간)	• 보육정책의 최신 동향 – 보육정책에 대한 관점 – 우리나라 보육정책의 변화, 최근 동향 및 이슈 – 보육정책의 전망과 과제	4	• 영유아 관찰 및 평가 – 영유아 관찰의 이해 – 영유아 평가의 이해 – 영유아 평가방법의 종류 – 관찰법 이해 및 적용 – 포트폴리오 평가 이해	4
	• 보육 관련 법규의 이해 – 영유아보육법, 아동복지법, 근로기준법 등	4	• 영유아 행동지도 – 영유아 문제행동의 이해 – 영유아 문제행동 예방과 지도	4
	• 어린이집 인사관리 – 인사관리의 주요 단계 및 내용 – 인력개발을 위한 교직원 재교육, 복지, 평가 등	4	• 영유아 긍정적 상호작용 – 영유아 존중 상호작용의 이해 – 영유아 놀이 상호작용의 실제	4
	• 재무회계 관리 – 재무회계의 중요성, 재무회계 관리 기본 원칙 이해, 재무회계 운영과정(예산, 집행, 결산)	4	• 영유아 행동의 발달적 이해 – 영아 발달(신체 발달, 인지 발달, 정서 발달) – 유아 발달(신체 발달, 인지 발달, 사회성 발달)	4
	• 조직관리와 리더십 – 어린이집 조직 특성의 이해 – 건강하고 효율적인 조직관리를 위한 원장의 리더십	4	• 보육계획 수립 – 보육계획 수립의 원리 – 보육계획 수립의 실제	4
	• 어린이집 개인정보보호 관리 및 보육통합정보시스템 이해 – 개인정보관리 계획수립 및 관리 점검 – 보육통합정보시스템 이해·실제	4	• 보육일지 작성의 실제 – 보육일지의 이해 – 보육일지 작성방법 – 보육일지 작성 실습	4
	• 보육 프로그램 개발과 운영 – 보육 프로그램의 특성 이해 및 운영 지원	4	• 표준보육과정 – 표준보육과정의 변천과 기초 – 표준보육과정의 구성과 관련 자료	4
계	10과목	40	10과목	40

※ 건강·안전 영역의 응급처치 관련 교육은 심폐소생술, 응급처치 실습 등 이론보다 실습 위주로 교육하도록 함

※ 건강·안전 영역 교육에서 「긴급복지지원법 시행규칙」 제2조의3에 따른 긴급지원 신고의무자에 대한 내용을 1시간 이상 포함하여 교육하도록 함
※ 건강·안전(9시간) 영역 내 '아동학대·성폭력·실종 예방 및 사후관리' 교육내용에서 아동의 성 관련 문제의 유형과 사례, 대응방법 등 내용을 포함하여 교육을 실시하도록 함

출처: 보건복지부(2020), p. 229.

(2) 보육교사 승급교육

2020년 보육사업 안내에 제시된 승급교육의 내용 및 시간은 다음의 〈표 10-7〉과 같다. 보육교사를 위한 승급교육은 3급과 2급의 보육교사 자격을 가지고 있는 교사를 대상으로 2급과 1급으로의 승급을 위한 교육으로 교육 영역은 직무교육 영역과 동일하나 교육 대상자를 고려하여 과목을 개설하고 있다. 교육과정을 보면 인성·소양 영역에 3개 과목 11시간, 건강·안전 영역에 4개 과목 12시간, 전문지식·기술 영역에 3개 분야 14과목 55시간과 평가 등 직무교육보다 많은 80시간의 교육 시간을 요구하고 있다.

표 10-7 보육교사 승급교육의 교육내용

영역	2급 승급교육		1급 승급교육	
	교과목	시간	교과목	시간
인성·소양 (11시간)	• 아동복지와 인권의 이해 – 사례 중심 아동권리에 대한 민감성 증진	4	• 아동복지와 인권의 실제 – 사례 중심 아동권리에 대한 민감성 증진	4
	• 보육교사의 역할과 윤리 – 보육교사 2급의 역할 및 직업윤리	4	• 보육교사의 역할과 윤리 – 보육교사 1급의 역할 및 직업윤리	4
	• 보육교사의 건강관리와 힐링 – 보육교사의 신체 및 정신건강 이해 – 실습 중심 질환예방법 및 대처법	3	• 보육교사의 건강관리와 힐링 – 보육교사의 신체 및 정신건강 이해 – 실습 중심 질환예방법 및 대처법	3

<table>
<tr><th colspan="2" rowspan="2">영역</th><th colspan="2">2급 승급교육</th><th colspan="2">1급 승급교육</th></tr>
<tr><th>교과목</th><th>시간</th><th>교과목</th><th>시간</th></tr>
<tr><td colspan="2" rowspan="4">건강·안전
(12시간)</td><td>• 영유아 건강·안전교육 계획 및 실행
– 건강·안전교육 계획 및 실행 실습</td><td>3</td><td>• 영유아 건강·안전교육 계획 및 실행
– 건강·안전교육 계획 및 실행 실습</td><td>3</td></tr>
<tr><td>• 안전사고 예방교육
– 재난대비, 교통안전, 응급처치</td><td>3</td><td>• 안전사고 예방교육
– 재난대비, 교통안전, 응급처치</td><td>3</td></tr>
<tr><td>• 보건위생관리
– 감염병 및 약물 오·남용, 응급처치</td><td>3</td><td>• 보건위생관리
– 감염병 및 약물 오·남용, 응급처치</td><td>3</td></tr>
<tr><td>• 아동학대·성폭력·실종 예방 및 사후관리
– 아동학대 예방 기초, 개입과정
– 성폭력·실종 예방교육</td><td>3</td><td>• 아동학대·성폭력·실종 예방 및 사후관리
– 아동학대 이해 및 어린이집에서의 아동학대
– 성폭력·실종 예방교육</td><td>3</td></tr>
<tr><td rowspan="4">전문
지식
·
기술
(55시간)</td><td rowspan="2">장애
및
다문화
실제
(8시간)</td><td>• 다양한 가정의 영유아 이해
– 다양한 가정의 이해
– 다양한 가정 영유아의 특성에 따른 발달적 지원방법</td><td>4</td><td>• 다문화가정의 영유아 지원
– 다문화가정 영유아의 생활 및 발달지원, 보육지원 등 사례 중심</td><td>4</td></tr>
<tr><td>• 장애 영유아의 이해
– 발달기 영유아의 다양성 이해
– 영유아 선별, 장애진단, 중재의 중요성</td><td>4</td><td>• 장애 영유아의 이해 및 지원
– 특수 영유아 특성별 지도
– 기관 내 장애 영유아 지원 관리방안</td><td>4</td></tr>
<tr><td rowspan="2">보육
활동
운영의
실제
(39시간)</td><td>• 영유아 관찰사례 이해 및 실제
– 관찰의 기초, 관찰기록 이해
– 일상생활 및 놀이행동, 상호작용 관찰 실습</td><td>4</td><td>• 영유아 관찰 및 평가
– 관찰도구의 활용
– 관찰기록을 평가에 활용하는 방안</td><td>4</td></tr>
<tr><td>• 대·소집단 활동 운영
– 대·소집단 활동 운영을 위한 교수-학습 방법</td><td>4</td><td>• 대·소집단 활동 운영의 실제
– 대·소집단 활동 운영 실습</td><td>4</td></tr>
</table>

<table>
<tr><th colspan="2" rowspan="2">영역</th><th colspan="2">2급 승급교육</th><th colspan="2">1급 승급교육</th></tr>
<tr><th>교과목</th><th>시간</th><th>교과목</th><th>시간</th></tr>
<tr><td rowspan="6">전문
지식
·
기술
(55시간)</td><td rowspan="6">보육
활동
운영의
실제
(39시간)</td><td>• 신체·예술(음률) 활동 운영
– 신체·예술 영역 발달의 이해
– 신체·예술 활동 운영방법</td><td>4</td><td>• 신체·예술(음률) 활동 운영의 실제
– 신체·예술(음률) 활동 운영 실습</td><td>4</td></tr>
<tr><td>• 언어 및 수·과학 활동 운영
– 언어 및 수·과학 영역 발달의 이해
– 언어 및 수·과학 활동 운영 방법</td><td>4</td><td>• 언어 및 수·과학 활동 운영의 실제
– 언어 및 수·과학 활동 운영 실습</td><td>4</td></tr>
<tr><td>• 역할·쌓기놀이 활동 운영
–역할·쌓기놀이 영역 발달의 이해
–역할·쌓기놀이 활동 운영방법</td><td>4</td><td>• 역할·쌓기놀이 활동 운영의 실제
– 역할·쌓기놀이 활동 운영 실습</td><td>4</td></tr>
<tr><td>• 보육계획 수립 및 보육일지 작성
– 보육계획의 원리, 연계성 있는 보육계획
– 보육일지 작성의 원리, 일과계획 작성, 일과의 실행과 평가 작성</td><td>4</td><td>• 보육일지 작성의 실제
– 보육일지 작성 실습</td><td>4</td></tr>
<tr><td>• 표준보육과정의 이해 및 평가
– 제3차 어린이집 표준보육과정 총론, 0~1세 보육과정(6개 영역 목표, 내용체계), 2세 보육과정(6개 영역 목표, 내용범주, 내용)
– 표준보육과정 운영평가</td><td>4</td><td>• 보육실습 지도의 적용과 사례
– 보육실습 지도의 의의, 계획, 운영, 평가</td><td>4</td></tr>
<tr><td>• 누리과정의 이해 및 평가
– 3~5세 누리과정 5개 영역 목표, 내용범주, 내용
– 누리과정 운영평가</td><td>4</td><td>• 어린이집의 개인정보보호 관리
– 개인정보보호 관련법에 대한 이해
– 개인정보가 포함된 문서관리
– CCTV 관련 개인정보 관리</td><td>4</td></tr>
</table>

<table>
<tr><th colspan="2" rowspan="2">영역</th><th colspan="2">2급 승급교육</th><th colspan="2">1급 승급교육</th></tr>
<tr><th>교과목</th><th>시간</th><th>교과목</th><th>시간</th></tr>
<tr><td rowspan="4">전문지식·기술(55시간)</td><td rowspan="2">보육활동 운영의 실제(39시간)</td><td>• 영유아 행동의 발달적 이해
– 사례 중심 발달 영역별 영유아 행동의 이해 및 지원</td><td>4</td><td>• 영유아 문제행동 조기 발견
– 영유아 사회·정서 발달과 적응 지도
– 발달적 지원과 치료적 접근이 필요한 영유아 이해
– 사례 중심 문제행동 지원방법</td><td>4</td></tr>
<tr><td>• 실내외 놀이환경 구성
– 실내외 놀이환경 구성의 기본 요건, 원리, 실제 및 평가</td><td>3</td><td>• 어린이집 환경구성 및 관리
– 어린이집 환경구성의 원리 및 관리 실제</td><td>3</td></tr>
<tr><td rowspan="2">가족 및 지역사회 협력(8시간)</td><td>• 다양한 부모-자녀 관계의 이해
– 가족 형태의 다양화, 부모 역할, 건강한 부모-자녀 관계 형성</td><td>4</td><td>• 부모참여 계획 및 실행
– 부모참여의 실제 및 활성화 방안</td><td>4</td></tr>
<tr><td>• 부모참여 및 상담 실제
– 부모참여활동 계획
– 부모상담을 위한 준비 및 실습</td><td>4</td><td>• 지역사회 연계활동 계획 및 운영
– 보육과정, 장소, 활동에 따른 지역사회 연계활동 계획</td><td>4</td></tr>
<tr><td colspan="2">평가시험</td><td>• 2급 승급교육 평가시험</td><td>2</td><td>• 1급 승급교육 평가시험</td><td>2</td></tr>
<tr><td colspan="2">계</td><td>21과목 + 평가시험</td><td>80</td><td>21과목 + 평가시험</td><td>80</td></tr>
</table>

※ 건강·안전 영역의 응급처치 관련 교육은 심폐소생술, 응급처치 실습 등 이론보다 실습 위주로 교육하도록 함

※ 건강·안전 영역 교육에서 「긴급복지지원법 시행규칙」 제2조의3에 따른 긴급지원 신고의무자에 대한 내용을 1시간 이상 포함하여 교육하도록 함

※ 건강·안전(9시간) 영역 내 '아동학대·성폭력·실종 예방 및 사후관리' 교육내용에서 아동의 성 관련 문제의 유형과 사례, 대응방법 등 내용을 포함하여 교육을 실시하도록 함

출처: 보건복지부(2020), pp. 230-231.

(3) 어린이집 원장의 사전직무교육

어린이집 원장이 되고자 하는 사람을 위한 원장 사전직무교육을 보면 교육 시간은 80시간으로 인성·소양 영역에 3개 과목 12시간, 건강·안전 영역에 6개 과목 18시간, 전문지식·기술 영역에 3개 분야 14과목 48시간과 평가 등으로 총 23개 과목 80시간으로 구성되어 있다.

표 10-8 어린이집 원장 사전직무교육의 교육내용

영역		교과목	시간
인성·소양 (12시간)		• 아동권리와 아동학대 – 아동권리 이해 및 UN 아동권리협약 이해 – 아동학대 예방	4
		• 원장직무의 이해 및 윤리 – 원장직무 이해 및 윤리 경영	4
		• 원장의 건강관리와 힐링 – 만성 질환 및 스트레스 관리법 등	4
건강·안전 (18시간)		• 영유아의 건강·안전교육의 계획 및 관리 – 사례 중심 건강·안전교육 계획 및 관리	3
		• 안전사고 예방 및 대응 – 안전사고 사례별 예방법 – 재난대비, 교통안전 등 관련 법규 및 안전사고 관련 자체 매뉴얼 작성법 – 안전사고 처리 절차	3
		• 보건위생관리 – 응급처치, 질병관리, 감염병 및 약물 오·남용, 위생관리	3
		• 아동학대·성폭력·실종 예방 및 사후관리 – 아동학대·성폭력·실종 이해 및 예방 – 신고의무자의 역할	3
		• 친환경 급식 및 영양관리 – 급식 운영의 관리사항 및 준수사항 – 영영아기·영유아기의 영양관리	3
		• 시설·설비 안전관리 – 어린이집 시설·설비 안전관리 원리 – 어린이집 시설·설비 기준 – 실내·외 시설의 안전평가 기준과 평정	3
전문 지식 · 기술 (48시간)	장애 및 다문화 관리 (8시간)	• 다문화가정과 연계한 영유아 지원 – 다문화가정 영유아 교육 및 부모교육	4
		• 장애통합보육의 운영관리 – 장애통합보육 프로그램 및 인력 관리	4
	기관 운영의 실제 (32시간)	• 보육정책의 최신 동향 – 보육정책에 대한 관점 – 우리나라 보육정책의 변화, 최근 동향 및 이슈 – 보육정책의 전망과 과제	3

영역		교과목	시간
전문 지식 · 기술 (48시간)	기관 운영의 실제 (32시간)	• 보육 관련 법규의 이해 – 영유아보육법, 아동복지법, 근로기준법 등	3
		• 어린이집 인사관리 – 인사관리의 주요 단계 및 내용 – 인력개발을 위한 교직원 재교육, 복지, 평가 등	3
		• 재무회계 관리 – 재무회계의 중요성, 재무회계 관리 기본 원칙 이해, 재무회계 운영과정(예산, 집행, 결산)	3
		• 조직관리와 리더십 – 어린이집 조직 특성의 이해 – 건강하고 효율적인 조직관리를 위한 원장의 리더십	3
		• 사례별 발달지원 및 전문가 연계 – 영유아 발달지원 및 관리 실제 – 지역사회 의료전문가와의 네트워크 방법	3
		• 보육교직원의 수업 멘토링 – 보육교직원의 수업 능력 지원	4
		• 보육 프로그램 개발과 운영 – 보육 프로그램의 특성 이해 및 운영 지원	4
		• 어린이집의 개인정보보호 관리 – 개인정보보호 관련 법규의 이해 – 개인정보관리 계획수립 및 관리 점검 – 개인정보 유출 시 대응 방안	3
		• 보육통합정보시스템 이해 및 실제 – 보육통합정보시스템 이해 – 보육통합정보시스템 실제	3
	가족 및 지역 사회 협력 (8시간)	• 부모참여 계획 및 운영 – 부모교육, 부모상담, 운영위원회 등	4
		• 어린이집과 지역사회 자원의 연계 – 지역사회 자원 파악 및 활용 사례	4
평가시험		• 원장 사전직무교육 평가시험	2
계		23과목 + 평가시험	80

※ 건강·안전 영역의 응급처치 관련 교육은 심폐소생술, 응급처치 실습 등 이론보다 실습 위주로 교육하도록 함

※ 보육통합정보시스템 이해 및 실제 교과목은 사회보장정보원에서 교육자료 제공 등 교육 협조
※ 건강·안전 영역 교육에서 「긴급복지지원법 시행규칙」 제2조의3에 따른 긴급지원 신고의무자에 대한 내용을 1시간 이상 포함하여 교육하도록 함
※ 건강·안전(9시간) 영역 내 '아동학대·성폭력·실종 예방 및 사후관리' 교육내용에서 아동의 성 관련 문제의 유형과 사례, 대응방법 등 내용을 포함하여 교육을 실시하도록 함

출처: 보건복지부(2020), pp. 232-323.

(4) 특별직무교육

보육교사와 어린이집 원장을 위한 특별직무교육의 내용 및 시간은 〈표 10-9〉와 같다. 특별직무 교육은 영아 보육과 장애아 보육, 방과후 보육을 담당하는 교사와 원장을 위한 내용으로 영아와 장애아, 초등학생을 대상으로 방과후 아동을 보육하는 경우에 받아야 하는 교육이다. 교육 영역은 일반직무교육의 영역과 동일하나 보육할 대상자들의 특성을 고려한 교육이 되도록 과목이 구성되어 있으며, 각기 20개 과목 40시간으로 규정하고 있다.

표 10-9 특별직무교육의 교육내용

영역	영아 보육	장애아 보육	방과후 보육
인성·소양	• 보육교사의 건강관리 • 영아 보육교사의 역할과 윤리 • 아동권리와 영아학대 예방	• 장애아동 복지와 장애 인식 개선 • 장애아 보육교사의 역할과 윤리 • 아동권리와 장애아 학대 예방	• 현대사회 변화와 방과후 보육의 이해 • 방과후 보육교사의 역할과 윤리 • 아동권리와 아동학대 예방
건강·안전	• 영아 건강교육 • 영아 안전사고 예방교육 • 영아 보건위생관리	• 장애아 급식 및 영양 관리 • 장애아 안전사고 예방 및 대응 • 장애아 보건위생관리	• 초등학생의 보건위생 관리 • 초등학생의 안전사고 예방 및 대응

<table>
<tr><th colspan="2">영역</th><th>영아 보육</th><th>장애아 보육</th><th>방과후 보육</th></tr>
<tr><td rowspan="3">전문
지식
·
기술</td><td>보육
활동
운영의
실제</td><td>• 영아 일상생활 지도 I
• 영아 일상생활 지도 II
• 표준보육과정 운영의 실제
• 영아 놀이지도
• 감각·탐색 활동 영역
• 역할·쌓기 영역
• 신체활동 영역
• 언어 영역
• 예술(음률, 미술) 활동
• 실외놀이 활동
• 영아 적응 프로그램
• 영아행동 관찰과 평가
• 영아와의 상호작용 실제</td><td>• 장애아의 이해 I
• 장애아의 이해 II
• 일반보육과정에 기반한 장애영유아 교수방법 I
• 일반보육과정에 기반한 장애영유아 교수방법 II
• 운동발달 교수방법
• 의사소통 발달 교수방법
• 사회성 발달 교수방법
• 인지발달 교수방법
• 자조기술 발달 교수방법
• 개별화교육 프로그램 작성
• 개별화교육 프로그램 실행 및 평가
• 긍정적 행동 지원</td><td>• 초등학생의 발달적 특성
• 초등학교 교육과정의 이해
• 초등학생을 위한 교수-학습 방법
• 학습지도
• 숙제 및 과제 지도
• 놀이지도
• 방과후 교육 프로그램에 대한 이해 I
• 방과후 교육 프로그램에 대한 이해 II
• 방과후 교육 프로그램에 대한 이해 III
• 초등학생 생활 지도
• 초등학생 문제행동 지원</td></tr>
<tr><td>가족
및
지역
사회
협력</td><td>• 영아 부모상담 실제</td><td>• 장애 영유아 가족지원
• 지역사회 연계</td><td>• 초등학생 부모와의 상담 및 연계
• 방과후 아동을 위한 지역사회 연계</td></tr>
<tr><td>장애
및
다문화
연계</td><td></td><td></td><td>• 학령기 장애아동의 이해와 교사지원
• 다문화사회와 아동</td></tr>
<tr><td colspan="2">계</td><td>20과목, 40시간
(과목당 2시간)</td><td>20과목, 40시간
(과목당 2시간)</td><td>20과목, 40시간
(과목당 2시간)</td></tr>
</table>

※ 건강·안전 영역 교육에서 「긴급복지지원법 시행규칙」 제2조의3에 따른 긴급지원 신고의무자에 대한 내용을 1시간 이상 포함하여 교육하도록 함

※ 건강·안전(9시간) 영역 내 '아동학대·성폭력·실종 예방 및 사후관리' 교육내용에서 아동의 성 관련 문제의 유형과 사례, 대응방법 등 내용을 포함하여 교육을 실시하도록 함

출처: 보건복지부(2020), p. 234.

4) 보육교직원 보수교육 절차

(1) 보수교육 실시 주체

직무교육과 승급교육 등의 보수교육을 실시하는 주체는 시·도지사이다. 시·도지사는 「영유아보육법」 제51조 및 시행령 제26조에 따라 관할 지역의 보육교직원 및 어린이집 원장, 사전직무교육 이수 희망자에 대한 보수교육을 실시해야 한다. 보수교육은 대학(전문대학 포함)이나 보육교사교육원 등의 전문기관에 위탁하여 실시할 수 있다.

(2) 보수교육 수요 파악 및 계획수립

시·도지사는 매년 2월 말까지 관할 지역의 교육 수요를 파악하여 보수교육 실시 계획을 수립하여야 한다. 보수교육 수요는 관할 지역의 현직 보육교직원을 기본으로 파악하는데, 보육교사교육원의 보육교사 3급 양성과정을 수료하여 신규 배출되는 인원을 고려하여 승급교육의 수요를 파악하며, 원장 사전직무교육과 장기 미종사자 교육 등은 사전에 수요를 조사하여 반영한다. 또한 시·도 홈페이지와 '교육통합관리시스템' 등을 통하여 자비부담 대상자에 대한 보수교육 수요도 파악하여 보수교육 계획을 수립할 때 반영하여야 한다. 휴·면직 중인 보육교사를 대상으로 한 연간 교육실시 계획은 교육 수요 및 예산배정 현황을 고려하여 수립하는데, 예산집행 현황을 고려하여 추가 수요가 생기는 경우에는 당초 계획을 변경하거나 추가교육계획을 수립할 수 있다. 예산의 범위를 초과하여 보수교육 수요가 있어서 추가교육계획을 수립하는 경우에는 보수교육 비용을 지원하지 아니하고 교육생이 보수교육 비용을 부담하는 조건으로 교육을 실시할 수 있다.

(3) 보수교육의 교육기관 및 위탁 절차

「영유아보육법 시행령」 제26조 2 업무의 위탁에 관한 규정에 의거하여 보수교육을 대학(전문대학을 포함)이나 보건복지부령으로 정하는 전문기관에 위탁하여 실시할 수 있는데, 2019년 보육교직원 보수교육 집합교육 위탁기관은 95개 기관이며 온라인 특별직무교육 위탁기관은 6개 기관이다(이미정, 2019).

보수교육실시 전문기관을 위탁하는 경우는 「영유아보육법 시행규칙」 제39조 3 보수교육 실시의 위탁 절차 등에 따라 위탁 절차를 준수하여야 하는데, 보수교육의 위탁은 보수교육실시 수탁기관 공모계획 수립, 보수교육실시 위탁 공고 및 접수, 수탁기관의 선정 및 위탁계약서 체결, 보수교육실시 전문기관의 선정 공고 등의 절차를 준수하여 시행한다.

보수교육기관의 위탁 공고는 자체 게시판이나 인터넷 홈페이지를 이용하여 위탁 기준, 수탁기관 선정 절차 및 방법 등을 10일 이상 공고하여야 한다. 위탁기관의 교육과정 운영계획서, 교수요원의 자격 및 경력 증명서를 받아야 하며, 추가로 건축물 대장, 시설 및 설비 목록, 시설의 구조별 면적이 표시된 평면도 등과 법인의 경우 정관, 등기부등본, 출연금 관련 서류 등을 접수할 때 제출받는다. 시·도지사는 매년 3월 말까지 시설 기준, 교육과정 및 교수요원의 확보 상황 등을 종합적으로 검토하여 지방 보육정책위원회의 심의를 거쳐 보수교육실시 수탁기관을 정하고 위탁계약서를 체결한 후 수탁기관에 보수교육기관 위탁계약증서를 교부한다. 위탁계약 기간은 당해 연도를 원칙으로 하며 계약 기간이 만료되지 않은 수탁기관에 대해서는 계약 기간 만료일까지 보수교육실시 전문기관으로 인정한다.

시·도지사는 수탁기관이 보조금을 목적과 다르게 사용한 경우, 허위 그 밖의 부정한 방법으로 보조금을 교부받은 경우, 보수교육 실시 기준을 위반하여 보수교육을 실시한 경우, 교육자격 미달자에게 보수교육을 실시하고 수료증을 발급하거나 교육수료 인정 기준 미달자에게 수료증을 발급한 경우 등의 행위를 한 경우 「영유아보육법 시행규칙」 제51조 2의 제3항과 「영유아보육법 시행령」 제26조 2의 제5항에 근거하여 보수교육 실시의 위탁을 취소할 수 있다.

(4) 보수교육 안내

시·도지사는 보수교육 대상자가 연간 보수교육 일정을 알 수 있도록 보수교육 실시 전문기관별로 교육일정을 자체 홈페이지나 중앙 및 각 시·도 육아종합지원센터 등에 게시하여 연중 안내를 하며 보건복지부는 안내 상황을 점검한다. 또한 당해 시·도에 특별직무교육 대상자가 적어 보수교육 과정을 설치·운영할 수 없는 경우에는 보건복지부에서 실시하는 온라인 특별직무교육을 받을 수 있도록 안내한다.

5) 보수교육의 시행

(1) 보수교육 대상자 선정

시·도지사는 관내 시·군·구로 하여금 보수교육실시 전문기관의 교육 과정별 교육 개시 전까지 보수교육 대상자를 선정하도록 한다. 이에 시장·군수·구청장은 자체 계획에 따라 현직 교직원 중에서 각 보수교육 과정별로 보수교육 대상자를 최종 확정하고 보수교육 실시기관에 통보하여 대상자가 적절히 교육을 받을 수 있도록 한다.

보수교육 대상자를 선정할 때 일반직무교육은 의무 이수 대상자를 우선으로 선정한다. 1급 보육교사 승급교육의 경우 2급 자격 취득 후 교육 개시일 전까지 보육업무 경력이 만 2년이 경과한 자 중에서 선정한다. 2급 자격을 취득한 후 보육 관련 대학원에서 석사학위 이상을 취득한 경우에는 보육업무 경력 만 6개월이 경과하면 승급교육 대상자가 된다. 2급 보육교사 승급교육의 경우 3급 자격을 취득한 후 교육 개시일 전까지 보육업무 경력이 만 1년이 경과한 자 중에서 선정한다. 어린이집 원장 사전직무교육의 경우 원장 자격 취득을 위한 경력 요건을 충족한 사람과 신청 당시에 자격 취득을 위한 경력 요건이 만 1년 이내로 남은 사람을 우선적으로 선정한다.

시·도지사는 보수교육 대상자를 보수교육실시 전문기관에서 선정할 수 있도록 할 수 있으나, 이때에는 현직 교직원 중에서 보수교육을 받을 수 있는 자격을 갖춘 자를 선정하도록 관리·감독한다.

어린이집 원장이나 어린이집을 설치·운영하는 자는 특별한 사정이 없는 한 보육교사 등 보육교직원이 보수교육을 이수할 수 있도록 지원·허락하여야 한다.

(2) 보수교육의 실시

보수교육을 위탁받은 보수교육실시 전문기관은 시·도지사로부터 통보받은 보수교육 대상자에게 보수교육 과정별로 보수교육을 실시한다. 보수교육실시 전문기관이 시·도지사로부터 통보받은 과정 이외의 보수교육 과정을 운영하고자 하는 경우에는 반드시 사전에 시·도지사에게 교육과정 운영 승인을 받아야 하며, 교육 실시 후 교육 대상자 명단 등을 시·도지사에게 통보하여야 한다.

(3) 보수교육의 평가 및 수료증 발급

「영유아보육법 시행규칙」 제20조 제4항 관련 [별표 7] 보수교육 실시 기준에 의하면, 보수교육은 교육생이 해당 교육 시간을 모두 출석한 경우에만 이수한 것으로 본다고 규정하고 있다. 관련 서류를 제출한 경우에 직계가족의 사망, 사고 또는 결혼 등으로 인한 결석이나 본인의 사고·질병 등으로 인한 결석의 경우에는 교육 시간의 최대 10% 범위에서 출석한 것으로 인정하고 있다. 보수교육 대상자가 같은 해에 육아종합지원센터와 어린이집안전공제회가 실시하는 아동학대 예방 및 안전관리 교육을 수료한 경우에는 보수교육 과목 중 해당 과목을 이수한 것으로 인정한다.

승급교육 및 어린이집 원장의 사전직무교육은 출석 시간을 충족하고 평가시험에서 80점 이상을 획득한 경우에 이수한 것으로 인정한다. 평가시험은 교과목당 3~5문제 이상으로 총 80문항 이상으로 출제하며, 1회에 한하여 재시험이 가능하다(보건복지부, 2020).

보수교육실시 전문기관은 보수교육 수료자에게 보수교육 수료증을 발급하여야 하고 수료자 명단을 시·도지사에 통보한다. 보수교육 실시에 관한 기록을 작성한 날로부터 2년간 의무적으로 보존하도록 하여 허위 교육 이수를 예방하고 보수교육의 평가가 철저히 이루어지도록 관리한다.

6) 보수교육의 교육 비용

(1) 보수교육 비용

「영유아보육법 시행규칙」 제20조 제4항 관련 [별표 7] 보수교육 실시 기준에 의하면 보수교육의 교육비에 대해서는 다음과 같이 정하고 있다.

가. 교육생은 시·도지사가 정하는 바에 따라 교육기관에 수강료를 납부하여야 한다.

나. 과목에 따른 수강료는 교육에 필요한 실비의 범위 안에서 정하여야 한다.

다. 국가 및 지방자치단체는 직무교육 및 승급교육에 필요한 교육비를 보조할 수 있다. 이 경우 교육비의 보조는 해당 금액을 교육기관 등에 지급한다.

이러한 기준에 근거하여 2020년에는 직무교육(장기 미종사자 교육 제외)의 경우는 1인당 8만 원(40시간 기준), 승급교육의 경우는 1인당 14만 원(80시간 기준)으로 책정하였으며 어린이집 원장 사전직무교육과 장기 미종사자 교육의 교육 비용은 지방보육정책위원회의 의결을 거쳐 시·도지사가 결정한다고 하였다(보건복지부, 2020).

(2) 보수교육 비용 지원

현직 어린이집 원장 또는 보육교사가 직무교육 및 승급교육을 이수하는 경우에는 예산의 범위 내에서 국가 및 지방자치단체가 보수교육 비용을 지원하는 것을 원칙으로 하고 있다. 승급교육 비용보다는 직무교육 비용을 우선 지원하며, 어린이집 원장의 사전직무교육과 장기 미종사자 교육의 비용은 교육생 부담을 원칙으로 한다.

예산 범위를 초과하여 발생한 보수교육의 수요는 교육생이 교육 비용을 자비 부담하는 조건으로 보수교육을 받는 경우에 교육 비용의 일부 또는 전부를 지원하지 않으며, 현직 어린이집 원장 또는 보육교사가 아닌 경우 교육 비용을 지원받을 수 없다.

보수교육 비용의 지원 절차를 보면 시·도지사 또는 시장·군수·구청장은 현직 어린이집 원장 또는 보육교사의 보수교육 비용을 보수교육실시 전문기관에 직접 지원하는 방법과 지역 여건에 따라 교육생이 보수교육비를 교육기관에 선납하도록 하고 보수교육을 이수한 경우 교육 비용을 환급하는 방법이 있다. 후자의 경우 보수교육 평가 기준에서 보수교육을 이수한 것으로 인정을 받지 못하면 교육 비용을 환급해 주지 않는다.

또한 보수교육 당사자의 사유로 보수교육을 수료하지 못한 경우라도 교육 비용은 보수교육실시 전문기관에 지원하고 보수교육실시 전문기관에서 통보받은 보수교육 미수료자에 대해서는 별도의 제재 방안을 마련하여 시행한다.

서울시는 일반직무교육의 경우 보육교사와 원장 모두에게 8만 원의 교육비와 중식비로 하루에 4천 원을 지원하고, 승급교육의 경우 교육비의 50%와 중식비를 지원하고 있다. 특별직무교육의 경우 지원이 없으며 사업주가 교육비의 50%를 부담하고 있고 원장 사전직무교육이나 장기 미종사자 교육의 경우 교육비와 식비 지원이 없다(서울특별시, 2020).

(3) 보수교육 현황보고

시·도지사는 매년 3월 말까지 보수교육을 실시할 전문기관의 선정하고 그 현황을 서식에 따라 보건복지부 장관에게 보고하며 반기별로 보수교육 실시 현황 및 예산 집행 현황 등도 보고하여야 한다.

7) 온라인 보수교육 실시

어린이집 원장 및 보육교사의 보수교육은 「영유아보육법」에 따라 집합교육이 원칙이나 특별직무교육에 한해 인터넷 방식에 의한 온라인 교육을 받을 수 있다. 온라인 보수교육의 교육기관은 위탁기관을 선정한 후에 별도로 공지하고 있으며 온라인 보수교육 과정은 특별직무교육 3개 과정으로 영아 보육, 장애아 보육, 방과후 보육에 관한 과정이다. 특별직무교육을 이수한 경우 일반직무교육을 이수한 것으로 본다. 2019년부터는 직전 보수교육을 온라인 교육으로 이수한 경우 당해 연도 보수교육은 반드시 집합교육으로 이수하도록 하여 집합교육과 온라인 교육을 교차로 이수하도록 하고 있다(보건복지부, 2020). 따라서 2017년에 집합교육으로 직무교육을 받은 사람은 2020년에 온라인으로 특별직무교육을 받아 직무교육을 인정받을 수 있다. 만일 2017년에 온라인으로 특별직무교육을 이수하고 직무교육으로 인정받은 사람은 2020년에는 집합교육으로 직무교육을 이수하여야 한다.

2020년 현재 온라인 특별직무교육 위탁기관은 삼성복지재단, (사)아이코리아, 안산시육아종합지원센터, 에듀케어, 보육교사교육원, 한국성서대학 등의 5개 기관이다(보건복지부, 2019).

2 어린이집에서의 보육교직원을 위한 장학

장학의 사전적 의미는 '학문을 장려함'이나, 교육현장에서의 장학은 현직 교원을 대상으로 교육활동을 개선하기 위하여 이루어지는 지도와 조언 활동을 말한다. 그동안 장학은 교육현장에서 이루어지는 활동으로 과거에는 감독하고 지시하고 평가하는 의미가 강하였기 때문에 교육현장에서는 장학에 대한 부담이 컸었던 것이 사실이나 오늘날에는 보다 많은 경험과 전문가적 식견을 가지고 조언하고 협조하며 지도한다는 의미가 강하다.

보육현장에도 장학의 개념이 도입되었는데 먼저 장학에 대한 개념과 장학의 종류를 중심으로 살펴보고 2010년 서울형 어린이집에서 이루어졌던 자율장학에 대해 알아보겠다.

1) 장학의 개념

장학(supervision)에 대한 사전에서의 정의를 보면 학습 지도의 개선을 위하여 제공되는 지도·조언을 비롯하여 교육활동 전반에 걸쳐 교육 목표를 효과적으로 달성하기 위하여 이루어지는 전문적·기술적 봉사활동 내지는 참모활동이라고 정의하고 있다(한국유아교육학회 편, 2000). 장학을 무엇으로 보는지는 장학 이론이나 연구자에 따라 다르게 규정하고 있으나 장학의 궁극적인 목적은 학생들의 수업과 학습 향상에 있으므로 학생들의 학업 성취를 높이도록 교사와 학교를 지원하는 것이라 보고 있다(Sergiovanni & Starratt, 2007). 장학은 교사들에게 직접적으로 또는 간접적으로 제공되는 지도와 교사의 전문성 신장을 위한 지도·조언·정보 제공 등으로 교실 안에서 이루어지는 교수-학습 활동의 개선을 이루기 위한 활동을 의미한다. 결국 장학은 교사의 전문성 신장과 교수행위의 개선 등을 목적으로 이루어지는 전문적·기술적 활동과 지도 조언은 물론 정보 제공과 조정 등의 개념도 포함한다고 볼 수 있다.

어린이집에 있어서 장학은 보육교직원을 대상으로 교사의 보육의 질을 높이기 위하여 보육교사의 전문적 성장을 돕고 수업 개선을 도와주는 활동뿐 아니라 어린이집의 교수-학습 환경을 개선하여 영유아 교육을 개선하기 위한 일련의 과정이다. 즉, 단위 어린이집별로 또는 인접한 어린이집들과 연계하여서 보육활동을 개선하기 위하여 보육교사들 간에 자율적으로 이루어지는 공식적 또는 비공식적, 전문적 또는 일상적으로 이루어지는 지도·조언 등을 장학활동으로 볼 수 있다. 구체적으로 장학이 이루어지는 영역은 보육교사의 전문적 발달을 위한 영역과 보육교사의 개인적 발달을 위한 영역, 어린이집의 조직 발달을 위한 영역으로 나눌 수 있다(이윤식, 1999). 보육교사의 전문적 발달에서는 보육교사들의 전문적 성장을 돕기 위하여 보육 철학을 확립하고 교직에 대한 올바른 태도를 보이는 것, 교육 목표와 계획에 따른 보육과정의 구성 및 지도, 생활 지도와 특별활동 지도, 학급 관리, 부모와 지역사회와의 관계 맺기, 기타 보육문제에 대한 이해 등이 포함된다. 보육교사의 개인적 발달 영역은 보육교사 개인에 초점을 두고 심리적·정서적으로 또 가정적으로 안정과 만족을 이루며 성장하도록 돕는 모든 활동을 의미한다. 어린이집의 조직 발달을 위해서는 조직의 환경과 풍토를 긍정적으로 변화시켜 어린이집의 목표를 효과적으로 달성하게 함은 물론 조직 안에서 보육교사들의 삶의 질도 향상하도록 하는 내용을 포함한다.

2) 장학의 종류

장학의 종류는 장학의 의미를 무엇으로 보느냐에 따라 여러 종류의 장학이 있을 수 있는데, Glatthorn(1984)은 교사의 경험과 능력에 따라 임상장학, 협동적 동료장학, 자기장학, 행정장학 등으로 분류하고 있다. 이칭찬과 주상덕(2009)은 교내 자율장학의 형태로 수업장학, 동료장학, 자기장학, 약식장학, 자체 연수 등을 들고 있다.

어린이집의 장학은 서울형 어린이집에서 시작되었다. 서울시에서는 2009년 서울형 어린이집을 공식 출범하면서 서울형 어린이집으로 인증을 받은 어린이집을 대상으로 자율장학을 실시하도록 하고 있다. 보육교사의 전문성 향상을 목적으로 서울형 어린이집 인증을 받은 기관을 몇 개의 권역으로 나누어 자율장학 그룹을 구성하고 어린이집 원장과 보육교사가 참여하여 보육과정 운영에 관한 우수사례를 발굴하고 서로의 경험을 공유함으로써 어린이집 현장에서 겪는 다양한 어려움에 대해 효율적으로 대처할 수 있게 하였다. 이를 자세히 살펴보면 다음과 같다.

3) 서울특별시 운영 장학사업

서울특별시에서는 어린이집의 질 관리를 위해 다양한 형태의 교육과 장학 컨설팅을 실시하여 왔다.

(1) 서울형 어린이집의 자율장학

서울특별시에서는 2009년 시범운영의 경험을 바탕으로 자치구의 특성에 맞게 보육정보센터를 중심으로 어린이집들 간의 교류를 활성화하여 교사의 능력을 길러 주고 우수 사례를 공유함으로써 보육역량을 강화하기 위해 서울형 어린이집 자율장학 추진 체계를 구축하고 장학사업을 시작하였다. 그 내용을 보면 서울형 어린이집을 지역에 따라 10~15개의 어린이집을 하나의 권역으로 묶어, 월 1회 공개수업을 실시하는 방향으로 자율장학 그룹을 결성하였다.

자율장학의 내용은 표준보육과정, 교사와 영유아의 상호작용, 문제 행동 지도 등의 주제로 보육과정 운영에 대한 우수사례를 발굴하도록 하였다. 장학방법으로는 공개수업, 사례분석, 워크숍, 집합교육 등을 하도록 하였으며 보육전문가인 멘토 1인이 3~4개구를 담당하여 공개수업의 계획과 준비, 실행, 평가에 대해 멘토링을 하도록 하였다(김근덕, 2010). 서울시에서 선발하여 교육하고 관리하는 7명으로 구성된 자율장학자문위원회 위원이 멘토 역할을 하였으며 연말에 자율장학 사례보고회를 개최하였다.

자율장학 사업의 성과를 보면 아동의 편식, 주의력 결핍, 분노 표출, 장애를 보이는 아동의 지도에 도움이 되었다고 보고하고 있으며 자율장학을 통해 민간 어린이집의 교사들이 국공립 어린이집의 교사들과 한 자리에서 대화를 하게 되면서 어린이집 유형 간에 이해를 하게 되고 변화의 흐름을 감지하는 등의 효과도 있었다고 보고되었다.

서울시는 자율장학을 통해 보육교사의 전문성을 향상시키고 보육 수준을 지속적으로 높이고자 하는 목적으로 2010년에도 자율장학을 체계화하고, 그 범위를 확대하였다.

자율장학의 운영을 위해 서울시와 자치구, 보육정보센터(2013년 육아종합지원센터로 명칭 변경) 자문위원, 어린이집 등이 긴밀히 협조하며 그 역할을 분담하고 있다. 2010년 자율장학에는 보육정보센터의 센터장을 자문위원으로 활용하고 있으며 2009년 자문위원들이 맡았던 멘토의 역할을 각 장학그룹 안에서 담당하도록 하였다. 장학그룹은 한 명의 멘토와 각 기관을 대표하는 대표 보육교사를 멘티로 하여 장학활동을 수행하도록 하였다(서울특별시, 2010).

(2) 어린이집 희망자문단

서울형 어린이집의 자율장학 운영은 2012년 말을 기준으로 사업운영이 종료되었으며 각 어린이집이나 지자체의 필요에 따라 탄력적으로 운영하고 있다.

서울특별시에서는 자율장학의 사업 종료 후 어린이집 희망자문단을 발족하여 어린이집의 운영과 그에 따른 어려움을 지원하고 있다. 어린이집 희망자문단은 보육의 공공성, 법률 및 노무 상담, 아동학대 예방, 보육의 전문성 등 4개의 분야로 나누어 어린이집에서의 필요에 따라 상담을 실시한다. 보육교사의 업무지원은 보육의 전문성 분야에서 교사-영유아 상호작용, 문제행동 지도에 관한 자문을 하고 있어 종전의 자율장학의 기능을 대신하는 것으로 볼 수 있다.

(3) 육아종합지원센터를 통한 컨설팅

서울특별시는 국공립어린이집의 질 관리를 위해 육아종합지원센터를 통해 다양한 사업을 전개하고 있다. 육아종합지원센터에서는 보육지원을 위해 어린이집 아동학대 예방과 '아이조아서울' 맞춤형 컨설팅과 국공립 전환 어린이집 질 관리 컨설팅, 생태친화보육어린이집 운영지원, 3~5세 누리과정 집합연수 등의 보육교직원 교육을 담당하고 있다. 이 중 '아이조아서울' 맞춤형 컨설팅과 국공립 전환 어린이집 질 관리 컨설팅의 영아 보육 컨설팅 등은 장학과 유사한 사업으로 볼 수 있다.

'아이조아서울' 맞춤형 컨설팅은 보육전문가가 어린이집을 직접 찾아가서 보육교사를 대상으로 교수 능력을 향상시키고 보육과정에 대한 이해를 돕기 위한 컨설팅을 제공하는 것이다.

국공립 전환 어린이집 질 관리 컨설팅은 영아 보육 컨설팅과 셀프 컨설팅이 있으며, 이 중 영아 보육 컨설팅은 「서울시 월령별 영아 보육 프로그램」을 이해하고 존중과 공감을 기반으로 한 영아 돌봄을 실천할 수 있도록 원장교육과 방문 컨설팅을 지원한다. 이를 통해 개정된 보육과정을 이해하고 적용하는 데 초점을 두고 개별 맞춤 컨설팅을 제공하여 존중과 공감을 기반으로 보육과정을 운영할 수 있도록 지원한다고 하였다.

또한 생태보육을 실천하고자 하는 어린이집을 대상으로 컨설팅과 교육을 통해 생태보육이 정착할 수 있도록 생태친화보육어린이집 운영을 지원하고 있다(서울특별시, 2019).

(4) 어린이집 아동인권 선임교사 지정 · 운영

서울특별시에서는 영유아의 건강을 해치거나 정상적인 발달을 저해할 수 있는 아동학대를 사전에 예방하고 건강한 성장을 돕고자 어린이집 내 아동학대 예방 업무를 담당할 선임교사를 지정·운영하도록 하고 있다(서울특별시, 2019).

선임교사는 아동학대 예방을 위한 상담과 학대징후를 발견하고 조치를 취하는 역할을 담당한다. 이를 위해 어린이집 내 보육교직원의 자체교육 및 지역별 소그룹교육 활동에 참여하여 아동의 권리보호 및 학대 예방 관련 규정, 지침서, 그리고 사례아동과의 긍정적인 상호작용 방법을 소개하고, 영유아와의 상호작용 및 보육교직원의 태도를 점검한다. 또한 아동인권 선임교사를 위한 교육에 참여하고 이를 전달하여 어린이집 내 인권존중 태도를 공유하며, 어린이집 내 자율장학을 운영하고 관련 정보를 제공한다(서울특별시, 2019).

4) 상담전문요원의 배치

2020년 보육사업안내에 따르면 보육교직원들의 심리적·정서적 고충을 상담하고 아동학대 예방을 위한 관련 업무를 수행할 목적으로 육아종합지원센터에 상담전문요원을 배치하고 있다. 상담전문요원은 임상심리사 2급 이상이거나 상담·심리 분야의 학사학위 이상을 취득하고 상담 업무와 관련하여 3년 이상의 실무경력이 있는 사람을 대상으로 한다.

중앙육아종합지원센터의 상담전문요원은 상담 매뉴얼을 개발하고 교육과 상담관리 등의 역할을 수행하며, 시·도의 육아종합지원센터의 상담전문요원은 상담운영과 교육, 사례관리 및 시·군·구 센터 지원 등의 임무를 맡는다. 상담은 홈페이지, 전화를 통하거나 대면으로 개별 및 집단 상담이 이루어진다(보건복지부, 2020).

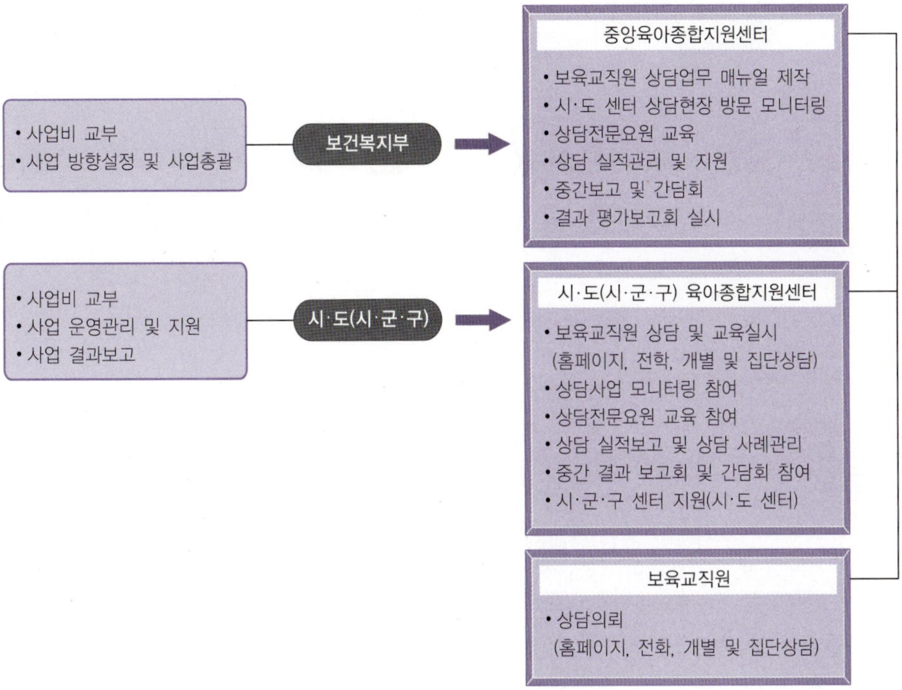

그림 10-1 상담전문요원 업무수행 체계도

출처: 보건복지부 보육정책과(2020), p. 479.

제11장 보육교사의 권리와 의무 및 자격

본 장에서는 보육교사의 권리와 의무를 살펴보고, 아울러 보육교사의 자격 및 임용에 대한 법적 조건, 교과목, 임용절차 등에 대한 내용을 알아보고자 한다. 유치원 교사의 경우 법적으로 교원에 해당되므로 법에서 정한 교원으로서의 권리와 의무를 갖지만 보육교사는 교사라는 명칭을 사용하고 있음에도 불구하고 법적으로 교원의 범주에 속하지 않기 때문에 교원으로서의 법적 권리를 갖지는 못한다. 그러나 보육교사가 수행하는 업무의 성격과 역할은 교원의 업무와 크게 다르지 않으므로 특성상 교원에 준하는 권리와 의무를 지닌다고 해석될 수 있다. 이에 교원의 테두리 안에서 보육교사가 가지는 상징적 차원의 권리와 의무를 살펴보았고 동시에 법적 차원에서 규정된 보육교사의 권리와 의무도 함께 고찰하고자 한다.

1 보육교사의 권리와 의무

보육교사는 법적으로 교원에 속하지 않는다. 따라서 법적으로는 교원으로서의 어떠한 권리와 의무도 갖지 못한다. 그러나 보육교사가 어린이집에서 수행하는 역할과 지위는 분명히 교원으로서의 성격을 가지며 보육교사에게 요구되는 자질과 태도 역시 교원의 경우와 거의 동일하다. 따라서 법적으로 교원으로서의 보호를 받지는 못하지만, 교원의 역할을 수행하고 있으므로 교원이 지니는 일반적인 권리와 의무를 살펴보고자 한다. 먼저 일반적 개념에서의 교원의 권리와 의무가 무엇인지 살펴보고 구체적으로 보육교사의 권리와 의무를 고찰하였다.

1) 교원의 권리와 의무

(1) 교원의 권리

교원의 권리는 교원이 전문적 활동을 할 수 있는 여건 조성과 관련된 적극적 권리와 교원에 관한 법규와 관련된 소극적 권리로 나뉜다. 적극적 권리에는 자율적인 분위기 조성, 생활보장, 근무조건 개선, 복지후생제도 등의 권리가 포함되고 소극적 권리에는 신분보장, 교권침해사항 방지 등의 권리가 있다.

1 적극적 권리

① 자율성 보장

교원의 자율성 보장이란 교사가 교육활동을 수행함에 있어 자율성을 보장받고 창의성을 존중받을 수 있는 권리를 말한다. 교사의 자율과 창의성은 교육활동에 매우 중요한 요소이므로 교사의 자율성 보장권은 교원의 권리 중 가장 적극적인 권리이다. 교사의 자율성 보장은 교육의 자주성 및 정치적 중립성 보장의 원칙과 함께 「헌법」 제31조 4항에 명시되어 있다.

② 생활보장

생활보장이란 교원이 안정된 생활 기반 위에서 가르치는 일에 몰두할 수 있는 여건을 마련해 주는 것을 말한다. 교육활동에서 교사는 핵심적 역할 수행을 담당하므로 생활이 안정되는 것은 중요하다. 교원의 생활보장은 1차적으로 보수 및 기타 물질적인 급부에 의존하며 교사의 보수는 자격과 경력사항을 반영한 보수 체계에 따른다.

③ 근무조건 개선

근무조건은 교사가 본연의 임무인 교육활동에 전념하고 효과적인 성취를 이루는 데 영향을 준다. 특히 교직의 경우 교육의 효과와 효율을 높이기 위해 적정 수준의 근무 부담만이 주어져야 한다. 그러나 우리나라의 경우 아직도 과다한 잡무, 과중한 수업시수로 인한 수업 부담, 학급당 학생 수 과다로 인한 업무 부담 등이 근무조건을 악화시키는 주요인으로 제기되고 있어 개선이 요구된다.

④ 복지후생제도의 확충

교원의 복지후생제도는 교원의 생활을 안정시켜서 교육활동에 전념할 수 있게 하고 교직에 대한 유인 구조를 강화하기 위해 각종 부가혜택을 주는 것이다.

2 소극적 권리

① 신분보장

교원의 신분보장 권리는 법에 명시되어 있다. 「교육기본법」 제14조(교원)에 따르면, "학교교육에서 교원의 전문성은 존중되며 교원의 경제적·사회적 지위는 우대되고 그 신분은 보장된다."라고 명시되어 있고, 「교육공무원법」 제43조(교권의 존중과 신분보장)에서도 "교권은 존중되어야 하며 교원은 그 전문적 지위나 신분에 영향을 미치는 부당한 간섭을 받지 아니한다."라고 규정하고 있다. 또한 교원 지위 향상을 위한 특별법」 제6조에서도 교원의 의사에 반하여 휴직, 강임(降任) 또는 면직을 당하지 아니한다고 명시하여 교원의 신분을 법으로 보장하고 있다.

② 쟁송제기권

교육공무원이 법에 어긋나는 부당한 처분을 받았을 때 징계처분에 대하여 재심을 청구할 수 있는 소청이나 기타 행정상 쟁송제기권을 가질 수 있다.

③ 불체포특권

「교육공무원법」 제48조와 「사립학교법」 제60조 그리고 「교원 지위 향상을 위한 특별법」 제4조에 의하면, "교원은 현행범인 경우를 제외하고는 소속 학교의 장의 동의 없이 학원 안에서 체포되지 아니한다."라고 규정하여 교원의 신분을 보호하고 그 직무 수행을 보장하여 학원의 자율성과 불가침성을 강조하고 있다.

④ 교직단체활동권

교원은 그들의 권리를 확보하고 직무를 효과적으로 수행하기 위하여 단체를 조직하고 회원 간의 상호 유대 강화, 복지 향상, 자질 향상 등의 공동 목표를 추구할 수 있다.

현재 우리나라에는 한국교원단체총연합회(교총), 전국교직원노동조합(전교조),

한국교원노동조합(한교조), 자유교원조합 등의 교원단체가 존재하며 교총이 가장 대표적인 교원단체이다.

(2) 교원의 의무

교원의 의무는 적극적 의무와 소극적 의무로 나누어 생각할 수 있는데, 적극적 의무는 교원에게 주어진 의무를 수행하는 측면에서의 의무이고 소극적 의무는 금지사항과 관련된 의무이다(한숙영, 2003).

1 적극적 의무

① 교육 및 연구 활동의 의무

학생을 교육하고 교육전문가로서의 자질을 향상시키기 위한 연구활동은 교사의 역할 중 가장 중요한 의무이다.

② 선서, 성실, 복종의 의무

교육공무원의 경우 「국가공무원법」에 규정된 공무원의 모든 의무, 예를 들어 선서의 의무(제55조), 성실의 의무(제56조), 복종의 의무(제57조)를 이행해야 한다. 단, 교원의 주요 직무는 학생을 교육하는 기능과 임무이므로 상하복종의 관계라기보다는 상호 협력의 관계로 이해될 수 있다. 사립학교에 근무하는 교원은 교육공무원이 아니지만 동일한 교육자이므로 같은 맥락에서 이해될 수 있다.

③ 품위 유지의 의무

"공무원은 직무의 내외를 불문하고 그 품위가 손상되는 행위를 하여서는 아니된다(국가공무원법 제63조)."라고 규정하고 있으며, 여기서 품위 손상의 범위는 공적 임무와 사생활까지 포함한다.

④ 비밀엄수의 의무

공무원은 재직 중은 물론 퇴직 후에도 직무상 알게 된 비밀을 엄수해야 한다. 교원 역시 직무와 연관하여 알게 된 비밀을 발설하지 않아야 할 의무가 있다.

2 소극적 의무

① 영리업무 및 겸직 금지

"공무원은 공무 외에 영리를 목적으로 하는 업무에 종사하지 못하며 소속기관장의 허가 없이 다른 직무를 겸할 수 없다(국가공무원법 제64조)." 교원의 경우 소속기관장은 교원의 직급에 따라 교육부 장관, 교육감, 학교장, 원장이 되며 비영리법인의 임원, 대학의 시간강사 등 한정된 범위 안에서의 겸직만 가능하다.

② 정치운동의 금지

공무원은 정당이나 그 밖의 정치단체의 결성에 관여하거나 이에 가입할 수 없고 선거에서 특정 정당 또는 특정인을 지지 또는 반대하기 위한 행위를 해서는 안 된다(국가공무원법 제65조). 학생을 지도하고 교육하는 위치에 있는 교원 역시 정치에 대하여 엄격히 중립적이어야 한다.

③ 집단행위의 금지

「국가공무원법」 제66조에서 "공무원은 노동운동이나 그 밖에 공무 외의 일을 위한 집단행위를 하여서는 아니 된다."라고 규정하고 있지만, 교원의 경우 「교원의 노동조합 설립 및 운영 등에 관한 법률」에 따라 "특별시, 광역시, 도·특별자치도 단위 또는 전국 단위로만 노동조합을 설립할 수 있다(제4조)."라고 규정하여 어느 정도의 단체 행동이 보장되어 있다. 그러나 학생의 전인 발달과 교육받을 권리가 최우선 조건으로 고려되어야 할 것이다.

2) 보육교사의 권리와 의무

유치원 교사와 달리 보육교사는 법적으로 교원으로서의 신분이 아닌 보육교직원으로서의 신분을 가진다. 보육교사 직무의 내용적 성격으로 보면 충분히 교원으로서의 역할을 수행하고 있으므로 교원에 준하는 권리와 의무를 지닌다고 해석할 수 있으나 보육교사가 교원으로 대우받을 수 있는 어떠한 규정도 교육 관련법에 없다.

그러므로 유치원 교사는 교원의 테두리 안에서 고찰될 수 있으나, 보육교사는 법적으로 교원의 범주가 아닌 일반근로자의 범주에 포함된다. 따라서 법률적 차원에서 보육교사는 「근로기준법」에서 정하는 일반근로자의 권리와 의무만을 지닌다.

일반근로자의 권리와 의무는 모두 근로계약의 체결과 함께 이루어진다. 근로계약은 근로자가 사용자에게 근로를 제공하고 사용자는 이에 대하여 임금을 지급하는 것을 목적으로 체결된 계약으로 근로자와 사용자는 이러한 근로계약을 체결함으로써 상대방에 대해 일정한 권리를 가지고 의무를 부담하게 된다. 근로자로서 보육교사가 지니는 법적 의미에서의 권리와 의무는 다음과 같다(임종률, 2012).

(1) 근로자로서의 보육교사의 권리

1 임금수령권

근로자가 노동을 제공하고 그에 대한 임금을 수령할 권리로서 근로자가 지니는 가장 주된 권리이다.

2 작업중지권

「산업안전보건법」에서 정하는 산업재해 발생 가능성이 있는 급박한 위험 상황일 경우 근로자는 작업을 중지하고 긴급히 피난할 권리를 가진다. 이 권리는 근로자의 부차적 권리에 속한다.

3 취업청구권

근로제공의무가 있는 근로자가 근로제공의사와 능력을 가지고 있음에도 사용자가 취업을 거부하는 경우 근로자가 사용자에게 업무 수행을 위한 취업을 청구할 수 있는 권리를 말하는데, 이는 그 인정 여부에 대하여 찬반의 견해가 대립한다. 이 권리는 근로자의 부차적 권리에 속한다.

(2) 근로자로서의 보육교사의 의무

1 근로제공의무

근로계약에 따라 근로를 제공하여야 할 의무를 말한다.

2 충실의무

사용자의 이익이 침해되지 아니하도록 근로자가 특정행위를 하거나 혹은 하지 않아야 할 의무를 말한다. 충실의무에 속하는 구체적인 의무사항은 다음 다섯 가지 사항으로 제시될 수 있다.

① 경영비밀 유지의무: 근로자가 근로제공과 관련하여 알게 된 정보 중 타인에게 알려지면 사용자에게 불이익이 되는 경영상의 비밀을 타인에게 누설하지 않을 의무를 말한다.

② 경업피지의무: 근로자가 사용자의 이익에 현저히 반하여 경쟁사업체에 취직하거나 경쟁사업체를 경영하지 않을 의무를 말한다.

③ 사고대처의무: 근로자가 근로 시간 내외와 관계없이 작업시설·설비·원료 등의 결함을 발견한 경우에 사용자가 적절한 대책을 강구할 수 있도록 이를 지체 없이 사용자에게 고지하되 고지할 여유가 없을 정도로 사정이 급박하면 고장·사고 등을 방지하기 위한 응급조치를 취할 의무를 말한다.

④ 명령이행의무: 근로제공에 있어 사용자의 지휘·명령에 따라야 할 의무를 말한다.

⑤ 직무전념의무: 근로제공에 있어 최선을 다하여 자신의 직무에 전념할 의무를 말한다.

한편 「영유아보육법」에서는 보육교사의 신분과 권리 및 직무에 대하여 다음과 같이 규정하고 있다. 「영유아보육법」 제17조, 제18조, 제19조에 따르면, 어린이집에는 보육교직원을 두어야 하고 어린이집의 교직원 배치 기준 등에 필요한 사항은 보건복지부령으로 정한다. 어린이집 원장은 어린이집을 총괄하고 보육교사와 그 밖의 직원을 지도·감독하며 영유아를 보육하고 어린이집 원장이 불가피한 사유로 직무를 수행할 수 없을 때에는 보육교사가 그 직무를 대행한다고 규정하고 있다. 또한 시장·군수·구청장은 보육교직원의 권익보장과 근로여건 개선을 위하여 보육교직원의 임면(任免)과 경력 등에 관한 사항을 관리하여야 한다고 명시하였다(영유아보육법 제17조, 제18조, 제19조).

표 11-1 보육교사의 법적 지위에 대한 법률적 규정

법의 종류	법 조항의 내용
영유아보육법	제2조 제5항 (정의) 〈개정 2008. 12. 19., 2011. 6. 7.〉 "보육교직원"이란 어린이집 영유아의 보육, 건강관리 및 보호자와의 상담, 그 밖에 어린이집의 관리·운영 등의 업무를 담당하는 자로서 어린이집의 원장 및 보육교사와 그 밖의 직원을 말한다. 제17조 (보육교직원의 배치) ① 어린이집에는 보육교직원을 두어야 한다. 〈개정 2011. 6. 7.〉 ② 보육교직원의 배치 기준 등에 필요한 사항은 보건복지부령으로 정한다. 〈개정 2008. 2. 29., 2010. 1. 18., 2011. 6. 7.〉 제18조 (보육교직원의 직무) 〈개정 2011. 6. 7.〉 ① 어린이집의 원장은 어린이집을 총괄하고 보육교사와 그 밖의 직원을 지도·감독하며 영유아를 보육한다. 〈개정 2011. 6. 7.〉 ② 보육교사는 영유아를 보육하고 어린이집의 원장이 불가피한 사유로 직무를 수행할 수 없을 때에는 그 직무를 대행한다. 〈개정 2011. 6. 7.〉 제19조 (보육교직원의 임면 등) 〈개정 2011. 6. 7.〉 ① 특별자치도지사·시장·군수·구청장은 보육교직원의 권익보장과 근로여건 개선을 위하여 보육교직원의 임면(任免)과 경력 등에 관한 사항을 관리하여야 한다. 〈개정 2011. 6. 7., 2011. 8. 4.〉 ② 어린이집의 원장은 보건복지부령으로 정하는 바에 따라 보육교직원의 임면에 관한 사항을 특별자치도지사·시장·군수·구청장에게 보고하여야 한다. 〈개정 2008. 2. 29., 2010. 1. 18., 2011. 6. 7., 2011. 8. 4.〉

2 보육교사의 자격

1) 법적 자격 기준

2011년 6월 7일에 개정된 「영유아보육법」에 따르면, 그동안 사용했던 용어의 변경을 볼 수 있다. 즉, 보육시설은 어린이집으로, 보육시설 종사자는 보육교직원으로 보육시설 시설장은 원장으로, 시설은 기관으로 각각 용어가 변경되었다.

'어린이집'이란 보호자의 위탁을 받아 영유아를 보육하는 기관을 말하고(영유아보육법 제2조 3항), '보육교직원'이란 어린이집 영유아의 보육, 건강관리 및 보호자와의 상담, 그 밖에 어린이집의 관리·운영 등의 업무를 담당하는 자로서 어린이집의 원장 및 보육교사와 그 밖의 직원을 말한다(영유아보육법 제2조 5항). 이 중 영유아의 보육활동에 직접적인 역할을 하는 인력은 원장과 보육교사이다. 보육교사 및 어린이집 원장의 법적 자격 기준은 「영유아보육법 시행령」 제21조에 명시되어 있고 〈표 11-2〉, 〈표 11-3〉과 같다. 어린이집의 원장은 자격 기준 심사 후 각각 일반어린이집, 가정어린이집, 영아전담어린이집, 장애아전담어린이집의 원장 자격증을 받게 된다.

표 11-2 보육교사의 자격 기준

등급	자격 기준
보육교사 1급	가. 보육교사 2급 자격을 취득한 후 3년 이상의 보육업무 경력이 있는 사람으로서 보건복지부 장관이 정하는 승급교육을 받은 사람 나. 보육교사 2급 자격을 취득한 후 보육 관련 대학원에서 석사학위 이상을 취득하고 1년 이상의 보육업무 경력이 있는 사람으로서 보건복지부 장관이 정하는 승급교육을 받은 사람
보육교사 2급	가. 전문대학 또는 이와 같은 수준 이상의 학교에서 보건복지부령으로 정하는 보육 관련 교과목 및 학점을 이수하고 졸업한 사람 나. 보육교사 3급 자격을 취득한 후 1년 이상의 보육업무 경력이 있는 사람으로서 보건복지부 장관이 정하는 승급교육을 받은 사람
보육교사 3급	고등학교 또는 이와 같은 수준 이상의 학교를 졸업한 사람으로서 보건복지부령으로 정하는 교육훈련시설에서 정해진 교육과정을 수료한 사람

표 11-3 어린이집 원장의 자격 기준

등급	자격 기준
어린이집 원장	가. 일반 기준 1) 보육교사 1급 자격을 취득한 후 3년 이상의 보육 등 아동복지 업무 경력이 있는 사람 2) 「유아교육법」에 따른 유치원 정교사 1급 자격을 취득한 후 3년 이상의 보육 등 아동복지 업무 경력이 있는 사람 3) 유치원 원장의 자격을 가진 사람 4) 「초·중등교육법」에 따른 초등학교 정교사 자격을 취득한 후 5년 이상의 보육 등 아동복지 업무 경력이 있는 사람 5) 「사회복지사업법」에 따른 사회복지사 1급 자격을 취득한 후 5년 이상의 보육 등 아동복지 업무 경력이 있는 사람 6) 「의료법」에 따른 간호사 면허를 취득한 후 7년 이상의 보육 등 아동복지 업무 경력이 있는 사람 7) 국가 또는 지방자치단체에서 7급 이상의 공무원으로 보육 등 아동복지 업무에 5년 이상 근무한 경력이 있는 사람
	나. 가정어린이집 1) 일반 기준에서 정한 자격을 갖춘 사람 2) 보육교사 1급 이상의 자격을 취득한 후 1년 이상의 보육업무 경력이 있는 사람
	다. 영아전담어린이집: 만 3세 미만의 영아만을 20명 이상 보육하는 어린이집 1) 일반 기준에서 정한 자격을 갖춘 사람 2) 간호사 면허를 취득한 후 5년 이상의 아동 간호 업무 경력이 있는 사람
	라. 장애아전담어린이집: 「장애인복지법」 제32조에 따라 장애인으로 등록된 영유아만을 20명 이상 보육하는 어린이집 • 일반 기준에서 정한 자격을 갖춘 사람으로서 다음의 어느 하나에 해당하는 사람 1) 대학(전문대학 포함)에서 장애인복지 및 재활 관련 학과를 전공한 사람 2) 장애아어린이집에서 2년 이상의 보육업무 경력이 있는 사람
	마. 「고등교육법」에 따른 대학(전문대학 포함) 또는 법 제21조 2항 2호에 따른 교육훈련시설을 운영(위탁 또는 부설 운영을 말함)하는 어린이집 • 어린이집을 운영하는 대학의 전임강사 또는 교육훈련시설의 전임교수 이상으로서 보육 관련 교과목에 대하여 3년 이상의 교육 경력이 있는 사람

2) 보육교사 자격 취득을 위한 이수 교과목

보육교사 2급과 3급을 취득하기 위해 요구되는 교과목은 다음과 같으며, 2016년에는 「영유아보육법 시행규칙」을 개정하여 보다 강화하였다. 법 개정을 통하여 보육교사의 인성과 자질 향상을 위하여 보육교사 자격 취득에 필요한 보육 관련 교과목 및 학점의 영역을 교사인성 등 3개 영역으로 개정하였고, 사이버 교육만으로 자격을 취득하는 데 따른 부작용을 해소하고 보육교사로서의 전문성을 높이기 위해 대면교과목 및 현장실습을 강화는 내용을 포함하였고, 법의 시행은 2016년 8월 1일부터 적용되고 있다(영유아보육법 시행규칙 개정, 2016. 1. 12. 공포, 보건복지부령 제392호).

주요 변경사항은 다음과 같다(보건복지부, 2017).

1 주요 변경사항

① 보육교사 2급, 3급 교육과정 영역 및 영역별 필수교과목 변경

변경 전: 보육필수 등 6개 영역		개정: 교사인성 등 3개 영역
① 보육필수(6개 과목) ② 발달 및 지도(1과목 이상) ③ 영유아교육(6과목 이상) ④ 건강·영양 및 안전(2과목 이상) ⑤ 가족 및 지역사회 협력(1과목 이상) ⑥ 보육실습	➡	① 교사인성(2과목 필수) ② 보육지식과 기술 (9과목 필수, 4과목 선택) ③ 보육실무(2과목 필수)

② 대면교육 강화

- 대면으로 수업이 필요한 교과목 지정(총 9과목: 교사인성 영역 2과목, 보육지식과 기술 영역 5과목, 보육실무 영역 2과목)
- 대면교과목당 8시간 출석 수업 및 출석 시험 의무화

③ 보육실습 강화

4주 160시간 실습		6주 240시간 실습
정원 15인 이상 어린이집	➡	정원 15인 이상 평가인증을 유지하는 어린이집

2 보육교사 2급 교육과정 영역별 교과목 및 학점

① 교육 영역 및 영역별 필수 교과목 변경

변경 전

[별표 4] 〈개정 2011. 12. 8.〉

보육 관련 교과목 및 학점(제12조 제1항 관련)

대학 등에서 이수하여야 할 교과목 및 학점 일반

영역	교과목	이수 과목 (학점)
보육 필수	아동복지(론), 보육학개론, 영아발달, 유아발달, 보육과정, 보육교사론	6과목 (18학점) 필수
발달 및 지도	인간행동과 사회환경, 아동관찰 및 행동연구, 아동지도, 아동상담(론), 특수아동이해, 장애아지도	1과목 (3학점) 이상 선택
영유아 교육	놀이지도, 언어지도, 아동문학, 아동음악, 아동동작, 아동미술, 아동수학지도, 아동과학지도, 영유아프로그램 개발과 평가, 영유아 교수방법(론)	6과목 (18학점) 이상 선택
건강·영양 및 안전	아동건강교육, 아동간호학, 아동안전관리, 아동영양학, 정신건강(론)	2과목 (6학점) 이상 선택
가족 및 지역사회 협력 등	부모교육(론), 가족복지(론), 가족관계(론), 지역사회복지(론), 보육정책(론), 어린이집 운영과 관리	1과목 (3학점) 이상 선택
보육 실습	보육실습	1과목 (3학점) 필수
전체	17과목(51학점) 이상	

➡

개정

[별표 4] 〈개정 2016. 1. 12.〉

보육 관련 교과목 및 학점(제12조 제1항 관련)

대학 등에서 이수하여야 할 교과목 및 학점 일반

영역		교과목	이수과목 (학점)
교사인성	필수교과목	보육교사(인성)론, 아동권리와 복지	2과목 (6학점)
보육지식과 기술	필수교과목	보육학개론, 보육과정, 영유아 발달, 영유아교수방법론, 놀이지도, 언어지도, 아동음악(또는 아동동작, 아동미술), 아동수학지도(또는 아동과학지도), 아동안전관리(또는 아동생활지도)	9과목 (27학점)
	선택교과목	아동건강교육, 영유아 사회정서지도, 아동문학교육, 아동상담론, 장애아 지도, 특수아동 이해, 어린이집 운영관리, 영유아 보육프로그램 개발과 평가, 보육정책론, 정신건강론, 인간행동과 사회환경, 아동간호학, 아동영양학, 부모교육론, 가족복지론, 가족관계, 지역사회복지론	4과목 (2학점) 이상
보육실무	필수교과목	아동관찰 및 행동연구, 보육실습	2과목 (6학점)
전체		17과목(51학점) 이상	

② 대면교과목(3개 영역 총 9과목)

- 과목당 8시간 이상 출석 수업, 1회 이상 출석 시험 실시
- 단, 보육실무 영역의 교과목 중 보육실습은 '보육실습 기준'에 따름

영역	교과목
교사인성	보육교사(인성)론, 아동권리와 복지
보육지식과 기술	놀이지도, 언어지도, 아동음악(또는 아동동작, 아동미술), 아동수학지도(또는 과학지도), 아동안전관리(또는 아동생활지도)
보육실무	아동관찰 및 행동연구, 보육실습

③ 보육실습 기준

영역	교과목
실습 운영	• 이론 수업과 보육현장실습으로 운영
실습 기간	• 6주 240시간(2회에 나누어 실시 가능)
실습 기관	• 정원 15명 이상으로 평가인증을 유지하는 어린이집 • 방과후 과정을 운영하는 유치원
실습 지도교사	• 보육교사 1급 또는 유치원 정교사 1급 • 실습 지도교사 1명당 보육실습 3명 이내 지도
실습 인정시간	• 평일(월요일~금요일) 오전 9시~오후 7시 • 실습시간은 하루에 8시간을 초과할 수 없음
실습의 평가	• 보육실습일지와 실습평가서 작성 • 평가점수 80점 이상

④ 보육교사 2급 양성과정에 대한 적용례(부칙 제3조)

- 대학 등을 입학한 사람
  - 2017. 1. 1. 이후 대학 등에 입학하는 사람부터 적용
  - 다만, 2017. 1. 1. 전에 대학 등에 입학하는 사람이라도 2017. 1. 1. 이후에 다음의 교과목에 대한 교육을 시작한 경우 대면교과목 및 보육실습 기준에 따라 이수해야 함

- 대학 등을 졸업한 사람과 같은 수준의 학력이 있다고 인정된 사람(학점인정 등)
  - 2018. 1. 1. 이후에 전문학사 학위 이상을 취득하는 사람부터 적용
  - 다만, 이 경우에도 2017. 3. 1. 전에 다음의 교과목을 이수한 경우에는 대면교과목 및 보육실습 기준에 따라 이수한 경우로 인정

3 보육교사 3급 교육과정 영역별 교과목 및 학점

① 교육 영역 및 영역별 필수 교과목 변경

변경 전

[별표 5] 〈개정 2011. 12. 8.〉
교육훈련시설의 교육과정(제12조 제2항 관련)

영역	교과목[학점]	이수과목(학점)
보육기초	아동복지(론)[3], 보육학개론[3], 보육과정[3]	3과목(9학점) 필수
발달 및 지도	아동발달(론)[3], 인간행동과 사회환경[3], 아동생활지도[3], 아동상담(론)[3], 특수아동지도(특수교육학)[3], 영유아보육의 실제[3], 방과후아동지도[2]	7과목(20학점) 필수
영유아 교육	놀이지도[3], 언어지도[2], 아동 음악과 동작[2], 아동미술[2], 아동 수·과학지도[3], 교재교구개발[3], 영유아교수방법(론)[3]	7과목(17학점) 필수
건강·영양 및 안전	아동간호학[2], 아동안전관리[2], 아동영양학[2]	2과목(4학점) 필수
가족 및 지역사회 협력 등	부모교육[3], 지역사회복지 [3], 보육정책[2], 어린이집 운영과 관리[3], 정보화 교육[2]	5과목(13학점) 필수
보육실습	보육실습[2]	1과목(2학점) 필수
계	25과목(65학점) 이상	

➡

개정

[별표 5] 〈개정 2016. 1. 12.〉
교육훈련시설의 교육과정(제12조 제2항 관련)

영역	교과목[학점]	이수과목(학점)
교사인성	보육교사(인성)론[3], 아동권리와 복지[3]	2과목(6학점)
보육 지식과 기술	보육학개론[3], 보육과정[3], 영유아 발달 및 지도[3], 아동생활지도[3], 영유아 문제행동지도 및 상담[3], 특수아동 이해와 지도[3], 놀이지도[3], 언어지도[3], 아동음악과 동작[3], 아동미술지도[3], 아동수학지도·아동과학지도[3], 영유아교수방법[3], 교재교구개발[3], 부모교육[3], 영유아건강지도[2], 영유아영양지도[2], 아동안전관리[3], 어린이집 운영관리[3]	18과목(52학점)
보육실무	아동관찰 및 실습[3], 보육실습[4]	2과목(7학점)
계	22과목(65학점) 이상	

② 보육교사 3급 양성과정에 대한 적용례(부칙 제4조)

• 시·도지사가 지정하는 교육훈련시설에 2016. 8. 1. 이후에 입학한 사람부터 적용

3) 자격증 취득절차

어린이집 원장 및 보육교사의 자격검정과 자격증 발급에 관한 업무는 보육진흥원의 교직원지원국 자격관리팀에서 수행한다. 원장 및 보육교사의 자격검정은 무시험이 원칙이고, 「영유아보육법 시행령」 제21조 [별표 1]에 의한 자격 기준을 갖추었는지 서류심사를 통해 검정한다. 2005년 1월 29일 이전까지 종전 규정에 의한 원장 및 보육교사 자격 기준을 갖춘 자에 대해서는 종전 규정(종전 시행규칙 제8조 1항 [별표 3])에 따라 자격을 검정하고, 2005년 1월 30일 이후에 현행법에 의한 자격 기준을 갖춘 자 및 2005년 1월 29일까지 종전 법에 의한 자격 기준을 갖추지 못한 자는 현행법에 따라 자격을 검정한다. 어린이집 원장의 자격증은 40인 미만 어린이집 원장(2005년 1월 30일 이전의 종전법에 따라 보육교사 1, 2급 자격을 갖춘 자에게 인정되며 현행법에 따라 보육교사 1, 2, 3급 자격을 취득한 자에게는 인정되지 않음), 가정어린이집 원장, 영아전담어린이집 원장, 일반어린이집 원장, 장애아전담어린이집 원장으로 분류되며 보육교사는 보육교사 1급, 2급, 3급으로 구분된다.

자격증 발급신청 및 교부 절차는 [그림 11-1]과 같다. 보육교직원 국가자격증 홈페이지에서 어린이집 원장 및 보육교사가 자격증을 받기 위한 자격 기준과 구비서류 및 신청방법을 제시하고 있다.

◉ 신청방법: 보육교직원 국가자격증 홈페이지(chrd.childcare.go.kr)에서 인터넷 신청

◉ 신청절차

<table>
<tr><th>신청절차</th><th>내용</th><th>주체</th></tr>
<tr><td>회원가입</td><td>• 보육교직원 국가자격증 홈페이지 회원가입 및 로그인</td><td>신청인</td></tr>
<tr><td>발급신청서 작성</td><td>• 자격 종류(보육교사 어린이집 원장/장애 영유아를 위한 보육교사) 선택
• 학력 등 세부사항 입력
• 신청자 증명사진 파일(jpg, gif) 등록</td><td>신청인</td></tr>
<tr><td>수수료 결제</td><td>• 수수료 10,000원
• 신용카드, 실시간 계좌이체, 가상계좌 중 선택하여 납부
* 서류접수 이후에는 자격증 신청 취소 및 수수료 환불 불가</td><td>신청인</td></tr>
<tr><td>서류제출</td><td>• 자격 종류 및 자격 기준별 제출서류 확인
* 자격 기준 및 제출서류 메뉴에서 확인 가능
• 자격 신청 구비서류를 한국보육진흥원으로 등기우편 제출</td><td>신청인</td></tr>
<tr><td>자격검정</td><td>• 처리기한: 수수료 결제 및 서류 도착일로부터 14일 이내
* 단, 공휴일, 서류 보완에 소요되는 기간 및 특수사례 심의기간은 처리기간에 미포함

• 제출서류를 통한 자격 요건 충족 여부 확인
<table>
<tr><th colspan="2">자격요건</th><th>내용</th></tr>
<tr><td>충족</td><td>인정</td><td>자격요건 충족으로 자격 인정됨</td></tr>
<tr><td rowspan="3">불충족</td><td>보류</td><td>보완서류 제출을 통해 재검정 진행</td></tr>
<tr><td>특수사례</td><td>검정위원회 안건 의결을 통해 검정 진행</td></tr>
<tr><td>불인정</td><td>자격요건 불충족으로 자격 인정 불가</td></tr>
</table>
* 보류로 검정된 날로부터 30일 이내에 보관서류 미제출 시 불인정 대상</td><td>진흥원</td></tr>
<tr><td>자격증
(자격확인서)
발급</td><td>• 자격 인정 건의 자격증/자격확인서 제작 및 발송</td><td>진흥원</td></tr>
</table>

그림 11-1 자격증 발급신청 및 교부 절차

출처: 보육교직원국가자격증 홈페이지(http://chrd.childcare.go.kr).

3 보육교사의 임용 조건 및 절차

어린이집의 교사임용은 원장의 제청으로 법인·단체의 대표자 또는 기관 설치자(보육교직원 임면권을 위임받은 수탁자 포함)가 임면하도록 규정되어 있다(영유아보육법 제17조, 제19조). 보육교사 채용조건은 「영유아보육법 시행령」 제21조 [별표 1]의 보육교사 국가자격증을 발급받은 자를 대상으로 하며 대체교사(임시교사)의 채용도 동일한 자격 기준을 갖추어야 한다.

채용방법은 공개경쟁을 원칙으로 하며 국공립어린이집의 경우 국가 또는 지방자치단체의 장이 선발고사 등을 통하여 별도로 보육교사를 채용·배치할 수 있다. 또한 보육교직원 채용 시 임금, 근로 시간 및 그 밖의 근로조건 등을 명시한 근로계약을 체결하여야 하되, 이 경우 근로계약과 관련하여 부당한 내용(결혼, 출산, 육아휴직 등으로 인한 퇴직 요구 등)이 포함되어서는 아니 되며 관할 행정기관은 이를 지도·감독해야 한다.

보육교직원 임면보고와 관련하여 어린이집의 원장은 보건복지부령으로 정하는 바에 따라 보육교직원의 임면에 관한 사항을 시장·군수·구청장에게 보고하도록 되어 있다(영유아보육법 제17조, 제19조 2항). 시장·군수·구청장은 보육교직원의 권익 보장과 근로여건 개선을 위하여 보육교직원의 임면과 경력 등에 관한 사항을 관리하여야 한다(영유아보육법 제19조 1항). 즉, 어린이집의 원장은 보육교직원의 채용, 휴직, 출산휴가, 육아휴직, 1개월 이상의 장기병가, 퇴직 등의 임면사항을 보육통합정보시스템에 즉시 등록하고, 이를 14일 이내에 특별자치도지사·시장·군수·구청장에게 별지 제7호 서식의 인사기록 카드 사본을 첨부하여 보고하여야 한다(영유아보육법 제19조 제2항, 영유아보육법 시행규칙 제11조 제1항).

제12장 보육교사로서 직업윤리 알기

보육교사는 전문직으로서 독창적 위치와 영유아를 대상으로 하는 특수성으로 인해 상당한 힘과 영향력의 남용이나 오용의 가능성이 있다. 이를 막기 위한 장치로 직업윤리가 필요하며 보육교사가 보육현장에서 부딪치는 다양한 윤리적 딜레마를 해결하기 위한 지침이 필요하다. 이에 보육교사로서 윤리의 개념과 필요성을 알아보고 교사를 위한 NAEYC 윤리강령과 우리나라의 윤리강령을 알아보고자 한다.

1 보육교사로서 윤리의 개념 및 필요성

1) 보육교사의 윤리개념

윤리(ethics)란 희랍어의 ethos에서 유래된 용어로 라틴어의 mores에 기원을 두고 있는 도덕(moral)과 같이 사용되고 있다. 윤리적·도덕적 행동은 풍속, 관습, 관례에 따라 행동하는 것을 의미한다.

교직은 학생을 가르치는 직무이고 윤리(ethics)는 사람이 마땅히 행하거나 지켜야 할 도리, 즉 실제의 도덕규범이 되는 원리이다. 이에 교직 윤리는 교사가 그 직무수행과 관련하여 스스로 또는 관련된 다른 사람들에 대하여 지켜야 할 것으로 약속되고 기대되는 사회적 규범이다. 따라서 교직 윤리는 자발적이며 능동적이다. 강제성을 수반하는 법률적인 성격을 띠지 않지만 교사와 교직에 미치는 영향은 지대하다(서정화, 1994). 보육교사는 교육 대상의 특수성으로 인하여 높은 자율성에 따른 책무성이 요구된다. 보육교사의 교직 윤리는 보육교사가 직무를 수행함에 있어서 지켜야 할 실천규범이라 할 수 있다. 보육현장에서 직무를 수행하는 과정에 생기는 많은 가치판단의 문제에서 가장 우선적으로 고려해야 할 사항이 무엇인지를 결정하는 중요한 지침이라 할 수 있다.

2) 보육교사로서 교직 윤리의 필요성

인간은 인간으로서 지켜야 할 도리가 있고 직업에는 그 나름대로의 직업윤리가 있으며 교직에는 교직자가 지켜야 할 특수한 윤리가 있다. 즉, 교직 윤리는 교사가 지켜야 할 구체적인 규범윤리인 것이다.

어린이집에서의 보육교사들은 영유아의 양육, 보호, 교육 등의 다양한 역할을 수행해 나감으로 인해 영유아, 부모 및 가족 그리고 복지국가 발전에 기여하고 있다. 그러나 어린이집에서 영유아들의 권리가 훼손되거나 가정의 다양한 문화가 존중받지 못하고, 동료와 원장과의 갈등 등 수많은 윤리적 문제가 발생되고 있다. 따라서 보육교사들도 교직을 수행해 나가는 데 지켜야 할 교직윤리와 윤리강령이 필요하다. 그동안 많은 학자들은 보육의 질을 높이고 보육교사의 전문직으로서의 위치를 확고히 하기 위한 선제조건으로 윤리강령 제정의 필요성을 제기해 왔다(이은화·배소연·조부경, 1995; 임승렬, 2002; 조형숙, 2007). Katz(1995)도 교사의 유아에 대한 권력 남용을 방지하고, 책임의 우선순위를 두어 집단결정을 명료화하며, 유능한 교사에 관한 준거를 제시하고, 가족과 동료 및 기관과의 관계 유지 시 균형적인 역할을 수행하기 위해 윤리강령이 필요하다고 하였다. 좀 더 구체적으로 보육교사로서의 윤리강령이 필요한 이유는 다음과 같다.

(1) 전문직으로서의 보육교사

우리가 살아가는 사회에서 책임이 큰 직종일수록 보다 더 윤리적이고 도덕적인 자세를 요구한다. 이에 전문직을 비전문직과 구분하는 척도 중의 하나인 윤리강령을 들고 있다. 교직이 전문직인지 아닌지에 관한 논란이 있지만 1966년 ILO·UNESCO의 「교원의 지위에 관한 권고」 제6항에서 '교육은 전문직으로 간주되어야 한다'라고 명문화되어 있고 한국표준직업 분류에서도 교직을 전문직으로 분류하고 있다(2007. 10. 1. 시행). 전문직으로서 교사는 인간의 성장과 발달을 다루고 있으므로 다른 전문직보다 높은 윤리성이 요구된다고 할 수 있다.

보육교사는 지식, 자율성, 자격 기준, 사회적 인정, 봉사의 기능 등에서 전문성이 부족하여 전문직이라고 보기 어렵다는 논란이 있다. 그러나 일반적으로 전문적인 이론과 기술습득, 그리고 별도의 실습과정을 거치고 교사로서의 전문가적 신념에 근거하여 전문성을 실현뿐 아니라 희생과 봉사, 엄격한 직업윤리가 요구되기 때문에 전문직으로 규정하고 있다. 따라서 보육교사에게 전문직으로서의 전문성 함양과 윤리의식를 고취하기 위한 윤리강령이 필요하다.

(2) 보육교사의 권력

보육교사의 교육권은 엄청난 위력을 가진 권한이다. 교실에서 교사는 왕이며 그의 권한은 막강하다. 영유아에게 둔감한 반응, 무시, 방관, 체벌, 편애, 언어적 폭력, 부정적 상호작용 등은 영유아에게 치명적 영향을 줄 수 있다. 영유아들은 아직 여러모로 미숙하기 때문에 자신의 의사표현을 정확하게 할 수 없고 스스로 자신을 방어할 수 없다. 그러나 모든 영유아는 보육교사에 의해 건강하고 안전하게 보호와 교육을 받으며, 동등한 가치로 대우받을 수 있어야 한다. 영유아들의 인권을 보호하기 위해서 윤리강령이 필요하다.

(3) 영유아의 개인차

영유아들은 모든 발달 영역에서 변화가 급격히 이루어지는 시기이고 개인차가

심하다. 영유아기의 경험은 후기의 발달에 대한 기초가 되기 때문에 이 시기에 소홀히 하면, 그 이후에 이루어지는 교육은 효과를 거두기 어렵다. 또한 장애영유아 등 특별한 요구를 가진 영유아들도 일반 영유아들과 동일하게 보호, 양육, 교육받을 권리가 있으므로 보육교사는 영유아의 연령과 개인차, 특별한 요구 등을 고려하여 그에 적절한 보육 이루어지도록 해야 하며 보육교사는 그에 따른 윤리적 책임을 져야 하기 때문에 윤리강령이 필요하다.

(4) 가족의 다양성

가족의 구조와 기능, 가족 구성원의 역할, 가족 수, 가치관의 변화와 더불어 다문화 가정, 새터민이 많이 생겨나고 있어서 예전의 단일민족 또는 보편적 가족 구성원으로 영유아들을 대하게 되면 영유아와의 갈등뿐 아니라 부모와도 갈등을 초래하게 된다. 보육교사는 영유아와 그의 가정과 협력하여 영유아의 올바른 성장을 위해 노력해야 한다. 따라서 서로 다양한 요구를 가진 영유아나 부모로 인해 발생하는 윤리적 딜레마를 효과적으로 해결하기 위해서 보육교사들에게 윤리강령은 필요하다.

(5) 교사 역할의 다양성

어린이집에 다니는 영유아의 연령이 낮아지므로 해서 보육교사들의 역할이 점점 더 다양해지고 있다. 즉, 예전에는 교육에만 신경을 쓰면 되었는데, 지금은 보호와 양육 그리고 교육을 동시에 책임져야 하는 상황에서 보육교사의 역할은 더 다양해졌다. 수유, 일상생활 습관 지도, 부모 상담, 교육 등 많은 역할을 수행해 나가다 보면 부모와 교사 역할 사이의 모호함으로 인하여 갈등이 발생할 수 있다. 이러한 갈등 상황에 교사가 올바른 판단을 내릴 수 있도록 윤리강령이 필요하다. 또한 교사는 영유아가 연구 대상으로 참여하게 될 때, 학부모의 동의 없이 연구가 이루어져서는 안되며, 연구 대상 영유아 및 가족의 사적 배경을 보호해야 하는 윤리적 책임이 있다. 더구나 학대받는 영유아를 관련 기관에 신고해야 하는 책임도 있으므로 보육교사가 윤리적 책무를 다 할 수 있도록 윤리강령을 통한 명확한 준거를 제시해 주어야 한다.

(6) 교사자격 및 직위의 다양성

현대의 보육교사는 가족 구조의 다양성만큼이나 다양한 배경과 자격을 가지고 있다. 우선 보육교사는 양성과정이 다양하다. 즉, 1년 과정, 2년제, 3년제, 4년제 등 각기 다른 교육과정을 통해 자격을 취득하기 때문에 그에 따른 교육적 배경과 자격이 각기 다르다. 또한 주임교사, 선임교사, 원감, 원장 등 경력과 직위에 따라 교직관에도 차이가 있어 보육교사들이 보육현장에서 부딪치는 윤리적 딜레마를 잘 해결하기 위한 윤리강령이 필요하다.

(7) 프로그램의 다양성

영유아 보육 프로그램은 매우 다양하다. 물론 만 3~5세를 위한 누리과정과 만 0~2세를 위한국가 수준의 표준보육과정이 있지만 보육교사의 철학과 가치관에 따라 보육내용이 달라진다. 또한 영유아를 대상으로 하는 프로그램들이 난무하는 현실에서 영유아의 전인 발달을 위해서는 현재 적용하는 프로그램이 영유아들에게 적절한지, 가정과 지역사회의 요구를 반영한 것인지에 대한 올바른 판단을 내릴 수 있어야 한다.

(8) 지역사회와 행정조직의 요구

보육교사들은 활동범위가 어린이집 내로 한정되기 쉽다. 그러나 어린이집 평가인증 지표에도 있는 것처럼 지역사회와의 협조는 매우 필요한 부분이다. 지역사회의 요구와 변화에 민감하게 반응해야 하지만 불합리한 요구나 변화에는 적극적으로 대처해야 한다. 또한 「영유아보육법」 관련 내용과 행정 조직의 특성을 바로 알고 새로운 법령과 보육정책 수립 시 보육교사는 전문가적 입장에서 올바른 의사를 표현할 수 있어야 한다. 이에 따라 보육교사의 윤리적·사회적 역할과 책임에 대한 윤리강령이 필요하다.

(9) 안전하고 건강한 근무환경

보육현장에서 직무를 잘 수행하기 위해서는 안정된 근무환경과 직업적인 만족이 있어야 한다. 보육교사는 동료교사나 원장과의 긍정적 관계를 형성하고 서로 정보를 공유하고 공동연구를 위해 노력해야 한다. 원장은 교사들이 영유아의 보호와 교육에 전념할 수 있도록 신뢰할 수 있고 건강한 근무환경이 되도록 노력해야 한다. 원장이 교사들을 징계하거나 평가할 때도 법과 규정에 따라야 하며 공정한 평가가 이루어지도록 해야 한다. 원장과 교사, 교사와 동료교사, 교사와 부모와의 서로 윤리적 딜레마가 생길 경우 올바른 해결을 위해 윤리강령이 필요하다.

2 NAEYC의 윤리강령과 선서문

1989년 미국 NAEYC(National Association for the Education of Young Children)에서는 보육교사를 대상으로 윤리강령과 선서문을 제정, 채택하였고 1997년, 2005년 수정하였다.

NAEYC 윤리강령은 보육교사들의 책임 있는 행동에 대한 가이드를 제공하고 있고 영유아의 보호와 교육현장에서 직면하는 중요한 윤리적 딜레마를 해결하기 위한 보편적인 기준을 제공하고 있다. 0~8세 이르기까지 아동을 위한 프로그램의 최우선적인 초점은 아동과 그들의 가정에 대한 일상적 실천에 맞추어져 있다. 윤리강령 범주는 아동에 대한 윤리적 책임, 가정에 대한 윤리적 책임, 동료교사 및 기관에 대한 책임과 지역사회와 공동체에 대한 책임 4영역으로 나누어 있고 윤리 기준뿐만 아니라 세부적인 실천 강령까지 구체적인 내용을 제시하였다.

선서문은 윤리강령의 일부는 아니지만, 아동 보호와 교육 분야의 독특한 가치와 도덕적 의무를 개인적으로 기꺼이 받아들이겠다는 개인적 선서이다. 그 내용을 소개하면 다음과 같다.

1) 핵심가치

아동을 보호하고 교육하는 과정에서 윤리적 행동의 기준은 우리 분야의 역사 속에 뿌리 깊이 박혀 있는 핵심가치(Core values)에 근거한 것이다. 우리는 다음에 대한 책무를 가진다.

- 아동기를 인생주기에서 독특하고 가치 있는 한 단계로 이해한다.
- 아동의 발달과 지식에 근거하여 직무를 수행한다.
- 아동과 가정 간의 밀접한 유대관계를 이해하고 지원한다.
- 가족, 문화, 집단, 사회의 맥락 속에서만이 아동을 가장 잘 이해할 수 있고 지원할 수 있다는 사실을 인식한다.
- 각 개인(아동, 가족 구성원, 동료)의 존엄성, 가치, 개성을 존중한다.
- 아동과 성인의 신뢰, 존경, 긍정적인 인식 등을 기초로 한 관계 속에서 아동의 모든 잠재력을 발휘하도록 도와준다.

제1장 아동에 대한 윤리적 책임(Ethical responsibilities to children)

아동기는 인생주기에 있어서 독특하고 중요한 하나의 단계이다. 우리의 중요한 책임은 각 아동에게 안전하고 건강하고 영양적이고 반응적인 환경에서 보호와 교육을 제공하는 것이다. 우리는 아동의 발달과 학습을 지원하고 개인차를 존중하며 아동과 함께 어울려 살고 놀이하며 수행하는 법을 배우도록 돕는 책임을 부여받았다. 우리는 또한 아동의 자아인식(self-awareness), 유능감(competence), 자존감(self-worth), 회복력(resilience), 신체적 안녕(physical well-being)을 촉진할 책임이 있다.

이상(Ideals)

I-1.1 아동 보호와 교육의 지식 기초에 익숙해지고 지속적인 교육과 훈련을 통해 익숙해진 상태의 유지하기

I-1.2 개별 아동의 특정한 지식뿐만 아니라 아동교육, 아동발달, 관련 학문 분야의 현재 지식과 연구에 근거한 기본 프로그램 실행하기

I-1.3 개별 아동의 독특한 특성, 능력 그리고 잠재성을 인식하고 존중하기

I-1.4 아동의 약한 부분과 그들의 성인에 대한 의존성을 인정하기

I-1.5 아동의 사회적, 정서적, 인지적, 신체적 발달을 촉진하고 그들의 존엄성과 기여를 존중하는 안전하고 건강한 환경을 창조하고 유지하기

I-1.6 아동을 평가하기에 적합하고, 그 목적에 부합하기 위해 고안되고 사용되며 아동을 이롭게 할 가능성을 가진 평가 도구와 전략을 사용하기

I-1.7 아동의 발달과 학습을 이해하고 지원하며 교육을 지원하고 추가적인 서비스를 필요로 하는 아동을 확인하기 위한 평가 정보를 사용하기

I-1.8 장애의 유무와 관련하여 아동의 요구와 부합되는 포괄적 환경 속에서 개별 아동들이 놀고 배울 수 있는 권리를 지원하기

I-1.9 특별한 요구를 필요로 하는 아동들을 포함하는 모든 아동이 성공적인 보육 교정에 참여하는 것을 보장하고 지지하기

I-1.10 개별 아동의 문화, 언어, 민족성 그리고 가족 구조가 프로그램에서 인식되고 가치를 인정받는 것을 보증하기

I-1.11 아동이 집에서 사용하는 언어를 유지하고 영어 배우는 것을 지원하는 것뿐만 아니라 그들이 알고 있는 언어로 경험을 제공하기

I-1.12 아동과 가정이 한 프로그램에서 다음 프로그램으로 안전하고 자연스럽게 이동하기 위해서 가족과 함께 일하기

원칙(Principles)

P-1.1 우선적으로 우리는 아동들에게 해를 끼치면 안 된다. 우리는 아동에게 정서적인 손상을 주고 신체적으로 해를 끼치고 경멸하고 타락시키고 착취하고 위태롭고 또는 위협을 주는 행위를 하면 안 된다. 이러한 원칙은 이 강령에서 모든 것에 우선한다.

P-1.2 우리는 개별 아동을 인지적으로 자극하고 그들의 문화 언어, 민족성 그리고 가족 구조를 지지하는 명확한 정서적·사회적 환경 속에서 아동을 양육하고 교육한다.

P-1.3 우리는 이익을 부인하기, 특별한 이점을 부여하기, 또는 그들의 성, 인종, 국적, 종교, 의학적 상태, 장애, 또는 배우자 유무/가족 구조, 성적 취향, 가족의 유대관계로 인해 프로그램이나 활동으로부터 아동을 제외시키기 등 아동을 차별하는 실천에 참여하지 않는다(이 원칙의 관점은 특정 아동집단에게 제공하기 위한 법적 위임장을 가진 프로그램에는 적용되지 않는다).

P-1.4 우리는 아동과 관련된 결정을 할 때 민감한 정보의 비밀을 보장하면서 (가족과 스텝을 포함) 관련된 지식을 연관시킨다.

P-1.5 우리는 아동 학습과 발달에 대한 정보를 제공하기 위해서 복합적인 출처를 포함하는 적합한 평가제도를 사용한다.

P-1.6 우리는 참여, 유지 또는 특별한 교육과정에 배치와 같은 결정이 시험점수나 일회성 관찰에 기초하지 않고 복합적인 지식의 출처에 근거하여 확정되도록 노력한다.

P-1.7 우리는 개별 아동들과 개인적인 유대관계를 쌓도록 힘쓴다. 교육전략, 학습 환경, 프로그램에 있어서 개별적인 적용방법을 수립하고 개별 아동이 프로그램에서 이익을 얻을 수 있도록 가족과 상의하기 위해 노력한다. 만일 이런 노력을 기울였음에도 현재의 상황이 아동의 요구를 충족시키지 못하거나, 해당 아동이 프로그램으로부터 이득을 보는 다른 아동들의 능력에 심각하게 해를 끼친다면 우리는 그 아동의 성취를 위해 필요한 추가적인 과정과 (또는) 배치 선택을 결정하기 위해 아동의 가족, 적합한 전문가와 협력한다.

P-1.8 우리는 신체적·성적·언어적·정서적 학대와 신체적·정서적·교육적·의료적 방치를 포함하는 아동 학대와 방치의 징후와 위험 요소에 익숙해진다. 우리는 아동을 아동학대와 방치로부터 보호하기 위한 연방법이나 사회 규정 등을 숙지하고 따른다.

P-1.9 우리가 아동 학대 또는 방치를 추정하는 명확한 원인을 찾았을 때, 반드시 해당 기관에 신고하여 적합한 조치가 이루어졌는지 확인한다. 적절히 이루어졌을 때 부모나 보호자는 위탁자가 정해졌는지 통보받을 것이다.

P-1.10 아동이 학대받거나 방치되고 있다는 혐의를 다른 사람이 우리에게 말할 때는 그 아동을 보호하기 위해 적절한 조치가 취해질 수 있도록 그 사람을 돕는다.

P-1.11 아동의 건강, 안전 또는 복지에 위험을 주는 행위나 상황을 인지했을 때, 우리는 아동을 보호하거나 부모 또는 도움을 줄 수 있는 다른 사람에게 알려 주어야 하는 윤리적 책임을 진다.

제2장 가정에 대한 윤리적 책임(Ethical responsibilities to families)

가정은 아동 발달에 있어서 가장 중요하다. 가정과 아동 전문가들은 아동복지에 공통적인 관심을 두고 있기 때문에 우리는 아동 발달을 증진시키는 방법에 있어서 가정과 기관 사이의 원활한 의사소통을 통해 우선적으로 협조하고 협력할 책임이 있음을 안다.

▮ 이상(Ideals)

I-2.1 가정과 효과적으로 작업하는 것과 관련된 지식기반에 익숙해지고 꾸준한 교육과 훈련을 통해 지식을 유지하기

I-2.2 우리가 지지하는 가정과 상호 간의 신뢰관계를 발전시키고 유대관계를 창조하기

I-2.3 모든 가족 구성원을 환영하고 프로그램에 참여할 수 있도록 격려하기

I-2.4 가정의 소리에 귀 기울이고 그들의 능력을 인지하며 아동 양육을 수행할 때 우리가 지원하는 것처럼 가정으로부터 배우기

I-2.5 각 가정의 존엄성과 선호하는 사항을 존중하고, 그 구조, 문화, 언어, 풍습 그리고 신념에 대해서 배우기 위해 노력하기

I-2.6 가정의 육아법의 가치와 그들의 자녀에 대한 결정권 존중하기

I-2.7 개별 아동의 교육과 발달에 대한 정보를 가정과 공유하고, 그들이 아동 교육과업의 현재 지식 기반을 이해하고 참여하도록 돕기

I-2.8 가족 구성원들의 아동들에 대한 이해의 증진을 돕고 부모로서 그들의 기술이 계속 발전하도록 지원하기

I-2.9 가족들에게 프로그램 스텝, 다른 가정, 사회기관, 전문적 서비스와의 상호작용 기회를 제공함으로써 가정을 위한 지원 네트워크 확립에 참여하기

▌원칙(Principles)

P-2.1 우리는 법원의 명령이나 다른 법적인 제한이 있는 경우를 제외하고 가족이 그들 자녀의 교실이나 프로그램에 참여하는 것을 막아서는 안 된다.

P-2.2 우리는 가족들에게 프로그램의 철학, 정책, 교육과정, 평가 체계 그리고 구성원의 자격 등에 대해 안내하고, 왜 우리가 아동에 대한 윤리적 책임을 아동에게 가르쳐야 하는지 설명한다(Section I 참조).

P-2.3 우리는 적절한 때에 가족들이 정책결정에 참여할 수 있도록 안내한다.

P-2.4 우리는 가족들을 그들의 자녀들에게 영향을 끼치는 중요한 결정에 참여시킨다.

P-2.5 우리는 모든 가족들과 그들이 이해할 수 있는 언어를 통해 효율적인 의사소통을 하기 위해 총력을 기울인다. 우리는 우리의 프로그램에 충분한 자원이 없을 때 해석하고 통역하기 위한 지역사회의 자원을 이용한다.

P-2.6 가족들이 그들의 자녀들과 가정에 대한 정보를 공유한 만큼 우리는 이 정보를 프로그램을 계획하고 실행하는 데 고려한다.

P-2.7 우리는 프로그램의 아동 평가 원리와 목적 그리고 아동들에 대한 평가 정보가 어떻게 사용되는지에 대해 가족들에게 알려 준다.

P-2.8 우리는 아동 평가 자료를 비밀사항으로 다루고 합법적인 요구가 있을 때에만 공유한다.

P-2.9 우리는 가족들에게 그들 자녀의 부상이나 사건, 전염병에 노출되는 것과 같은 위험 그리고 정서적 스트레스 발생에 대해 알려 준다.

P-2.10 가족들은 그들 자녀와 관련된 어떠한 연구계획이건 간에 충분히 전달받아야 하며 불이익이 없이 찬성을 하거나 하지 않을 기회를 가진다.

우리는 연구 참여 중에 아동들이 교육, 발달, 혹은 복지를 방해하는 어떠한 것에도 허가하거나 참여하지 않는다.

P-2.11 우리는 가족들의 착취를 보증하거나 지원하지 않는다. 우리는 우리 가족과의 관계를 사적인 이익이나 개인적인 이익을 위해 사용하지 않는다.

P-2.12 우리는 비밀 보호와 아동들 기록의 보호를 위해 문서화된 정책을 개발한다. 이러한 정책 문서들은 모든 프로그램 참가자와 가족들에게 유효하다. 가족 구성원, 프로그램 참여자 그리고 비밀사항에 대한 권리를 가진 컨설턴트를 넘어서 아동들 기록의 보호는 가족들의 동의가 필요하다(아동 학대 또는 방치의 경우는 제외).

P-2.13 우리는 비밀사항의 유출, 가족 사생활 방해 등으로부터 가족의 사생활 권리를 존중하고 비밀을 유지해 주어야 한다. 그러나 아동들의 복지가 위험에 처해 있다고 믿을만한 이유가 있을 때에는 아동의 양육권을 중재할 법적 책임을 지는 개인뿐 아니라 관계기관과 해당 비밀사항을 공유하는 것이 허용된다.

P-2.14 가족 구성원이 다른 누군가와 충돌하는 상황에서 우리는 모든 참여자들이 전달받은 결정을 이해할 수 있도록 개방된 자세로 임하여 아동들의 관찰 자료를 공유한다. 우리는 특정한 조직만을 옹호하지 않는다.

P-2.15 우리는 조직사회의 자원과 전문적인 지원서비스에 대해 잘 알고 가정을 적절하게 위탁한다. 위탁이 이루어지면 서비스가 적절히 제공되는지 확인해야 한다.

제3장 동료에 대한 윤리적 책임(Ethical responsibilities to colleagues)

서로 돌보고 협력적인 직장에서 인간의 존엄성이 존중되고 직업적인 만족이 촉진되며 긍정적인 상관관계가 발전되고 유지된다. 우리의 핵심가치에 기초한 동료에 대한 기본적인 책임은 생산적인 업무를 지원하고 전문적인 요구를 충족시키는 환경과 관계를 확립하고 유지하는 것이다. 아동에게 적용되는 이상이 우리가 직장에서 상호작용하는 성인에게도 똑같이 적용된다.

동료교사에 대한 책임(A-responsibilities to co-workers)

▌이상(Ideals)

I-3A.1 존중, 믿음, 비밀유지, 공동연구, 동료교사와 협조관계를 확립하고 유지하기

I-3A.2 가장 가능성 있는 아동 보육 프로그램이 제공되는지를 증명하기 위한 공동연구를 위해 동료교사와 자료 공유하기

I-3A.3 그들의 전문적인 요구와 전문적인 발전에 관한 미팅에서 동료교사를 지원하기

I-3A.4 전문적인 성취의 인식을 통한 동료교사와의 조화를 꾀하기

▌원칙(Principles)

P-3A.1 우리는 우리의 프로그램에 대한 동료들의 공헌을 인식하고, 그들의 명성을 저해시키거나 아동과 가정에 관련된 일의 효용을 저해하는 일에 참여하지 않는다.

P-3A.2 동료교사의 전문적인 행동에 관여할 때, 우리는 먼저 개인적 권위와 구성원 사이의 다양성에 대한 존중을 보여 주는 방식으로 우리의 관심을 알게 하고 조직적이고 비밀을 보장해 주는 방법을 통해 문제를 해결하기 위한 시도를 한다.

P-3A.3 우리는 동료교사의 개인적인 특징이나 전문적인 행동을 고려한 표현적인 관점에서 보육하는 것을 연습한다. 진술은 풍문에 의해서가 아닌 아동의 흥미와 프로그램에 관련된 직접적인 지식에 근거해야 한다.

P-3A.4 우리는 성별, 인종, 국적, 종교적 믿음, 혹은 다른 정치적 관계, 연령, 배우자 유무/가족 구성, 장애, 성적 취향 등으로 동료교사를 차별하는 일을 하지 않는다.

원장(고용주)에 대한 책임(B-responsibilities to employers)

▮ 이상(Ideals)

I-3B.1 최고 품질의 서비스를 제공하기 위해서 프로그램 협조하기

I-3B.2 아동을 보호하기 위한 법이나 규정을 위반하거나 이 강령의 조항을 위반하지 않음으로써 프로그램의 평판을 떨어뜨리지 않기

▮ 원칙(Principles)

P-3B.1 우리는 모든 프로그램 정책을 따른다. 우리가 프로그램 정책에 동의하지 않을 경우 우리는 조직 내에서 건설석인 행동을 통해 변화를 꾀한다.

P-3B.2 우리는 위임받은 경우에만 조직을 대신해서 말하고 행동한다. 우리는 우리가 조직을 위해 말하고 개인의 판단을 표현할 때 사실을 인정하는 것에 주의한다.

P-3B.3 우리는 아동들을 보호하기 위한 법이나 규정을 위반하지 않으며 그러한 위반사항을 발견했을 때 이 강령 안에서 적절한 조치를 취한다.

P-3B.4 만약 우리가 동료의 행동에 관여하고 아동의 복지가 위험에 처해 있지 않다면 우리는 그 개개인에 초점을 맞출 것이다. 만일 아동이 위험한 상황에 있거나 동료의 관심하에서도 상황이 나아지지 않는다면 우리는 적절한 관리기관에 동료의 비윤리성이나 무능함을 보고해야 한다.

P-3B.5 우리가 프로그램 내의 양육과 교육의 질에 영향을 끼치는 주변 환경이나 조건에 관여할 때, 우리는 프로그램 관리자나 필요에 따라 적절한 기관에 통보해야 한다.

피고용인에 대한 책임(C-responsibilities to employees)

▮ 이상(Ideals)

I-3C.1 조직 구성원 사이에서 상호 간의 존중, 협동, 협조, 능력, 복지, 비밀성, 자존감 등을 증진시키는 안전하고 건강한 근무환경과 방침을 촉진하기

I-3C.2 직원이 아동, 가족, 영유아의 양육과 교육 영역에 대해 큰 흥미를 갖고 말하고 행동하도록 하는 신뢰할 수 있는 정직한 분위기를 만들고 유지하기

I-3C.3 영유아를 위해 일하는 사람들에게 공평하고 충분한 보상(급여와 이점)이 유지되도록 노력하기

I-3C.4 숙련되고 노련한 실천자가 되기 위한 피고용인의 지속적인 발전을 격려하고 지원하기

원칙(Principles)

P-3C.1 아동과 프로그램에 관한 결정에서 우리는 교육, 훈련, 경험 그리고 직원 구성원의 전문성에 초점을 맞추어야 한다.

P-3C.2 우리는 직원 구성원에게 확신을 주는 안전하고 협력적인 근무조건을 제공해야 하며 그들로 하여금 공정한 수행평가, 문서화된 고충사항, 건설적인 평가 정보 그리고 지속적인 전문가적 발전과 진보의 기회를 통해 그들의 책임을 이행할 수 있도록 해야 한다.

P-3C.3 우리는 프로그램 표준을 정의하는 종합적으로 문서화된 개인방침을 발전시키고 유지해야 한다. 이러한 방침은 새로운 조직 구성원들에게 주어져야 하며 모든 구성원이 쉽게 접근하여 확인할 수 있어야 한다.

P-3C.4 우리는 프로그램 기대에 못 미치는 업무수행을 하는 피고용인에게 우려를 표명하고, 가능하다면 그들의 능력이 향상될 수 있도록 도와주어야 한다.

P-3C.5 우리는 정당한 사유가 있을 때 적절한 법과 규정에 따라 피고용인을 면직 실행해야 한다. 우리는 면직되는 피고용인에게 자격 종료의 이유에 대해 설명해 주어야 한다. 만약 면직이 발생하는 경우, 정확히 문서화되고 현실적이며 해당 피고인이 확인 가능한 부적절한 행동의 증거를 기초한 것이 정당화된다.

P-3C.6 평가와 추천이 이루어지는 경우, 우리는 사실에 기초하고 아동의 흥미와 프로그램에 관련하여 판단한다.

P-3C.7 우리는 개인의 능력, 업무성취, 해당 직무에 대한 책임수행 능력 그리고 그의 보살핌을 받는 아동의 발달 수준에 적합한 전문적인 준비에 의해서만 채용, 유지, 면직 그리고 승진을 결정한다.

P-3C.8 우리는 성별, 인종, 국적, 종교적 믿음, 연령, 배우자 유무/가족 구성, 장애, 성적 취향을 기준으로 채용, 유지, 면직 그리고 승진을 결정하지 않는다. 우리는 채용 차별에 관련된 법과 규정을 숙지하고 주의를 기울여야 한다.

P-3C.9 우리는 피고용인의 업무수행에 관련된 문제를 다룰 때 비밀을 유지해야 하며 피고용인의 사생활에 대한 권리를 존중해야 한다.

제4장 지역사회와 사회에 대한 윤리적 책임

(Ethical responsibilities to community and society)

아동들에 관한 프로그램들은 가정과 아동의 복지를 담당하는 기타 기관들로 구성된 근접지역 내에서 운영된다. 지역사회에 대한 우리의 책임은 가정의 다양한 요구를 충족시키는 프로그램을 제공하고 아동에 대한 책임을 공유하는 관계기관, 전문가와 협력하며 가정이 관계기관과 전문가에게 접촉하도록 돕고 현재 가능하지 않지만 필요한 조직사회 프로그램을 발전시키는 것이다.

개인으로서 우리는 아동의 보호와 교육을 위한 가장 적합한 프로그램을 제공하고 정직하고 성실하게 행동해야 하는 우리의 책임을 인식해야 한다. 아동 발달과 교육에서 우리의 특화된 전문적 지식 때문에 아동의 복지와 보호에 대한 책임을 더 큰 사회와 공유하고 있기 때문에 우리는 더 큰 사회에서 아동 프로그램 안에 아동의 가장 큰 흥미를 대변하고 어디서든지 아동을 위한 대변자로서 행동할 공동의 의무를 인식해야 한다.

본 장에서의 이상과 원칙들은 아동교육자 개개인의 업무에 속하는지와 '집단적'이라고 규정된 이상과 원칙을 지정하기 위해 공유된 책임을 지는 각각의 아동교육자들을 이해하고 아동의 흥미에 총체적으로 몰두하는 보다 전형적인 구분을 짓는다.

▮ 이상(Ideals) – 개인적

I-4.1 지역사회에 높은 질의 아동 보호와 교육 프로그램과 서비스를 제공하기

▮ 이상(Ideals) – 집단적

I-4.2 전문가와 관계기관 사이의 협조와 건강, 교육 그리고 아동, 그들의 가정, 보육교사들의 복지문제에 관심을 두는 전문가 간의 공동업무 제휴를 촉진하기

I-4.3 모든 아동이 건강관리, 음식 그리고 보호시설을 제공받고 양육되며 가정과 지역사회의 폭력으로부터 안전하게 생활하는 환경적으로 안전한 세상에 대한 교육, 연구, 지지업무를 수행하기

I-4.4 모든 아동이 질 높은 보호와 교육 프로그램을 접할 수 있는 사회에 대한 교육, 연구, 지지 업무를 수행하기

I-4.5 정보의 복합적인 출처를 포함하는 적합한 평가시스템이 아동의 이익을 위한 목적으로 사용되는지 확인하는 업무를 수행하기

I-4.6 아동과 그들의 요구에 대한 지식과 이해를 증진한다. 아동의 권리에 대한 더 큰 사회적 인식을 꾀하고 모든 아동의 복지를 위한 더 큰 사회적 책무를 수용하기 위한 업무를 수행하기

I-4.7 아동과 가정의 복지를 증진시키기 위한 정책과 법을 지원하고 아동의 복지를 저해하는 것을 변화시키기 위한 업무수행을 한다. 필요한 정책과 법의 발전에 참여하고, 이러한 노력을 하는 개인과 집단에 협력하기

I-4.8 아동기의 보호와 교육 분야의 전문적인 발전을 추진하고 이 강령에 반영된 핵심가치를 실현시키기 위한 책무를 강화하기

▮ 원칙(Principles) – 개인적

P-4.1 우리는 우리가 제공하는 프로그램의 범위와 본질에 대해 진실되고 개방된 교류를 한다.

P-4.2 우리는 우리가 개인적으로 적합하고 전문적으로 인증을 받은 위치에서 지원하고 수용하며 일해야 한다. 우리는 수행할 능력이 없고 자격, 제공할 자원이 없는 서비스를 제공하지 않는다.

P-4.3 우리는 신중히 참고 자료를 확인하고 해당 위치에 적합하지 않고 자격이나 능력이 없는 사람을 고용하거나 추천하지 않는다.

P-4.4 우리는 우리의 프로그램 실행에 근거한 지식을 보고함에 있어서 객관적이고 정확해야 한다.

P-4.5 우리는 평가 전략과 도구의 적합한 사용에 대해 능숙해야 하며 가족들에게 그 결과를 설명해야 한다.

P-4.6 우리는 우리의 프로그램 안에서 아동을 보호하기 위한 법과 규정을 잘 알아야 하며, 이러한 법과 규정이 지켜지는지 확인하는 데 주의를 기울여야 한다.

P-4.7 우리가 아동의 건강, 안전, 복지에 위험을 끼치는 실행이나 상황을 깨닫게 되면 우리는 아동을 보호하거나 부모와 다른 사람에게 알려야 하는 윤리적 책임이 있다.

P-4.8 우리는 우리의 프로그램 내에서 아동을 보호하기 위한 법과 규정을 위반하는 일을 하지 않는다.

P-4.9 우리가 아동기 프로그램이 아동을 보호하는 법과 규정을 위반했다는 증거를 갖게 된다면 우리는 상황을 해결할 수 있는 적합한 기관에 위반사항을 보고하여야 한다.

P-4.10 프로그램이 이 강령을 위반하거나 피고용인으로 하여금 위반하도록 할 때에는 공정한 증거를 확인한 후에 그 프로그램의 본질을 공개하는 것이 허용된다.

▌원칙(Principles) – 집단적

P-4.11 정책들이 아동에게 도움을 주지 않는 목적으로 규정되면 우리는 이러한 실행을 변화시켜야 하는 공동체적 책임을 진다.

P-4.12 우리는 아동의 복지를 보장하는 관계 당국이 의무를 이행하지 못하고 있다는 증거를 확보하게 되면 그 문제를 적절한 기관이나 대중에게 보고해야 하는 공동체적 윤리적 책임을 진다. 우리는 상황이 해결될 때까지 계속 지켜봐야 한다.

P-4.13 아동보호기관이 학대받거나 방치된 아동에게 적절한 보호를 제공하지 못한다면 우리는 이러한 서비스를 개선하기 위한 일을 수행해야 할 공동체적인 윤리적 책임을 진다는 것을 인식한다.

선서문

영유아를 담당하는 교사로서 나는 NAEYC 윤리강령의 이상과 원칙에 반영되어 있는 영유아 교육에 대한 가치를 향상시킬 것을 맹세합니다. 최선을 다해 나는

- 영유아를 해롭게 하지 않겠습니다.
- 영유아 교육 프로그램이 영유아 발달과 영유아 교육 최근 이론에 기초하도록 하겠습니다.
- 영유아를 양육하는 가정의 임무를 존중하고 지원하겠습니다.
- 영유아를 보호하고 교육하는 동료들을 존중하고 그들이 NAEYC의 윤리강령을 준수할 수 있도록 지원하겠습니다.
- 지역사회와 사회 내에서 아동, 가정, 교사의 대변자로서의 역할을 다 하겠습니다.
- 직업적 행동의 높은 기준을 유지하겠습니다.
- 개인적 성격, 편견, 신념이 영유아와 가정에 얼마나 영향을 미칠 수 있는지 인식하겠습니다.
- 새로운 사상에 개방적인 자세를 취하고 다른 사람들의 주장으로부터 배울 것은 기꺼이 배우겠습니다.
- 전문가로서 끊임없이 배우고 성장하며 기여하겠습니다.
- NAEYC 윤리강령의 이상들과 원칙들을 존중하겠습니다.

3 우리나라의 윤리강령과 선언문

그동안 우리나라에서는 보육교사에 대한 윤리강령이 없어서 초등 이상의 교원들에게 적용되는 「사도강령」, 「사도헌장」, 「교직 윤리헌장」, 「우리의 다짐」을 대체하여 사용하여 왔다. 그러나 교원윤리강령은 초등 이상의 교원을 대상으로 하고 있으며 영유아들의 보편적 발달과 개인차에 대한 구체적인 실천적 원리를 다루는 데 있어서는 한계가 있었다. 더구나 보육의 특수성에 비추어 볼 때 보육교사들이 부딪치는 윤리적 딜레마를 해결하기 위한 지침으로는 적합하지 못하므로 보육교사를 위한 윤리강령 제정의 필요성이 꾸준히 제기되어 왔다. 이에 2010년 한국보육시설연합회(현재 한국어린이집총연합회로 개칭됨)와 육아정책연구소가 함께 어린이집에서 근무하는 원장과 교사에 대한 윤리강령을 제정하였다.

「어린이집 원장·교사 윤리강령」은 모두 4개의 장과 서문 등 5개 부문으로 이루어져 있다. 즉, 전문직업인으로서의 보육종사자와 윤리강령의 의의, 윤리강령이 다루고 있는 범위 등을 제시한 서문과 영유아에 대한 윤리, 가정에 대한 윤리, 동료에 의한 윤리, 사회에 대한 윤리로 총 4장으로 구성되어 있다. 그리고 윤리강령의 부속물로서 「보육인 윤리 선언문」을 채택하였다. 그 내용은 다음과 같다.

1) 어린이집 원장 · 교사 윤리강령

【서문】

보육은 영유아를 건강하게 양육하고, 안전하게 보호하며, 발달특성에 적합한 교육을 제공하는 복지서비스이며, 보육인은 사랑과 존중과 전문지식을 바탕으로 영유아의 전인적 성장에 영향을 미치는 전문직업인이다. 그러므로 보육인은 윤리적 의식과 태도를 가지고 사회적 본분에 임해야 한다.

이에 어린이집 원장과 보육교사는 스스로 책무성을 발현하여 윤리강령을 제정함을 밝힌다. 본 강령을 직무수행의 규준으로 삼아, 보육현장에서 발생하는 윤리적 갈등을 해결하고, 생존권, 보호권, 발달권, 참여권 등 영유아의 권리를 보장함으로써, 직무상의 윤리적 책임을 다하여 전문직업인으로서의 위상을 공고히 하고자 한다.

더불어 영유아와 그 가정, 동료와 사회의 존엄성을 존중하는 보육의 실천으로 다각적인 신뢰를 구축하고, 영유아의 잠재력을 최대한 발휘시킴으로써 영유아가 긍정적인 자아개념을 형성하고 유능한 사회인으로 성장할 수 있도록 도와, 궁극적으로는 영유아와 그 가정, 동료와 사회의 통합적·이상적 복지 실현에 기여하고자 한다.

제 I 장 영유아에 대한 윤리

1. 영유아에게 고른 영양과 충분한 휴식을 제공하여, 몸과 마음이 건강한 사람으로 자라도록 돕는다.
2. 성별, 지역, 종교, 인종, 장애 등 어떤 이유에서도 영유아를 차별하지 않고, 공평한 기회를 제공한다.
3. 영유아는 다치기 쉬운 존재임을 인식하여 항상 안전하게 보호한다.
4. 영유아에 대한 정서적, 언어적, 신체적 학대를 행하지 않는다.
5. 어린이집 내외에서의 영유아 학대나 방임을 민감하게 관찰하며, 필요한 경우 관련 기관(“아동보호전문기관” 등)에 보고하고 조치를 취한다.
6. 영유아의 인격을 존중하고, 개인의 잠재력과 개성을 인정한다.
7. 개별적 상호작용 속에서 영유아의 요구를 수용하기 위해 노력한다.
8. 영유아의 사회·정서·인지·신체 발달을 통합적으로 지원하는 보육 프로그램을 실시한다.
9. 특별한 도움을 필요로 하는 경우 전문가와 협력하여 영유아의 입장에서 최선의 대안을 찾는다.

10. 보육활동을 계획, 실행, 평가하는 모든 과정에 영유아의 흥미와 의사를 반영한다.
11. 영유아의 개인적 기록과 정보에 대해 비밀을 보장한다.

제Ⅱ장 가정에 대한 윤리

1. 상호 신뢰를 바탕으로 영유아의 가정과 동반자적인 관계를 유지한다.
2. 각 가정의 양육가치와 의사결정을 존중한다.
3. 경제적 수준, 가족형태, 지역, 문화, 관습, 종교, 언어 등 어떤 것에 의해서도 영유아의 가정을 차별 대우하지 않는다.
4. 보육활동 및 발달 상황에 관한 정보를 정확하게 제공하여 영유아에 대한 가정의 이해를 돕는다. 다문화, 심신장애 등으로 의사소통에 도움이 필요한 경우 문제를 해결할 최선의 방법을 도모한다.
5. 어린이집 운영 전반에 관한 정보를 공개하여 영유아 가정의 알 권리에 응한다.
6. 보육 프로그램과 주요 의사결정에 영유아의 가정이 참여하도록 안내한다.
7. 필요한 사회적 지원, 전문서비스 등 관련 정보를 제공하여 영유아 가정의 복리 증진을 돕는다.
8. 영유아 가정의 사생활을 보호하고 익명성을 보장한다.

제Ⅲ장 동료에 대한 윤리

[어린이집 원장]

1. 최상의 보육서비스 제공에 필요한 인적·물적 환경의 조성 및 유지를 위해 노력한다.
2. 보육교사를 신뢰하고 존중하며 전문성과 자율성을 인정한다.
3. 성별, 학연, 지연, 인종, 종교 등에 따라 보육교사를 차별하지 않는다.
4. 업무 관련 의사결정이 필요한 경우 보육교사의 의견 개진 기회를 보장한다.

5. 보육교사에게 지속적 재교육 등 전문적 역량 제고의 기회를 부여한다.
6. 보육교사에게 적정 수준의 보상(보험, 급여 등)을 안정적으로 제공하며, 복지 증진에 힘쓴다.
7. 보육교사 개인의 기록과 정보에 대한 비밀을 보장한다.

[보육교사]

1. 존중과 신뢰를 바탕으로 협력하며, 서로의 전문성과 자율성을 인정한다.
2. 상호 간 역량 계발과 복지 증진에 부합하는 근무환경이 되도록 힘쓴다.
3. 어린이집 원장 및 동료와 영유아 보육에 대한 신념을 공유한다.
4. 보육교사로서의 전문성 향상을 위해 스스로 노력한다.
5. 어린이집 내에서 영유아 및 보육교사의 인권과 복지를 위협하는 비윤리적 사태가 발생한 경우 법률 규정이나 윤리 기준("한국보육시설연합회 윤리강령위원회" 참조)에 따라 조치를 취한다.

제Ⅳ장 사회에 대한 윤리

1. 공보육에 대한 책임을 인식하고, 항상 질 좋은 보육서비스를 제공한다.
2. 영유아의 안전을 위협하는 환경이나 정책이 발견될 시, 관계기관과 협의하여 개선한다.
3. 공적 책임이 있는 어린이집으로서 재정의 투명성을 유지하고, 부정한 방법으로 사적 이익을 취하지 않는다.
4. 영유아의 권익보호를 위해 관련 정책결정 및 법률 제정에 적극 참여하며, 사회적으로 이를 널리 알리는 데 앞장선다.
5. 지역사회 실정에 맞는 어린이집의 책임과 역할을 인지하고, 실천하고자 노력한다.

2) 보육인 윤리 선언문

나는 영유아의 건강한 성장과 발달을 지원하는 보육교사(어린이집 원장)로서, 직무상의 윤리적 책임을 다하여 다음 사항들을 지킬 것을 다짐합니다.

1. 나는 내가 영유아에게 지대한 영향을 미치는 존재임을 잊지 않으며, 항상 스스로의 말과 행동에 신중을 기한다.
1. 나는 영유아의 인격과 권리를 존중하며, 어떠한 경우에도 영유아에게 해가 되는 일을 하지 않는다.
1. 나는 영유아 가정의 다양성을 이해하고 존중하며, 상호 신뢰하는 동반자적 관계를 유지한다.
1. 나는 동료를 존중하고 지지하며, 서로 협력하여 최상의 보육서비스를 제공하기 위해 노력한다.
1. 나는 보육의 사회적 책임과 역할을 인식하고, 영유아의 권익과 복지를 위한 활동에 앞장선다.
1. 나는 「어린이집 원장·교사 윤리강령」을 직무수행의 도덕적 규준으로 삼아 진심을 다하여 충실히 이행한다.

생각해 보기

다음의 사건들은 「어린이집 원장·교사 윤리강령」 중 어떠한 것에 위배되나요?

사건 1 어린이집 교사의 아동학대

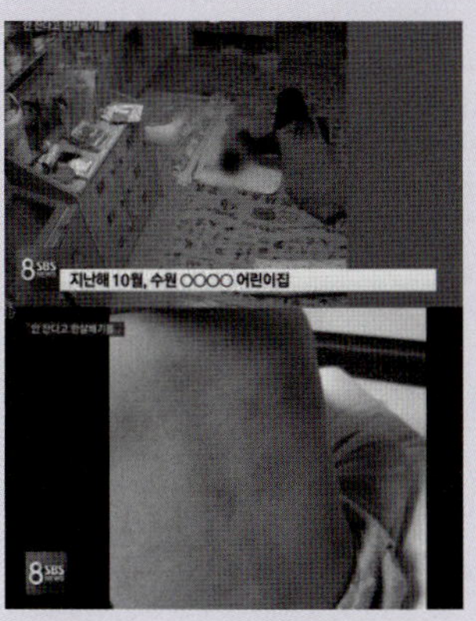

수원시 한 가정어린이집 교사가 낮잠을 재우기 위해 엎드린 아이들의 등이나 엉덩이를 세게 두드리거나 일어나려는 아이의 뒤통수를 바닥 쪽으로 누르는 등의 방법으로 아이들을 학대한 사건이다.

영아의 등에 멍 자국이 있는 것을 발견한 한 학부모가 어린이집 폐쇄회로TV(CCTV)를 확인하면서 알려졌는데 CCTV에는 교사들이 아이의 머리가 흔들릴 정도로 등을 세게 때리고 아이들을 이불로 꽁꽁 싸맨 뒤 밖으로 끌고 나가는 모습 등이 담겨져 있다.

출처: SBS 오후 8시 뉴스(2020. 6. 9).

사건 2 세종시, J 어린이집 만 3세 아동학대 의혹, 진실은?

세종시 J 어린이집에서 자녀가 학대를 당했다고 경찰에 진정서를 제출한 사건이다. 학대피해 아동 부모는 만 3세인 자신의 아이를 CCTV가 없는 원장실에 데려가 뺨을 때리고 소변을 가리지 못한단 이유로 바지를 벗긴 채 방치했으며 '훈육방'에 들어가지 않겠다는 피해 아동을 강제로 손과 팔을 잡아끌고 갔다고 주장하였다. 반면 어린이집 원장은 해당 아동의 소란으로 원장실에 데리고 들어가긴 했으나 바로 나왔고 나오는 모습이 CCTV에 있다고 학대를 부인한 사건이다. 어린이집 원장은 유아의 소변 '방치'도 바로 조치했으며 이런 모든 부분에 대해 떳떳한 만큼 당시 관련 CCTV를 경찰에 제출한 상태며 '훈육방'은 존재하지 않는다며 억울함을 호소했다.

출처: 서울일보(2017. 6. 5).

사건 3 충남 서산의 어린이집에서 아이가 토한 음식 먹게 한 사건

충남 서산의 한 어린이집 원아가 집에 돌아와 자신의 머리를 때리는 등 이상한 행동을 지속적으로 보여 부모가 어린이집 CCTV를 확인한 결과, 교사가 네 살 배기 원아 전체를 상습적으로 폭행한 사실이 드러났다. 경찰 조사 결과, 아이를 때리거나 목을 조르고 심지어 토한 음식까지 도로 먹였다는 것이다.

출처: MBC뉴스데스크(2020. 7. 21).

참고 문헌

강문숙(2008). 보육교사의 직무에 대한 내용분석 및 인식조사. 부산대학교 대학원 석사학위논문.

강문숙·황해익(2008). 보육교사의 직무에 대한 인식조사. 부산유아교육학회 유아교육논집, 17(2), 1-23.

강이슬·김민경(2011). 영아보육교사의 교수효능감과 직무스트레스에 관한 연구. 한국보육지원학회지, 7(4), 325-352.

강정숙(1993). 일제말(1937-1945) 조선 여성정책 - 탁아정책을 중심으로. 아시아문화. 한림대학교.

강혜숙(2002). 교사의 성격특성과 유아의 자아개념과의 관계. 대구대학교 교육대학원 석사학위논문.

강효진(2009). 조선왕실의 왕세자 교육과 그 특징. 건국대학교 교육대학원 석사학위논문.

경규혜(1995). 보육교사의 근무실태와 직무만족에 관한 연구. 청주대학교 행정대학원 석사학위논문.

교육과학기술부·보건복지부(2013). 교육과학기술부 고시 제2012-16호·보건복지부 고시 제2012-82호. 3~5세 연령별 누리과정 해설서 및 교사용 지침서.

교육과학기술부·보건복지부(2013). 교육과학기술부 고시 제2011-30호·보건복지부 고시 제2011-106호. 5세 누리과정 해설서 및 5세 누리과정 교사용 지침서.

교육과학기술부·보건복지부·육아정책연구소(2012). 3~5세 연령별 누리과정 지원을 위한 시·도(교육)청 강사요원 중앙연수 자료집.

교육부(2019). 개정 누리과정 해설서.

교육인적자원부(2006). 학교 교육력 제고를 위한 교원양성체제 제고방안. 5-7.

구세희(2019). 보육교사의 근무환경 실태조사. 동국대학교육대학원.

권웅(2002). 어린이집 보육교사의 직무만족에 관한 연구. 청주대학교 대학원 석사학위논문.

권현조·배지희(2018). 만 1세반 영아의 초기 적응과정에 대한 교사의 경험과 의미. 유아교육연구, 38(2), 61-90.

권혜경(2003). 보육교사의 직무스트레스와 직업만족도. 충북대학교 교육대학원 석사학위논문.

김경이(2012). 유치원 교사의 대인관계 스트레스와 교사가 지각한 원장의 의사소통 유형에 따른 직무만족도. 성신여자대학교 교육대학원 석사학위논문.

김경회·문혁준·김선영·김신영·김지은·김혜금·서소정·안선희·안효진·이희경·정선아·황혜원(2013). 보육학개론(제3판). 서울: 창지사.

김근덕(2010). 보육정책의 공적 지원 강화에 관한 연구. 국민대학교 정치대학원 석사학위논문.

김나희(2018). 과학교육 학습공동체 활동에 참여한 유치원 교사들의 변화 양상. 성신여자대학교 교육대학원 석사학위논문.

김명희(2020). 유아교육기관과 지역사회자원의 연계에 대한 보육교사의 요구 조사. 숭실대학교 교육대학원 석사학위논문.

김문희(2011). 어린이집의 조직문화와 교사의 직무만족도에 관한 연구. 중앙대학교 사회개발대학원 석사학위논문.

김미송(2010). 학교장의 변혁적 리더십이 교사의 자질에 미치는 영향 연구. 선문대학교 대학원 박사학위논문.

김미예(2010). 보육교사의 조직문화 인식이 조직몰입에 미치는 영향. 한양대학교 행정·자치대학원 석사학위논문.

김사녀(2012). 유아교사의 의사소통 능력과 교수 효능감 및 직무 만족도와의 관계. 경기대학교 교육대학원 석사학위논문.

김숙령(1995). 보육교사와 보육교사 지망생의 교사 자질에 대한 자기 평가에 관한 연구. 한국영유아보육학, 제4집, 1-21.

김신일(2011). 교원윤리강령 제정의 의의와 과제. 유네스코 "교원윤리강령" 제정 아시아-태평양지역공동 워크숍 자료집.

김언아(2001). 예비유아교사의 자아개념, 학습스타일과 자기 효능감과의 관계. 이화여자대학교 대학원 석사학위논문.

김영명·서영숙(2007). 어린이집 원장의 교육요구에 기초한 현직교육의 내용연구. 열린유아교육연구, 12(2), 95-124.

김옥예(2006). 교사전문성의 재개념화에 관한 연구. 교육행정학연구, 24(4), 139-160.

김옥주·조혜진(2010). 영아교사의 전문성 인식과 보육시설 조직문화가 직무스트레스에 미치는 영향. 유아교육연구, 30(2), 193-209.

김옥희(2006). 어린이집 교사의 근무실태, 교사 복지 및 재정 운영에 관한 시설장과 교사의 인식. 창원대학교 대학원 석사학위논문.

김유진(2003). 영아보육교사의 전문성 인식과 직무스트레스에 관한 연구. 덕성여자대학교 대학원 석사학위논문.

김윤주(2005). 보육교사의 직무스트레스와 대처방안 연구. 경기대학교 교육대학원 석사학위논문.

김은설·안재진·최윤경·김의향·양성은·김문정(2009). 보육시설종사자의 전문성 제고 방안. 보건복지부·육아정책연구소.

김은주·권미량(2008). 유아교사교육. 경기: 공동체.

김의향·서문희·임양미·민미희(2010). 보육종사자 보수교육 운영현황 및 개선방안 연구. 유아교육학논집, 14(6), 405-438.

김재량(2010). 보육교사의 자질 향상과 직무 만족에 영향을 미치는 요인에 관한 연구. 국민대학교 행정대학원 석사학위논문.

김정규·이광자(1997). 유아교육실습. 서울: 동문사.

김정자(1991). 한국탁아사업의 정책과 방향. 한국사회복지학, 17, 17-32.

김정휘·고흥화(1994). 교사의 직무스트레스 연구. 서울: 배영사.

김정희(2007). 원장의 리더십과 유아교사의 임파워먼트, 조직효과성에 관한 연구: 개인 및 조직 특성 중재효과와 임파워먼트 매개효과를 중심으로. 가톨릭대학교 대학원 박사학위논문.

김지영(2010). 보육교사의 전문성 발달과 자유선택활동 운영과의 관계. 아동교육, 19(2), 39-55.

김지현·양옥승(2009). 어린이집에서 영아보육이 지니는 의미: 보살핌과 가르침. 유아교육연구, 29(2), 163-189.

김진아(2008). 보육교직원이 지각한 어린이집의 조직문화와 조직효과성. 동덕여자대학교 대학원 박사학위논문.

김창걸(1982). 교육행정의 이론과 실제. 서울: 박문각.

김현용·윤현숙·노혜련·김연옥·이배근(2001). 현대사회와 아동. 서울: 소화.

김혜경(2008). 영유아교육기관 경영. 서울: 창지사.

김혜경(2013). 영유아교육기관 운영관리. 서울: 창지사.

김희진(2006). 유아교육기관에서의 부모교육과 지원. 서울: 파란마음.

대구대학교 사회복지연구소(1985). 사회복지사전. 서울: 경진사.

대한교육연합회(1982). 사도헌장 및 사도강령. 서울: 대한 교육연합회.

동아일보(1933. 6. 15). 農繁期 託兒所 新設 家庭婦女 勞奬勵 아이 맡기고 어머니는 노동토록 各地의 成績이 良好.

등에출판부(1989). 여성취업과 탁아운동.

명준희(2006). 보육교사의 사회적 지지와 직무스트레스, 전문성 인식과의 관계. 숙명여자대학교 대학원 석사학위논문.

문정아(2007). 보육교사의 직무만족도에 영향을 미치는 요인에 관한 연구. 성균관대학교 생활과학대학원 석사학위논문.

문혁준·김경회·김영심·김혜연·배지희·서소정·안효진·이경열·이미정·이희경·조혜정(2010). 유아교사론. 서울: 창지사.

민선우(2004). 유아교사의 자아개념과 직무스트레스 및 직무만족도와의 관계. 가톨릭대학교 대학원 석사학위논문.

박근주·송원호·김연진·이화영(2009). 영유아교사론. 경기: 양서원.

박소영·정지현(2015). 어린이집 교사의 액션러닝 기반 소그룹 학습공동체 참여경험과 그 의미. 아동교육, 24(3), 151-176.

박용헌(1988). 학교와 지역사회. 서울: 교육출판사.

박은혜(2009). 유아교사론(제3판). 서울: 창지사.

배소연(2001). 4년제 유아교사양성 대학교의 전공교육과정 연구. 교육학연구, 39(4), 271-290.

배혜자(2008). 영유아어린이집 보육교사의 직무만족에 관한 연구. 한양대학교 행정·자치대학원 석사학위논문.

백승선(2010). 좋은 교사의 특성에 대한 보육교사의 인식. 중앙대학교 대학원 석사학위논문.

백영숙·김준자(2011). 보육시설 종사자들의 멘토링과 멘토 교육에 대한 인식 및 요구: 전남지역을 중심으로. 아동교육, 20(2), 111-129.

보건복지부·중앙보육정보센터(2013). 어린이집 표준과정 및 0~2세 영아보육프로그램의 이해. 2013-표준-001. 보건복지부.

보건복지부(2004). 보육사업 안내.

보건복지부(2009). 보육사업 안내.

보건복지부(2010). 2009년 보육통계.

보건복지부(2010). 보육사업지침.

보건복지부(2010). 표준보육과정에 의거한 보육과정의 영역 및 연령별 구체적 보육내용, 교사지침.

보건복지부(2011). 보육사업 안내.

보건복지부(2011). 보육시설 평가인증지침서 - 40인 이상 보육시설.

보건복지부(2011). 평가인증 보육시설 질 관리를 위한 보육컨설팅 매뉴얼.

보건복지부(2012). 보육사업 안내.

보건복지부(2013). 2012년 보육통계.
보건복지부(2013). 2013 어린이집 평가인증 안내 - 40인 이상 어린이집.
보건복지부(2013). 보육사업 안내.
보건복지부(2013). 제3차 어린이집 표준보육과정 개정안. 보건복지부 개정안 고시 제2013-8호.
보건복지부(2017). 어린이집 원장 보육교사 자격검정 업무편람.
보건복지부(2019). 보건복지부 공고 제2019-995호, 2020년도 보육교직원 온라인 보수교육위탁기관 선전결과 공고.
보건복지부(2020). 2020년도 보육사업안내.
보건복지부(2020). 보육사업지침.
보건복지부·교육과학기술부(2013). 3-5세 연령별 누리과정 교사용 지침서.
보건복지부 보육정책과(2020). 보육통계 2019년 12월 말 기준.
보건복지부·육아정책연구소(2012). 2012년 전국보육실태조사 - 어린이집 조사보고. 서울: 보건복지부.
보건복지부·육아정책연구소(2018). 2018년 전국보육실태조사 - 어린이집 조사보고.
보건복지부·한국보육진흥원(2012). 2012년도 어린이집 평가인증 문서 자료집.
보건복지부·한국보육진흥원(2020). 2020 어린이집 평가 매뉴얼. 서울: 한국보육진흥원.
보건복지진흥원(2006). 영유아보육총람.
서명순(2007). 유치원 교사의 사고양식과 직무만족도와의 관계. 한국교원대학교 교육대학원 석사학위논문.
서문희(2000). 영아보육활성화 방안. 보건복지부·한국보건사회연구원.
서영숙·김경혜(2004). 영유아보육론. 서울: 양서원.
서울특별시(2010). 2010년 서울형 어린이집 자율장학 멘토 교육.
서울특별시(2020). 2020년 서울시 보육사업 안내.
서정화(1994). 교원의 권위와 교직윤리 확립 방안 연구. 홍익대학교 교육연구소.
석은조(2003). 조선조 왕실의 생활과 관련한 왕세자 양육에 관한 고찰. 아동교육, 12(2), 35-57.
성기훈(2004). 유아교육기관 원장의 지도성 유형과 교사의 직무스트레스와의 관계 연구. 관동대학교 교육대학원 석사학위논문.
성영혜·이은진(1999). 보육교사의 직무스트레스와 보육 활동과의 관계. 생활과학연구지, 14(1), 143-159.
송승희(2004). 유아교사의 직무스트레스, 성취동기 수준과 이직과의 관계 연구. 경희대학교 교육대학원 석사학위논문.
송인섭(1989). 자아개념 구조에 대한 발달적 경향에 관한 연구. 교육학연구, 28(1), 85-103.
심성경·백영애·이희자·이영희·변길희(2009). 보육학개론. 경기도: 공동체.
양인자(2009). 보육교사 근무환경과 직무만족에 관한 연구. 상지대학교 사회복지정책대학원 석사학위논문.
여성가족부(2007). 보육사업안내.
여성가족부(2007). 표준보육과정의 구체적 보육내용 및 교사지침.
연합뉴스(1990. 8. 3). 무자격 보육사 보수교육시켜 모두 양성화.
염미애(2004). 가톨릭유아교육기관의 운영실태 및 원장과 교사의 직무만족도에 관한 연구. 가톨릭대학교 교육대학원 석사학위논문.
오경희(2005). 한국 보육사의 고찰. 성균관대학교 대학원 석사학위논문.
오미혜·박영아(2018). 0세반 보육교사의 전문성 인식이 직무 만족도에 미치는 영향. 미래유아교육학회지,

25(3), 249-270.
유재석(2006). 보육교사 보수교육 활성화 방안에 관한 연구. 서강대학교 공공정책대학원 석사학위논문.
유정혜(1997). 어린이집 보육교사의 직무만족과의 관계연구. 공주교육대학교 대학원 석사학위논문.
유지영(2004). 유아교육기관에서의 교사 리더십 유형과 조직효과성 연구. 숙명여자대학교 교육대학원 석사학위논문.
육수화(2008). 조선시대 왕실교육. 민속원.
육아정책연구소(2011). 표준보육과정 개정 방안 연구. 서울: 보건복지부.
육아정책연구소(2012). 「3, 4세 누리과정」 제안(안) 공청회 자료집. 서울: 교육과학기술부·보건복지부.
윤건호(2003). 유아교육교사와 보육교사의 직무만족 비교연구. 교육행정학연구지, 21(3), 123-146.
윤주연·신혜원(2013). 교사의 전문성 인식, 유아의 성별 및 보육기간과 유아의 사회적 상호작용. 한국생활과학회지, 22(5), 407-417.
윤혜경(2003). 보육실습. 서울: 동문사.
윤혜영(2009). 유치원 조직풍토, 교사의 전문성 인식과 직무스트레스와의 관계. 성균관대학교 교육대학원 석사학위논문.
이경자(2002). 유치원 교사의 직무스트레스와 대차방법이 직무태도에 미치는 영향. 대구가톨릭대학교 교육대학원 석사학위논문.
이기문(2009). 국어사전. 두산.
이윤식·김병찬·김정휘·박남기·박영숙·송광용·이성은·전제상·정영수·정일환·조동섭·진동섭·최상근·허병기(2008). 교직과 교사. 서울: 학지사.
이미정(2001). 영아보육 연구에 관한 문헌고찰. 한국보육학회지, 1(1), 91-108.
이미정(2019). 보육교직원 보수교육 현황 고찰 및 발전 방안. 한국보육학회지, 19(3), 57-69.
이미정·윤숙현(2006). 우리나라 영유아보육정책의 변천과 발전방향. 한국보육학회지, 6(1), 81-98.
이미화·김경회·김문정(2008). 육아 지원 인력의 재교육 실태 및 개선방안 연구. 서울: 육아정책개발센터.
이민원(2011). 보육인력의 전문성, 보육의 질이 결정한다. 육아정책포럼, 제22호, 28-35.
이분려(1998). 유치원 조직 풍토와 직무만족 및 교사효능감의 관계. 이화여자대학교 교육대학원 석사학위논문.
이성순(2013). 포괄적 보육서비스가 어린이집 적응과 유아발달에 미치는 영향. 목포대학교 대학원 박사학위논문.
이성진(1995). 한국 보육교사 양성교육제도의 과제와 방향. 한국영유아보육학, 제3집, 1-18.
이소희·이숙희·이정혜·장명림·도미향(2004). 보육실습. 경기: 양서원.
이연섭(1984). 유아교육론. 서울: 정민사.
이영자·신동주(2011). 유아교육기관 운영관리. 서울: 창지사.
이윤식(1999). 장학론-유치원·초등·증등 자율장학론. 서울: 교육과학사.
이윤영·배지희·김은혜(2013). 영아반 교사들이 경험하는 직무스트레스와 기대 및 요구. 한국아동교육, 22(2), 201-224.
이윤진(2003). 일제강점기 농번기 탁아정책 고찰: 1930~1940년대를 중심으로. 한국영유아보육학, 제32집, 275-299.
이은화·배소연·조부경(1995). 유아교사론. 서울: 양서원.

이은화·조부경(2000). 발달적 접근에 의한 유아교육기관 장학론. 서울: 교문사.
이인원·김호년·전정희·김의석·김영애(2012). 유아교육기관 운영관리. 경기: 양서원.
이정희·조성연(2011). 보육교사의 소진에 대한 자아탄력성과 시설장, 동료교사와 가족의 사회적 지지. 아동학회지, 32(1), 157-172.
이제환(2003). 전문직이론을 통해 본 사서직의 전문성. 한국문헌정보학회지, 37(2), 57-87.
이칭찬·주상덕(2009). 교직실무이론. 서울: 동문사.
이현진(2001). 유아교육기관 신임교사의 직무스트레스에 관한 연구. 중앙대학교 대학원 석사학위논문.
이희경(2008). 유아교육개론. 서울: 태영출판사.
임민정(2020). 보육현장에서의 보육교사 전문성 담론. 유아교육연구, 40(1), 111-134.
임승렬(2002). 유아교사의 교직 윤리의식에 관한 연구. 한국교원연구, 19(1), 157-173.
임종률(2012). 노동법. 서울: 박영사.
임재택·고영인·김정신(1997). 보육실습. 서울: 양서원.
장미선(2007). 보육교사의 직무스트레스가 직무만족도에 미치는 영향. 청주대학교 사회복지 행정대학원 석사학위논문.
장미아(1996). 유치원 교사의 직무스트레스와 대처방법. 이화여자대학교 대학원 석사학위논문.
장이권(2002). 초등학교 교장의 도덕적 리더십에 관한 연구. 초등교육연구논총, 18(2), 261-290.
정계숙·문혁준·김명애·김혜금·심희옥·안효진·양성은·이정희·이희선·정태회·제경숙·한세영(2012). 개정 부모교육. 서울: 창지사.
정덕희(2015). 보육교사의 소진에 대한 이야기. 미래유아교육학회지, 22(2), 77-99.
조미숙(2016). 만 1세 영아반 교사가 하루일과에서 경험하는 어려움. 성신여자대학교 교육대학원 석사학위논문.
조부경·김정화(2000). 유아교사 양성대학 전공 강좌에서 이론과 교수 경험의 통합운영에 대한 예비교사, 지도교사 및 담당교수의 반응 분석. 유아교육연구, 20(1), 139-163.
조부경·고영미(2003). 유치원교사의 배경 변인과 교직 지향성 및 교직 지향 이유와의 관계 연구. 한국교사교육, 20(3), 295-311.
조선일보(1947. 10. 31). 共生園 창립 탁아사업등 추진.
조선일보(1952. 3. 30). 영아원의 1일. 충현영아원을 보고 와서. 金昌憲 기자記.
조선일보(1952. 9. 16). 먹일 수 없어 귀한 아들·딸 보육원에 수용 애원, 旱·風·수재 만난 영산포 근세농민.
조선일보(1955. 6. 24). 농민의 자녀 위해 탁아소를 설치.
조선일보(1961. 6. 10). 직업여성 위해 탁아사업 시립부녀사업관서.
조선일보(1961. 6. 12). 짐을 던 직업여성. 서울에 탁아소 또 하나.
조선일보(1962. 5. 31). 〈가정〉 직업여성을 위한 무료 탁아소. 전국에 아홉 군데뿐. 6세 미만의 어린이 맡아 점심주고 노래도 가르쳐.
조선일보(1968. 2. 10). 구마다 유료탁아소 4월까지 9개 설치. 수탁료는 월 1천5백 원 정도로.
조선일보(1973. 5. 11). (2) 탁아소보모. 맞벌이부부뿐 아니라 주부들까지 맡기는 경향 5일 특강받고 집안에 차려 월수 5만 원 너끈.
조선일보(1979. 4. 5). 전국 농촌 6천 개의 마을에 탁아소·공동취사장 설립.
조성연(2003). 보육교사의 직무 만족도와 직무스트레스. 한국유아교육학회 연차학술대회 자료집, 213-225.

조성연·이정희·김온기·제경숙·황혜정·나유미·박진재·송혜린·임연진·나종혜·권연희(2006). 영유아보육의 이해. 서울: 학지사.

조성일·장선철(2005). 유아교육기관의 운영관리. 서울: 동문사.

조인숙(2005). 보육서비스 질과 어린이집 조직문화의 관계분석. 덕성여자대학교 대학원 박사학위논문.

조형숙(2007). 영유아교사 윤리강령 제정의 필요성을 제기하며. 한국영유아교원교육학회 소식지, 2007-2호 총권 제13호.

중앙보육정보센터(2005). 보육통계.

중앙보육정보센터(2009a). 보육시설운영 문서자료집.

중앙보육정보센터(2009b). 2009 평가인증조력프로그램.

중앙보육정보센터(2011). 2011년도 보육시설운영 서식 및 문서자료집.

지성애(2003). 영유아 보육시설장과 교사의 전문적 자질에 관한 조사연구. 한국영유아보육학, 제27집, 138-168.

지성애(2007). 보육교사 보수교육 현황 분석 및 개선 방안. 유아교육학논집, 11(3), 155-180.

최남정·임부연(2013). 유아교사학습공동체의 성장과 발달에 관한 연구. 유아교육연구, 33(5), 401-429.

최명(2006). 보육교사의 전문성 인식과 직무스트레스 간의 관계. 성균관대학교 교육대학원 석사학위논문.

표갑수·백선희(1999). 보육인력(시설장 및 보육교사)의 자격제도 및 전문성 유지환경에 대한 평가. 한국영유아보육학, 제17집, 57-96.

한국보육진흥원(2010). 보육교사를 위한 표준보육교육과정.

한국보육진흥원(2010). 보육시설장을 위한 표준보육과정.

한국보육진흥원(2011). 보육교사 승급교육 교재 - 2급 승급(6교과목)·1급 승급(3교과목).

한국보육진흥원(2013). 어린이집에서의 보육실습 지도.

한국유아교육학회 편(2000). 유아교육사전(용어편). 서울: 한국사전연구사.

한숙영(2003). 신교사론. 서울: 학지사.

허문영(2010). 민간어린이집 보육교사의 근무환경에 따른 직무만족의 차이에 관한 연구. 가야대학교 행정대학원 석사학위논문.

황윤세·임미혜·이혜원(2011). 유아교육기관 및 보육시설 운영관리. 경기: 공동체.

황정규 외(1995). 교원교육개혁을 위한 종합연구. 서울: 서울대학교 교육연구소.

Adams, R. D. & Martray, C. (1981). Teacher development: A study of factors related to teacher concerns for pre, beginning, and experienced teachers. Paper presented at the annual meeting of the American Educational Research Association, Los Angeles, USA.

Ade, W. (1982). Professionalization and its implications for the field of early childhood education. *Young Children*, *37*(3), 25-32.

Boles, K. C. & Troen, K. (1992). School restructuring be teachers: A study of the teaching project at the Edward Devoyion School. Paper presented at the Annual Meeting of the AERA, San francisco, USA.

Bronfenbrenner, U. (1979). *The ecology of human development: Experiments by nature and design*. Cambridge, Massachusetts: Harvard University Press.

Broudy, H. S. (1984). *The university and preparation of teachers*. In S. G. Katz & J. D. Raths(eds.), Advance in teacher education. NJ: Ablex Publishing Corporation.

Bryman, A. (1992). Charisma and learship in organizations. London: SAGE, p. 1.

Buck, J. N. (1948). The H-T-P technique: A qualitative and quantative scoring manual. *Journal of Clinical Psychology*, *4*, 317-396.

Burke, P. J., Christensen, J. C., & Fessler, R. (1984). *Teacher career stages: Implications for staff development.* Bloomington, IN: Phi Delta Kappa Educational Foundation.

Calderhead, J. (1989). Reflective teaching and teacher education. *Teaching and Teacher Education*, *5*(1), 21-45.

Decker, C. A. & Decker, J. R. (2000). *Planning and Administering Early Childhood Programs* (7th ed.). Merrill Prentice-Hall.

Dewey, J. (1933). How we think. A restatement of the relation of reflective thinking to the educative process. Boston: D. C. Heath.

Doyle, W. & Carter, K. (1996). Educational psychology and the education of teachers: A reaction. *Educational Psychologist*, *31*(1), 23-28.

Feeny, S., Chriestensen, D., & Meravcik, E. (1983). *Who am I in the lives of children?* (2nd ed.). Colombia, Ohio: Charles E. Merrill Publishing Co.

Fuller, F. & Case, C. (1969). *Concerns of teachers: Increasing teacher satisfaction with professional preparation by considering teachers' concerns when planning pre-service and in-service education.* Austin, TX: Research and Development Center for Teacher Education. (ERIC Document Reproduction Service No. ED 040 143).

Glatthorn, A. A. (1984). Differentiated supervision. Alexandria: Association for Supervision and Curriculum Development.

Grossman, P. (1995). Fathers' knowledge. In L. Anderson(eds.), *The encyclopedia of teaching and teacher education*(2nd ed., pp. 20-24). Oxford, UK: Elsevier Science.

Halpin, A. W. (1956). *Theory and research in adminstration.* New York: MacMillan.

Hemphill, J. K. & Coons, A. E. (1957). Development of the leader behavior description questionnare. In R. M. Stogdill & A. E. Coons(eds.), Leaders behavior: Its drscription and measurement. Columbus: Bureau of Business Research. Ohio State University.

Hammer, E. F. (1969). The clinical application of projective drawing(6th printing). Springfield, IL: C. C. Thomas.

Howsam, R. B., Corrigan, D. C., Denmark, G. W., & Nash, R. J. (1976). *Educating a profession.* Washington, D. C.: American Association of Colleges for Teacher Education.

Joffe, C. E. (1977). *Friendly intruders: Child care professionals and family life.* Berkeley, CA: University of California Press.

Jorde-Bloom, P. (1989). *Measuring work attitudes in the early childhood setting: Technical manual for the early childhood job satisfaction survey and early childhood work environment survey.* Illinois Early Childhood Professional Development Project.

Katz, L. G. (1988). Where is early childhood education as a profession? In B. Spodek, O. N. Saracho & D. L. Peters(eds.), *Professionalism and the early childhood practitioner.* New York: Tearchers College Press, Columbia University.

Katz, L. G. (1995). *Talks with teachers of young children: A collection*. Norwood, NJ: Ablex Publishing.

Katz, L., G. (1970). Teaching in Preschools: Roles and Goals. *Children*, *17*(2), 42-48.

Knowles, J. G. & Holt-Reynolds, D. (1991). An introduction: Personal histories as medium, method, and milieu for gaining insights into teacher development. *Teacher Education Quarterly*, *21*(1), 5-12.

Knowles, J. G. (1992). Models for understanding pre-service and beginning teachers' biographies: Illustrations from case studies. In I. F. Goodson(eds.), Studying teachers' lives(pp. 99-152). New York: Teachers College Press.

Kyriacou, C. (2001). Teacher stress: Directions for future research. *Educational Review*, *53*, 27-35.

Lieberman, A. (eds.)(1998). *Building a professional culture in school*. New York: Teachers College Press.

Lieberman, M. (1960). *Education as a Profession. Englewood Cliffs*. NJ: Prentice-Hall.

Locke, E. A. (1973). Satisfiers and dissatisfiers among white collar and blue collar employees. *Journal of Applied Psychology*, *58*, 67-76.

Novak, J. D. (1981). The use of concept mapping and Gowin's Vee mapping instructional strategies in junior high school science. Ithaca, NY: Cornell University (ERIC Document Reproduction Service NO. ED200437).

Peters, D. L. & Klinzing, D. (1990). The content of early childhood teacher education program: Child development. In O. N. Saracho(eds.), *Early childhood teacher preparation*(pp. 67-81). New York: Teachers College Press.

Peterson, J. P. (1969). Correlates of student satisfaction in undergraduate educational psychology. Unpublished doctoral dissertation. The University of Texas, USA.

Rauch, C. F. & Behling, O. (1984). Basic for an alternate approach to the study of leadership. In J. G. Hunt et al.(eds.), Leaders and manager: International perspectives on managerial behavior and leadership. Elmsford, NY: Pergamon Press.

Ross, M. (1989). Relation of implicit theories to the construction of personal histories. *Psychological Review*, *96*(2), 341-357.

Saracho, O. N. (1988). A study of the roles early childhood teachers. *Early Child Development and Care*, *38*, 43-56.

Saracho, O. N. & Spodek, B. (1993). Professionalism and the preparation of early childhood education practitioner, Early Childhood Development and care, Gorden and Breach science publisher S. A.

Schickedanz, J. A., York, M. Z., Stewart, I. S., & White, D. A. (1990). *Strategies for teaching young children* (3rd ed.). NJ: Prentice-Hall, Inc.

Schommer, M. (1994). Synthesizing epistemological belief research: Tentative understandings and provocative confusions. *Educational Psychology Review*, *6*(4), 293-319.

Scott, N. H. (1999). *Supporting new teacher: A report on the 1998-99 beginning teacher induction program in New Brunswick*. (ERIC Document Reproduction Service No. ED 437 437).

Sergiovanni, T. J. & Starratt, R. J. (2007). *Supervision: A redefinition* (8th ed.). New York: McGraw-Hill, Inc.

Spodek, B. (1985). *Teaching in the early years* (3rd ed.). NJ: Prentice Hall, Inc.

Spodek, B., Saracho, O. N., & Peters, D. L. (eds.)(1988). *Professionalism and the early childhood practitioner*.

New York: Teachers College Press, Columbia University.

Steffy, B. E. & Wolfe, M. P. (2001). A life-cycle model for career teachers. *Kappa Delta Pi Record*, *38*(1), 16-19.

Sternberg, R. J. & Wagner, R. K. (1991). Thinking Styles Inventory. Unpublished Test. Yale University, New Haven, CT.

Sullivan, Debra Ren-Etta (2007). 유아교사의 리더십 (정수경 · 김경철 역). 서울: 정민사.

Traver, R. (1987). Autobiography, feminism, and the study of teaching. *Teachers College Reviews*, *88*(3), 443-452.

Williams, E. C. (2000). School professional learning environment characteristics and teacher self-efficacy belief: Linkages and measurement issues. Unpublished doctoral dissertation, University of Georgia, USA.

국회정보시스템. 「교원지위향상을 위한 특별법」. http://likms.assembly.go.kr/law/jsp

국회정보시스템. 「교육공무원법」. http://likms.assembly.go.kr/law/jsp

국회정보시스템. 「교육기본법」. http://likms.assembly.go.kr/law/jsp

국회정보시스템. 「국가공무원법」. http://likms.assembly.go.kr/law/jsp

국회정보시스템. 「대한민국 헌법」. http://likms.assembly.go.kr/law/jsp

국회정보시스템. 「사립학교법」. http://likms.assembly.go.kr/law/jsp

국회정보시스템. 「영유아보육법」. http://likms.assembly.go.kr/law/jsp

국회정보시스템. 「유아교육법」. http://likms.assembly.go.kr/law/jsp

미국유아교육협회. http://www.naeyc.org/files/naeyc/file/positions/ethicsbooks.pdf

법제처. 「교원의 노동조합 설립 및 운영 등에 관한 법률」. http://www.law.go.kr

보건복지부. 2013년 보육사업안내. http://www.mw.go.kr/front/index.jsp

보육교직원국가자격증 홈페이지. http://chrd.childcare.go.kr

중앙보육정보센터. http://central.childcare.go.kr

중앙보육정보센터. 어린이집 보육과정 총론. http://central.childcare.go.kr/ccis/community/data

한국보육진흥원(2020). 보육교사 자격기준. http://chrd.childcare.go.kr

한국표준직업분류 안내문(2007. 10. 1. 시행).

http://www.nso.go.kr/std2006/k07b_0000/k0 7ba_0000.html

저자 소개

문혁준 가톨릭대학교 아동학전공 교수

안효진 인천대학교 유아교육과 교수

김경회 신한대학교 유아교육과 교수

김영심 숭실사이버대학교 아동학과 교수

김정희 총신대학교 유아교육과 교수

김혜연 제주관광대학교 유아교육과 교수

배지희 성신여자대학교 유아교육과 교수

서소정 경희대학교 아동가족학과 교수

이미정 여주대학교 아동보육복지학과 교수

이희경 부천대학교 유아교육과 교수

최윤희 가톨릭대학교 아동학과 강사

보육교사인성론

초판 1쇄 인쇄 2020년 11월 6일
초판 1쇄 발행 2020년 11월 12일

지 은 이 | 문혁준 · 안효진 · 김경회 · 김영심 · 김정희 · 김혜연
배지희 · 서소정 · 이미정 · 이희경 · 최윤희

펴 낸 이 | 김기섭
편 집 인 | 김민수
펴 낸 곳 | 창지사 www.changjisa.com
08589 서울시 금천구 가산디지털 1로 83 파트너스타워 1차 9층
전화 (02)719-2211~3
팩스 (02)701-9386
등　록 | 1977년 4월 28일 · 제1-421호

ISBN 978-89-426-1386-1 (93370)

값 20,000원

이 도서의 국립중앙도서관 출판예정도서목록(CIP)은 서지정보유통지원시스템 홈페이지(http://seoji.nl.go.kr)와 국가자료공동목록시스템(http://www.nl.go.kr/kolisnet)에서 이용하실 수 있습니다.(CIP제어번호: CIP2020047041)